Yvonne Kraus

Bloggen für Einsteiger

Von der ersten Idee bis zum eigenen Blog mit WordPress

Liebe Leserin, lieber Leser,

Bloggen ist nicht nur sehr lebendig, sondern die Anzahl der Personen die Blogs lesen und schreiben wächst ständig. Blogs sind nicht nur Tagebücher im Internet. Sie sind der ideale Weg, um Ihre Begeisterung für ein bestimmtes Thema zu teilen. Ob es sich um Kochen oder Reisen, Fußball, Wandern, Ernährung, Fotografie, Heimwerken, Haustiere oder eine winzige Nische handelt, spielt keine Rolle. Sie schreiben über die Themen, die Sie berühren, in denen Sie Expert*in sind, die Sie jeden Tag aufs Neue fesseln und die Ihr Leben besonders machen.

Yvonne Kraus ist 2010 das erste Mal mit dem Thema Bloggen in Berührung gekommen und hat auf ihrem langjährigen Weg alle Freuden, aber auch alle Stolperfallen und Frustmomente des Bloggens kennen gelernt. Mit diesem Buch sorgt die Autorin dafür, dass Sie diese Fallen und den Frust auf dem Weg zum eigenen Blog umschiffen können. Ganz egal ob es um die Blog-Konzeption, das Aufsetzen von Word-Press, Suchmaschinenranking oder Rechtsfragen geht.

Um die Qualität unserer Bücher zu gewährleisten, stellen wir bei Rheinwerk stets hohe Ansprüche an Autoren und Lektorat. Falls Sie dennoch Anmerkungen und Vorschläge zu diesem Buch formulieren möchten, so freue ich mich über Ihre Rückmeldung.

Ihr Stephan Mattescheck
Lektorat Rheinwerk Computing

stephan.mattescheck@rheinwerk-verlag.de
www.rheinwerk-verlag.de
Rheinwerk Verlag · Rheinwerkallee 4 · 53227 Bonn

Auf einen Blick

Wir hoffen, dass Sie Freude an diesem Buch haben und sich Ihre Erwartungen erfüllen. Ihre Anregungen und Kommentare sind uns jederzeit willkommen. Bitte bewerten Sie doch das Buch auf unserer Website unter **www.rheinwerk-verlag.de/feedback**.

An diesem Buch haben viele mitgewirkt, insbesondere:

Lektorat Stephan Mattescheck, Patricia Schiewald
Korrektorat Sibylle Feldmann, Düsseldorf
Herstellung Norbert Englert
Typografie und Layout Vera Brauner, Maxi Beithe
Einbandgestaltung Julia Schuster
Coverbild iStock: 840602536 © Poike, 1193868016 © katiafonti; 1159365059©pcess609; Unsplash: © Fred Kloet
Satz III-Satz, Husby
Druck mediaprint solutions, Paderborn

Dieses Buch wurde gesetzt aus der Linotype Syntax (9,25/13,25 pt) in FrameMaker.
Gedruckt wurde es auf chlorfrei gebleichtem Offsetpapier (90 g/m²).
Hergestellt in Deutschland.

Bibliografische Information der Deutschen Nationalbibliothek:
Die Deutsche Nationalbibliothek verzeichnet diese Publikation in der Deutschen Nationalbibliografie; detaillierte bibliografische Daten sind im Internet über *http://dnb.dnb.de* abrufbar.

ISBN 978-3-8362-8318-2

1. Auflage 2021
© Rheinwerk Verlag, Bonn 2021

Informationen zu unserem Verlag und Kontaktmöglichkeiten finden Sie auf unserer Verlagswebsite **www.rheinwerk-verlag.de**. Dort können Sie sich auch umfassend über unser aktuelles Programm informieren und unsere Bücher und E-Books bestellen.

Inhalt

TEIL II   Gelesen werden: Sichtbarkeit für den Blog

TEIL III   Vom Blog zur Community

13   Was ist eine Community, und wozu brauchst du sie?

14   Eine Bindung aufbauen mit dem eigenen Newsletter

TEIL IV   Den Blog strategisch ausbauen und wachsen lassen

Vorwort

Im Jahr 2017 hatte ich die Idee, endlich ein Buch zu schreiben und zu veröffentlichen. Es sollte ein Buch werden, das Menschen ganz praktisch dabei hilft, ein Ziel zu erreichen. Und zwar eins, das ich selbst für sehr lohnenswert hielt. Von dem ich was verstand. Das konnte nur das Bloggen sein.

Ich habe meinen ersten Blog 2010 gestartet. Eigentlich waren es zwei Blogs, und so richtig funktionierte das nicht. Vorher hatte ich mit verschiedenen Websites herumprobiert, mit Flash-Intros und kurzen, persönlichen Geschichten. Richtig ernst wurde es aber erst, als ich 2011 gemeinsam mit einer Freundin einen Literaturblog gründete. Wer noch nie gebloggt hat, wird wahrscheinlich denken: »Ach ja, ein Hobby.« Und genau so war es ja auch ursprünglich gedacht. Aber meiner Erfahrung nach bleibt ein Blog nie ein Hobby. Entweder er wird zu einem dauerhaften nicht ganz kleinen Projekt – oder man lässt es irgendwann wieder sein. Bei mir war es Ersteres. Und ich weiß auch, warum das so war. Mir fallen nur sehr wenige Möglichkeiten ein, mit denen man aus eigener Kraft etwas so Großes erschaffen kann, das Menschen berührt, Leben verändert und irgendwann sogar ein Einkommen generiert. Ein Computer, ein bisschen Webspace, minimales technisches Verständnis reichen, um aus einer Idee eine Website werden zu lassen, die ihr Eigenleben entwickelt. Okay, und harte Arbeit. Und manchmal ein bisschen Geduld. Aber das war es schon. Wenn du diese Dinge hast (und ich bin mir sicher, du hast sie), kannst du mit deinem Blog starten. Glaub mir, es ist eine lebensverändernde Erfahrung. Für dich und auch für die Menschen, die deinen Blog lesen werden.

Wenn du selbst schon bloggst, kannst du meine Erfahrung vielleicht bestätigen. Und wenn nicht, wünsche ich mir sehr für dich, dass du genau das bald erlebst. Vielleicht sogar ganz bald. Denn – ich komme mal zum Buch von 2017 zurück – das war mein Wunsch damals: Ich wollte Menschen helfen, diesen Weg zu gehen, ohne sich alles Wissen an 20 Stellen zusammensuchen zu müssen. Ohne die gleichen Fehler wie ich zu machen. Dafür sollten sie aber so schnell wie möglich Erfolge – in Form von Besucher*innen auf ihrer Website – erleben. Denn Erfolge führen dazu, dass wir weitermachen und uns nicht aufhalten lassen, wenn's mal schwieriger wird. Also habe ich einen Masterplan gemacht, wie man in nur sieben Tagen alles aus dem Weg räumt, zehn Artikel schreibt und 100 Menschen auf dem Blog begrüßen kann. Ja, das hat geklappt.

Mittlerweile haben wir das Jahr 2020. Ich habe in den letzten drei Jahren ca. zehn Blogs gestartet und einige davon auch wieder eingestellt. Die meisten, um ehrlich zu sein. Es war für mich eine Phase des Ausprobierens, des Suchens und letztlich auch des Findens. Dabei habe ich viel gelernt, was ich 2017 noch nicht annähernd

wusste. Ich finde den Gedanken, in sehr kurzer Zeit den riesigen Berg an Anfangs-
arbeiten aus dem Weg zu räumen, immer noch charmant. Gleichzeitig reicht mir das
nicht mehr für ein Buch übers Bloggen. Denn wenn mal alles aufgebaut ist, wird's ja
erst richtig spannend. Und dieses »richtig Spannende« findet sich jetzt in diesem
Buch. Das Aus-dem-Weg-Räumen auch. In Form einer Fast Lane (Kapitel 2), mit der
du starten kannst. Wenn du dann mit deinem Blog erste Erfahrungen gesammelt
hast, kannst du dir die Dinge herauspicken, die dich am meisten ansprechen.

Dieses neue Buch fühlt sich runder, vollständiger und fertiger an. Du findest darin
alles, was du brauchst, um mit dem Bloggen zu starten und um anschließend deinen Blog professionell auszubauen. Dabei geht's mir immer darum, erst mal anzufangen, Ergebnisse zu erreichen und Sachen auszuprobieren, ohne sich was zu verbauen. Ich wünsche mir, dass du Freude an deinem Blog hast – selbst an Dingen
wie Technik und Recht, bei denen die meisten zusammenzucken. Auch diese Dinge
gehören dazu. Beziehungsweise machen es erst möglich, Blogs in ihrer jetzigen
Form zu betreiben. Darüber können wir uns eigentlich freuen. Also, ich tu's. Und
vielleicht kann ich dich mit meiner Begeisterung fürs Bloggen und meiner Gelassen-
heit bei allem Drum und Dran ja ein bisschen anstecken.

Ach so, vielleicht ist es dir aufgefallen. Ich habe auf der letzten Seite »Besucher*innen« geschrieben. Mit Sternchen. Ja, ich mache das so. Warum? Weil es mir nicht
wehtut. Und weil Sichtbarkeit etwas ist, auf das jeder Mensch ein Recht haben
sollte.

Sprache kann sichtbar machen. Mit einem so einfachen, hübschen und positiven
Zeichen wie einem Sternchen. Auch in dieser Hinsicht habe ich in den letzten Jahren
viel dazugelernt – unter anderem auf Blogs, auf denen Menschen sich die Stimme
geholt haben, die ihnen vorher nicht gegeben wurde.

Denn wie gesagt: Blogs können Leben verändern. Und hoffentlich auch deins. Ich
freu mich, dass du dich mit mir auf dieses Abenteuer einlässt. Es wird sich lohnen,
da bin ich mir sicher.

1 Der Siegeszug der Blogs

Blogs haben eine lange Geschichte – sie gehörten zu den ersten privaten Internetseiten, auch wenn es damals noch nicht diesen Namen gab. Mittlerweile sind Blogs mehr als nur Hobby: Sie werden von Unternehmen und Selbstständigen genutzt, um im Internet Kund*innen zu finden.

Anfang der Nullerjahre begannen Menschen, vom Web 2.0 zu sprechen – vom partizipativen Internet, an dem alle teilhaben konnten, aktiv, nicht nur als Leser*innen. Plötzlich war klar, dass Menschen nicht einfach Informationen auf Websites recherchieren und auch mal eine E-Mail schreiben wollten. Nein, sie wollten selbst ins Internet, präsent sein, etwas über sich und ihre Interessen verkünden. Und Blogs waren das ideale Medium dafür.

1.1 Wie alles begann: Bloggen als Hobby

Tatsächlich gab es Weblogs – also Internet-Tagebücher – schon lange vor dem Begriff *Web 2.0*. Sie gehörten zu den ersten Websites, die private Nutzer*innen betrieben und auf denen sie über Alltägliches, Ideen und Gedanken berichteten. Noch unstrukturiert und nicht so fokussiert, wie das heute der Fall ist, aber wenn man sich frühe Websites von Privatpersonen anschaut, würde man sie heute ganz klar als Blogs einstufen.

Auch heute fangen viele Menschen ihren Blog noch als Hobby, als öffentliches Tagebuch an. Sie haben den Drang, ihre privaten Interessen anderen Menschen näherzubringen, ihr Wissen zu teilen und vielleicht auch Gleichgesinnte zu treffen. Oft wird hier vor allem der Familien- und Bekanntenkreis angesprochen. Doch was als Hobby und private Seite beginnt, wird meist bald größer. Denn Bloggen entwickelt schnell eine Sogwirkung: Zum eigenen Thema fallen einem neue Fakten ein, man steigt immer tiefer in die Materie ein, trifft Menschen, feiert kleine Erfolge, ändert Design und Struktur, befasst sich mit Rechtlichem – und plötzlich nimmt der Blog so viel Zeit im Leben ein wie sonst nur Arbeit und Familie. Viele private Blogger*innen verbringen nahezu jede freie Minute vor dem Rechner, um ihr kleines Seitenprojekt weiter voranzubringen.

Damals wie heute hat das Bloggen viel mit dem Schreiben zu tun: dem Prozess, Texte aus sich herauszuholen, Dinge einzuordnen, andere an den eigenen Gedanken teilhaben zu lassen oder diese Gedanken erst durchs Schreiben selbst zu verstehen. Der Tagebuchcharakter war gerade in den Anfängen noch stark ausgeprägt. Mit einem entscheidenden Unterschied: Im Blog sind die Texte und Gedanken öffentlich.

Vielleicht hast du dir ja auch überlegt, dass es da dieses eine Thema gibt, über das du schreiben möchtest. Von dem du findest, dass viel zu wenige Menschen darüber Bescheid wissen. Also so richtig. Und das es auf dieser Welt in dieser Form noch nicht gibt. Wenn ja, dann: herzlichen Glückwunsch! Du bist auf dem besten Weg, Blogger*in zu werden.

Wahrscheinlich liest du dieses Buch, weil du es von Anfang an richtig machen willst. Oder weil du schon auf eigene Faust angefangen hast und jetzt in einer Sackgasse steckst. Bei beidem kann das Buch dir helfen, und du wirst viele Anregungen finden, egal auf welchem Level du dich gerade befindest. Du kannst auch Dinge nachholen, die du vielleicht am Anfang nicht bedacht hast. Oder du fängst mit Sachen an, die für die meisten erst später kommen.

Das Gute beim Bloggen ist: Du kannst nicht wirklich viel falsch machen. Aber dafür kannst du sehr viel richtig machen. Und mit der richtigen Strategie und nützlichem Hintergrundwissen kannst du aus deinem Hobby sogar etwas Größeres schaffen. Ein Hobby, das dich mit anderen Menschen zusammenbringt. Ein erfolgreiches Hobby. Und vielleicht irgendwann sogar einen Beruf.

Denn Blogs ziehen Besucher*innen magisch an. Nicht sofort, nicht ohne Mühe. Aber: Google mag Blogs. Weil dort meistens sinnvolle Sachen drinstehen, weil die Texte authentisch und nicht kommerziell erstellt sind und weil sich dort regelmäßig viel tut. Es kommen neue Artikel hinzu, es werden alte aktualisiert, und zwischen Autor*innen und Leser*innen finden Interaktionen statt. Genau solche Seiten suchen die Suchmaschinen (dazu mehr in Kapitel 10, »Der nachhaltige Weg: In Suchmaschinen ranken«) und zeigen sie bevorzugt an. Dass du all den Menschen, die deinen Blog aufsuchen werden, irgendwann auch etwas anbietest, ist ja quasi nur höflich.

Vielleicht planst du jetzt noch nicht, deinen Blog irgendwann zu professionalisieren und zu monetarisieren. Das macht auch überhaupt nichts. Blogs, die nicht darauf ausgerichtet sind, Geld zu verdienen, sind oft eine wahre Wohltat. Und haben absolut ihre Berechtigung. Aber: Ich bin der Meinung, dass Blogger*innen, die so viele Stunden ihrer Lebenszeit in die Erstellung kostenloser Inhalte stecken, gerne auch eine kleine Entschädigung dafür bekommen können. Schließlich leben wir in einer Gesellschaft, in der man normalerweise für Arbeit bezahlt wird. Warum also nicht fürs Bloggen? Zumindest wäre es doch sicher auch für dich schön, die Kosten, die dieses Hobby mit sich bringt, auszugleichen. Auch zu diesem Thema findest du in diesem Buch Anregungen. Und wahrscheinlich wirst du sie schneller umsetzen wollen, als du heute noch glaubst.

Wenn dein Blog »nur« dein Hobby sein soll, reicht für dich fürs Erste Kapitel 2, »Die Fast Lane zum eigenen Blog«. Du kannst dann in hoher Geschwindigkeit deinen Blog auf ein professionelles Niveau bringen, von dem aus du einfach in deinem Tempo weiterschreibst und dich vernetzt. In den anderen Kapiteln findest du dann Anregungen dafür, deinen Blog Stück für Stück noch besser zu machen – zum Beispiel indem du deinen Schreibstil verbesserst, einen begleitenden Social-Media-Kanal aufbaust oder dich mit anderen vernetzt.

Denn eins ist klar: Wenn du dich fürs Bloggen als Hobby entschieden hast (oder über dein Hobby bloggen willst), wird das einiges bei dir verändern und auslösen. Du zeigst dich der Welt, du kommst mit anderen Menschen in Kontakt, du schreibst sehr viele Texte – und Texte zu schreiben ändert immer etwas in uns. Insofern ist Bloggen auch heute noch, mit mehreren 100.000 aktiven deutschsprachigen Blogs, ein lohnendes und bereicherndes Hobby. Eins, das viel Arbeit bringt. Und noch mehr Freude.

1.2   Der einfachste Weg zur eigenen Website: Bloggen für Selbstständige

Die Hobby-Blogs werden gefühlt immer weniger, während professionell betriebene Websites mit integriertem Blog allgegenwärtig sind. Vor allem Coaches, Selbstständige und andere Expert*innen nutzen Blogs gerne, um auf ihre Expertise und ihre Dienstleistungen hinzuweisen. Dabei spielen zwei Gründe zusammen:

1. Es gibt kaum einen einfacheren Weg, eine individuelle und ausbaufähige Website aufzusetzen, als den in Form eines WordPress-Blogs. Die Möglichkeiten, selbst gestalterisch einzugreifen, sind nahezu unbegrenzt. Es gibt unzählige Optionen, vorgefertigte Designs, Programmschnipsel, die alles exakt so anpassen, wie du es willst. Für Solo-Selbstständige ist WordPress ein Traum. Der technische Aufwand ist überschaubar und schnell zu erledigen. Das bedeutet, dass du deine WordPress-Website nicht nur selbst pflegen kannst, sondern auch keine Unterstützung brauchst, um sie von Grund auf aufzubauen. Das ist nämlich selbst mit nur rudimentären technischen Kenntnissen ganz leicht zu schaffen.

2. Wie oben schon geschrieben: Google mag Blogs. Das heißt, Solo-Selbstständige sparen sich nicht nur das Geld für eine Webagentur, sondern sie können auch ihr Onlinemarketing komplett selbst in die Hand nehmen. Und ja, das ist Arbeit. Aber es ist machbar. Wenn du von Anfang an ein paar Dinge beachtest, mit Plan und Strategie ans Werk gehst und regelmäßig präsent bist, wird dein Blog auch von Erfolg gekrönt sein.

Ein Blog ist also ein solider Weg, um als Einzelperson Sichtbarkeit zu erlangen. Er kann dir dabei helfen, dich als Expert*in zu positionieren und so mehr Kundschaft zu gewinnen. Auch ganz ohne Onlinebusiness. Dein Blog wird dann zu deiner Visitenkarte, zu deinem Flyer, zu deinem Schaufenster. Menschen finden deinen Blog über Google und Social Media und beauftragen dich später.

Wie dir der Blog dabei helfen kann? Ganz einfach: Er bietet dir ganz viele Möglichkeiten, dein Können zu zeigen. In Artikeln, Interviews, Videos oder Arbeitsproben. Wenn du regelmäßig zu Themen schreibst, zu denen du im beruflichen Kontext immer wieder Fragen erhältst, können Menschen erkennen, dass du die richtige Person für diese Fragestellungen bist. Du kannst dir so über die Zeit eine kleine Followerschaft aufbauen, die regelmäßig auf deiner Website ist und mehr von dir lesen will. So setzt du dich in der Nische als Expert*in durch und wirst automatisch mehr Menschen anziehen.

Hierfür solltest du zunächst die Fast Lane des Buchs durcharbeiten (siehe Kapitel 2). Du hast dann nämlich schon ein Gerüst, das live ist und auf dem du aufsetzen kannst. Dein nächster Schritt ist dann der Aufbau und die Planung hervorragender Artikel (Kapitel 7, »Bloggen heißt schreiben: Schreibtipps für den Blog«). Diese sind die Einladung an deine Kundschaft, auf deine Website zu kommen und sich deine Arbeit anzusehen. Im nächsten Schritt sorgst du dann in Kapitel 9, »Sofort Leser*innen ansprechen durch Social Media«, und Kapitel 10, »Der nachhaltige Weg: In Suchmaschinen ranken«, dafür, dass dein Blog sichtbarer wird. Dabei helfen dir auch die Zahlen aus Google Analytics (Kapitel 8, »Mit den richtigen Zahlen den Leser*innen auf der Spur«), in die du dich auf jeden Fall einarbeiten solltest, wenn du deinen Blog professionell nutzen willst.

Eine Positionierung als Expert*in strebst du mit deinem Blog jetzt vielleicht nur an, um dein aktuelles Geschäft ein wenig auszubauen. Über kurz oder lang wird der Blog aber sicher das Zentrum deines Business. Denn die Möglichkeiten, Menschen online zu unterstützen, sind riesig – und die Personen, die du so erreichen kannst, natürlich viel mehr als regional bei dir zu Hause. Deinen Blog kannst du perfekt ergänzen durch

- ▶ ein Buch,
- ▶ ein Onlinecoaching,
- ▶ einen Online-Kurs.

Auch hierzu findest du Anleitungen und Anregungen im Buch – ab Kapitel 18, »Warum überhaupt mit dem Bloggen Geld verdienen?«. Picke dir genau das heraus, was dir dabei hilft, als Selbstständige*r mit deinem Blog aus der Masse herauszustechen. Die Hürden sind niedrig, die Chancen dagegen hoch. Eine perfekte Kombination.

1.3 Traffic-Maschine fürs E-Commerce: Bloggen für Unternehmen

Dass Google Blogs mag, habe ich nicht nur schon erwähnt, sondern auch Unternehmen wissen das selbstverständlich längst. Gerade E-Commerce-Unternehmen sind bereits seit Langem darauf spezialisiert, Traffic für ihre Websites zu generieren. Sie haben große Onlinemarketing-Abteilungen, die sich um Google-Rankings und Social Media kümmern. Die Teams machen den ganzen Tag nichts anderes, als dafür zu sorgen, dass die richtigen Kund*innen auf die Seite kommen – und dort etwas kaufen.

Gerade die Suchmaschinenoptimierung – also das gezielte Anpassen von Websites für Google & Co. – ist dabei heiß umkämpft. Teams testen aus, wie der Algorithmus von Google funktioniert, und sorgen dafür, dass die eigene Website alles bietet, was Google und die Kundschaft suchen könnten. Das ist deswegen so beliebt, weil Suchmaschinen-Traffic außer Arbeit nichts kostet. Beliebte Suchbegriffe können Hunderttausende Menschen auf eine Website bringen – und das, ohne dass irgendjemand dafür Geld verlangt.

Auf der Suche danach, wie man den Suchmaschinen-Traffic noch erhöhen kann, haben E-Commerce-Unternehmen längst Blogs für sich entdeckt. Denn zu jedem Produkt, das Unternehmen verkaufen, kann man sich auch einen passenden Blog ausdenken. Touristikunternehmen starten Reise-Blogs, Shopping-Seiten Mode- und Lifestyle-Blogs (Abbildung 1.1). Und manche Unternehmen nutzen einfach die Chance, sich ihrer Kundschaft etwas näher zu präsentieren oder über Firmeninterna zu schreiben.

Für die Unternehmen ist das natürlich sehr gut. Sie bekommen noch mehr günstigen Traffic, auch wenn die Menschen, die auf den Blog kommen, vielleicht nicht sofort etwas kaufen wollen, sondern nur Inspiration suchen. Doch durch die Präsenz bei bestimmten Themen wird die Marke des Unternehmens bekannt, sodass die Menschen schließlich etwas kaufen. Und die Präsenz bei gut geführten Unternehmensblogs ist normalerweise sehr hoch. Denn: Unternehmen können auf große Teams zurückgreifen, jeden Tag einen neuen Artikel veröffentlichen – während Selbstständige vielleicht einmal pro Woche schreiben – und überlegen auch nicht lange, ob sie ein Tool anschaffen sollen, das ihnen hilft, noch besser zu werden.

Hobby-Blogger*innen kann das herzlich egal sein. Sie haben normalerweise eine andere Zielgruppe und oft ohnehin nicht die Ambition, Tausende von Menschen auf den Blog zu bringen. Für Solo-Selbstständige oder Blogger*innen, die sich mit Anzeigen oder Affiliate-Marketing etwas Geld dazuverdienen, sind die Unternehmensblogs ernsthafte Konkurrenz. Denn diese können mit großen Teams und Budgets dafür sorgen, dass sie schneller und stärker sichtbar werden als alle anderen.

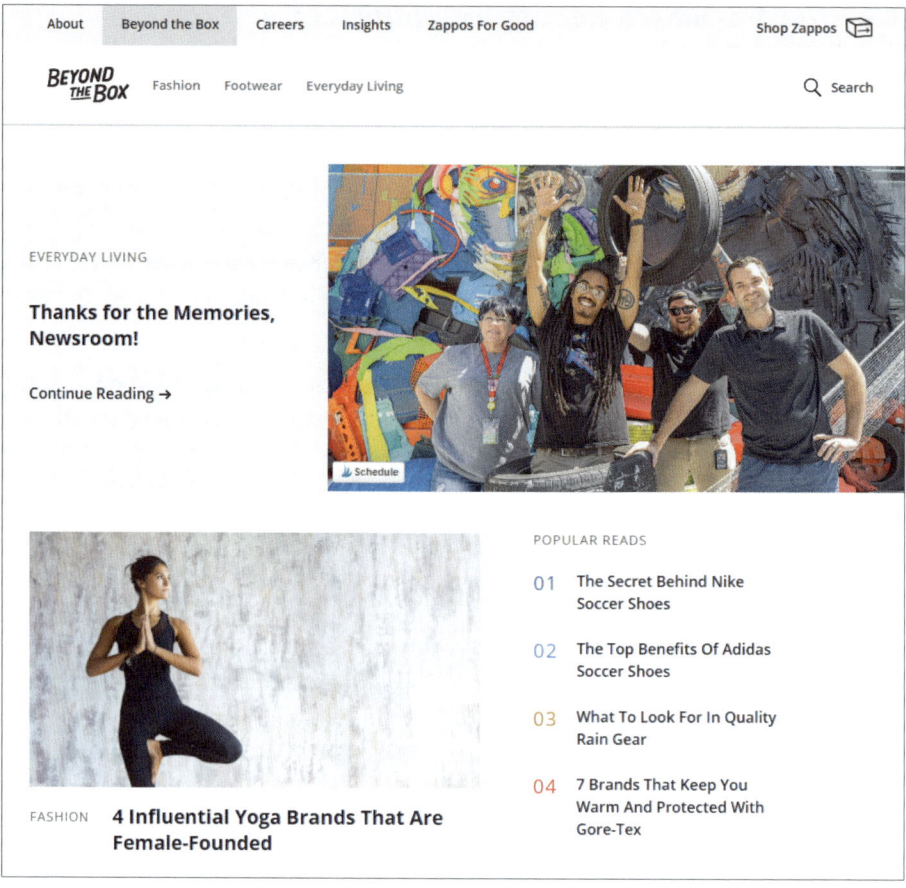

Abbildung 1.1 Unternehmensblog von Zappos, einem Schuhversand

Was kannst du als private*r Blogger*in dafür tun, dich gegen Unternehmensblogs durchzusetzen? Mein Tipp: Grenze dich ab. Sei anders. Und mache deine vermeintliche Schwäche im Vergleich zu großen Unternehmen zu deiner Stärke. Du bist nur ein einzelner Mensch und hast kein Team? Stimmt. Aber dafür weiß man bei dir genau, wer hinter deinen Produkten steht. Man sieht auf Anhieb auf deinem Blog, wer du bist. Du zeigst Persönlichkeit dort, wo Unternehmensblogs sie nur simulieren können.

Dazu gehört natürlich, dass du es zulässt, deine Persönlichkeit auf dem Blog sichtbar zu machen. Viele Blogger*innen schrecken davor zurück, weil Sichtbarkeit im Internet auch immer etwas Unkontrollierbares hat. Wenn du ein Coaching gibst, vor einer großen Gruppe sprichst oder auf einer Bühne stehst: Die Menge der Menschen, die dabei zuschauen, ist immer klar begrenzt und überprüfbar. Das gibst du im Internet auf. Du weißt nicht, wer deine Website ansieht (wie viele Menschen das sind, kannst du schon herausfinden). Aber diese große Bühne, die dir das Internet bietet, teilst du zum einen mit so vielen Menschen, dass niemand sich länger bei dir aufhalten wird, wenn er oder sie nicht ernsthaftes Interesse an deiner Arbeit hat. Und außerdem gehört es für dich als Selbstständige*r im Internet dazu. Anonyme Artikel mit (fast) unsichtbaren Autor*innen findet man nämlich auch auf Unternehmensblogs. Und zwar mehr, schneller und vielleicht sogar besser. Aber auf keinen Fall persönlicher.

1.4   Viele Wege führen zum eigenen Blog: Überblick über die verschiedenen Möglichkeiten

Egal für welche Zwecke du deinen Blog nutzen willst, du brauchst auf jeden Fall eine Plattform, auf der du alles speicherst, was du veröffentlichst. Es gibt ziemlich viele mögliche Plattformen, und wenn du neu im Bloggen bist, fällt dir die Auswahl wahrscheinlich schwer. Manche sind kostenlos, andere Anbieter verlangen eine geringe Gebühr. Und natürlich kannst du auch viel Geld für deinen Blog ausgeben, wenn du möchtest. Ich habe mich für dieses Buch entschieden, keine Auswahl an Möglichkeiten vorzustellen, aus denen du dir eine herauspickst. Stattdessen konzentriert sich dieses Buch ausschließlich auf WordPress als Eigeninstallation. Und ich erkläre dir natürlich auch, warum.

1.4.1   Warum WordPress als Eigeninstallation?

WordPress ist das mit Abstand am weitesten verbreitete Content-Management-System für Websites der Welt. Laut Statista betrug der Marktanteil von WordPress im November 2020 63,6 %.[1] WordPress ist Open-Source-Software. Das heißt, der Quellcode liegt offen, kann von jedem angesehen und bearbeitet werden. Das führt zu Folgendem:

▶ WordPress wird ständig weiterentwickelt. Millionen von Nutzer*innen sammeln Erfahrung, geben Feedback, bringen ihr Wissen ein. So wird die Software immer besser.

▶ Fehler im Code werden schnell behoben. Es gibt zwar ein Core-Team, aber eben auch zahlreiche engagierte Entwickler*innen in der Community, die WordPress vorantreiben.

---

1   Quelle: Statista, *https://de.statista.com/statistik/daten/studie/320670/umfrage/marktanteile-der-content-management-systeme-cms-weltweit/*

▶ Du kannst quasi jedes Problem damit lösen. Denn WordPress ist unglaublich flexibel. Es gibt die Basissoftware, die du durch Plug-ins erweitern kannst. Plug-ins können die Nutzeroberfläche verändern, neue Funktionen hinzufügen oder das Design anpassen. Es gibt mehr als 50.000 kostenlose Plug-ins, die du sofort in WordPress installieren kannst (Abbildung 1.2). Daneben gibt es noch unzählige Anbieter, die professionelle Plug-ins verkaufen.

▶ WordPress selbst ist kostenlos. Für Webspace zahlst du allerdings etwas, wenn du es selbst installierst.

▶ Die Technik ist schnell zu erlernen und leicht zu bedienen. Es gibt jüngere Baukastensysteme, die noch leichter in der Handhabung sind, und an manchen Stellen im Design merkt man WordPress das Alter an (zum ersten Mal wurde die Software 2003 veröffentlicht). Aber die anfänglichen Hürden hat man nach wenigen Tagen gemeistert, und ab da wird's einfach.

▶ Es bietet alle wichtigen Funktionen, um suchmaschinenoptimierte Websites zu erstellen.

▶ WordPress ist vergleichsweise schnell. Das kannst du selbst ändern, indem du etliche Plug-ins und langsame Themes installierst (zu beidem findest du in Kapitel 4, »Technische Anfangshürden meistern«, mehr Informationen), aber in der Grundfassung kannst du leichte und schnelle Websites damit bauen.

Einige Gründe also, die für WordPress sprechen. Aber warum Eigeninstallation? Und was ist das überhaupt?

Grundsätzlich hast du zwei Möglichkeiten, WordPress zu nutzen. Entweder du lädst dir die Software bei WordPress.org herunter und installierst sie auf deinem eigenen Server, oder du legst dir ein Konto bei WordPress.com an und nutzt es von dort aus. Ich empfehle die erste Variante. Und keine Sorge, du musst nicht wirklich Software herunterladen und auf irgendeinem Server installieren. Ich zeige dir einen einfachen Weg, bei dem du nur ein paar Klicks machen musst.

Viele Blogger*innen nutzen WordPress.com, weil sie sofort damit loslegen können und keinen Webspace brauchen, der im Normalfall auch Geld kostet. Allerdings liegt deine Website dann auf den Servern von WordPress und nicht auf deinen eigenen Servern. Natürlich gehören dir die Server deines Hosters, auf denen du WordPress in der Eigeninstallation nutzt, auch nicht wirklich. Aber du mietest sie und hast deswegen etwas mehr Kontrolle darüber. Du kannst dir von Anfang an eine eigene URL besorgen und mit dieser schneller und besser ranken und darüber hinaus professioneller wirken. Das geht zwar auch mit WordPress.com, aber dann ist der Service auch schon nicht mehr kostenlos. Überhaupt ist das Gratisargument nur bedingt gültig. Denn einige Funktionen – auch solche, die ich hier im Buch vorstelle – sind zwar mit WordPress.com umsetzbar, aber nur in der Pro-Version. Das gibt es bei einer Installation von WordPress.org nicht – also bei der selbst gehosteten Variante. Eine sehr gute Übersicht darüber, was in welcher Variante möglich ist, findest du hier: *https://www.wpbeginner.com/beginners-guide/self-hosted-wordpress-org-vs-free-wordpress-com-infograph*.

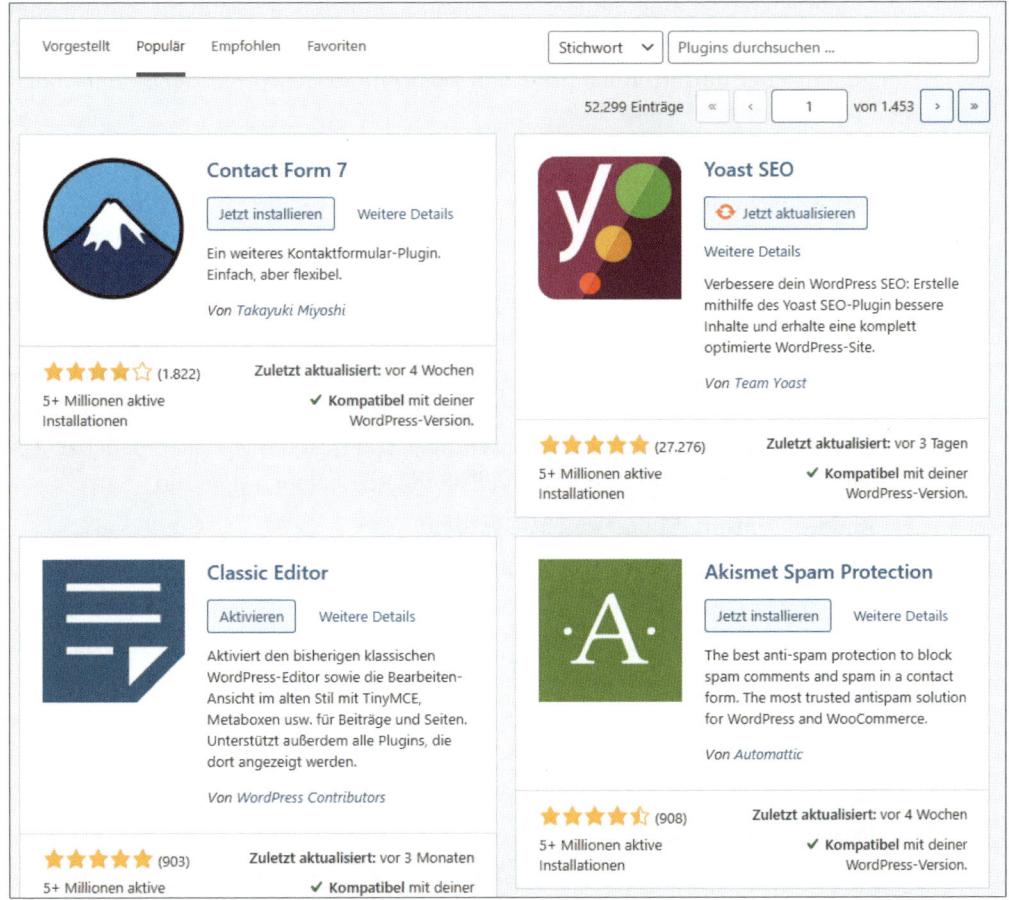

Abbildung 1.2 Mehr als 50.000 Plug-ins in WordPress

Technisch komplizierter ist es ebenfalls nicht. Es gibt dir aber mehr Freiheit. Vielleicht brauchst du ein paar Stunden länger, um loslegen zu können. Aber in den Stunden bastelst du nicht an der Software herum, sondern du wartest einfach darauf, dass dein Hoster deine URL konnektiert. Wenn du also vorhast, deinen Blog irgendwann professionell(er) zu nutzen, starte am besten sofort mit einer Eigeninstallation von WordPress. Ein späterer Umzug ist aufwendig, lästig und kann auch zu Einbußen zum Beispiel im Google-Ranking führen, wenn du ihn nicht korrekt durchführst.

1.4.2 Welche Alternativen gibt es?

Neben WordPress hast du im Grunde vier weitere Optionen, deinen Blog zu starten. Wenn du dich für eine von ihnen entscheidest, kannst du trotzdem einiges aus dem Buch mitnehmen. Teile von Kapitel 4, »Technische Anfangshürden meistern«, und Kapitel 5, »Den Blog mit Designelementen individuell gestalten«, passen aber dann nicht für dich. Außerdem zeige ich im Buch immer wieder, wie du bestimmte Dinge einfacher umsetzen kannst – und zwar grundsätzlich mit der Eigeninstallation von WordPress.

Das gesagt, kannst du folgende Dinge tun, um deinen Blog zu betreiben, wenn du WordPress nicht nutzen willst – sortiert von sehr aufwendig bis ganz einfach:

▶ **Eigenentwicklung**

Für einen Blog brauchst du Webspace und ein Content-Management-System. Du kannst natürlich auf nichts anderes zurückgreifen und einfach deinen eigenen Server hosten und ein eigenes Content-Management-System entwickeln. »Einfach«. Wenn du Spaß an technischen Tüfteleien hast oder ein Unternehmen betreibst, das ganz spezielle Anforderungen stellt, ist das vielleicht denkbar. Ansonsten ist diese Option nur der Vollständigkeit halber aufgeführt.

▶ **Andere Content-Management-Systeme**

WordPress ist natürlich nicht das einzige CMS auf der Welt. Es gibt noch etliche andere wie Drupal oder Joomla. Vielleicht hast du mit einem der Systeme Erfahrung aus einem Job oder nutzt es selbst schon länger. In dem Fall ist es für dich wahrscheinlich leichter, einfach damit weiterzumachen. Wenn du aber sowieso eine neue Software erlernen musst, kannst du dich auch gleich für die entscheiden, die am meisten genutzt wird, am besten dokumentiert ist und am flexibelsten ist. Genau. WordPress.

▶ **Website-Baukästen**

Baukastensysteme für Websites gab's schon 2002 (da habe ich meine erste Seite mit einem aufgesetzt). Allerdings haben sie in den letzten Jahren noch mal eine echte Renaissance erlebt und sich zu professionellen Alternativen entwickelt. Das hängt natürlich auch mit Blogs zusammen: Viele Menschen wollen bloggen, und wer eine richtig gut aussehende Website haben will, aber gar keine Lust hat, sich mit Technik auseinanderzusetzen, ist mit einem Baukastensystem gut bedient. Anbieter von Baukastensystemen sind beispielsweise Jimdo, Squarespace oder Wix. Du erstellst dort einen Account und kannst sofort damit anfangen, deine Website zusammenzuklicken. Du wählst aus Vorlagen aus, die du anpasst. Das geht sehr schnell und ist optisch wirklich hervorragend. Du hast auch einige Möglichkeiten, andere Software wie zum Beispiel einen Newsletter-Anbieter per Schnittstelle einzubinden. Und natürlich gibt's ein Blog-Modul, das von außen genauso aussieht, wie man es von WordPress gewohnt ist. Allerdings sind diese Systeme nur innerhalb ihrer eigenen Grenzen flexibel. Du hast zum Beispiel nicht die gleichen Möglichkeiten, deine Websites für Suchmaschinen oder für den Verkauf zu optimieren. Das sind Dinge, die dich am Anfang vielleicht nicht stören, über die du aber schnell stolpern wirst, wenn du deinen Blog professionalisieren willst.

▶ **Blog-Plattform**

WordPress.com ist eine sogenannte Blog-Plattform: Du erstellst einen Account und kannst sofort mit deinem Blog loslegen. Dein Blog wird auf der Plattform gehostet, und normalerweise erhältst du nur eine Subdomain (z. B. *deinname. wordpress.com*). Wenn du deine eigene Domain haben möchtest, geht das auch, kostet aber Geld. Die bekannteste Alternative zu WordPress.com ist Blogger, der Service von Google. Auch hier kannst du sofort loslegen. Allerdings sind genauso wie bei WordPress.com die Möglichkeiten, die du hast, eingeschränkt.

Meine Erfahrung ist: Die angebotenen Optionen reichen oft irgendwann nicht mehr für die eigenen Ziele aus. Das liegt natürlich auch daran, dass die meisten anderen Blogs WordPress nutzen und den Funktionsumfang ausschöpfen oder sogar erweitern. So schnell wie in der Entwicklung von WordPress geht es woanders normalerweise nicht voran. Wenn du dann zu WordPress-Nutzer*innen in Konkurrenz stehst, aber nicht die gleichen Funktionen zur Verfügung hast, stehst du ab einem bestimmten Punkt vor der Entscheidung, das zu akzeptieren oder doch den Umzug zu WordPress anzutreten. Und dann kannst du auch gleich damit anfangen.

Ich selbst habe übrigens das Bloggen nicht mit WordPress begonnen. Weil ich auf den Tipp gehört habe, es mir am Anfang leicht zu machen und in einem Portal zu bloggen. Und weißt du was? Nach zwei Jahren bin ich umgezogen. Das hat mich Geld, viel Zeit und Nerven gekostet, und ich habe noch Monate später die Auswirkungen gespürt oder Dinge gefunden, die aus dem alten System kamen und störten.

Tipp

Ich bin immer dafür, eine möglichst einfache Lösung zu finden und Dinge erst einmal auszuprobieren, um überhaupt ins Tun zu kommen. Zu dieser Regel gibt es aber auch Ausnahmen. Und die Auswahl des Content-Management-Systems ist eine davon. Mit einer falschen Entscheidung kannst du dir für die Zukunft Wege verbauen oder es dir unnötig schwer machen. Daher rate ich dir an dieser Stelle, ausnahmsweise nicht mit der unkompliziertesten Lösung anzufangen, sondern mit der, die deinen Blog nachhaltig wachsen lassen wird.

2   Die Fast Lane zum eigenen Blog

Du möchtest am liebsten so schnell wie möglich deinen ersten Blog starten, aber kein ganzes Buch durcharbeiten? Dann ist die Fast Lane die Lösung für dich. Hier habe ich für dich die Punkte zusammengestellt, die du am Anfang unbedingt erledigen musst, um mit dem Bloggen loslegen zu können. Der Rest kann dann warten.

To-do	Siehe
Blog-Thema bestimmen	Abschnitt 3.1
Name festlegen	Abschnitt 3.2
URL und Webspace sichern	Abschnitt 3.3
WordPress installieren	Abschnitt 4.1
Theme installieren (z. B. Astra)	Abschnitt 4.3
Erste Plug-ins installieren	Abschnitt 4.4
Startseite einrichten	Abschnitt 4.5
Impressum anlegen	Abschnitt 6.2
Datenschutzerklärung anlegen	Abschnitt 6.3.2
Header- und Footer-Menü einrichten	Abschnitt 4.6
Seitenleiste, Header und Footer einrichten	Abschnitt 5.2
Farben und Schriftarten auswählen	Abschnitt 5.3
SSL-Verschlüsselung einrichten	Abschnitt 6.3.1
Auftragsdatenverarbeitung mit dem Hoster abschließen	Abschnitt 6.3.3
Cookie-Consent-Tool einrichten	Abschnitt 6.3.4
Verfahrensverzeichnis anlegen	Abschnitt 6.3.5
Den ersten Post schreiben	Abschnitt 7.2
Einen Redaktionsplan anlegen	Abschnitt 7.8

Tabelle 2.1 Fast Lane zum Blog

Deine ersten Plug-ins sollten folgende sein: Editorial Calendar, AntiSpam Bee, Autoptimize, Shariff Wrapper, Yoast SEO, Remove IP und ggf. UpdraftPlus. Mit ihnen hast du alles Wichtige abgedeckt. Um weitere Plug-ins kümmerst du dich später.

Wenn du diese Punkte durchgearbeitet hast, steht dein Blog, und du bist mit deinem Redaktionsplan sogar für die nächste Zeit gewappnet. Im Anschluss solltest du nun Kapitel 7, »Bloggen heißt schreiben: Schreibtipps für den Blog«, komplett durcharbeiten, um deine Texte zu verbessern und um schneller zu schreiben. Danach kannst du dich damit beschäftigen, wie du Besucher*innen auf deine Seite bringst. Das erkläre ich in Kapitel 9, »Sofort Leser*innen ansprechen durch Social Media«, und Kapitel 10, »Der nachhaltige Weg: In Suchmaschinen ranken«. Alles andere kannst du dann nach und nach bearbeiten, während dein Blog weiterwächst. Am besten kehrst du später auch zu den frühen Kapiteln zurück. Denn du wirst nach ein paar Monaten des Bloggens besser verstehen, warum du manche Dinge auf eine bestimmte Weise umgesetzt hast. Das wird dir Anregungen für weitere Entwicklungen geben.

Teil I

Von der Idee zum Blog

3 Mit Plan starten: Das Konzept für den eigenen Blog

Natürlich kannst du mit deinem Blog einfach so loslegen. Aber du erleichterst dir den Einstieg und vor allem alle späteren Schritte, wenn du planvoll vorgehst und ein bisschen vorausdenkst. In diesem Kapitel erfährst du, wie das geht.

Jedes erfolgreiche Projekt beginnt mit einem Plan. Auch dein Blog. In diesem Kapitel lernst du, worüber du dir am Anfang Gedanken machen solltest, um dir nichts zu verbauen, und was getrost bis später warten kann.

Vielleicht willst du am liebsten sofort mit deinem Blog loslegen und hast gar keine Lust, vorher lange zu planen. Oder du hast schon längst mit dem Bloggen begonnen und wünschst dir nur schnell ein paar Tipps dazu, wie es noch besser funktioniert. Und beides kann ich absolut verstehen. Bevor du jetzt aber weiterblätterst und dieses Kapitel überspringst, nur weil das Wort »Plan« drübersteht, gebe ich dir zwei Tipps aus meinem Erfahrungsschatz (Leben, nicht Blog). Den ersten Tipp habe ich von meinem Fahrlehrer: Wir bewegen uns immer dahin, wohin wir schauen. Und wenn du planlos durch die Gegend schaust – natürlich im übertragenen Sinn –, kommst du mit deinem Blog wahrscheinlich nirgends an. Für den zweiten Tipp habe ich selbst ein bisschen gebraucht, aber das macht ihn nicht weniger wertvoll. Du kannst alles ändern. Jederzeit. Nur: Um etwas zu ändern, musst du erst mal etwas haben. Zum Beispiel einen Plan. Und um den geht's in diesem Kapitel.

3.1 Auf den Punkt: Das Thema für den Blog finden und eingrenzen

Du hast dich also entschieden, deinen eigenen Blog zu starten oder ihn aufs nächste Level zu bringen. Das ist schon mal der wichtigste Schritt, und alles andere folgt (fast) automatisch. Wahrscheinlich hast du dir bereits ein Thema für deinen Blog überlegt und bestimmt auch schon die ersten Ideen für Artikel. Vielleicht hast du dir die Frage, worüber du bloggen sollst, bisher gar nicht gestellt, weil dir die Antwort darauf so klar scheint.

Trotzdem ist es meiner Erfahrung nach sinnvoll, das Thema für den Blog noch mal genauer unter die Lupe zu nehmen. Schließlich wirst du im Idealfall die nächsten

Jahre (Jahrzehnte!) mit diesem Thema verbringen und sollst auch nach den ersten Wochen noch Spaß daran haben. Im besten Fall willst du natürlich regelmäßig andere Menschen mit deinen Artikeln erreichen. Und auch dafür ist das Thema wichtig. In zweierlei Hinsicht: Du willst ein Thema haben, für das sich viele Menschen begeistern können und zu dem sie online nach Informationen suchen. Gleichzeitig möchtest du mit deinem Blog nicht in der Masse untergehen. Denn wenn es schon 40 andere Blogs zu einem Thema gibt, die bereits viel mehr Inhalt bieten als deiner, wirst du einiges tun müssen, um an ihnen vorbeizuziehen.

Das Zauberwort, das dir beide Probleme löst, lautet: Nische.

Gerade in den Anfängen der Blog-Zeit entstanden viele Websites, die sich mit allem beschäftigten: mit Katzen, mit Avocado-Toasts, mit Filmkritiken. Da das Medium noch neu war und praktisch jede »Nachricht« im Internet auf begeisterte Fans stieß, war das kein Problem. Heute suchen Menschen jedoch gezielter nach Informationen. Was das für dich und deinen Blog bedeutet, erkläre ich dir anhand eines Beispiels.

Stell dir vor, du möchtest einen Hund kaufen. Noch konkreter: einen Husky. Du bist dir nicht sicher, ob es überhaupt sinnvoll ist, in Mitteleuropa Huskys zu halten, und startest eine Internetrecherche. Und triffst dabei auf zwei Blogs. Auf Blog eins erzählt dir Martin von seinem Leben mit Husky-Hündin Bella. Es geht um Reisen, Arbeiten, aber auch um Themen, die Martin sonst noch interessieren: sein Rennrad, das Leben in seiner Lieblingsstadt Trier und seine Erfolge mit der Keto-Diät. Die Artikel über die Huskys findest du spannend, und nach Trier wolltest du auch mal irgendwann. Aber der Rest interessiert dich überhaupt nicht. Du nimmst dir ein paar Informationen mit, die dir nützlich scheinen, und kehrst dann zurück zur Suchmaschine deiner Wahl. Und dort findest du dann den Blog »The Pawsome Tyroleans« (siehe Abbildung 3.1). Du erkennst auf den ersten Blick, dass es hier um Huskys geht – und um fast nichts anderes. Jedes Bild, jede Artikelüberschrift hat genau ein Thema.

Wenn du in Zukunft noch einmal Informationen zu Huskys suchst – auf welchen Blog wirst du wahrscheinlich gehen?

3.1.1   Keine Angst vor der Nische

Gerade anfangs haben viele Sorge, dass eine zu enge Nische den Blog ausbremsen könnte – schließlich werden damit weniger Menschen direkt angesprochen. Du kannst dir deinen Blog aber als Trichter vorstellen (tatsächlich verwendet man den Begriff auch im E-Commerce). Du sprichst viele Menschen an, es bleiben am Ende aber wenige übrig, die wirklich Fans deines Blogs werden. Eine enge Nische ist ein enger Trichter. Es fühlen sich zwar nicht so viele Menschen auf den ersten Blick angesprochen. Aber die, die bei dir vorbeischauen, bleiben dann auch bei dir, weil dein Blog genau zu ihnen passt.

Wähle deine Nische daher anfangs lieber etwas enger. Wenn du nach und nach dein Stammpublikum aufbaust, wirst du von ihnen erfahren, was sie außerdem noch interessiert. Dann kannst du Stück für Stück dein Thema erweitern oder ergänzen, ohne dass du dich von Anfang an verzettelst.

Deine Nische – oder dein Thema, falls du noch keins hast –, kannst du anhand der folgenden Kriterien ganz einfach entwickeln und eingrenzen.

3.1.2   Blogge über ein Thema, das dich begeistert

In den nächsten Jahren wirst du im besten Fall zwei bis drei Mal pro Woche über das Thema, das du gewählt hast, schreiben. Daher solltest du dir sicher sein, dass das Thema dich selbst nicht in zwei Wochen langweilt. Du bist seit deiner Kindheit begeisterter Hockeyfan? Super, das wird sich sicher nicht so schnell ändern. Du hast letzte Woche etwas über die tibetische Küche gelesen und bist jetzt Feuer und Flamme? Vielleicht wartest du erst einmal, ob sich das nicht doch wieder legt. Wenn dein Thema dir keinen Spaß mehr macht, wird dein Blog sehr schnell einschlafen. Und dafür ist die Arbeit, die du gerade in der Anfangszeit in deinen Blog stecken wirst, zu schade. Je mehr du in der Anfangsphase dranbleibst und deinen Blog voranbringst, desto schneller wird er wachsen und dir Erfolgserlebnisse bringen – die dich dann natürlich auch wieder motivieren.

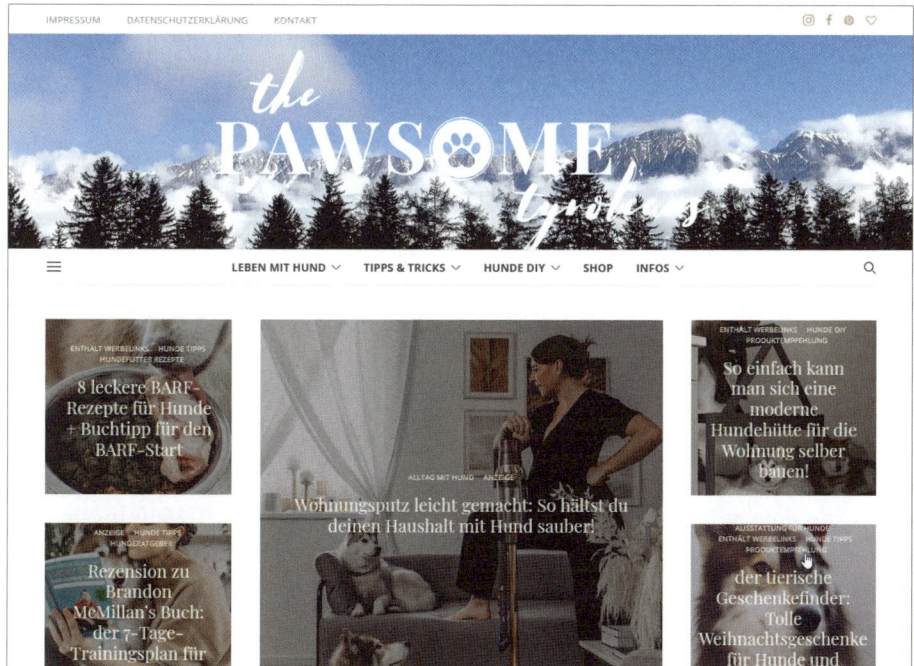

Abbildung 3.1 The Pawsome Tyroleans – Beispiel für eine gelungene Themeneingrenzung

3.1.3   Blogge über ein Thema, mit dem du dich (ein wenig) auskennst

Wenn du Menschen dazu bringen möchtest, regelmäßig auf deinen Blog zu kommen und dort deine Artikel zu lesen, musst du ihnen Informationen bieten, die sie woanders nicht (oder nicht so gut) bekommen. Daher ist es wichtig, dass du nicht nur über Dinge bloggst, die du spannend findest, sondern dass du anderen etwas über diese Dinge beibringen kannst. Dafür musst du kein einzigartiges Spezialwissen auf einem Gebiet angesammelt haben, aber du solltest mehr über das Thema wissen als viele der Menschen, die deinen Blog besuchen sollen. Meist wird es aber ohnehin so sein, dass die Themen, für die du dich begeistern kannst, dieselben sind, in denen du dich auch ganz gut auskennst. Und keine Sorge: Mit dem Bloggen wächst auch automatisch deine Expertise zu deinem Thema.

3.1.4   Blogge über ein Thema, für das sich Menschen interessieren

Es reicht nicht aus, wenn du selbst von deinem Thema begeistert bist. Zumindest ein paar potenzielle Interessierte solltest du mit deiner Begeisterung anstecken können. Gerade persönliche Themen sind zunächst einmal nur etwas für dich und deine Familie. Aber du kannst sie so anpassen, dass auch andere sich darin wiederfinden können. Wenn du gerne über dein Zuhause bloggen möchtest, wähle Themen, die auch andere Menschen interessieren – zum Beispiel wie du auf kleinem Raum Ordnung hältst oder deine Büchersammlung unterbringst. Wenn du gerne mit deinen Kindern verreist, kannst du Tipps für Eltern geben, wie sie den perfekten Familienurlaub planen können.

Falls dir dein Thema immer noch fehlt, gebe ich dir einen Überblick über beliebte Themen für Blogs. Mit Sicherheit findest du auch eines, das dir liegt. Damit du nicht in die Avocado-Toast-Falle tappst, habe ich außerdem ein paar Vorschläge dazu gesammelt, wie du jedes einzelne etwas einengen kannst.

- ▶ Musik (z. B. Grunge, Musik der 1970er-Jahre, eine bestimmte Band)
- ▶ Bücher (z. B. moderne angelsächsische Literatur, Coming-of-Age-Romane, Science-Fiction)
- ▶ Filme (z. B. Horrorfilme, eine bestimmte Regisseurin, die Erklärung von mehrdeutigen Filmenden)
- ▶ Gesundheit (z. B. unterschiedliche Ernährungsweisen, Sport, Nahrungsmittelergänzung)
- ▶ Theater (z. B. die Theaterszene einer bestimmten Stadt, moderne Theaterstücke aus Frankreich)

- Reisen (z. B. eine bestimmte Stadt, Tipps für vegetarische Ernährung auf Reisen, Fernreisen mit kleinen Kindern)

- Naturwissenschaften (z. B. Entdeckungen in der Astronomie, Mathe-Tipps für die Schule)

- Handwerk/Do it yourself (z. B. Upcycling durch Nähen aus alter Kleidung, Stricken moderner Mode, die an bestimmte Designs erinnert)

- Beauty (z. B. Styling-Tipps für überdurchschnittlich große Männer, Schminktipps für Frauen ab 40)

- Business (z. B. Karriere, Selbstständigkeit, Tipps für Führungskräfte)

- Essen (z. B. zuckerfreie Rezepte, Motivbacken für Kinder, kreative Ideen fürs Raclette)

- Technik (z. B. Smart-Home-Programmierung, Lautsprecher selbst bauen, Bildbearbeitung für Ungeduldige)

3.2 Eindeutig und unvergesslich: Der perfekte Name für den Blog

Du hast dein Thema eingegrenzt und willst jetzt endlich deine Website anlegen. Bevor du das machen kannst, braucht dein Blog natürlich einen Namen. Der Name kann etwas mit dem Inhalt deines Blogs zu tun haben, muss es aber nicht. Beide Varianten funktionieren, und du wirst für beide erfolgreiche Beispiele finden. Bei einem Namen wie *viel-unterwegs.de* ist zum Beispiel sofort klar, worum es hier geht: ums Reisen. Bei *zuckerundjagdwurst.com* errät man dagegen nicht sofort, dass man auf dieser Website vegane Rezepte finden wird. Dem Erfolg des Blogs tut das aber keinen Abbruch.

Du kannst auch Kunstwörter als Namen für deinen Blog wählen. Beliebt sind aber vor allem Abwandlungen oder Zusammensetzungen von Begriffen, weil man sich diese leichter merken kann und die Gefahr geringer ist, dass man sich vertippt (dazu später mehr).

Wenn du deinen eigenen Namen noch reservieren kannst, mach das am besten. Dein eigener Name ist tatsächlich die einfachste und auch eine weitverbreitete Variante für Blognamen. Vielleicht willst du die URL jetzt noch nicht nutzen, aber du bist sicher später froh, wenn du sie reserviert hast.

Es gibt ein paar typische Endungen für Websites, die sich durchgesetzt haben. Wenn sie dir gefallen, kannst du ein bisschen damit experimentieren, aber das ist Geschmackssache. Solche möglichen Endungen sind zum Beispiel:

- -ando, -anda
- -ivo, -avo
- -ero, -ora, -era
- -ster
- -ista
- -oo

Du könntest also dein Hobby Camping zu folgenden Namen kombinieren: campando, campivo, campiva, campero, campora, campera, campster, campista, campoo. Allerdings waren da wahrscheinlich andere schneller als du. Hier ist also ein wenig Ausprobieren angesagt. Und wie du an diesem Beispiel auch eindrücklich siehst, hören sich manche Kombinationen nicht gut an.

Eine weitere Möglichkeit ist es, mit Metaphern zu arbeiten. Bleiben wir beim Camping. Du möchtest deine Naturverbundenheit zum Ausdruck bringen und hast dich sehr von Thoreaus Walden inspirieren lassen. Nun könntest du zum Beispiel einen Domainnamen wie *waldenreloaded.com* oder *meinwalden.de* ausprobieren.

Tipp: Brainstorming als Kreativitätstechnik

Mit einem Brainstorming kannst du leicht neue Ideen generieren, und es kann dir auch dabei helfen, einen Namen für deinen Blog zu entwickeln.

Schnappe dir dazu ein paar Post-its oder andere kleine Zettel und stelle die Stoppuhr deines Handys auf zwei Minuten. (Eine echte Stoppuhr geht natürlich auch, wenn du eine hast.) Schreibe dann alles auf, was dir zu deinem Thema einfällt – egal wie absurd es dir erscheint. In dieser Phase des Brainstormings geht es nur darum, Ideen zu generieren, nicht darum, sie zu bewerten. Verlängere die Zeit ruhig, wenn du sehr viele Ideen hast.

Anschließend sortierst du deine Zettel thematisch. Du kannst sie auch auf ein großes Blatt kleben, einkreisen und mit Linien verbinden. Dabei entstehen dann weitere Ideen, und wahrscheinlich ist dein neuer Blogname dabei.

Noch besser funktioniert ein Brainstorming übrigens, wenn du dir Unterstützung holst und ihr gemeinsam die Ideen sprudeln lasst.

Egal für welche Art von Namen du dich entscheidest, er sollte auf jeden Fall fünf Kriterien erfüllen. Der Blogname

- muss leicht zu merken sein,
- sollte leicht zu schreiben sein,
- darf keine negativen Assoziationen wecken,
- muss noch als Domain verfügbar sein und
- muss dir gefallen.

3.2.1   Der Name für deinen Blog muss leicht zu merken sein

Wenn die ersten Menschen mehr oder weniger zufällig über deinen Blog gestolpert sind, möchtest du, dass sie möglichst häufig wiederkommen. Das ist umso leichter für sie, wenn sie sich den Namen deines Blogs auf Anhieb merken können. Den Test kannst du mit deiner Familie oder Bekannten machen. Nenne ihnen deinen Namen, sprich etwa zehn Minuten über etwas anderes mit ihnen und dann frage einmal nach, ob sie den Namen noch wissen. Ein Tipp: Wenn Menschen, denen du wichtig bist, sich den Namen für deinen Blog keine zehn Minuten lang merken können, werden das Fremde über einen noch längeren Zeitraum wahrscheinlich auch nicht schaffen. In dem Fall musst du noch mal ran.

3.2.2   Der Name für deinen Blog sollte leicht zu schreiben sein

Ein guter Blog lebt auch von Mundpropaganda. Wenn jemand im Bekanntenkreis von deinem Blog erzählt, sollte sofort klar sein, wie der Name geschrieben wird. Auch hier kann ein Versuch in deinem persönlichen Umfeld helfen. Du kannst ihn sogar direkt im Anschluss an Test eins durchführen. Wenn deine Testpersonen sich den Namen zehn Minuten lang gemerkt haben, bitte sie doch einfach mal, ihn aufzuschreiben oder zu buchstabieren. Wenn sie ihn auf Anhieb so schreiben, wie du dir das gedacht hattest, hast du eine gute Wahl getroffen.

Eine besondere Schwierigkeit stellen hier kombinierte Namen dar, die sowohl mit als auch ohne Bindestrich geschrieben werden können. Im Deutschen gibt es im Zweifel eine Tendenz zur Schreibung mit Bindestrich, im Englischen ohne. Leichter lesbar werden Domains mit Bindestrich, weniger Aufwand beim Eintippen hast du ohne. Du kannst natürlich alle möglichen Varianten deines Blognamens reservieren – und das solltest du auch, wenn du irgendwann mit deinem Blog eine Marke etablieren möchtest. Dadurch wird dein Vorhaben allerdings teurer. Wenn es geht, solltest du also einen Namen wählen, bei dem sich diese Frage gar nicht stellt.

3.2.3   Der Name darf keine negativen Assoziationen wecken

Vielleicht kennst du die Geschichte vom Pajero, einem Geländewagen des japanischen Herstellers Mitsubishi, der nach einem Leoparden benannt wurde. Ungeschickterweise ist »pajero« im Spanischen eine ziemlich vulgäre Beleidigung. Der Wagen wurde in spanischsprachigen Ländern daher später umbenannt, was natürlich für höhere Kosten sorgte. Auch die schwedischen Produktnamen von Ikea haben in anderen Sprachen oft eine weniger schöne Bedeutung.

Es muss auch gar nicht immer ein Schimpfwort in einer Fremdsprache sein, das negative Assoziationen weckt. Manchmal verletzt man mit einem Namen unwissentlich die Gefühle von Menschen. Höre dich auch hierzu in deinem Bekanntenkreis um und frage nach, was sie mit dem Namen verbinden. Und führe eine Google-Recherche zu ähnlichen Begriffen und Formulierungen durch, bevor du die Domain sicherst.

3.2.4   Der Name muss noch als Domain verfügbar sein

Okay, das sollte klar sein, wenn du einen Blog betreiben möchtest. Aber das ist manchmal gar nicht so einfach. Denn mittlerweile hatten schon andere Menschen viele kreative Ideen, und die besten (vor allem die kurzen) Domains sind längst weg. Wenn du also deinen Wunschnamen gefunden hast und er noch frei ist, sichere ihn möglichst schnell. Im nächsten Kapitel erkläre ich dir, wie das geht.

Am besten überprüfst du bei einem Provider wie *strato.de* oder *checkdomain.de*, ob der Name noch frei ist und, wenn ja, für welche Endungen.

Denn wichtig ist natürlich auch, welche Domain-Endungen (Fachbegriff: Top-Level-Domain) du dir sicherst. Mein Tipp dazu: *.de* ist Pflicht, *.com* sollte auch sein. *.at* und *.ch* könnten interessant sein, *.net* und *.org* ganz eventuell. Den Rest vergiss ganz schnell.

Wenn deine Domain nicht als *.de* und *.com* verfügbar ist, nimm am besten eine andere. Denn dann arbeitet schon jemand anderes unter demselben Namen, und du verstößt mit deinem Blog im schlimmsten Fall gegen Markenrechte. Im besten Fall verwechselt man euch. Und als zweiter Blog hat es deiner wahrscheinlich schwerer, in den Köpfen der Menschen zu bleiben. Weiche bloß nicht auf Neben-Domain-Endungen wie *.blog* oder *.info* aus. Das merkt sich niemand, und du wirst immer als die Nummer zwei gesehen – wenn überhaupt.

3.2.5   Der Name muss dir gefallen

Dieser Punkt ist nicht zu unterschätzen. Du wirst viel Zeit mit diesem Blog verbringen, und wenn der Name für dich ein fauler Kompromiss ist, wirst du weniger Herzblut in die Sache stecken. Ich halte diesen Punkt sogar für wichtiger als die anderen. Wenn du einen Namen gefunden hast, der sich für dich richtig anfühlt, der aber gegen einen der vorgenannten Punkte verstößt, nimm ihn trotzdem. Es ist schließlich deiner. Und im nächsten Schritt sicherst du ihn dir dann bei deinem Hoster.

3.3   Mit dem richtigen Hoster den Grundstein für die Technik legen

Es gibt viele Wege zum eigenen Blog. Dieses Buch konzentriert sich auf WordPress in der selbst gehosteten Variante. (Die Vorteile, die dieser Weg mit sich bringt, kannst du in Abschnitt 1.4, »Viele Wege führen zum eigenen Blog: Überblick über die verschiedenen Möglichkeiten«, nachlesen.) Die Entscheidung für diese technische Ausführung bedeutet für dich zweierlei: Du musst dir deinen Blognamen in Form einer Domain sichern, und du brauchst Webspace, auf dem du deinen Blog hosten kannst. Wenn du nicht zufällig einen Webserver zu Hause stehen hast und weißt, wie du darauf einen Blog selbst hosten kannst, brauchst du dafür einen Hosting-Provider. Dieser erledigt normalerweise gleich beide Dinge für dich: Er sichert deine Domain, und er bietet dir Speicherplatz auf seinen Webservern an. Für die beiden Dienstleistungen erhebt dein Hoster normalerweise eine Einrichtungs- und eine monatliche Gebühr. Du kannst beides auch bei unterschiedlichen Dienstleistern in Anspruch nehmen, und manchmal wird es dadurch ein bisschen günstiger. Die Preisersparnis geht aber mit mehr organisatorischem Aufwand einher. Alles aus einer Hand zu beziehen, ist meist deutlich effizienter und einfacher. Du kannst dann nämlich zumindest an der Stelle schon mal sicher sein, dass zwei Dinge gut zusammen funktionieren.

Wenn du deinen Hoster auswählst, solltest du auf die folgenden Punkte achten:

▶ Der Provider sollte eine sehr hohe *Verfügbarkeit* haben, damit dein Blog immer erreichbar ist. Das spricht vor allem für größere Provider, die viele Websites betreuen. Diese können sich ständige Ausfälle nicht leisten, weil sich entsprechend viele Menschen beschweren und eventuell auch Ersatz für die Ausfälle verlangen könnten. Größere Hoster besitzen natürlich auch deutlich mehr Hardware und ein größeres Technikteam im Hintergrund. Fällt ein Server aus, ist es wahrscheinlich, dass sie ihn schnell durch einen anderen ersetzen können.

▶ Du solltest gut mit der *Oberfläche* zurechtkommen, damit du deinen Blog ganz leicht verwalten und warten kannst. Konkret heißt das, dass du WordPress mit einem Klick installieren und auch sehr leicht ein SSL-Zertifikat hinzufügen können solltest. Viele Provider arbeiten stark an der Technik, ändern aber an der Oberfläche des Frontends über Jahre hinweg gar nichts. Da kann es schon mal vorkommen, dass du dich nicht auf Anhieb zurechtfindest und die Punkte, die du brauchst, nur nach langer Recherche findest. Das ist besonders ärgerlich, weil du normalerweise so gut wie keine Zeit auf der Seite deines Hosters verbringen solltest.

▶ Guter *Service* ist Pflicht. Manchmal funktionieren Dinge doch nicht so, wie du es dir vorgestellt hast. In dem Fall brauchst du kompetente und – am besten – freundliche Unterstützung durch deinen Hoster. Schau dir am besten an, welche Möglichkeiten zur Kontaktaufnahme ein Hoster bietet und wie du aus dem Vertrag notfalls wieder herauskommst. Einen Vertrag wieder zu kündigen, sollte nie aufwendiger sein, als ihn abzuschließen.

▶ Der *Standort* deines Hosters sollte idealerweise in Deutschland, zumindest aber in der EU liegen. Du sparst dir damit viele Sorgen bezüglich des Datenschutzes, wenn sich der Hoster an dieselben Regeln wie du halten muss.

▶ Der *Preis* muss natürlich auch stimmen.

▶ Wenn du selbst Dinge einrichten möchtest – wie zum Beispiel einen eigenen Nameserver –, sollte dein Provider das natürlich auch können. Fällt dir keine Anwendungsmöglichkeit dafür ein, brauchst du das natürlich nicht.

Hier ein paar konkrete Empfehlungen aus eigener Erfahrung: webgo ist vergleichsweise günstig, hat eine hohe Verfügbarkeit und guten Service. Allerdings ist die Oberfläche nicht besonders übersichtlich, und gerade am Anfang ist es manchmal schwierig, sich dort zurechtzufinden. Teurer, dafür aber leichter zu bedienen, ist Strato. Daneben gibt es noch auf WordPress spezialisierte Hoster wie Raidboxes oder HostPress. Diese richten ihre Hardware zum einen optimal auf die Installation von WordPress ein, zum anderen kennt man sich dort selbst gut mit WordPress aus und kann immer weiterhelfen. Allerdings sind diese Hoster deutlich teurer. Da sie einen kostenloses Umzugsservice anbieten, kannst du getrost mit einem Standardhoster starten und die Möglichkeit eines Spezialisten für später im Hinterkopf behalten.

Alle genannten Hoster und viele weitere bieten einen sogenannten 1-Klick-Installer für WordPress (und oft auch andere Anwendungen) an. Das ist eine Funktion, mit der man aus der Hosting-Oberfläche heraus mit einem Klick auf einen Button die aktuelle WordPress-Software inklusive der Datenbank, die im Hintergrund wirkt, automatisch installieren kann. Dies ist empfehlenswert, wenn du dir das Lesen der Installationsanleitung und das manuelle Aufspielen der Softwarepakete auf deinen Webspace ersparen willst.

Hast du dich für einen Hoster entschieden, wählst du ein passendes Paket bei ihm aus und sicherst dir deine Domain. Ich empfehle dir das kleinste Paket mit Webspace. Mehr Speicherplatz kannst du später immer noch kaufen. Für den Anfang brauchst du nur genügend Platz für WordPress und ein paar Texte und Bilder. Dafür reicht das kleinste Paket meistens aus. Oft musst du für ein Jahr im Voraus bezahlen, wobei die ersten Monate günstiger sind und der Preis später steigt. Es lohnt sich manchmal, vorher eine kurze Google-Recherche danach zu starten, ob du vielleicht einen Gutschein für den Hoster deiner Wahl findest. Hast du bestellt, muss die Domain nur noch vom Hoster gesichert werden. Sobald das erledigt ist, wirst du per E-Mail informiert, und es kann losgehen. Bei den meisten Providern funktioniert dieser Vorgang sehr schnell, und du kannst noch am selben (oder spätestens am nächsten) Tag deinen Blog starten.

Wenn du deine Domain gesichert hast, solltest du direkt auch eine E-Mail-Adresse unter dieser Domain anlegen. Das wirkt professioneller, und man identifiziert sich so noch besser mit deiner Website. Wenn du Webspace und Domain bei einem Provider gekauft hast, kannst du dort auch mehrere E-Mail-Adressen einrichten. Üblicherweise wird angeboten, das E-Mail-Postfach des Hosters zu verwenden oder eine Umleitung einzurichten. Da die Hoster auf Webhosting spezialisiert sind, wirken ihre E-Mail-Programme manchmal etwas veraltet. Du kannst die Adressen aber natürlich über ein anderes E-Mail-Programm wie Thunderbird oder Microsoft Outlook nutzen.

Übrigens bieten einige Hoster an, eine sogenannte Catchall-Adresse einzurichten. Dies bedeutet, dass alle Mails an irgendeine E-Mail-Adresse, die mit deinem Domainnamen endet, bei dir ankommen, auch wenn du die Adresse nicht extra eingerichtet hast. Wenn dein Hoster das anbietet, solltest du es auf jeden Fall nutzen. So bekommst du auch die E-Mails, bei denen sich jemand vertippt hat.

3.4   Mit einer durchdachten Struktur für Übersicht und neue Ideen sorgen

Während dein Hoster damit beschäftigt ist, deine Domains zu sichern, kannst du dir weiter Gedanken über deinen perfekten Blog-Plan machen. Und zwar konkret über die Struktur deines Blogs. Wenn du von Anfang an die Struktur für deinen Blog im Kopf hast, hat das nur Vorteile für dich: Menschen finden sich dann besser auf deinem Blog zurecht, der Fokus, den du dir durch dein Thema gegeben hast, verwässert nicht sofort wieder, und du wirst automatisch neue Artikelideen finden. Und natürlich gilt auch hier: Du kannst die Struktur deines Blogs später jederzeit anpassen. Du schränkst dich jetzt also nicht ein, sondern lenkst deinen Fokus auf die Dinge, die dich gleich am Anfang weiterbringen.

Wenn du wissen willst, wie du eine gute Struktur aufbaust, schau dir am besten erfolgreiche Blogs an. Du findest die Struktur heraus, indem du dir das Menü auf der Seite anschaust. Entweder bildet das Menü selbst die Struktur ab, oder du findest sie unter einem der Menüpunkte, meist unter dem Punkt BLOG oder THEMEN. Beim Nachhaltigkeitsblog »WastelandRebel!« ist die Struktur hinter dem Menüpunkt NACHHALTIGER LEBEN versteckt, was aus SEO-Sicht (siehe Kapitel 10, »Der nachhaltige Weg: In Suchmaschinen ranken«) sinnvoll sein kann (Abbildung 3.2). Die Website ist danach strukturiert, wo man mit dem Thema Nachhaltigkeit in Kontakt kommt – oder besonders große Schwierigkeiten hat. Es geht unter anderem um Haushalt, Küche, Bad, Schule, Reisen, Kinder. Auf den ersten Blick scheint diese Struktur etwas verwirrend, weil Haushalt und Küche auf einer Ebene stehen. Wenn du die Struktur für deinen Blog aufbaust, solltest du aber immer die Menschen im Kopf haben, die etwas auf deiner Seite suchen. Welche Fragen haben sie? Welche Probleme kannst du für sie lösen? Aus dieser Perspektive ist es dann wieder sinnvoll, dass manche gezielt Tipps für ein nachhaltiges Leben mit Kindern suchen, während andere vielleicht in der Küche beginnen wollen, weil sie den Effekt dort für am größten halten. Durch die Struktur ist es dann besonders einfach, sich auf der Seite zurechtzufinden und genau die Themen zu finden, die für einen selbst relevant sind.

WASTELAND Rebel!

ZERO WASTE UND HYGIENE IN ZEITEN DES CORONAVIRUS – GEHT DAS ZUSAMMEN?

HEIZPILZE – WIE VIEL KLIMAZERSTÖRUNG IST IN CORONA-ZEITEN VERTRETBAR?

WIE KLIMAFREUNDLICH IST ELEKTROMOBILITÄT WIRKLICH?

✻ ZERO WASTE EINFRIEREN IM GLAS OHNE MÜLL UND PLASTIK

HEIZPILZE – WIE VIEL KLIMAZERSTÖRUNG IST IN CORONA-ZEITEN VERTRETBAR?

Es wird kälter und gleichzeitig steigen die Corona-Zahlen deutschlandweit rasant. Das ist hart gerade für Gastronomie-

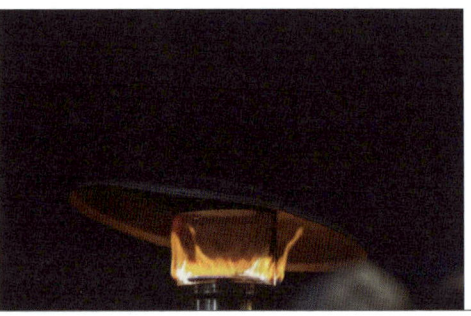

Abbildung 3.2 Struktur des Blogs WastelandRebel!

Für dich bedeutet eine gute Struktur normalerweise, dass die Ideen sofort sprudeln. Denn je genauer du an einer bestimmten Stelle hinschaust, desto leichter fällt es dir, Punkte zu finden, die du noch unbedingt erwähnen möchtest. Wenn du nun deine eigene Struktur aufbaust, überlegst du dir also zunächst eine sinnvolle Unterteilung deines Themas. Wie auch im Beispiel solltest du diese Unterteilung nicht aus deiner persönlichen Sicht vornehmen, sondern für die Menschen, die irgendwann deinen Blog lesen wollen. In vielen Fällen mag sich das decken. Da du auf deinem Gebiet aber schon heute mehr weißt als viele andere, hast du mit Sicherheit auch einen anderen Blick darauf. Das darfst du bei der Erstellung deiner Struktur nicht vergessen. Nehmen wir an, du möchtest einen Näh-Blog starten. Welche Fragen kannst du zu deinem Thema beantworten? Das könnten zum Beispiel Fragen nach der notwendigen Ausstattung, nach Material und nach Anleitungen sein. Jeden einzelnen dieser Punkte kannst du natürlich noch weiter unterteilen. Und plötzlich sprudeln dann viele neue Ideen: Hast du vorher vielleicht nur darüber nachgedacht, Nähanleitungen zu veröffentlichen, schwebt dir jetzt schon ein Artikel darüber vor, worauf man beim Kauf einer Nähmaschine achten sollte.

Im nächsten Schritt überprüfst du dann, ob du dein Thema wirklich umfassend unterteilt hast. Dafür kannst du andere Menschen fragen, die sich auf deinem Gebiet auskennen. Manchmal lohnt sich auch ein Blick auf andere Blogs zu deinem Thema. Wichtig ist jedoch, dass du darauf achtest, immer bei deiner ursprünglichen Idee zu bleiben und nicht einfach andere Blogs zu kopieren. Auch in Büchern kannst du gute Hinweise finden. Auf Amazon kannst du dir die Inhaltsverzeichnisse der meisten Bücher anschauen und dir dort Inspiration holen. Auf *answerthepublic.com* (Abbildung 3.3) findest du weitere Ideen. Das Tool untersucht sämtliche Fragen, die auf Google gestellt werden. Dazu gibst du ein Keyword – zum Beispiel »nähen« – ein, und die Website listet dir dann auf, welche Fragen zu diesem Keyword häufig gestellt werden. Im Beispiel des Näh-Blogs könnten die Fragen dich zum Beispiel dazu führen, dass du Anleitungen für unterschiedliche Kompetenzniveaus anbieten möchtest.

Deine Struktur kann natürlich so ausgefeilt sein, wie du das möchtest. Gerade am Anfang empfehle ich dir, auf der obersten Ebene nicht mehr als drei bis vier Punkte zu haben. Darunter kannst du dein Blog-Thema natürlich weiter verzweigen und auch mehrere Ebenen einfügen. Wenn du auf der obersten Ebene weniger Punkte hast, wirkt dein Blog jedoch klarer und aufgeräumter. Jemand, der zum ersten Mal auf deiner Website ist, wird den Umfang des Blogs auf den ersten Blick erfassen – und das Gefühl haben, sich schnell zurechtfinden zu können. Und genau das willst du erreichen: Wenn man sich auf deinem Blog sofort auskennt, bleibt man nämlich länger und kommt auch gerne wieder.

Die Struktur ist der Bauplan deines Blogs. Sie hält deinen Blog zusammen, verbindet die einzelnen Bereiche und gibt dir und auch allen anderen Orientierung – beim Schreiben und beim Lesen.

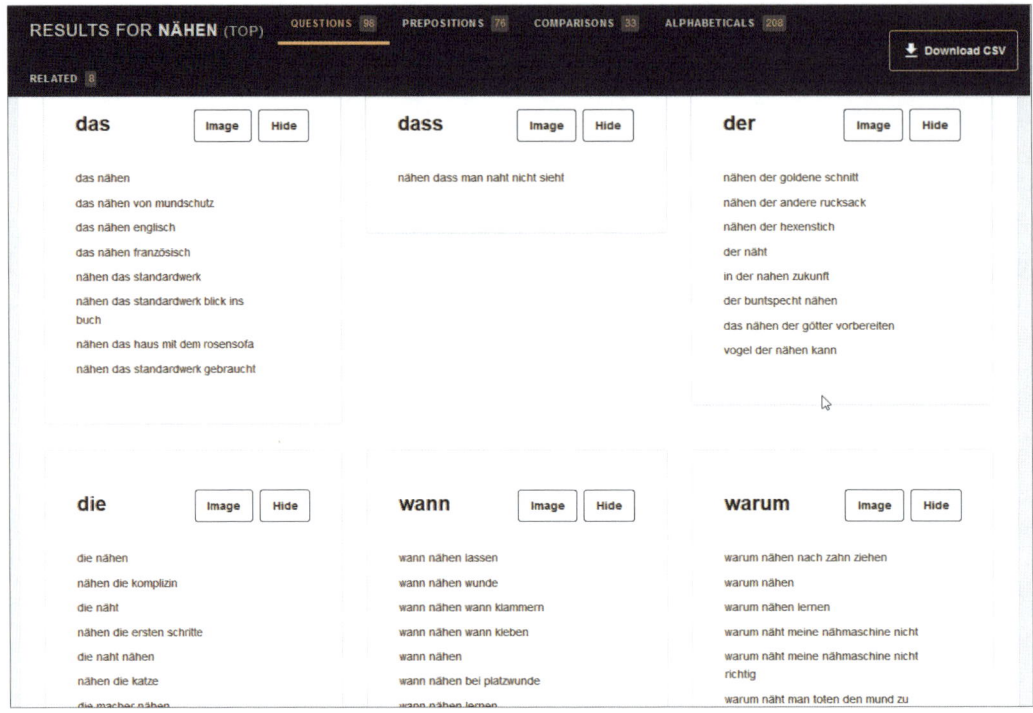

Abbildung 3.3 Ergebnisse für das Keyword »nähen« auf »answerthepublic.com«

4   Technische Anfangshürden meistern

Sobald du einen Blog startest, wirst du dich auch mit technischen Themen beschäftigen müssen. Denn du schreibst nicht nur Texte, sondern betreibst auch eine Website – mit allem Drum und Dran. Wie die Technik dich bei deinem Ziel unterstützt und dir nicht zur Last wird, erfährst du in diesem Kapitel.

Die Technik ist einer der beiden Punkte, die die meisten Menschen davon abhalten, einen eigenen Blog zu starten. Dabei ist die Technik für einen Blog leicht beherrschbar – und macht die einfache Erstellung einer Website überhaupt erst möglich.

»Ja, aber die Technik!«

Ausrufe wie dieser wundern niemanden, der schon mal versucht hat, zwei unterschiedliche Systeme miteinander kommunizieren zu lassen oder eine halbe Stunde seiner Arbeit verloren hat, weil beim Speichern »irgendwas« nicht funktionierte. Es stimmt, die Technik kann ihre Tücken haben, und nicht immer klappt alles reibungslos. Das liegt aber einfach daran, dass wahnsinnig komplexe Prozesse abgebildet und zusammengeführt werden – und wir als Nutzer*innen nur noch ein paar Klicks machen müssen, um alles ans Laufen zu bekommen. Manchmal muss man erst lernen, was diese paar Klicks sind. Und manchmal sind die dahinterliegenden Systeme so fragil, dass auch mal etwas schiefläuft. Am Ende ist Technik aber immer dazu da, uns zu helfen, Dinge leichter zu machen. Und wenn du mit dieser Einstellung deinen Blog startest, wirst du alle technischen Hürden im Handumdrehen meistern.

4.1   WordPress ganz einfach beim Hoster installieren

Du hast dir einen Domain-Namen ausgesucht, deine Struktur aufgebaut und Webspace gesichert. Jetzt musst du nur noch all das zusammenbringen (und ein paar Kleinigkeiten beachten) – und fertig ist dein Blog.

Im ersten Schritt musst du dafür WordPress beim Hosting-Anbieter deiner Wahl installieren. WordPress ist ein sogenanntes Content-Management-System (CMS), das heißt, es hilft dir dabei, Inhalte zu verwalten, zu strukturieren, zu speichern und vor allem ins Internet zu bringen. Es ist eine Open-Source-Software, die weltweit millionenfach eingesetzt und weiterentwickelt wird. Dadurch bietet WordPress über Themes, Widgets und Plug-ins (dazu in den folgenden Abschnitten mehr) extrem viele Anpassungsmöglichkeiten, die man auch als weniger technikversierter Mensch sehr leicht umsetzen kann.

WordPress hat natürlich auch Nachteile. Manchmal macht es Webseiten langsam, was nicht so toll für dein Publikum ist und auch nicht gut für deine SEO-Rankings. Dadurch, dass WordPress Open Source ist, kann es auch sein, dass es Lücken in der Entwicklung gibt. Die Software ist also nicht so sicher wie eine Eigenentwicklung oder eine gekaufte Software. Aber: Die Flexibilität und die Einfachheit in der Bedienung machen diese Nachteile um ein Vielfaches wieder wett. Wenn du bei der Auswahl deiner Themes und Plug-ins sorgfältig vorgehst, wirst du auch keine bösen Überraschungen erleben.

WordPress installieren

Um deine ersten Schritte in WordPress zu gehen, benötigst du zunächst eine Installation der Software auf deinem Server. Ich hoffe, dass du nach dem letzten Kapitel einen Hoster mit 1-Klick-Installation ausgewählt hast. Dann wird es nämlich jetzt sehr einfach für dich. Du loggst dich bei deinem Anbieter ein, suchst deine Domain und installierst WordPress – mit einem Klick (Abbildung 4.1). Die Möglichkeit zur Installation ist bei manchen Hostern ein bisschen versteckt, wenn du aber in der Hilfe oder in den FAQ »WordPress« eingibst, wirst du schnell fündig und kannst die Software ganz einfach installieren.

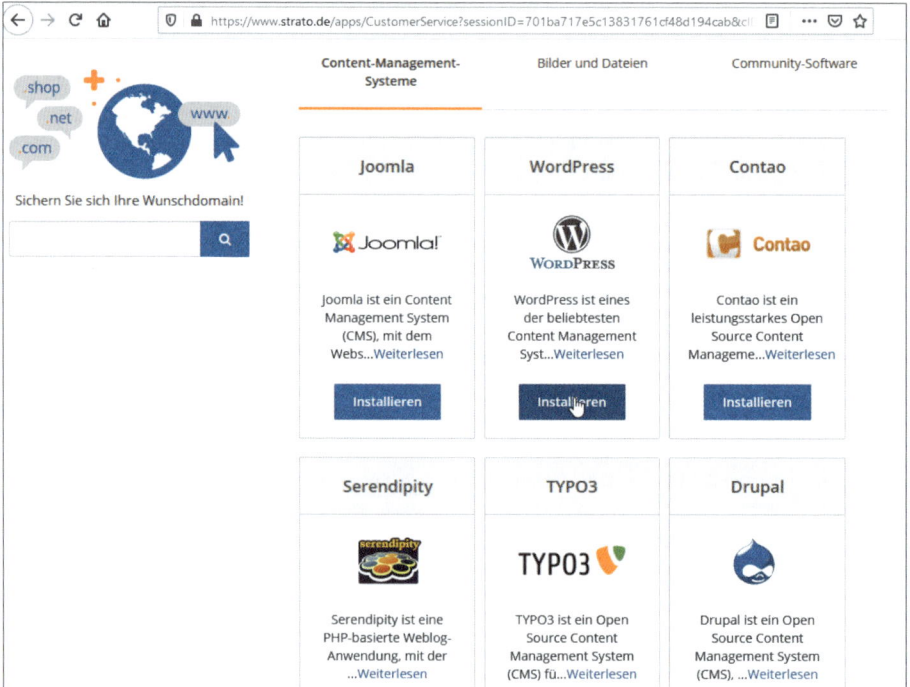

Abbildung 4.1 WordPress-Installation bei Strato

Je nach Anbieter wird dir ein Nutzername mit Passwort zugesendet, oder du vergibst beides selbst. In jedem Fall solltest du diese Zugangsdaten gut aufheben,
denn damit kannst du dich bei WordPress einloggen. Die Anmeldeseite für eine
WordPress-Installation findest du immer unter der URL *www.deinedomain.de/wp-
login* bzw. *www.deinedomain.de/wp-admin*. Dort kannst du deinen Nutzernamen
und dein Passwort eingeben und dich zum ersten Mal in WordPress einloggen (Abbildung 4.2).

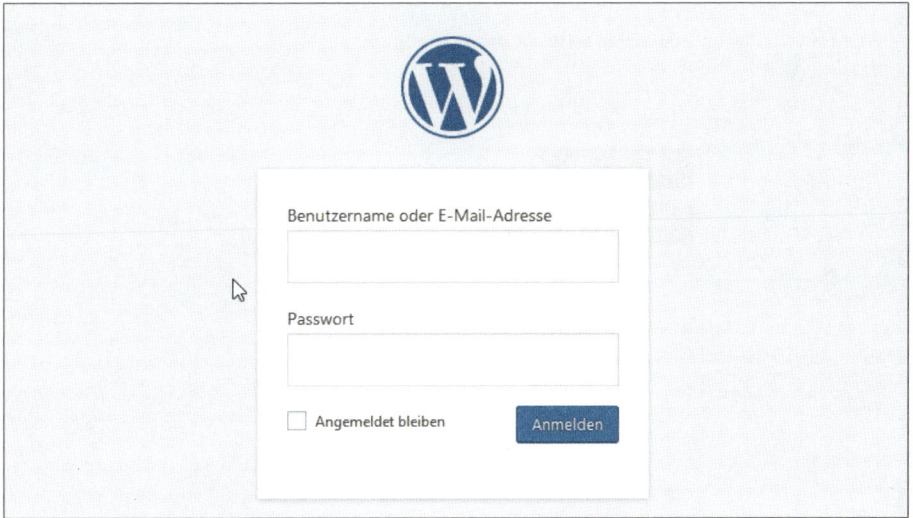

Abbildung 4.2 Anmeldebildschirm einer WordPress-Installation

4.2   Die ersten Schritte in WordPress

WordPress verfügt über zahlreiche Funktionen, die einen anfangs überfordern können und die auch nicht immer ganz intuitiv angeordnet sind. Bevor du loslegst, solltest du dir daher einen Überblick über die Nutzeroberfläche verschaffen. Wenn du
dich zum ersten Mal auf deiner neuen Website eingeloggt hast, siehst du – je nach
Anbieter – ungefähr die Ansicht aus Abbildung 4.3. Die unterschiedlichen Hoster
nutzen die Gelegenheit der 1-Klick-Installation mittlerweile gerne dazu, ihr eigenes
Branding in deiner WordPress-Umgebung unterzubringen. Das kannst du jedoch
getrost ignorieren und stattdessen einfach die verschiedenen Schritte durchgehen,
die ich dir in den folgenden Kapiteln vorstelle.

Nach dem Log-in befindest du dich in deiner »Schaltstation« von WordPress. Hier
wirst du viel Zeit verbringen, wenn du regelmäßig bloggst, also gewöhnst du dich
am besten schon mal an das etwas verstaubte grau-schwarz-blaue Design. Das
WordPress-Frontend ermöglicht dir, Beiträge, also Blog-Posts, anzulegen und zu

schreiben, Kommentare zu verwalten, dein Design zu ändern und weitere Accounts anzulegen. Je nach Hoster sind ein paar Plug-ins bereits installiert. Außerdem gibt es normalerweise einen Testbeitrag und einen Kommentar. Auch wenn es anfangs nach viel aussieht und etwas unübersichtlich wirkt, wirst du dich sehr schnell zurechtfinden.

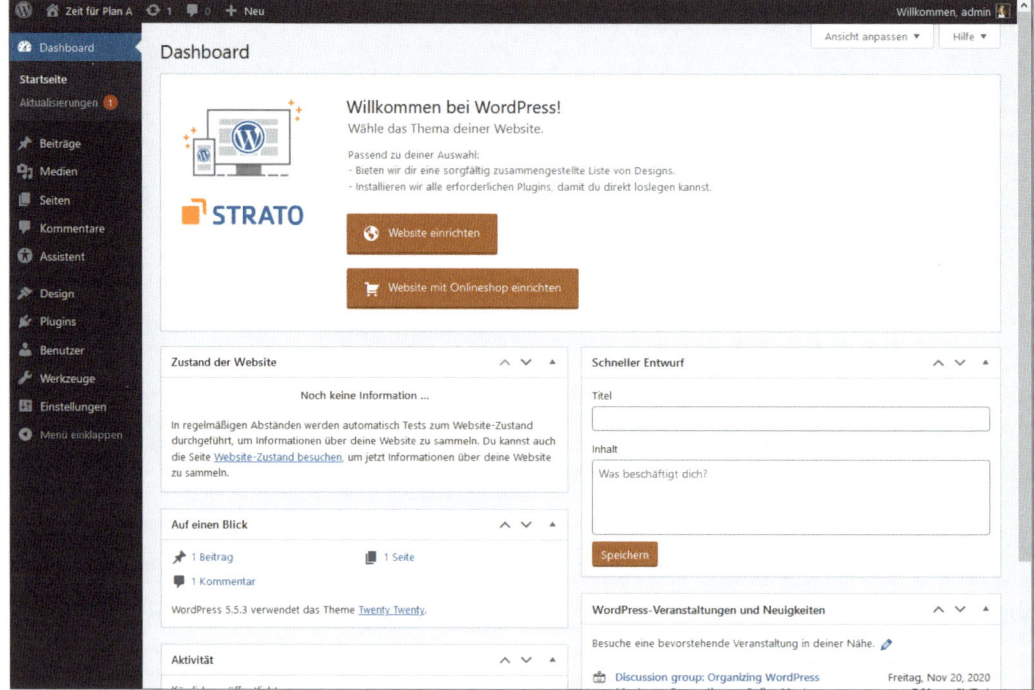

Abbildung 4.3 »Frische« WordPress-Installation

Wie du Beiträge anlegst, erfährst du in Kapitel 7, »Bloggen heißt schreiben: Schreibtipps für den Blog«. Vorher solltest du noch ein paar andere Einstellungen vornehmen, damit du von Anfang an mit deinem Blog richtig in Erscheinung trittst. Außerdem ist es wichtig, einen weiteren Benutzer anzulegen. Benutzer können unterschiedliche Rollen haben. Die Zugangsdaten, die du von deinem Hoster erhalten hast, geben dir Admin-Rechte. Das heißt, mit ihnen kannst du alles installieren, löschen und umprogrammieren. Wenn diese Daten an eine andere Person gelangen, kann auch sie all das machen. Sie könnte also sogar deinen kompletten Blog ruinieren. Doch es muss nicht mal böser Wille dahinterstecken, wenn man mit einem Admin-Account etwas kaputt macht. Auch du selbst kannst aus Versehen Einstellungen vornehmen oder Dinge löschen, die du eigentlich noch brauchst. Solange du dich also noch nicht so richtig gut mit WordPress auskennst, solltest du die Accounts und die Arbeiten trennen: Immer wenn du Admin-Tätigkeiten ausübst (z. B. Plug-ins installierst, siehe Abschnitt 4.4, oder Änderungen am Theme vornimmst, siehe Abschnitt 4.3), nutzt du deinen Admin-Account. Für alles andere legst du dir einen eigenen Account mit Redaktionsrechten an. Damit kannst du Artikel erstellen und bearbeiten. Da dies die Arbeiten sind, mit denen du am meisten Zeit verbringen wirst, sollte dein Redaktions-Account der Account sein, den du am häufigsten nutzt.

So legst du einen neuen Benutzer an:

1. Klicke links in der Leiste auf BENUTZER • NEU HINZUFÜGEN.

2. Gib Benutzernamen, E-Mail-Adresse (eine, die du bisher nicht für WordPress verwendet hast) und Passwort an. Das Passwort sollte nicht zu leicht herauszufinden sein. Du kannst auch das Passwort nutzen, das WordPress dir vorschlägt. Der Benutzername kann später nicht mehr geändert werden, und er erscheint in mindestens einer URL. Daher solltest du dir etwas Sinnvolles überlegen.

3. Wähle REDAKTEUR als ROLLE aus. Damit kannst du Beiträge anlegen und ändern sowie Kommentare freigeben und sie beantworten.

4. Klicke auf NEUEN BENUTZER HINZUFÜGEN.

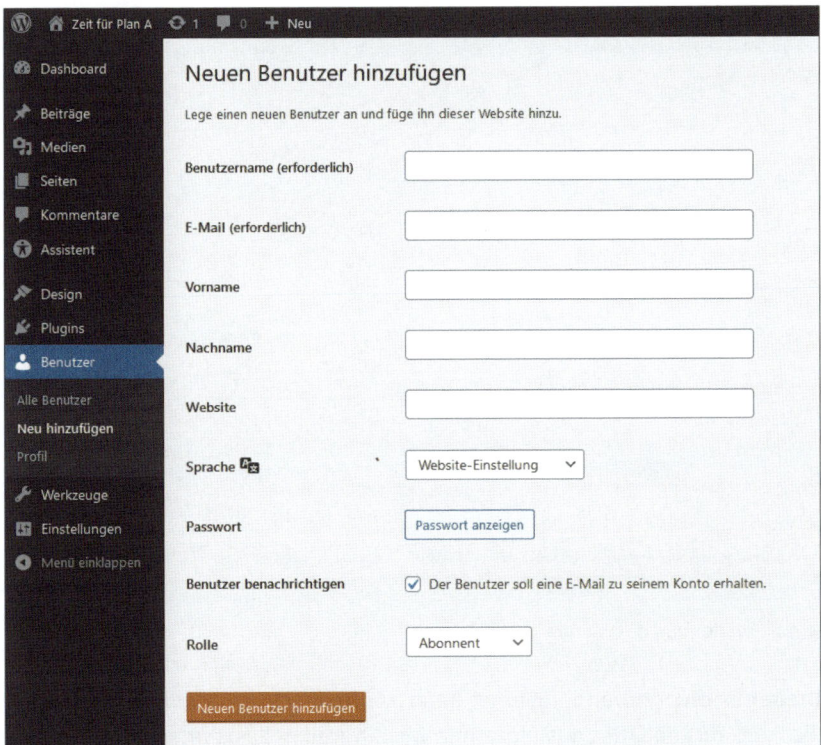

Abbildung 4.4 Neuen Benutzer-Account in WordPress hinzufügen

Dieser neue Account ist ab jetzt dein Haupt-Account, wenn es um das Schreiben von Texten geht. Ihn benutzt du ab jetzt immer dann, wenn du ausschließlich redaktionell tätig bist. Vorläufig bleibst du aber noch als Admin eingeloggt, denn du kannst jetzt schon mal ein paar Standardeinstellungen vornehmen.

URL einstellen

Bevor du mit dem Schreiben loslegst, müssen wir noch einen kurzen Exkurs zu deinen Artikel-URLs machen. Diese können nämlich unterschiedlich aufgebaut sein. Und du kannst selbst entscheiden, wie sie aussehen sollen.

Deine URL-Präferenz wählst du unter EINSTELLUNGEN • PERMALINKS aus. Dort werden dir die verschiedenen Standardmöglichkeiten jeweils mit einem Beispiel angezeigt, sodass du dir etwas darunter vorstellen kannst. Standardmäßig ist EINFACH ausgewählt – was bedeutet, dass deine Artikel-URLs ihre WordPress-interne Nummer enthalten. Das sieht nicht schön aus und ist auch aus SEO-Sicht nicht sinnvoll, sodass du dich auf jeden Fall für eine der anderen Varianten entscheiden solltest.

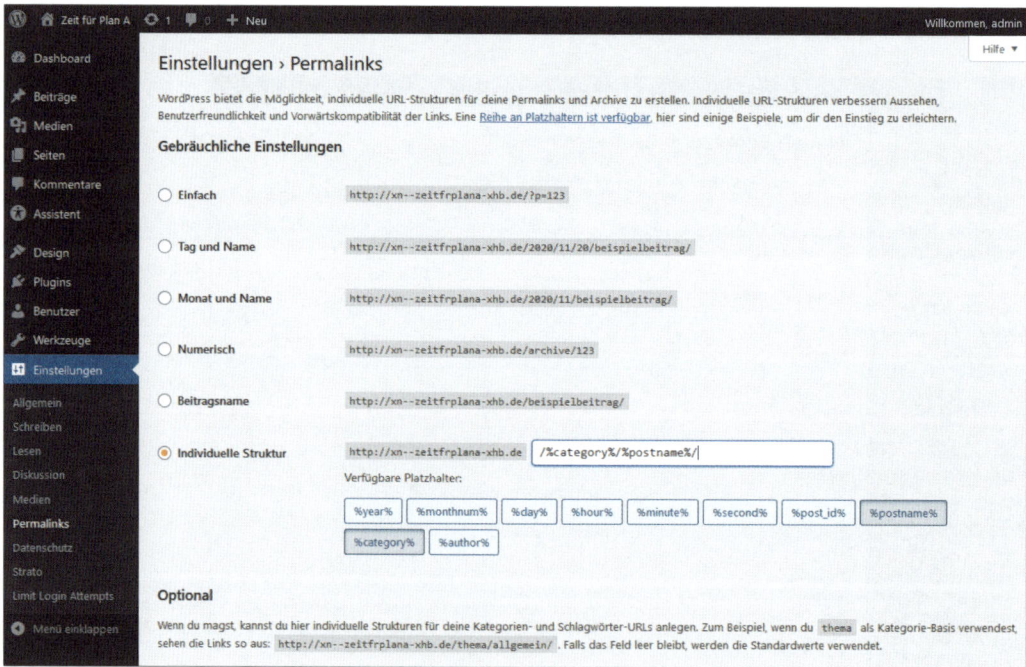

Abbildung 4.5 Festlegung der Standard-URLs

Sehr verbreitet ist die Verwendung einer benutzerdefinierten Variante. Du hast hier die Möglichkeit, dir die URLs aus einzelnen Bestandteilen zusammenzubasteln. Ich selbst nutze häufig die benutzerdefinierte Variante, wie sie im Screenshot angezeigt ist. Die URL besteht dann aus der Domain, der Kategorie und dem Artikelnamen. Zu Kategorien kommen wir später noch – sie spiegeln die Struktur wider, die du für deinen Blog anlegst (siehe Abschnitt 10.2). Sie in der URL aufzuführen, sorgt daher für noch mehr Orientierung. Eine solche URL ermöglicht den Menschen, die sich auf deine Website verirren, sofort, sich besser zurechtzufinden. Sie erkennen auf einen Blick, dass es Kategorien gibt und dass es zu der Kategorie, in der sie sich gerade befinden, noch weitere Artikel gibt. So etwas passiert unbewusst. Beobachte dich ruhig einmal selbst, wenn du eine neue Seite ansurfst. Ich persönlich schaue immer kurz auf die Struktur der URL und mache mir so ein (Mini-)Bild über den Umfang und die Thematik des Blogs.

Wenn du diese Variante übernehmen möchtest, wähle einfach BENUTZERDEFINIERT aus und ergänze »/%category%/%postname%/« in dem Feld dahinter.

4.3 Ein eigenes Theme auswählen, installieren und anpassen

Gerade für Blog-Neulinge können die vielen Begriffe, die man zum ersten Mal hört, verwirrend sein. WordPress, Themes, Plug-ins, Widgets: All diese Dinge haben eine ähnliche Funktion. Sie sorgen dafür, dass deine Inhalte online so dargestellt werden, wie du das willst. Jedes einzelne von diesen Elementen hat jedoch eine besondere Zielsetzung. WordPress selbst bietet dir vor allem die Struktur, in der du deine Artikel ablegst und in der sie auch später online gefunden werden können. Wie das Ganze aussehen wird, bestimmt ein Theme. Ein Theme besteht aus einem Bündel an Designeigenschaften – Farben, Schriftarten, Positionierung von einzelnen Elementen und so weiter. Teils sind die Eigenschaften im Theme festgeschrieben, teils kannst du sie ändern. Für dich ist vor allem wichtig, zu wissen, dass das Theme das Aussehen deiner Website bestimmen wird. Jedes Theme bietet dir die Möglichkeit, in einem bestimmten festgelegten Rahmen eigene Designentscheidungen für deinen Blog zu treffen. Dieser Rahmen und die Optionen, die du hast, sind jedoch bei jedem Theme anders.

Es gibt unzählige Themes für verschiedene Zwecke, und es kommen ständig neue hinzu. Manche sind kostenlos, manche kosten Geld, viele gibt es in einer kostenlosen Basisvariante und einer bezahlpflichtigen Premium-Version. Bevor du ein teures Theme kaufst, ist es sinnvoll, mit deinem Blog ein paar Erfahrungen zu sammeln und deine eigenen Anforderungen zu bestimmen. Für den Anfang reicht meist ein einfaches und kostenloses Theme. Wenn du später genauer weißt, was für dich wichtig ist, kannst du auch auf eine kommerzielle Lösung setzen, die dir mehr Möglichkeiten bietet.

4.3.1   Welches Theme passt zu deinem Blog?

Gerade am Anfang ist es nicht sinnvoll, zu viel Zeit in eine Theme-Recherche zu stecken. Du wirst später sowieso herausfinden, was du wirklich brauchst, und dein Theme dann wahrscheinlich wieder wechseln. Daher gebe ich dir eine konkrete Empfehlung, die schnell und kostenlos ist und mit der du meiner Erfahrung nach sehr gut lange bis dauerhaft auskommen kannst: das *Astra*-Theme. Für alle Screenshots hier im Buch hatte ich genau dieses Theme installiert. Du kannst das Buch natürlich auch mit jedem anderen Theme verwenden.

Standardmäßig werden bereits drei Themes mit WordPress vorinstalliert, und eins davon wird aktiviert. Du findest sie, wenn du DESIGN • THEMES auswählst, aktuell ist das *Twenty Twenty*. Die anderen beiden fangen ebenfalls mit Twenty an. Das Theme, das ganz links steht, ist momentan aktiviert. Die anderen beiden kannst du dir entweder in einer Live-Vorschau ansehen oder auch direkt aktivieren. Um die Schaltflächen für die inaktiven Themes zu sehen, fährst du einfach mit der Maus darüber.

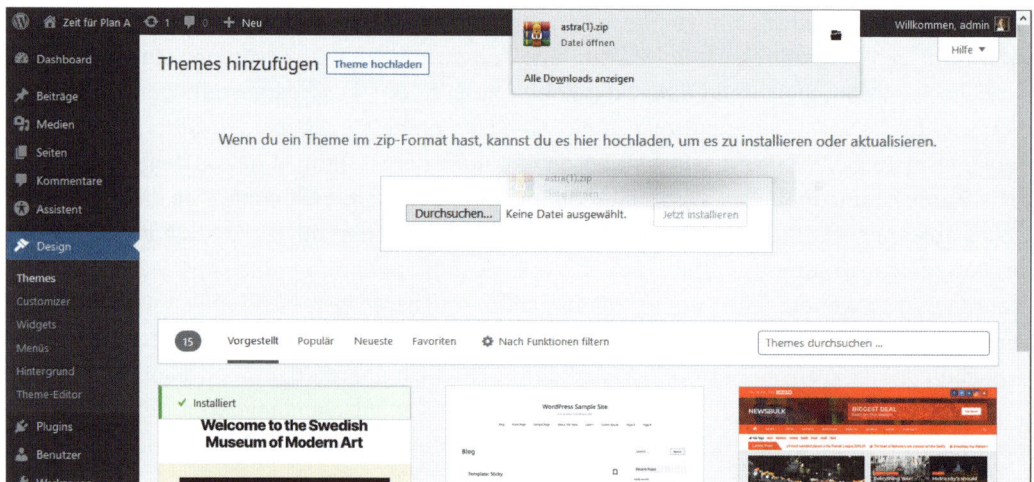

Abbildung 4.6 Installation von Astra

Wenn du auf NEUES THEME HINZUFÜGEN klickst, findest du weitere kostenlose Themes. Du kannst entweder irgendeins dieser Themes auswählen oder direkt mit Astra loslegen. Dafür gehst du auf *https://wpastra.com/* und klickst auf DOWNLOAD NOW. Du musst dich hier einmal anmelden und bekommst dann einen Newsletter, den du aber sofort wieder abbestellen kannst. Die Pro-Variante brauchst du nicht, die kostenlose reicht völlig aus. Nachdem du dich angemeldet hast, startet der Download automatisch, und du hast nun eine Zip-Datei bekommen: dein erstes WordPress-Theme. Das musst du nun noch installieren, und das geht so:

1. Klicke links in WordPress auf DESIGN • THEMES.

2. Wähle NEUES THEME HINZUFÜGEN. (Die Schaltfläche THEME HINZUFÜGEN, die du oben neben der Überschrift THEMES findest, erfüllt übrigens denselben Zweck.

3. Klicke oben auf die Schaltfläche THEME HOCHLADEN.

4. Es erscheint ein Ablagebereich für dein Theme sowie die Schaltfläche DURCHSU-CHEN. Du kannst entweder die Schaltfläche anklicken und dein Theme auf dem Rechner auswählen, oder du ziehst das Theme mit der Maus auf die Fläche und lässt dort los (Abbildung 4.6).

5. Klicke anschließend auf JETZT INSTALLIEREN.

6. Klicke auf AKTIVIEREN, um das Theme sofort zu nutzen.

Wenn dir die vorgestellten Themes nicht gefallen, gibt es noch viele andere, auf die du zurückgreifen kannst. Egal welches Thema dein Blog hat, wahrscheinlich gibt es nämlich bereits viele andere Menschen, die über ein ähnliches Thema blog-gen und auch WordPress nutzen. Allein fast 4.000 kostenlose kannst du direkt aus dem WordPress-Frontend heraus installieren (Abbildung 4.7).

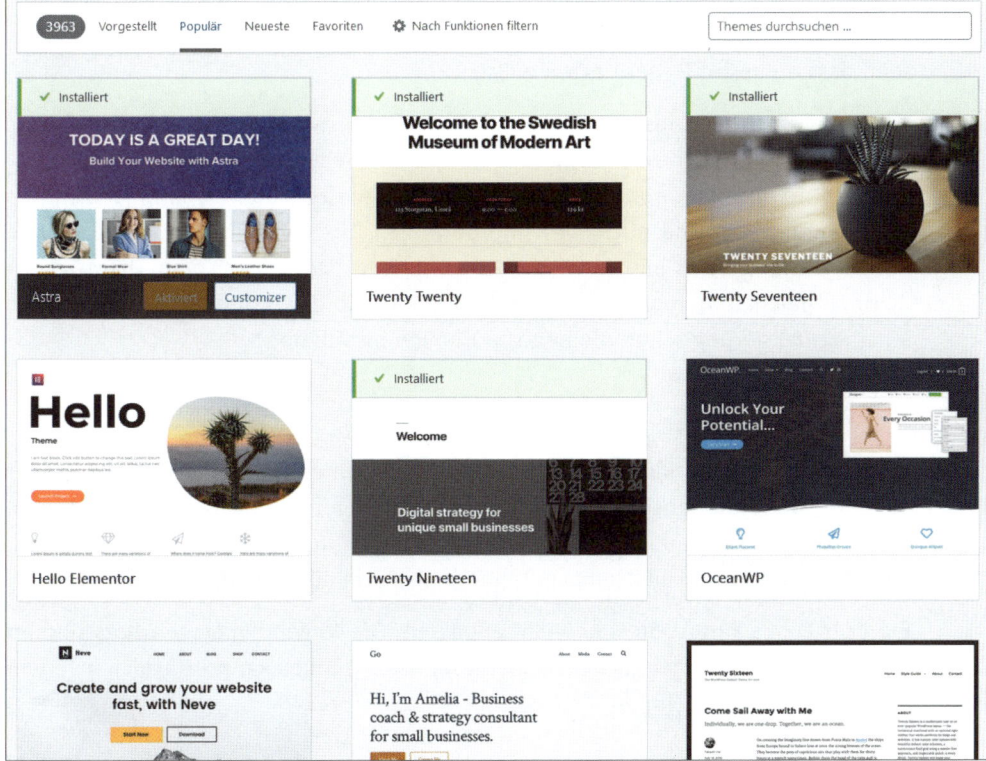

Abbildung 4.7 WordPress bietet dir viele kostenlose Themes an, die du direkt aus dem Frontend heraus aussuchen und installieren kannst.

Und dann findest du auch maßgeschneiderte Themes, die genau deine Anforderungen erfüllen. Wenn du zum Beispiel Rezepte auf deinem Blog darstellen willst, brauchst du andere Designmöglichkeiten, als wenn du ein Fotografieportfolio vorstellen möchtest. Willst du sofort nach dem perfekten Theme recherchieren, gib einfach bei Google »wordpress themes for *DEIN THEMA* blogs« ein.

Einige Themes bieten ein Baukastensystem an, mit dem du deine Seiten in einem visuellen Editor zusammenklicken kannst. Das ist gerade am Anfang reizvoll, weil du sofort (ungefähr) siehst, wie deine Seite nachher aussieht, und nicht zwischen verschiedenen Ansichten hin- und herspringen musst. *Divi* ist ein solches Theme, das sehr verbreitet und sehr beliebt ist. Auch *Flatsome* hat einen eigenen visuellen Builder, der wie ein Baukastensystem funktioniert. Der Nachteil an solchen Themes ist jedoch, dass du an sie gebunden bist, sobald du sie einmal nutzt. Sie fügen nämlich zur Darstellung deiner Artikel und Seiten Code ein, den nur das Theme selbst richtig interpretieren kann. Wechselst du das Theme anschließend, wird der Code auf der Seite sichtbar. Ein Theme-Wechsel ist dann also mit erheblichem Aufwand verbunden. Manche dieser Themes machen deine Website außerdem langsamer. Bevor du für ein entsprechendes Theme mit Baukastensystem also Geld ausgibst (sie sind in der Regel kostenpflichtig und nicht günstig), solltest du dir wirklich sicher sein, dass du es auf Dauer nutzen willst.

Wenn du ein Theme installiert hast, erhältst du von WordPress immer dann eine Information, wenn eine Aktualisierung für das Theme vorliegt. In der oberen WordPress-Leiste erscheint nun eine Zahl neben dem Aktualisieren-Symbol. WordPress selbst ändert sich und auch die Anforderungen, die Menschen an die Software haben. Daher gibt es immer wieder Anpassungen. Du solltest dein Theme möglichst aktuell halten, musst aber auch nicht innerhalb der ersten fünf Minuten nach einer Aktualisierung schon die neueste Version installieren.

4.3.2   Dein Theme anpassen

Wenn du dir deinen Blog (einfach deine Domain in einem anderen Fenster oder Tab eingeben) jetzt ansiehst, wird er wahrscheinlich noch nicht so aussehen, wie du dir das wünschst. Er sieht ja nicht mal aus wie in der Vorschau des Themes. Ohne weitere Anpassung sieht mein Blog mit Astra aus wie in Abbildung 4.8.

Ein paar Dinge kannst du sehr leicht anpassen. Die folgenden Screenshots sind im Astra-Theme entstanden. Die meisten dieser Anpassungen kannst du auch in jedem anderen Theme vornehmen.

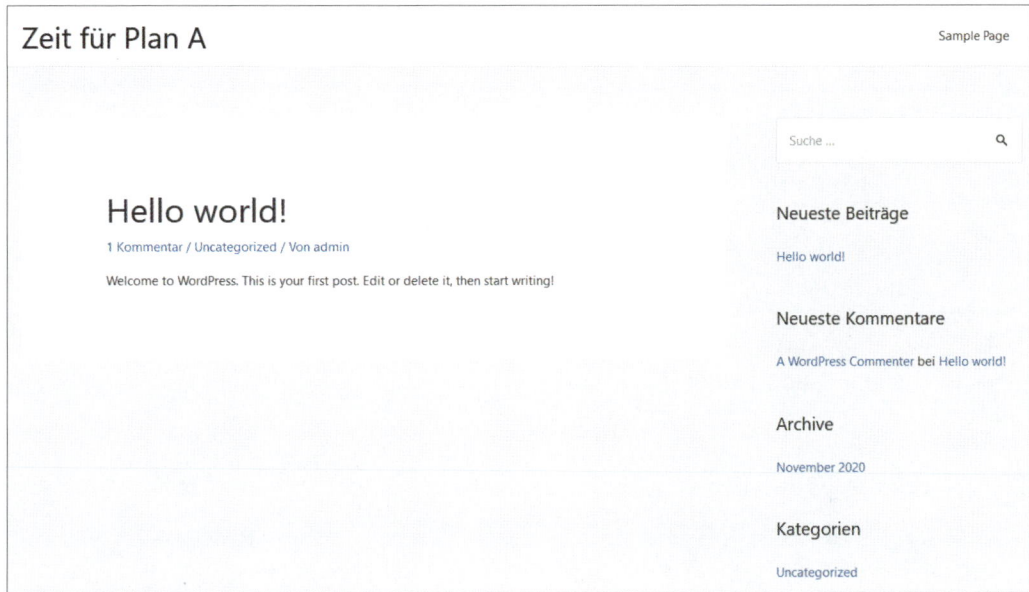

Abbildung 4.8 Astra-Theme ohne Anpassungen

Gehe zu DESIGN • CUSTOMIZER.

Du gelangst zu einer Live-Vorschau deines Themes, die so aussieht wie in Abbildung 4.9. Links kannst du Einstellungen vornehmen, und rechts siehst du sofort, welche Auswirkungen das auf deinen Blog hat. Um zu sehen, welche Designeinstellungen du vornehmen kannst, gehst du in der linken Leiste ganz einfach jeden Punkt durch und schaust, was sich für deine Website verändert. Du befindest dich hier in der Vorschau. Die Änderungen werden erst live zu sehen sein, nachdem du auf VERÖFFENTLICHEN geklickt hast.

Du beginnst damit, die Website-Informationen auszufüllen und die Informationen anzuzeigen, die zu deiner Seite passen. Du solltest hier zum Beispiel den Untertitel ändern, der standardmäßig *Eine andere WordPress-Seite* heißt.

Wenn du möchtest, kannst du ein Header-Bild hochladen und einfügen. Dieses Bild wird auf all deinen Seiten angezeigt und ermöglicht so einen hohen Wiedererkennungswert. Nutze am besten Bilder, die dir selbst gehören. Über Bildrechte erfährst du später mehr (siehe Abschnitt 6.4). Auch mit dem Hintergrund kannst du experimentieren, du solltest aber daran denken, dass deine Texte noch gut zu lesen sein müssen. Gerade am Anfang ist schlichter oft besser. Zu den Menüs kommen wir später in Abschnitt 4.6, insofern kannst du diesen Punkt momentan überspringen. Auch um die Widgets und die Startseite kümmern wir uns später.

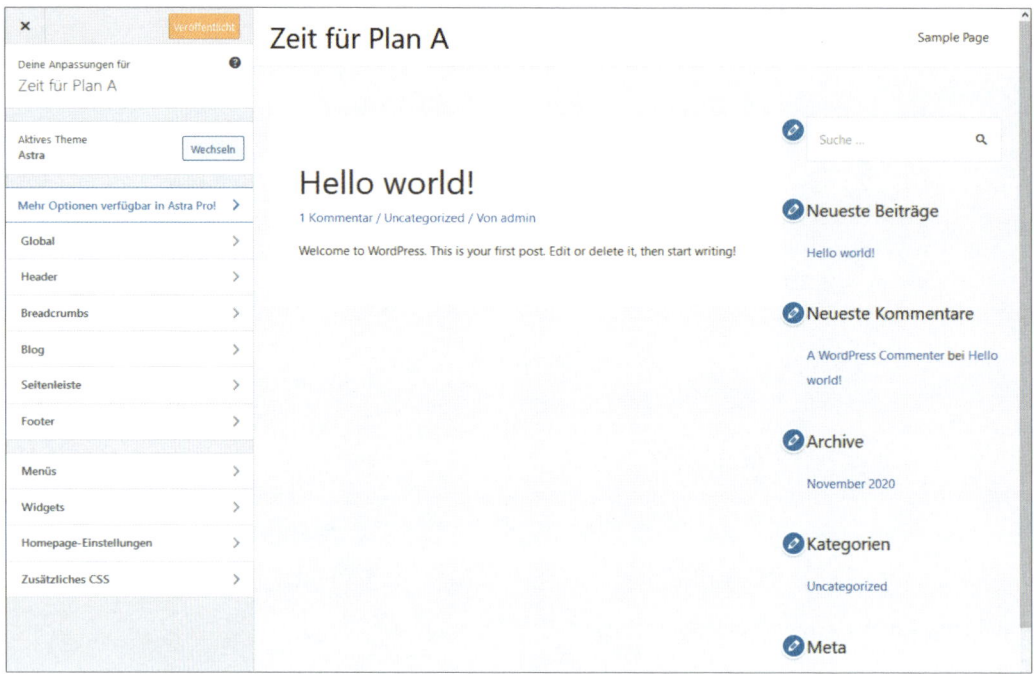

Abbildung 4.9 Die Customizer-Ansicht des Astra-Themes

Klicke dich am besten durch die verschiedenen Optionen und teste aus, wie dein Blog damit aussieht. Du kannst hier jederzeit später wieder Änderungen vornehmen. Wenn du mit der Ansicht zufrieden bist, klickst du auf VERÖFFENTLICHEN. Dein Blog sieht nun auch für andere Menschen so aus, wie du ihn in der Vorschau eingestellt hast.

Vielleicht möchtest du an dieser Stelle schon ein Logo in deine Website einfügen. Logos sind toll. Man kann deine Seite anhand des Logos wiedererkennen, sie sind einzigartig und außerdem hübsch. Ich kann verstehen, wenn du unbedingt ein Logo für deinen Blog willst. Du solltest dir auch eins zulegen. Aber nicht gleich am Anfang. Man kann sich in solchen Designfragen sehr leicht verlieren, und am Ende hast du ein Logo und eine Domain, aber weder Inhalte noch Menschen auf deiner Website. Insofern stelle die Frage nach dem Logo noch ein bisschen zurück. Niemand, der auf deinen Blog kommt, wird wieder weggehen, weil du kein Logo hast. Zu wenige Inhalte führen dagegen schon dazu, dass Menschen deinen Blog verlassen und nie wiederkommen. Für den Anfang solltest du daher nur die Dinge einstellen, bei denen Aufwand und Nutzen in einem guten Verhältnis stehen. Das ist zum Beispiel bei der Installation der ersten Plug-ins der Fall.

4.4   Mit Plug-ins den Funktionsumfang erweitern und individuell gestalten

Plug-ins sind kleine Zusatzprogramme, die den Funktionsumfang von WordPress erweitern. Sie ergänzen WordPress um zusätzliche Funktionalitäten. Das kann das Einbinden von Code sein, wie er zum Beispiel für Werbeanzeigen auf deiner Website notwendig ist. Oder sie nehmen Veränderungen an der Oberfläche vor, die dir das Arbeiten mit WordPress erleichtern. Du erweiterst damit das Basisprogramm WordPress um weitere Programmteile, die nicht zum Kern gehören. Es gibt Plug-ins für nahezu jeden Zweck, und du kannst mit den richtigen Plug-ins deinen Blog und auch dein WordPress-Frontend komplett verändern und an deine Bedürfnisse anpassen. Wenn du ein bestimmtes Problem hast, lohnt sich eine Recherche nach einem Plug-in eigentlich immer, weil mit Sicherheit schon andere vor dir die gleichen Schwierigkeiten hatten. Jeder Mensch, der fachlich dazu in der Lage ist, kann Plug-ins programmieren und zur Verfügung stellen. Das bedeutet natürlich auch, dass unterschiedliche Plug-ins nicht aufeinander abgestimmt sind und sich gegenseitig manchmal beeinflussen. Außerdem wird mit jedem weiteren Plug-in mehr Programmcode ausgeführt, sobald dein Blog geladen wird. Er wird dadurch langsamer. Geschwindigkeit ist wichtig für deine Website. Warum das so ist und wie du sie messen kannst, erfährst du in Abschnitt 4.10, »Schneller ist besser: Die Geschwindigkeit der Website erhöhen«.

Einige Plug-ins sind von Anfang an sinnvoll, um mit dem Blog möglichst effizient zu starten. Plug-ins werden wie Themes auch regelmäßig aktualisiert.

4.4.1   Plug-ins installieren

Plug-ins sind wahnsinnig praktisch. Dein Hoster installiert normalerweise bereits ein paar vor. Du kannst sie anschauen unter PLUGINS • INSTALLIERTE PLUGINS. Und sie dann auch direkt löschen, denn wir brauchen sie nicht. Wir werden stattdessen andere installieren. Um die Plug-ins zu löschen, musst du zunächst sicherstellen, dass sie deaktiviert sind. Anschließend selektierst du alle, die du löschen möchtest, wählst im Drop-down-Feld AKTION WÄHLEN die Option LÖSCHEN aus und bestätigst mit ÜBERNEHMEN.

Neue Plug-ins findest du, indem du PLUGINS • INSTALLIEREN auswählst. Dort werden schon einige häufig genutzte Plug-ins angezeigt. Die Anzahl der Installationen, die mit aufgeführt sind, gibt dir hier bereits wertvolle Hinweise auf Beliebtheit, Stabilität und Update-Kultur. Also achte immer darauf, dass es genügend Installationen und Bewertungen gibt und dass das Plug-in aktuell und mit deiner WordPress-Version getestet ist (diese Informationen siehst du direkt in WordPress, siehe Abbildung 4.11). Außerdem gibt es ein Suchfeld, mit dem du nach Themen oder Namen suchen kannst. Du kannst hier natürlich gerne stöbern, aber ich empfehle dir, bei der Vielzahl der angebotenen Plug-ins nicht gleich auszurasten. Das passiert nämlich schnell.

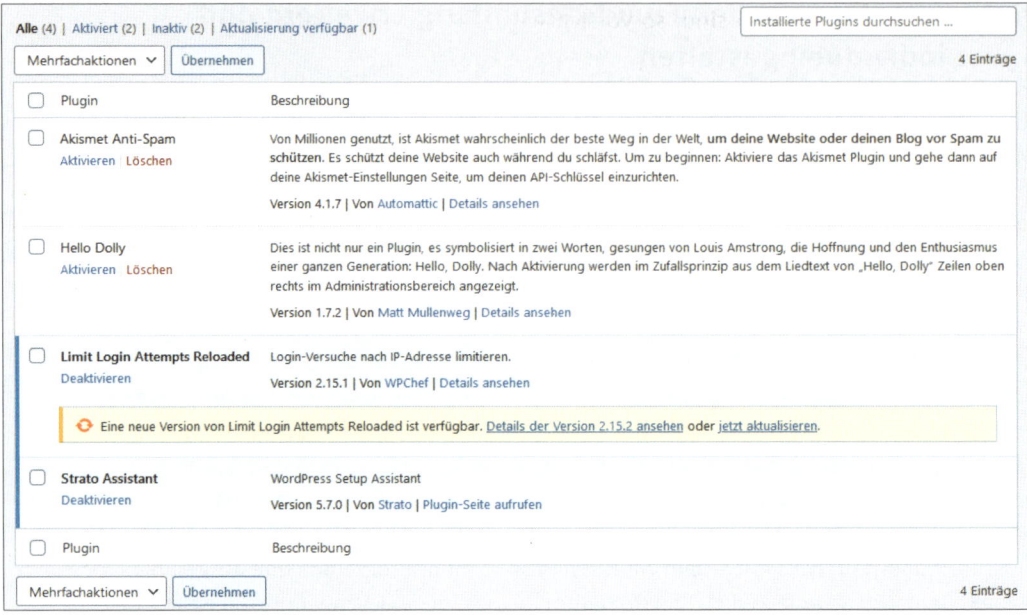

Abbildung 4.10 Vorinstallierte Plug-ins, die du direkt löschen kannst

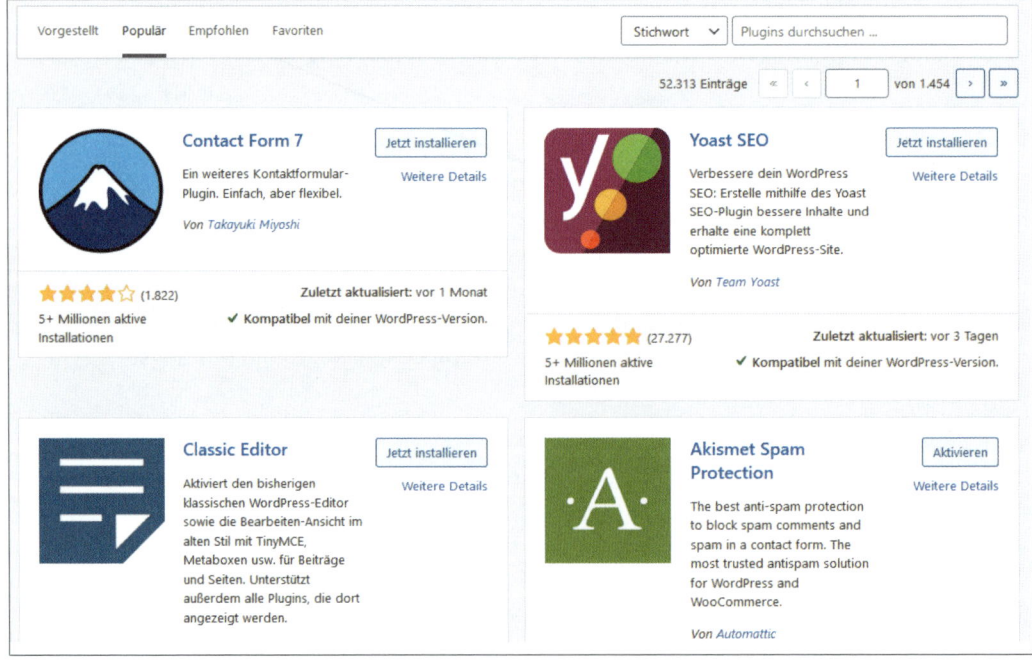

Abbildung 4.11 Auswahl beliebter Plug-ins in WordPress

So praktisch Plug-ins auch sind, so vorsichtig solltest du sie einsetzen. Denn zum einen kannst du mit einem nicht sauber programmierten Plug-in einiges kaputt machen (wie du das dann wieder reparierst, erfährst du später in diesem Kapitel). Also achte immer darauf, dass es genügend Installationen und Bewertungen gibt, das Plug-in aktuell und mit deiner WordPress-Version getestet ist (diese Informationen siehst du direkt in WordPress). Zum anderen gilt: Je mehr Plug-ins du installiert hast, desto langsamer wird deine Website. Daher nutze Plug-ins gerne, aber mit Bedacht. Vor allem solltest du nicht zwei Plug-ins mit derselben Funktionalität parallel nutzen. Außerdem musst du bei jedem Plug-in, das du verwendest, prüfen, ob es Nutzerdaten speichert. Ist das so, ist das für dich für den Datenschutz relevant. Um dieses Thema kümmerst du dich später.

Im Folgenden stelle ich dir ein paar Plug-ins vor, die dir die Arbeit erleichtern werden. Du wirst nicht alle Plug-ins von Anfang an brauchen, du musst sie also nicht sofort aktivieren. Sobald du ein Plug-in aktivierst, springt WordPress in die Übersicht aller installierten Plug-ins. Manche bieten dir die Möglichkeit, weitere Einstellungen vorzunehmen. Entweder findest du dazu direkt unter dem Namen des installierten Plug-ins einen Link EINSTELLUNGEN oder SETTINGS, oder du kannst im WordPress-Menü unter EINSTELLUNGEN den Namen des Plug-ins anklicken. Die Tatsache, dass das nicht einheitlich umgesetzt ist, zeigt auch, wie vorsichtig du mit Plug-ins sein solltest: Sie werden von unterschiedlichen Menschen programmiert, die natürlich nicht alle möglichen Kombinationen kennen können, in denen du das Plug-in nachher einsetzt.

4.4.2   Nützliche Plug-ins

Plug-ins, die die Anwendung komfortabler machen

▶ **Editorial Calendar**

Dieses Plug-in stellt dir einen Kalender zur Verfügung, in dem du deine Beiträge einfügen, sortieren und zeitlich verschieben kannst. Wenn du das Plug-in installiert und aktiviert hast, findest du den Kalender unter BEITRÄGE • KALENDER.

▶ **Duplicate Post**

Ich verstehe bis heute nicht, dass WordPress keine Funktion anbietet, um Beiträge zu kopieren. Genau das tut dieses Plug-in. Wenn du beispielsweise eine Artikelreihe erstellst, die immer dasselbe Format hat, kannst du einen Post kopieren und dann abwandeln. Die Bedienung erfolgt aus den Artikeln heraus oder auch aus der Beitragsübersicht. Es erscheinen neue Schaltflächen mit der Aufschrift DUPLICATE POST. Seiten können ebenfalls dupliziert werden. (Zum Unterschied zwischen Beiträgen und Seiten erfährst du in Abschnitt 4.5.)

▶ **AntiSpam Bee**

Irgendein Antispam-Plug-in solltest du installieren, wenn du nicht täglich Zeit damit zubringen möchtest, Kommentare von Schmuck- und Arzneimittelanbietern auszusortieren. Es gibt etliche Plug-ins für diesen Zweck. Ich selbst habe mit AntiSpam Bee gute Erfahrungen gemacht. Du musst dieses Plug-in nur installieren und aktivieren. Die Einstellungen kannst du so lassen, wie sie sind. Alle Optionen, bei denen auf persönliche Nutzerdaten zugegriffen wird, sind standardmäßig deaktiviert.

▶ **Autoptimize**

Cache-Plug-ins sorgen dafür, dass deine Seite schneller an diejenigen Leser ausgeliefert wird, die vorher schon einmal da waren. Es gibt etliche Plug-ins, die das können. Ich benutze Autoptimize, weil dieses Plug-in noch einige zusätzliche Funktionen bietet, die die Geschwindigkeit deiner Seite erhöhen. Die Grundeinstellungen kannst du so lassen, wie sie sind.

Plug-ins fürs Marketing

▶ **Google Analytics for WordPress von MonsterInsights**

Um messen zu können, wie viele Menschen deinen Blog besuchen, musst du ein Webtracking-System einsetzen. Das am weitesten verbreitete Webtracking-System ist Google Analytics. Die einfachste Methode, es einzubinden, ist dieses Plug-in. Bevor das funktioniert, brauchst du allerdings ein Analytics-Konto. Wie du dieses erstellst, erfährst du in Kapitel 8, »Mit den richtigen Zahlen den Leser*innen auf der Spur«. Momentan reicht es, wenn du das Plug-in installierst und aktivierst. Es wird aber noch nichts gezählt.

▶ **Shariff Wrapper**

Social-Media-Marketing wirst du brauchen, wenn du sehr schnell Menschen auf deinen Blog aufmerksam machen willst. Und die wiederum sollen es natürlich möglichst einfach haben, deine Artikel weiterzuverbreiten. Daher brauchst du ein entsprechendes Plug-in. Shariff Wrapper bietet eine große Auswahl an möglichen sozialen Netzen bei gleichzeitig einfacher Bedienbarkeit und achtet außerdem auf Konformität mit dem Datenschutz. Nachdem du das Plug-in installiert und aktiviert hast, nimmst du unter EINSTELLUNGEN • SHARIFF das Finetuning vor. Du kannst eingeben, welche Buttons wo angezeigt werden sollen. Ich nutze normalerweise Buttons für Facebook, Twitter und Pinterest und zeige die Schaltflächen unter dem Artikel an. Außerdem kannst du unter verschiedenen Designs auswählen.

▶ **Yoast SEO**

SEO lernst du in Kapitel 10, »Der nachhaltige Weg: In Suchmaschinen ranken«, kennen, und dieses Plug-in wird dir vieles erleichtern bei der Suchmaschinenoptimierung. Du kannst für jeden Artikel ein eigenes Keyword festlegen, für das du in Google gefunden werden willst, und Yoast SEO zeigt dir im Artikel selbst an, ob der Text dafür optimiert ist. Hierzu musst du keinerlei Einstellungen vornehmen, sondern kannst das Plug-in einfach installieren und aktivieren.

▶ **UpdraftPlus**

UpdraftPlus ist ein Backup-Plug-in. Du brauchst es nur dann, wenn du über deinen Hoster keine regelmäßigen Backups machen kannst – dann brauchst du es aber sehr dringend. In UpdraftPlus kannst du angeben, wie häufig du ein automatisiertes Backup durchführen möchtest (am besten täglich) und wohin in der Cloud du es speichern willst. In der Basisvariante ist kein Speicherplatz bei UpdraftPlus selbst enthalten, aber du kannst es auch ohne das sehr gut nutzen und musst dann gegebenenfalls auf deinem eigenen Speicher hin und wieder Platz freiräumen. Wenn du später die Datenschutzerklärung (Kapitel 6, »Kein Grund zur Panik: Worauf Blogger*innen rechtlich achten müssen«) für deinen Blog erstellst, musst du daran denken, deinen Speicherort für die Backups dort anzugeben.

Plug-ins, um WordPress rechtssicher(er) zu machen

Um dieses Thema kümmern wir uns intensiv in Kapitel 6, »Kein Grund zur Panik: Worauf Blogger*innen rechtlich achten müssen«. Hier findest du schon einmal ein paar Plug-ins, die dir helfen. Zu allen rechtlichen Themen gilt ganz grundsätzlich: Ich bin keine Rechtsanwältin und kann dir daher auch keine Rechtsberatung anbieten. Was ich dir hier erkläre, sind Hinweise und Tipps, die aus meiner eigenen Erfahrung stammen. Wenn du eine professionelle Rechtsberatung oder -einschätzung für deinen Blog haben möchtest, solltest du ein Anwaltsbüro bitten, sich die Inhalte deiner Seite anzuschauen. TrustedShops bietet ebenfalls diesen Service für Blogs an.

▶ **Borlabs Cookie**

Wer Cookies verwendet, muss darüber nicht nur auf der Website informieren, sondern auch das Einverständnis einholen. Du kennst diese nervigen Pop-ups auf Websites, auf denen steht, dass die Seite Cookies verwendet. Genauso eins bekommst du jetzt auch. Dieses Plug-in nimmt dir die Arbeit ab, das selbst zu programmieren. Der Text, der angezeigt wird, ist in deutscher Sprache verfasst, und du kannst ihn an die Cookies anpassen, die du tatsächlich verwendest. Du verwendest keine Cookies? Doch, das tust du auf jeden Fall. Schon dein Hoster setzt Cookies ein, was du gar nicht verhindern kannst. Daneben sind einige Cookies für dich sinnvoll, um deinen Blog zu optimieren.

▶ **Remove IP**

Personenbezogene Daten darfst du nicht so einfach speichern, und vor allem keine IP-Adressen, aus denen du Rückschlüsse auf konkrete Personen ziehen kannst. WordPress weiß das nicht und speichert bei Kommentaren munter die IP-Adressen mit. Das Plug-in Remove IP verhindert das. Nicht erschrecken, wenn du das Plug-in in WordPress suchst. Es ist schon sehr alt und wurde seit Ewigkeiten nicht mehr aktualisiert. In diesem Fall ist das jedoch in Ordnung, weil es nur wenige Zeilen Code einfügt, die sich in den letzten Jahren auch nicht mehr verändert haben.

▶ **Google Analytics Opt-out**

Um Google Analytics datenschutzkonform umsetzen zu können, musst du auf deiner Website anbieten, sich nicht davon tracken zu lassen. Dieses Plug-in funktioniert super mit dem Analytics-Plug-in von MonsterInsight. Beides richten wir in Kapitel 8 genauer ein.

Plug-ins, die zum Theme gehören

Je nachdem, welches Theme du dir aussuchst, wirst du auch Plug-ins installieren müssen, um die volle Funktionalität auszuschöpfen. Dies wird dir bei der Installation des Themes gezeigt. Normalerweise werden die Plug-ins mit (vor-)installiert, sodass du sie nur noch anklicken, installieren und aktivieren musst. Für das Astra-Theme brauchst du keine weiteren Plugins.

Mit den Plug-ins, die du bis hierhin installiert hast, bist du sehr gut ausgestattet und kommst in der ersten Zeit gut zurecht.

4.5   Die wichtigsten dauerhaften Seiten erstellen

Wenn du dein Theme und die wichtigsten Plug-ins installiert und eingerichtet hast, kannst du nun damit beginnen, die ersten eigenen Inhalte zu erstellen. WordPress bietet dir dafür standardmäßig sieben verschiedene Möglichkeiten, die du je nach dem Ziel, das du damit erreichen willst, einsetzt.

Diese verschiedenen Möglichkeiten, die WordPress für deine eigenen Inhalte anbietet, nennt man Beitragstypen. Das ist ein wenig verwirrend, weil der Beitragstyp, den du am häufigsten benutzen wirst, tatsächlich *Beitrag* heißt. Deine Artikel legst du in Form von Beiträgen an. Das komplette Kapitel 7, »Bloggen heißt schreiben: Schreibtipps für den Blog«, befasst sich nur mit diesem Thema.

Bevor du jedoch regelmäßig neue Inhalte erstellst, solltest du einen festen Rahmen haben, der beim ersten Besuch deines Blogs Orientierung bietet. Einen solchen Rahmen schaffst du durch *Seiten* und *Menüs*. Beides – vielleicht hast du es schon erraten – sind ebenfalls Beitragstypen. Im Gegensatz zu Artikeln/Beiträgen haben Seiten dauerhaft Gültigkeit. Du legst sie einmal an und nutzt sie für Informationen, die immer wichtig und aktuell sind. Die wichtigsten Seiten sind von der Startseite aus zugänglich.

Typische Seiten, die du auf jedem Blog findest und die du von Anfang an anlegen solltest, sind:

▶ die Startseite,

▶ das Impressum,

▶ die Datenschutzerklärung,

▶ die Über-mich-Seite.

Auf Impressum und Datenschutz gehe ich in Kapitel 6, »Kein Grund zur Panik: Worauf Blogger*innen rechtlich achten müssen«, ganz genau ein, denn beide Seiten fallen unter die rechtlichen Anforderungen an deine Website. Die Startseite ist die Seite, die angezeigt wird, sobald man deine URL eingibt. Bei ihr sind ein paar Besonderheiten zu beachten, sodass ich dir empfehle, zunächst mit der Über-mich-Seite zu üben.

4.5.1   Die Über-mich-Seite

Die Über-mich-Seite ist ebenfalls eine zentrale Seite für deinen Blog, weil du dort Informationen darüber bietest, wer du eigentlich bist und warum du dich in dem Thema, über das du bloggst, auskennst. Du lieferst hier also Gründe, deinen Blog zu lesen, deiner Meinung zu vertrauen und nach Möglichkeit regelmäßig wiederzukommen. Die Über-mich-Seite ist bei vielen Blogs eine der am meisten besuchten Seiten, oft wird sie sogar häufiger angeklickt als die Startseite. Also lauter gute Gründe, mit dieser Seite anzufangen, auch wenn du vielleicht nicht als Erstes über dich selbst erzählen wolltest.

Zunächst musst du dafür eine Seite anlegen. Dazu klickst du im WordPress-Frontend einfach links auf SEITE • ERSTELLEN. Du springst sofort in eine leere Seite hinein. Es gibt verschiedene Möglichkeiten, Seiten und Artikel in WordPress zu bearbeiten. Der Standardeditor ist mittlerweile der *Gutenberg-Editor*, der in Bedienung und Möglichkeiten an die verschiedenen Page-Builder erinnert. Manche Blogger*innen arbeiten nach wie vor lieber mit dem Classic Editor (das geht über ein Plug-in). Einige Themes kommen mit eingebauten Page-Buildern (Elementor, WPBakery, Divi Builder), die mehr Möglichkeiten für Designanpassungen bieten. Ich erkläre dir im Folgenden die Nutzung des Gutenberg-Editors, weil er der Standard ist. Wenn du einen Page-Builder verwendest, solltest du dir ein Einführungsvideo des Herstellers anschauen.

Auf der Seite, die du erstellt hast, siehst du in der Mitte eine weitestgehend leere Fläche (Abbildung 4.12). Hier schreibst du später deinen Text hin. Zunächst führe ich dich aber einmal durch dein neues Zuhause. Wie das exakt aussieht, hängt auch von deinem Theme ab. Ich zeige dir alles anhand des Astra-Themes in der Basisversion. Dir ist wahrscheinlich als Erstes aufgefallen, dass die Menüleiste an der linken Seite, über die du WordPress bis eben bedient hast, verschwunden ist. Wenn du das große W oben links in der Ecke anklickst, erscheint die Menüleiste wieder. Direkt rechts daneben findest du ein Pluszeichen. Wenn du darauf klickst, bietet WordPress dir an, einen neuen *Block* einzufügen. Blöcke sind Inhaltseinheiten deiner Seite oder deines Artikels (da funktioniert das Ganze nämlich genauso). Die Blöcke, die du am häufigsten verwenden wirst, sind Absätze und Bilder. Normalen Text packst du einfach in einen Absatz. Da standardmäßig bereits ein Absatzblock eingefügt ist, passiert nichts, wenn du jetzt auf das entsprechende Symbol klickst. Wählst du aber beispielsweise ÜBERSCHRIFT aus, fügt WordPress an der Stelle, an der du dich in der Seite befindest, einen neuen Block ein. Die Schaltflächen neben dem Pluszeichen helfen dir bei der grundsätzlichen Steuerung.

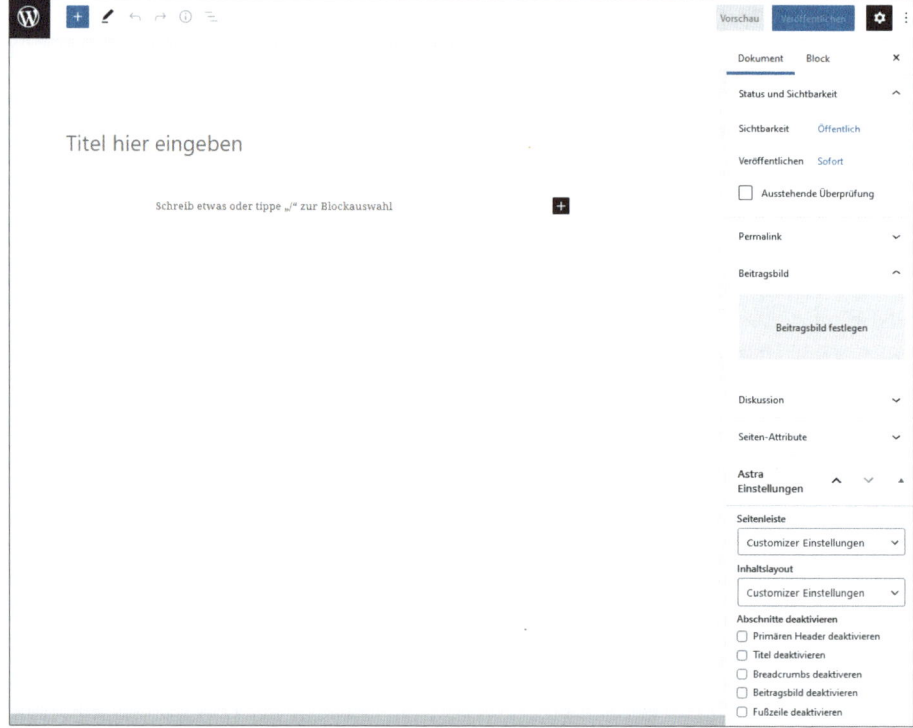

Abbildung 4.12 Eine neue Seite in WordPress anlegen

breitet, weil die meisten Blogs heute eher wie ein Magazin aussehen. Die Alternative zum Blog-Layout ist die statische Startseite. Die meisten Themes ermöglichen es dir, eine Seite anzulegen und diese dann als Startseite für deinen Blog festzulegen.

Meistens hast du dann zusätzlich die Möglichkeit, dynamische Elemente einzufügen, zum Beispiel die letzten Posts zu einer bestimmten Kategorie anzuzeigen oder in einem Slider die letzten Artikel zu featuren. (Übrigens: Ich persönlich bin kein Freund von Slidern/Carousels. Sie machen die Seite langsam, unübersichtlich und lenken ab. Unter diesem Link findest du noch mehr Gründe, die dagegensprechen: *https://buildcreate.com/10-reasons-need-ditch-homepage-slider/*).

Ich führe dich nun einmal durch die Erstellung einer Magazin-Startseite im Astra-Theme. Dadurch lernst du auf jeden Fall, wie die Startseitenerstellung grundsätzlich funktioniert. Wenn du ein anderes Theme verwendest oder die Startseite anders gestalten willst, funktioniert das Ganze sehr ähnlich – du kannst einfach ein bisschen herumprobieren und schauen, was gut für dich aussieht.

1. Wähle DESIGN • CUSTOMIZER.

2. Klicke auf HOMEPAGE-EINSTELLUNGEN.

3. Wähle EINE STATISCHE SEITE aus und unter HOMEPAGE dann NEUE SEITE ERSTELLEN. Du musst dann einen Titel eingeben. Das kann »Home« oder »Start« oder etwas Ähnliches sein.

4. Bestätige mit OK.

5. Wechsle zu der Seite, die du gerade angelegt hast, und gestalte sie mithilfe von Blöcken so, wie du sie für deinen Blog brauchst. Dabei solltest du dir die verfügbaren Blöcke genau ansehen. Du kannst zum Beispiel beliebte Posts einfügen oder Abstandhalter, die deiner Seite den Charakter einer Magazin-Seite geben.

Damit ist deine Startseite fertig. Du wirst sicher später hierhin zurückkehren, wenn du dich mit dem Design deiner Seite noch weiter auseinandergesetzt hast.

4.6   Orientierung bieten mit Menüs

Ebenfalls wichtig für die Navigation auf deinem Blog ist dein Menü. Dieses erstellst du unter DESIGN • MENÜS.

Je mehr Kategorien oder Seiten du hast, die du in deinem Blog an prominenter Stelle verlinken willst, desto größer wird auch dein Menü. Für den Anfang reichen jedoch die folgenden Punkte:

▶ Start (Link zu deiner Startseite)

▶ Blog (falls nicht identisch mit deiner Startseite)

▸   Über mich

▸   Impressum und Datenschutz

Was genau im Impressum und in deiner Datenschutzerklärung stehen sollte, kannst du in Kapitel 6, »Kein Grund zur Panik: Worauf Blogger*innen rechtlich achten müssen«, nachlesen. Bei der Erstellung der Menüs solltest du beides von Anfang an mitdenken. Denn wenn du eine Website betreibst, bist du dazu verpflichtet, diese beiden Seiten so einfach wie möglich für Suchende zur Verfügung zu stellen. Und das geht, indem du sie in ein Menü einbaust. Du kannst jetzt zu Kapitel 6 springen und die beiden Seiten schon komplett erstellen, oder du legst an dieser Stelle einfach zwei leere Seiten an, auf die du im Menü verlinken kannst.

Weil die Links zum Impressum und zur Datenschutzerklärung im Hauptmenü leicht ablenkend wirken können, kannst du sie auch in das Footer-Menü packen. Von dort sind beide ebenfalls gut zugänglich, du vermischst sie aber nicht mit deinen inhaltlichen Themen. Manche Themes bieten ein eigenes Footer-Menü an, das du hierfür nutzen kannst. Sollte dein Theme das nicht ermöglichen, kannst du über das Widget *Navigationsmenü* trotzdem ein eigenes Menü in den Fußbereich deiner Seite bringen. Wie das geht, erfährst du in Abschnitt 5.2, »Das Design mit Widgets anpassen«.

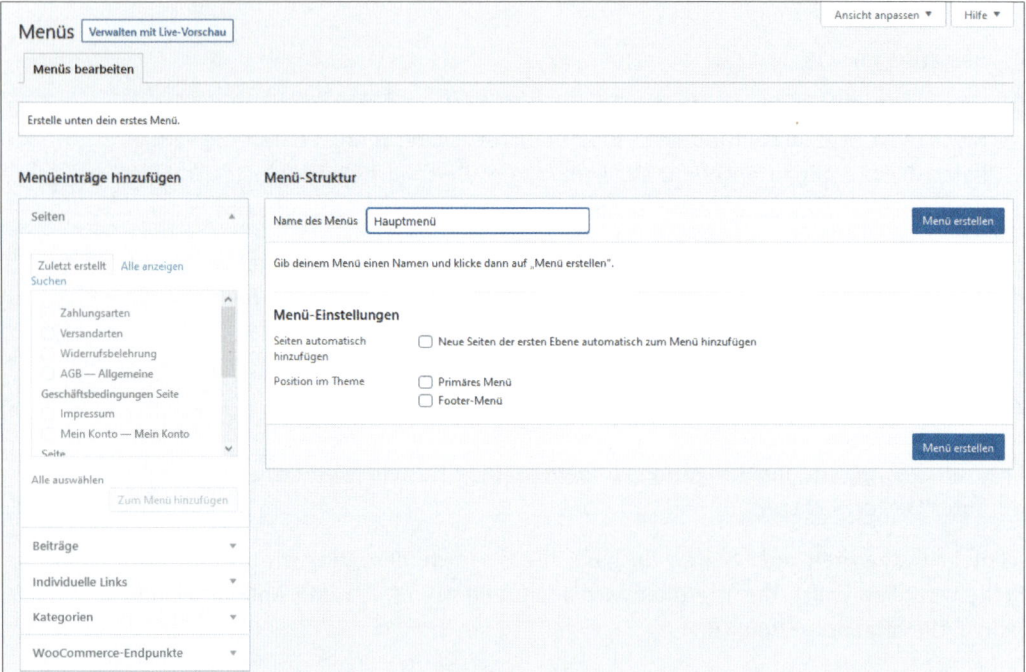

Abbildung 4.14 Menüeinstellungen in WordPress

So erstellst du dein neues Menü Schritt für Schritt:

1. Wähle in WordPress DESIGN • MENÜS.
2. Gib den Namen für dein Menü unter NAME DES MENÜS ein (Abbildung 4.14).
3. Als Position wählst du PRIMÄRES MENÜ aus.
4. Klicke dann auf MENÜ ERSTELLEN.
5. Füge die Seiten hinzu, die du im Menü anzeigen lassen möchtest.
6. Per Drag-and-drop kannst du die Menüs in eine sinnvolle Reihenfolge bringen.

Diese Art des Vorgehens kannst du sowohl für dein Haupt- als auch für dein Footer-Menü wählen. Du kannst so viele Menüs anlegen, wie du möchtest, brauchst aber eigentlich nur diese beiden.

Damit sind deine ersten beiden Menüs schon erstellt. Wenn du später andere Seiten oder Beiträge verlinken willst, kannst du sie an dieser Stelle einfach hinzufügen. Für alle Designelemente – und dazu zählen Menüs auch – gilt jedoch: Weniger ist mehr. Wenn du 20 Links in dein Menü packst, überforderst du diejenigen, die einen davon klicken sollen. Im Zweifel können sie sich dann gar nicht mehr orientieren und verlassen deine Website wieder. Die Auswahl, die du jetzt an Menüpunkten bietest, reicht fürs Erste völlig aus.

4.7   Die FTP-Verbindung als alternative Zugriffsmöglichkeit

WordPress ist ein Content-Management-System, mit dem du über ein Frontend auf deine Daten zugreifen und ihre Darstellung beeinflussen kannst. Dieses Frontend (und die Funktionen, die WordPress bietet) sind der Grund dafür, dass die Software so beliebt ist. Du musst dich gerade nicht in irgendwelche Datenbankstrukturen einarbeiten oder Dateien an die richtige Stelle auf einem Server schieben, sondern kannst direkt loslegen und über das User Interface alles ganz einfach bedienen.

Trotzdem kann es sein, dass du mal direkt auf die Dateien zugreifen musst oder möchtest, die deine Website bilden. Diese liegen auf einem Server, auf den du über eine sogenannte FTP-Verbindung zugreifen kannst. *FTP* steht für *File Transfer Protocol*. Mit einem FTP-Client kannst du also Daten zwischen deinem Rechner und dem Server austauschen. Das kann zum Beispiel sinnvoll sein, wenn ein Plug-in einen Fehler verursacht hat und du es manuell löschen musst, weil du übers Frontend keinen Zugriff mehr hast (keine Panik – wie das geht, erfährst du in Abschnitt 4.11, »Wenn nichts mehr geht: Typische WordPress-Fehler und ihre Behebung«). Gut ist es, wenn du dich mit dem Prinzip FTP-Verbindung auseinandersetzt, solange du es noch gar nicht brauchst, weil du dann im »Notfall« ganz entspannt loslegen kannst. Außerdem ist es spannend zu sehen, wie WordPress deine Dateien

ablegt. Um das machen zu können, brauchst du einen FTP-Client und die Zugangsdaten von deinem Hoster. Letztere findest du dort in deinem Dashboard (bei Strato
zum Beispiel in deinen Vertragsdaten zum Paket unter SFTP-ZUGÄNGE). Im Zweifel
kannst du auch den Support fragen.

So greifst du per FTP auf deinen Server zu:

1. Lade und installiere FileZilla in der für dein Betriebssystem passenden Version
   als FTP-Client (*https://filezilla-project.org/download.php*).

2. Gib den Servernamen und deine Zugangsdaten ein und klicke auf VERBINDEN.
   Das war's schon.

Du siehst nun ein viergeteiltes Fenster. Auf der linken Seite sind Informationen zu
deinem Rechner, rechts ist deine WordPress-Installation. Links bist du also lokal
unterwegs, rechts auf dem Server. Im oberen Bereich kannst du durch die Ordnerstruktur navigieren. Die Inhalte des Ordners, der oben ausgewählt ist, erscheinen
dann im unteren Bereich (Abbildung 4.15).

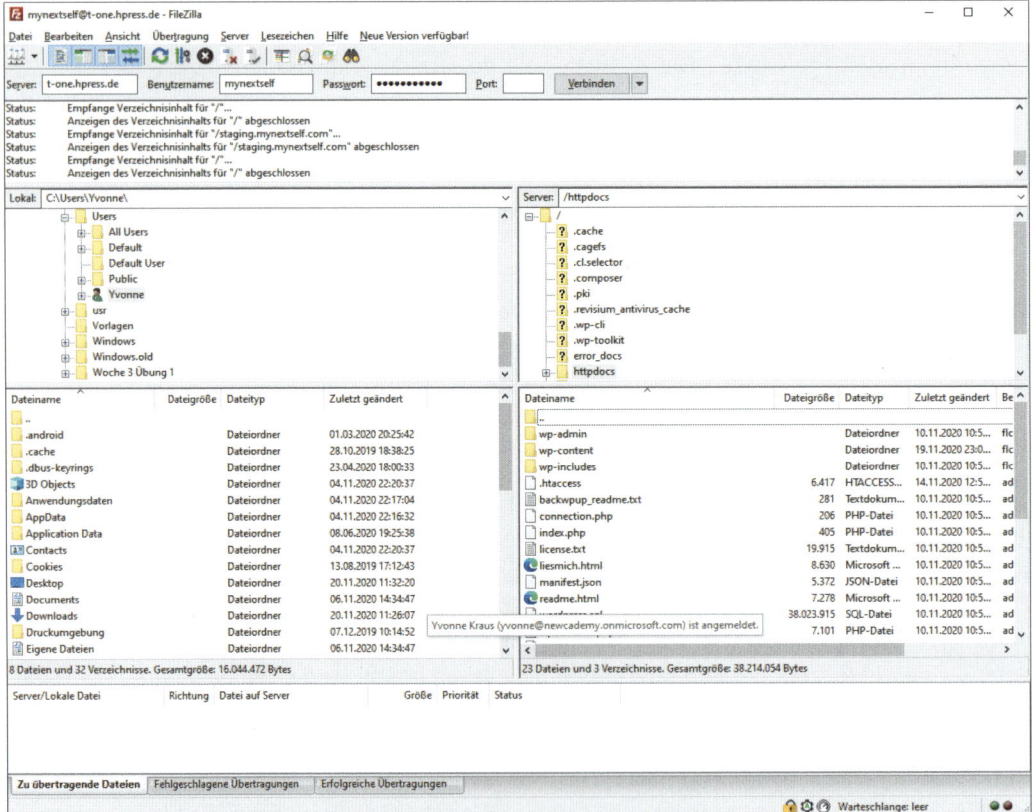

Abbildung 4.15 Deine WordPress-Installation in FileZilla

Das T in FTP steht für Transfer, und genauso funktioniert die Arbeit mit dem FTP-Server auch: Du kopierst Dateien vom Server auf deinen Rechner oder umgekehrt. Du kannst auch direkt Dateien auf dem Server löschen. Was nicht geht, ist das direkte Arbeiten an den Dateien auf dem Server.

Tipp

Wenn du per FTP-Server auf deine Daten zugreifst, gewöhne dir am besten direkt an, eine Kopie deiner Datei auf deinen Rechner zu ziehen, diese dann noch mal zu kopieren (als Backup, zum Beispiel mit der Namensergänzung *original*) und dann erst etwas zu bearbeiten, wenn du möchtest. Merke dir außerdem immer genau, aus welchem Ordner du eine Datei genommen hast, damit sie auch an dieselbe Stelle zurückkommt. So vermeidest du, dass du aus Versehen Dinge kaputt machst, die du später noch brauchst. Wenn du dich noch nicht so gut mit WordPress auskennst, solltest du außerdem immer ein manuelles Backup machen, bevor du Dateien auf dem FTP-Server löschst oder verschiebst.

4.8   Selbst programmieren in WordPress mit HTML- und CSS-Basics

Keine Sorge: Du musst überhaupt nichts programmieren in WordPress, und wenn du keine Lust auf zu viel Technik hast, überspringe diesen Abschnitt einfach – und Abschnitt 4.9, »Child Themes richtig einsetzen«, am besten gleich mit.

Aber: Wenn du ein bisschen Spaß an Programmierung hast oder einfach neugierig bist, bietet dir WordPress die Möglichkeit, ein paar Dinge ziemlich einfach selbst zu ändern. Oft hilft dir das sogar dabei, ein zusätzliches Plug-in zu vermeiden, was deine Seite dann wieder ein bisschen schneller macht. Ich werde dir hier natürlich keinen Programmierkurs geben (das könnte ich auch gar nicht). Aber ich zeige dir, an welchen Stellen HTML und CSS dir helfen können und wo du weitere Informationen dazu findest. Auf PHP als Programmiersprache gehe ich hier nicht ein, weil das für den Einstieg wirklich zu technisch ist.

4.8.1   HTML

HTML (HyperText Markup Language) wird eingesetzt, um Inhalte auf deine Website zu bringen. Im Gutenberg-Editor hast du beispielsweise die Möglichkeit, die einzelnen Blöcke auch im HTML-Code anzeigen zu lassen. Dazu klickst du auf die drei senkrecht angeordneten Punkte im Block-Menü und wählst dann IN HTML BEARBEITEN aus (Abbildung 4.16). Du wirst schnell sehen, dass du das meiste davon intuitiv verstehen kannst. Text erscheint meist einfach als Text. Je nach HTML-Editor werden Abschnitte durch die Abschnitt-Tags <p> und </p> eingerahmt. Eine Überschrift der Ebene 2 wäre von `<h2>` und `</h2>` umklammert. An diesen Beispielen siehst du auch schon, wie HTML funktioniert: Eine Information darüber, welche Formatierung für die folgenden Zeichen gelten soll, wird zwischen einem Kleiner- und einem Größer-Zeichen vor den Text positioniert, auf den sich diese Formatierung beziehen soll. Diese Programmieranweisung gilt, bis sie wieder aufgehoben wird – und zwar durch dasselbe Zeichen, das nur durch ein / hinter dem < ergänzt wird. Mit dieser Information kannst du schon sehr viel in HTML selbst machen – du musst dann nur noch die jeweiligen Befehle kennen, die du aber leicht googeln kannst.

Der Gutenberg-Editor gibt dir viele Formatierungsmöglichkeiten für deinen Text vor. Aber eben nicht alle, die du vielleicht brauchst. In dem Fall empfehle ich dir, einen Online-HTML-Editor zu verwenden, dort die Formatierung vorzunehmen und sie dann in WordPress zu kopieren. Einen guten Online-HTML-Editor mit vielen Formatierungsmöglichkeiten findest du zum Beispiel hier: *https://html-online. com/editor/*.

```
<strong>Kennst du das? Du willst eine Sache besser machen, machst sie aber dadurch an einer anderen Stelle - naja -
weniger gut? Das passiert auch beim Arbeiten. Filterwörter schleichen sich oft genau dann in Texte, wenn wir sie
eigentlich verbessern wollen. Vor allem dann, wenn wir das Setting (= Raum und Zeit der Geschichte) besser erlebbar
machen wollen. Was Filterwörter sind, welche Wirkung sie haben und wie du sie vermeidest, erkläre ich dir in diesem
Artikel.</strong>
<h2>Was sind Filterwörter?</h2>
Du hast wahrscheinlich schon öfter gehört, dass du deine Texte mit allen Sinnen erlebbar machen sollst. Nicht nur
visuelle Eindrücke, sondern Geräusche, Gerüche, Geschmack und Gefühl gehören in einen Text. Dann können deine
Leser*innen nämlich ebenfalls mit allen Sinnen in den Text eintauchen und ihr Lese-Erlebnis wird umso größer. Vielleicht
hast du selbst beim Lesen auch schon starke sensorische Momente erlebt - also Momente, in denen du fühlst oder hörst,
was die Figuren der Geschichte gerade erleben.

Genau das willst du auch für deinen Roman oder deine Kurzgeschichte erreichen: Momente, in denen deine Leser*innen nicht
nur Informationen aufnehmen, sondern selbst erleben.

Und wie machst du das? Ganz einfach! Du beschreibst die sinnlichen Wahrnehmungen deiner Figuren. Und das hört sich dann
oft so an:

<em>Lizzie versuchte, sich zu orientieren. Der Bus war schon wieder losgefahren; sie hörte das Rattern seines Motors
noch lange, nachdem er um die Kurve gebogen war. Sie fühlte sich unwohl hier am Bahnhof. Sie roch eine Mischung aus Urin
und Diesel. Kalt war es außerdem. Lizzie spürte die kleinen, feinen Regentropfen wie Nadelstiche auf ihrer Haut. In der
Ferne sah sie das gleißende Licht der Space Needle. Sie wusste nun, in welche Richtung sie gehen musste.</em>
```

Abbildung 4.16 HTML-Code eines Blog-Posts in Word-Press

Meistens kommst du komplett ohne HTML-Formatierungen aus, da du Formatierungen auch einfach und noch eleganter in CSS umsetzen kannst – denn CSS ist genau dafür gemacht. Trotzdem ist es sinnvoll, zu wissen, wie die Programmiersprache aussieht, mit der deine Blog-Texte dargestellt werden.

4.8.2   CSS

CSS steht für *Cascading Style Sheets* und wird eingesetzt, um das Aussehen deiner Website zu verändern. Im letzten Abschnitt hast du gelernt, dass du mit HTML jedem Text bestimmte Eigenschaften zuweisen kannst. Du könntest zum Beispiel einem Abschnitt eine andere Schriftfarbe zuweisen.

Wenn du aber die Schriftfarbe für sämtliche Blog-Posts anpassen willst, wäre das ganz schön viel Arbeit, weil du die Information ja zumindest in jedem Artikel setzen müsstest. In CSS setzt du also grundsätzliche Eigenschaften für das um, was dann in HTML angezeigt wird. Wenn du beispielsweise möchtest, dass jede Überschrift der Ebene h2 dunkelblau dargestellt wird, hinterlegst du diese Eigenschaft in CSS. Normalerweise macht das sogar schon dein Theme für dich: Wenn du in Astra die Farben einstellst (das wirst du in Kapitel 5, »Den Blog mit Designelementen individuell gestalten«, tun), übersetzt das Theme das schon automatisch in den richtigen CSS-Code, ohne dass du irgendetwas dafür tun musst.

Manchmal möchtest du jedoch Formatierungen verwenden, die dein Theme nicht anbietet. CSS ist die Programmiersprache, die du dafür verwenden kannst.

Theoretisch könntest du das sogar direkt im Theme machen (wie du über deinen FTP-Server an die entsprechenden Dateien kommst, weißt du ja jetzt). Aber: Dafür musst du wirklich wissen, was du tust. Und es reicht nicht einmal, wenn du dich in CSS sehr gut auskennst. Denn du weißt ja nicht, wie der Mensch, der dieses Theme erstellt hat, seinen Code aufgebaut hat und worauf du achten musst, wenn du ihn bearbeitest. Daher solltest du CSS-Code

1. nur dann einfügen, wenn du sicher bist, dass du ihn wirklich brauchst,

2. nur an einer einzigen Stelle einfügen.

Diese Stelle findest du im Customizer als untersten Punkt, und er heißt Zusätzliches CSS. Hier kannst du problemlos CSS-Code einfügen und auch wieder löschen, wenn er nicht so funktioniert, wie du dachtest. Du machst damit nichts im Theme kaputt.

CSS-Code ist ein wenig anders aufgebaut als HTML-Code, wie dieses Beispiel zeigt:

```
h2 {
color: red;
}
```

Dieser Code würde dafür sorgen, dass alle deine h2-Überschriften ab jetzt rot sind.

CSS-Code wird für dich dann erforderlich, wenn du ganz genaue Designvorstellungen hast, die dein Theme nicht erfüllt, wenn du beispielsweise deine Blog-Posts in einem Raster anzeigst, das nicht den Optionen entspricht, die dein Theme anbietet. In diesem Fall solltest du im Internet nach entsprechendem CSS-Code suchen und ihn an der genannten Stelle einfügen. Du kommst hiermit oft schon sehr weit und machst deine Website – anders als mit einem Plug-in – dadurch nicht langsamer.

Wie mit allem solltest du aber auch mit zusätzlichem CSS-Code sparsam umgehen. Wenn du den Überblick verlierst, kann es passieren, dass du widersprüchlichen Code schreibst und dadurch dann doch in Probleme läufst. Wenn du das Gefühl hast, sehr viel in CSS nachprogrammieren zu müssen, ist dein Theme vielleicht doch nicht das richtige für dich.

4.9   Child Themes richtig einsetzen

Wenn du dich intensiver mit den Möglichkeiten von WordPress beschäftigst, wirst du irgendwann über das Thema *Child Themes* stolpern. Dein Theme ändert die Grundeinstellungen von WordPress so, dass dein Blog so aussieht, wie du das möchtest. Beispielsweise zeigt dein Theme Menüs an bestimmten Stellen an, ermöglicht dir, Schriftgrößen für die Überschriften zu ändern usw. Sehr wahrscheinlich kommst du lange mit einem Theme aus und brauchst gar kein Child Theme. Und zwar genau so lange, wie du nichts selbst an deinem Theme änderst, zum Beispiel durch das Einfügen von zusätzlichem CSS-Code (Abschnitt 4.8.2). Wenn du das beginnst, kannst du ein Problem bekommen, sobald du dein Theme aktualisierst. Manuelle Änderungen werden dann nämlich gegebenenfalls überschrieben.

Das kannst du vermeiden, indem du ein Child Theme einsetzt. Ein Child Theme ändert nämlich nicht WordPress direkt, sondern es ändert dein ursprüngliches Theme, das damit zum Parent Theme wird.

Du kannst aus jedem Theme eine Parent-Child-Konstruktion selbst machen, indem du die Ordnerstruktur veränderst und ein entsprechendes Stylesheet anlegst. Eine ausführliche Anleitung findest du hier: *https://www.smashingmagazine.com/2016/01/create-customize-wordpress-child-theme/*. Wenn du gerade erst deinen Blog einrichtest, musst du dich mit dem Thema noch gar nicht auseinandersetzen. Es ist aber wichtig, dass du die Problematik für den Fall kennst, dass du selbst Veränderungen in CSS vornimmst. Ab diesem Zeitpunkt wird eine Aufsplittung in Parent und Child sinnvoll.

Manche Themes arbeiten auch von vornherein mit Child Themes. Für andere (zum Beispiel Divi) gibt es zahlreiche vorgefertigte, die schon über CSS-Anpassungen verfügen. Ein solches Child Theme installierst du genauso wie ein »normales« Theme. Da ein Child Theme nicht ohne Parent funktionieren kann, musst du zusätzlich das Parent Theme installieren, wenn es nicht ohnehin schon aktiv ist. Als aktives Theme wählst du dann immer das Child Theme. Die Zuordnung musst du nicht extra auswählen – die ist im Child Theme hinterlegt und funktioniert daher automatisch.

4.10   Schneller ist besser: Die Geschwindigkeit der Website erhöhen

Gerade nach einer frischen Installation ist deine Website wahrscheinlich noch richtig schön schnell. Das kann sich aber über die Zeit ändern. Die Geschwindigkeit deines Blogs wirkt sich darauf aus, wie Menschen deine Website erleben. Wenn sie lange darauf warten müssen, dass sich Bilder aufbauen oder der Wechsel von Seite zu Seite nicht nahtlos funktioniert, werden sie deine Seite möglicherweise schnell wieder verlassen. Auch Google bewertet schnelle Websites grundsätzlich besser. Aus dem Grund solltest du dir angewöhnen, die Geschwindigkeit deiner Website im Blick zu behalten und regelmäßig zu optimieren. Am besten setzt du dir dafür einmal alle zwei bis drei Monate eine Erinnerung in den Kalender. Ein paar Dinge solltest du aber grundsätzlich von Anfang an beachten, damit deine Seite gar nicht erst langsam wird.

4.10.1   Was du grundsätzlich für eine schnellere Website tun kannst

Ein Caching-Plug-in hilft dabei, deine Seite schneller auszuliefern. Ich habe dir dafür in Abschnitt 4.4.2, »Nützliche Plug-ins«, *Autoptimize* empfohlen. Es gibt natürlich noch andere Plug-ins mit ähnlicher Funktionalität wie zum Beispiel *WP Fastest Cache* oder *WP Rocket*. Für den Anfang erlaubt *Autoptimize* dir alles, was du brauchst. Später kannst du noch einmal prüfen, ob ein anderes Plug-in deinen Bedürfnissen noch besser entspricht.

Achte von Anfang an darauf, dass die Bilder, die du einfügst, nicht zu groß sind. Die Bilder, die du in entsprechenden Quellen findest, liegen oft in sehr guter Qualität vor und sind entsprechend groß. Passe die Größe vor dem Hochladen manuell an. Am besten verwendest du immer das JPG-Format. Fürs Internet müssen deine Bilder auch keine Druckqualität haben.

Wie weiter oben schon geschrieben, solltest du es mit Plug-ins nicht übertreiben. Achte darauf, dass du nicht aus Versehen mehrere Plug-ins installierst, die denselben Zweck erfüllen. Manche Plug-ins sind sehr umfangreich in ihrer Funktionalität, und möglicherweise decken sie Bereiche ab, für die du bereits ein anderes Plug-in nutzt. Von dem solltest du dich dann trennen. Außerdem setzt du dir am besten auch für deine Plug-ins einen regelmäßigen Reminder. Was nämlich anfangs verlockend klingt und du dringend zu brauchen scheinst, kannst du später vielleicht wieder deinstallieren, weil du die Funktion gar nicht nutzt.

Wenn du außerdem ein schnelles Theme hast, bist du schon sehr gut aufgestellt. Irgendwann – wenn du vielleicht schon Einnahmen mit deinem Blog generierst – kannst du immer noch zu einem spezialisierten WordPress-Hoster wechseln, was die Geschwindigkeit noch mal erhöht.

4.10.2   Wie du die Geschwindigkeit deiner Website überprüfst und verbesserst

Wie schnell ist deine Website denn jetzt überhaupt? Das solltest du natürlich wissen, um entscheiden zu können, ob du etwas daran tun musst. Die Geschwindigkeit deiner Website kannst du über verschiedene Tools messen lassen. Die einfachste Variante – und die für dich besonders relevante, weil sie die Punkte anzeigt, die für dein Ranking relevant sind – ist, die Geschwindigkeit durch Google PageSpeed messen zu lassen. Dafür gehst du auf *https://developers.google.com/speed/pagespeed/insights/* und gibst in das Eingabefeld die URL deiner Domain ein. Google rechnet dann ein bisschen und gibt dir anschließend Informationen darüber, wie schnell deine Website ist und wie du die Geschwindigkeit verbessern könntest. Das sieht dann so aus wie in Abbildung 4.17.

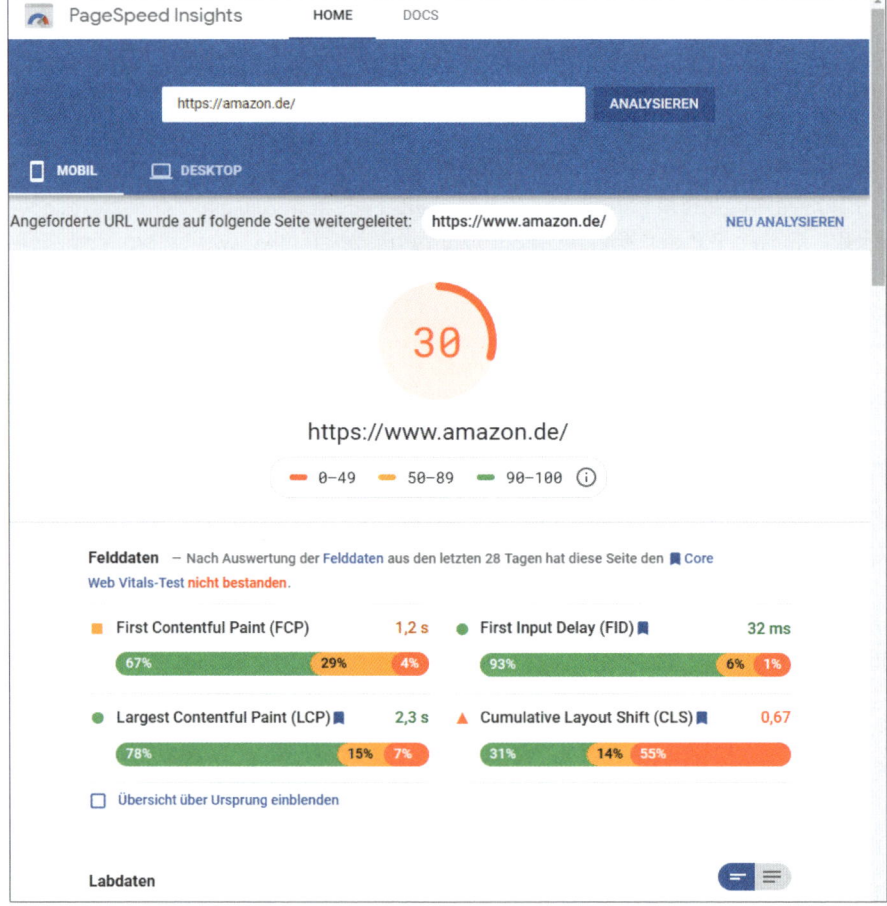

Abbildung 4.17 Mit einem Ampelsystem zeigt Google dir, was du für die Geschwindigkeit deiner Website tun kannst.

Die Geschwindigkeit wird mit einem Score von 0 bis 100 angezeigt und außerdem mit einem Ampelsystem bewertet. Wenn du weiter nach unten scrollst, siehst du von Google Hinweise dazu, was du verbessern kannst. Typischerweise bekommst du auch den Tipp, den ich dir im vorigen Abschnitt gegeben habe: deine Bilder zu verkleinern. Manche der Punkte, die du dort findest, sind etwas technisch. Für vieles gibt es jedoch leichte Lösungen, für die du auch nicht programmieren musst. Am besten schnappst du dir immer die obersten drei Punkte und googelst für jeden einzelnen den jeweiligen Begriff zusammen mit dem Wort »WordPress«. Du bist selten der einzige Mensch mit dem jeweiligen Problem, sodass du auf jeden Fall fündig werden wirst. Nach und nach baust du so die Geschwindigkeit deiner Website aus bzw. hältst sie auf einem hohen Level.

Im Beispiel in der Abbildung 4.17 siehst du übrigens, dass es sehr große Websites mit niedrigem Geschwindigkeitsindex gibt. Tatsächlich gilt für dich mit deinem Blog allerdings nicht dasselbe wie für beispielsweise Amazon. Deren Website ist so groß, hat so viel Content und eine so starke Marke, dass die geringe Geschwindigkeit ihnen nicht schadet. Auf dich trifft wahrscheinlich gerade am Anfang keiner dieser drei Punkte zu. Du solltest also in allen Bereichen, mit denen du dir einen leichten Vorsprung verschaffen kannst, so gut sein wie möglich. Und die Website-Geschwindigkeit gehört dazu.

4.11   Wenn nichts mehr geht: Typische WordPress-Fehler und ihre Behebung

Wo Software ist, gibt es auch Fehler. Und wenn das erste Mal die Seite nicht erreichbar ist oder nicht richtig reagiert, ist schnell Panik angesagt. Grundsätzlich kann ich dir deswegen empfehlen, regelmäßige Backups zu machen. Und mit regelmäßig meine ich täglich. Wenn nämlich gar nichts mehr geht, hast du immer noch die Möglichkeit, ein Backup vom Vortag wiederherzustellen.

Tipp

Sobald du zwischendurch mal eine ruhige Minute hast, kannst du dir das Vorgehen für die Wiederherstellung schon mal anschauen, ausprobieren und irgendwo in einfachen Schritten dokumentieren. Du führst sozusagen einen Probealarm durch. Im Ernstfall wirst du nämlich aufgeregt sein und nicht alles sofort finden, was du tun musst.

Die typischsten Fehler und mögliche Lösungen:

▸ **Ein geplanter Post wurde nicht veröffentlicht.**

Wenn du dir die Arbeit an WordPress erleichtern willst, wirst du auf die Planungsfunktion für Blog-Beiträge zurückgreifen. Manchmal funktioniert diese allerdings nicht, weil eine Automatisierung im Hintergrund nicht richtig durchgeführt wurde. Am einfachsten machst du es dir, wenn du in dem Fall das Plug-in *Scheduled Post Trigger* installierst und nutzt. Das brauchst du allerdings nur, wenn die geplanten Beiträge wirklich nicht veröffentlicht werden. Wenn du kein weiteres Plug-in installieren willst, kannst du natürlich auch einfach die Posts manuell veröffentlichen. Dann musst du nur immer im Blick behalten, ob alles live gegangen ist.

▶ **Eine Seite läuft in einen 404-Fehler.**

404-Fehler passieren, wenn ein Link zu einer nicht existierenden URL angeklickt wird. Dieser Fehler kann zwei Ursachen haben, und du kannst beide ganz einfach beheben. Entweder hast du dich (oder jemand anderes sich) bei der Erstellung eines Links vertippt, oder du hast eine Seite oder einen Beitrag gelöscht, aber es gibt noch irgendwo Links dazu. Schau dir am besten einfach die URL der 404-Seite an. Dort steht nämlich der Link drin, der angeklickt wurde. Am besten ist es, wenn du falsche Links korrigierst – also entweder auf die richtige Seite lenkst oder löschst. Wenn das nicht geht (weil der Link zum Beispiel gar nicht auf deiner Seite steht und du nicht weißt, wer auf sie verlinkt hat), kannst du mit dem Plug-in *Redirection* eine Umleitung von der falschen auf eine korrekte URL erstellen. So läuft zumindest nichts ins Leere.

▶ **Die Website ist sehr langsam.**

Wenn deine Website plötzlich langsam geworden ist, liegt das wahrscheinlich an einer Veränderung, die du durchgeführt hast. Hast du kürzlich ein neues Plug-in installiert oder eins aktualisiert? Falls ja, deaktiviere das Plug-in mal und schaue, ob die Seite immer noch so langsam ist. Gegebenenfalls hat dein Hoster auch Probleme (dazu findest du im nächsten Punkt Tipps). Wenn deine Website dauerhaft langsam ist, gehst du am besten die Punkte in Abschnitt 4.10 oben noch einmal durch.

▶ **Die Website ist nicht erreichbar.**

Die größte Panik bekommen wir alle natürlich, wenn unsere Website nicht mehr erreichbar ist. Sehr wahrscheinlich liegt das an deinem Hoster. Um sicherzugehen, kannst du unter *https://www.websiteplanet.com/webtools/down-or-not/* zunächst schauen, ob die Seite wirklich nicht erreichbar ist oder ob es vielleicht an dir liegt. Wenn deine Website down ist, schau erst mal nach, ob es eine Störung bei deinem Hoster gibt. Viele Hoster berichten auf der eigenen Website über Störungen. Alternativ kannst du auf Twitter prüfen, ob auch andere Nutzer*innen über Ausfälle berichten (dafür einfach nach deinem Hoster-Namen suchen), oder dich an den Support wenden. Das wirst du sowieso tun müssen, wenn es Probleme gibt.

Wenn deine Website grundsätzlich erreichbar ist, kann es auch sein, dass deine IP gesperrt wurde. Das kannst du einfach überprüfen, indem du vom Smartphone aus die Website aufrufst und schaust, ob du sie so erreichen kannst. Ist das der Fall, musst du dich ebenfalls an den Support wenden, um dich wieder freischalten zu lassen. IPs werden schon mal gesperrt, wenn du zu viele Fehlversuche beim Log-in hattest (natürlich hintereinander). Manche Hoster nutzen Automationen, um zu verhindern, dass Seiten gehackt werden.

▶ **Die Seite zeigt nur noch einen weißen Bildschirm an.**

Dieser White Screen of Death, wie er auch genannt wird, ist ein ziemlich typischer WordPress-Fehler. Er ist meist auf ein Plug-in- oder Theme-Update zurückzuführen. Wenn du noch Zugriff aufs WordPress-Frontend hast, kannst du einfach nach und nach alle Plug-ins deaktivieren und schauen, ob das dein Problem löst. Im nächsten Schritt aktivierst du einmal ein anderes Theme. Sobald du den Fehler gefunden hast, kannst du alle anderen Plug-ins wieder aktivieren. Solltest du keinen Zugriff mehr haben, machst du dasselbe einfach über den FTP-Server (siehe Abschnitt 4.7, »Die FTP-Verbindung als alternative Zugriffsmöglichkeit«). Die Plug-ins findest du unter WP-CONTENT • PLUGINS. Du kannst sie einfach nach und nach löschen.

▶ **Die Website bleibt im Wartungsmodus.**

Wenn du Plug-ins aktualisierst, kann es schon mal passieren, dass der Wartungsmodus nicht ausgeschaltet wird. Passiert das auch nach zehn Minuten noch nicht, ist bei der Aktualisierung etwas schiefgegangen. Dieses Problem kannst du ausschließlich über den FTP-Server lösen (wenn dein Hoster dir nicht eine andere Lösung anbietet). Auf dem FTP-Server findest du in deinem Hauptverzeichnis die Datei *.maintenance*. Diese löschst du einfach. Normalerweise ist das Problem damit behoben. Manchmal verursacht dasselbe Plug-in aber dann den Fehler mit dem weißen Bildschirm. Ist das so, kannst du deine Fehlerbehebung gleich über den FTP-Server fortsetzen.

▶ **Auf der Website erscheinen plötzlich fremde Inhalte.**

Wenn du fremde Inhalte auf deiner Website findest, wurde sie sehr wahrscheinlich gehackt. Du solltest zunächst sämtliche Passwörter ändern und – wenn es welche gibt – Accounts löschen, die du nicht kennst. Am besten informierst du auch deinen Hoster und fragst, wie du vorgehen kannst. Du kannst natürlich alles löschen, was du erkennst, aber möglicherweise sind auch Inhalte betroffen oder mit Viren infiziert, die du nicht auf Anhieb finden kannst. Daher solltest du auf jeden Fall einen Virenscan durchführen. Dazu dienen die beiden Plug-ins *Sucuri WordPress Auditing* und *Theme Authenticity Checker*. Diese beiden Plug-ins sagen dir auch, welche Dateien du im Zweifel löschen solltest. Wenn du eingrenzen kannst, wann der Hack passiert sein muss, kannst du auch ein Backup von vorher wiederherstellen. Allerdings kann es sein, dass der Hack deutlich länger her ist, als du erkannt hast. Um einen Virenscan wirst du also sowieso nicht herumkommen.

5 Den Blog mit Designelementen individuell gestalten

Dein Blog sollte nicht nur durch den Text, sondern auch durch das Design überzeugen. Schließlich sieht man deine Texte, bevor man sie liest. Wie du ein Design planst und auf dem Blog umsetzt, erfährst du in diesem Kapitel.

WordPress bietet jede Menge Designmöglichkeiten. Du kannst dich richtig austoben und alles Mögliche ausprobieren – und die meisten Blogger*innen machen auch genau das. Das führt dann dazu, dass Designs uneinheitlich sind, ständig wechseln und der Blog am Ende unprofessionell wirkt. Daher solltest du dir vorher Gedanken dazu machen, wie du deinen Blog optisch gestalten willst.

5.1 Das perfekte Design für den Blog planen

Design arbeitet mit Struktur und Farben. Struktur bedeutet, dass alle Elemente in einer bestimmten Form angeordnet sind, die klar und harmonisch wirkt und die es deinen Leser*innen einfacher macht, sich auf dem Blog zurechtzufinden.

Klassische Strukturelemente für den Blog sind:

▶ deine Menüs (welche gibt es, wo sind sie, wie viele Elemente kannst du darin anklicken),

▶ Kopf-, Fuß- und Seitenleisten sowie

▶ die Anordnung von Text und Bildern.

In Kapitel 7, »Bloggen heißt schreiben: Schreibtipps für den Blog«, gehe ich darauf ein, wie wichtig es für den Lesefluss ist, kurze, überschaubare Absätze in deinem Text zu haben. Es ist auch wichtig fürs Design. Denn Abstände und Platz zwischen den einzelnen Elementen – der sogenannte Weißraum – machen deinen Blog lockerer und ansprechender.

Am besten überlegst du dir, wie für dich das ideale Blog-Design aussehen würde – und zwar ohne dass du das sofort in WordPress umsetzt. Du kannst dafür ein Blatt Papier nutzen oder ein sogenanntes Wireframe-Programm, mit dem auch das Design von Software entworfen wird. Ein bekanntes solches Programm ist *balsamiq* (*balsamiq.cloud*). Damit kannst du dein Blog-Layout quasi am Reißbrett entwerfen, wie Abbildung 5.1 zeigt. balsamiq ist kostenpflichtig, aber du kannst eine 30-tägige kostenlose Probephase nutzen, die auf jeden Fall reichen sollte, um dein Design zu entwerfen.

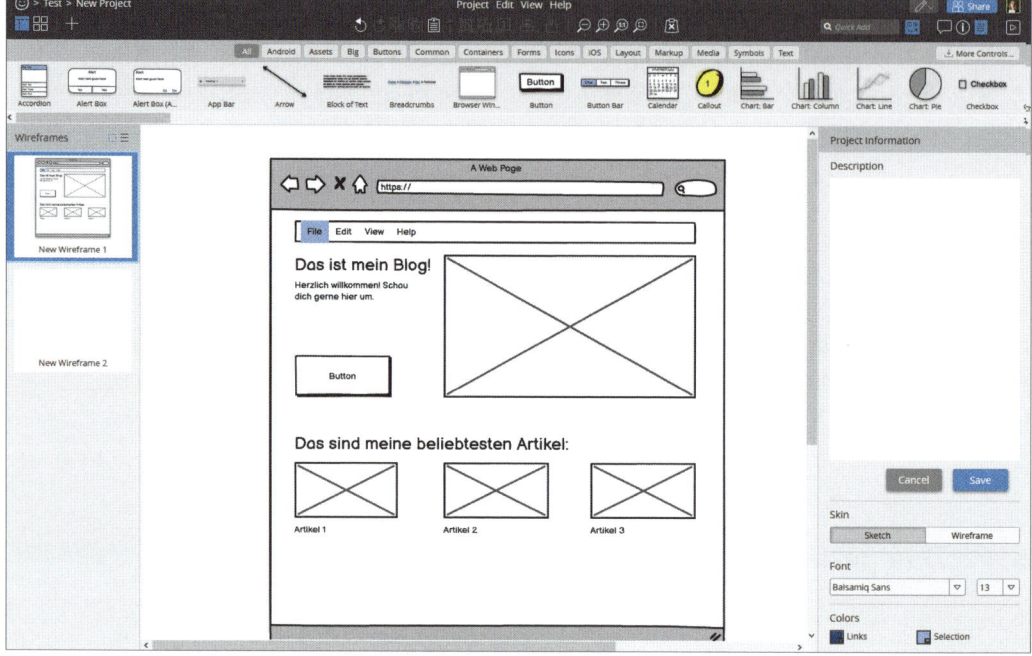

Abbildung 5.1 Wireframe mit balsamiq

Achte am besten darauf, dass du möglichst gerade Linien durch deine Elemente und deinen Weißraum erzeugst, also an beiden Seiten gleich abschließt. Die Abstände zwischen Elementen sollten ebenfalls ähnlich sein.

Gleichermaßen sorgen Schriftarten für Struktur, weil sie im Grunde auch nur eine Anordnung von Linien sind. In Abschnitt 5.3, »Farben und Schriftarten richtig auswählen und einsetzen«, erkläre ich dir mehr zum Thema Schriftarten. Für den Moment reicht es, wenn du ein grobes Konzept für dein Design entwickelst, für das du dich natürlich auch von anderen Blogs inspirieren lassen kannst. Du wirst wahrscheinlich nicht alles genau so umsetzen können, aber als Orientierung hilft es dir. Vielleicht möchtest du anschließend auch deine Startseite noch ein wenig anpassen, weil dir neue Designideen gekommen sind.

5.2   Das Design mit Widgets anpassen

Du hast nun den Rahmen für dein Blog-Design festgelegt. Und um genau diesen Rahmen geht es in diesem Abschnitt: Die Bestandteile, die auf jeder Seite (oder auf jedem Beitragstyp) identisch sind, kannst du nämlich ganz einfach mit Widgets bearbeiten. Im Customizer hast du bereits die Möglichkeit gesehen, Widgets einzustellen. Du kannst genauso gut aber auch über DESIGN • WIDGETS gehen und dort weitere Einstellungen für deine Seite vornehmen. Widgets sind kleine Programmeinheiten, die du an von dir festgelegten Stellen im Blog anzeigen lassen kannst. Ihre Verwendung wirkt sich also auf die Seiten deines Blogs, auf die Kopf- oder auf die Fußzeile aus. Zum Beispiel kannst du ein Archiv anzeigen, ein Suchfeld oder die Kategorien, die du verwendest.

Welche Widgets du an welche Stellen ziehen kannst, hängt von deinem Theme ab. Zum einen unterscheiden sich die verschiedenen Themes darin, welche Bereiche sie zur Verfügung stellen. Manche haben zum Beispiel mehrere Seitenleisten oder auch verschiedene Footer-Bereiche. Außerdem gibt es neben den Standard-Word-Press-Widgets, die immer vorhanden sind, manchmal auch welche, die das Theme mitbringt. Auch einige Plug-ins (zum Beispiel WooCommerce) binden eigene Bereiche oder Widgets ein. Das ist vor allem dann der Fall, wenn ein Plug-in eigene Beitragstypen anlegt.

Die verfügbaren Widgets sehen in Astra aus wie in Abbildung 5.2.

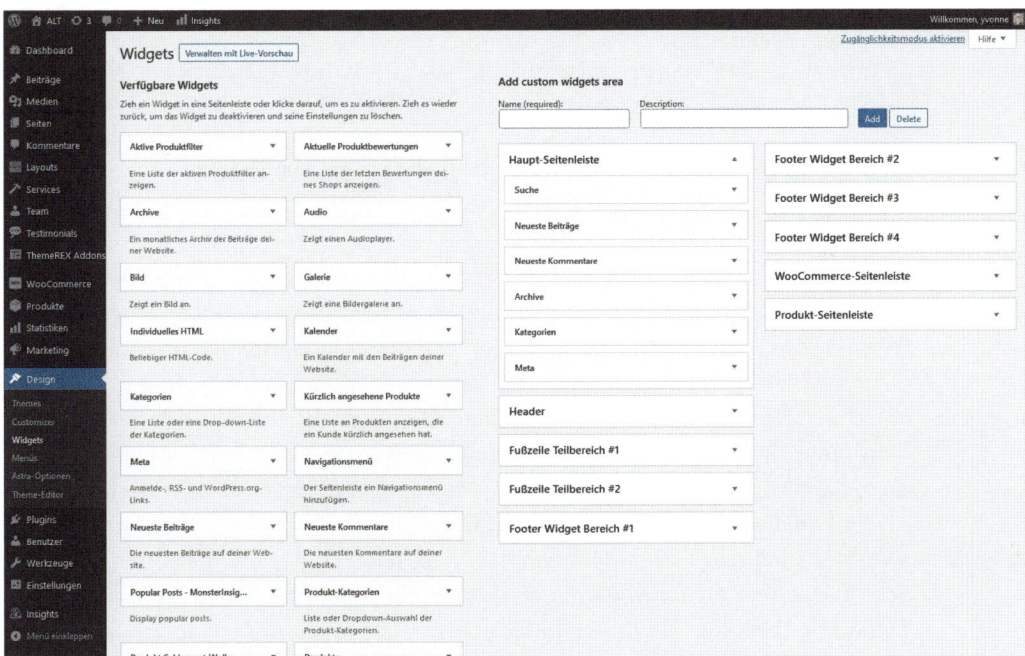

Abbildung 5.2 Widgets im Astra-Theme

Du kannst eine Hauptseitenleiste anlegen, die auf allen Seiten und Beiträgen angezeigt wird. Außerdem hast du einen Header- und verschiedene Footer-Bereiche.

Die Seitenleisten für WooCommerce und für Produkte hat das WooCommerce-Plug-in angelegt, über das du in Abschnitt 23.1, »Mit WooCommerce den gesamten Verkaufsprozess auf der eigenen Website abbilden«, mehr erfährst.

An dieser Stelle in WordPress kannst du per Drag-and-drop einfach dein ideales Design zusammenstellen. Orientiere dich an deinem Wireframe und probiere einfach aus, was dir gefällt. Du kannst zwischendurch immer wieder deine Seiten und Beiträge öffnen, um zu schauen, wie nah du an deine Wunschvorstellung herankommst.

Du kannst dank der Widgets auch ein Menü an jede Stelle in der Seitenleiste oder im Footer ziehen, selbst dann, wenn dein Theme an dieser Stelle kein Menü vorgesehen hat. Ziehe dazu einfach das Widget *Navigationsmenü* an die gewünschte Stelle und wähle dann im Drop-down-Feld das Menü aus, das du dort gerne anzeigen möchtest.

Tipp

Packe die einzelnen Bereiche nicht zu voll. Meist lösche ich sogar erst mal munter die Sachen wieder, die das Theme schon voreingestellt hat. Eine überladene Seitenleiste lenkt beispielsweise nur von den eigentlichen Inhalten ab. Weniger ist beim Design meist mehr. Daher starte am besten mit dem Minimum und ergänze immer dann, wenn dir etwas fehlt.

5.3   Farben und Schriftarten richtig auswählen und einsetzen

»Weniger ist mehr« gilt auch für Farben und Schriftarten. Es gibt so viele schöne Farben, mit denen du deinen Blog attraktiver machen kannst. Viele Blogger*innen toben sich bei den Farben richtig aus und kombinieren kunstvoll tolle Farbtöne miteinander. Wenn du allerdings zu viele verschiedene Farben verwendest, geht jede einzelne davon unter. Außerdem hat dein Blog dann keinerlei Wiedererkennungswert mehr. Daher empfehle ich dir, dich auf wenige Farben zu beschränken und diese dann konsequent durchzuziehen. Dasselbe gilt übrigens für Schriftarten. Blogs, die fünf oder sechs verschiedene Schriftarten verwenden, tun dies meist unbewusst. Anders als bei den Farben übernehmen viele nämlich einfach die voreingestellten Schriftarten und ergänzen diese dann immer mal wieder. Das fällt besonders dann auf, wenn nicht nur Text direkt im Blog verwendet wird, sondern auch auf Bildern – und da dann in einer komplett anderen Schriftart.

Design und gut geschriebene Texte haben an der Stelle eins gemein: Wenn alles stimmt, findet man es gut, ohne dass man (Profis ausgenommen) genau benennen kann, woran es liegt. Wenn etwas jedoch nicht stimmt, fällt es wirklich allen auf.

Daher entscheide dich für ein paar wenige Designelemente und ziehe sie komplett durch.

5.3.1   Dein Farbkonzept

Dein Farbkonzept sollte aus maximal drei Farben bestehen:

▶ deiner Schriftfarbe, die entweder schwarz oder ein dunkles Grau sein sollte – alles andere ist schwer zu lesen,

▶ deiner Hauptfarbe, die du für Buttons, Links und Designelemente wie dein Logo verwendest,

▶ einer Akzentfarbe, die gut zu deiner Hauptfarbe passt und die du verwendest, wenn du etwas zusätzlich hervorheben oder von der Hauptfarbe abgrenzen möchtest (zum Beispiel für einen Rahmen um einen Button).

Damit hast du dann sogar schon vier Farben. Denn deine Hintergrundfarbe gibt es ja auch noch. Du hast die Möglichkeit, auch den Hintergrund deiner Seiten bunt zu gestalten. Ich empfehle dir aber aus Gründen der Lesbarkeit (und weil es einfach professioneller aussieht), hier beim Weiß zu bleiben. Willst du noch einen Schritt weitergehen, kannst du als Akzentfarbe auch deine Schriftfarbe nutzen. Dadurch wird dein Design noch minimalistischer und klarer.

Wie findest du jetzt deine Hauptfarbe? Vielleicht schwebt dir schon eine vor, dann solltest du diese auch am besten gleich nutzen.

Wenn du bei der Farbwahl noch ganz am Anfang stehst, solltest du dich erst mal mit der Bedeutung von Farben auseinandersetzen. Denn die meisten Menschen verbinden mit Farben bestimmte Eigenschaften. Dunkelblau zum Beispiel steht für Kompetenz und Seriosität. Es ist kein Zufall, dass viele Versicherungen und Banken genau diese Farbe gewählt haben. Du findest viele ausführliche Artikel zur Bedeutung von Farben im Internet, und nicht alle sind sich über alle Farben einig. Am besten liest du dir durch, was diese Menschen zu sagen haben, und entscheidest dann, was gut zu dir passt. Hier findest du einen ausführlichen Artikel von 99designs: *https://99designs.de/blog/design-tipps/bedeutung-der-farben/*.

Wenn du dagegen schon weißt, dass du zum Beispiel einen schönen Orangeton suchst, aber noch nicht herausgefunden hast, welcher genau das sein soll, gebe ich dir zwei Möglichkeiten, dich inspirieren zu lassen:

1. **Pinterest**

   Gib auf Pinterest als Suchbegriff dein Thema ein. Vielleicht betreibst du einen Blog über plastikfreies Leben. Dann gib »plastikfrei« ein, betrachte die Bilder, die dir vorgeschlagen werden, und schaue, ob du Farben findest, die dir gut gefallen. Für die meisten Browser gibt es *Color Picker* als Browser-Add-on. Du kannst dir ein solches Add-on ganz einfach installieren (zum Beispiel von Color-Zilla) und dann damit ganz einfach den Farbcode einer Farbe, die dir gefällt, auswählen. Und schon hast du deine Hauptfarbe (Abbildung 5.3).

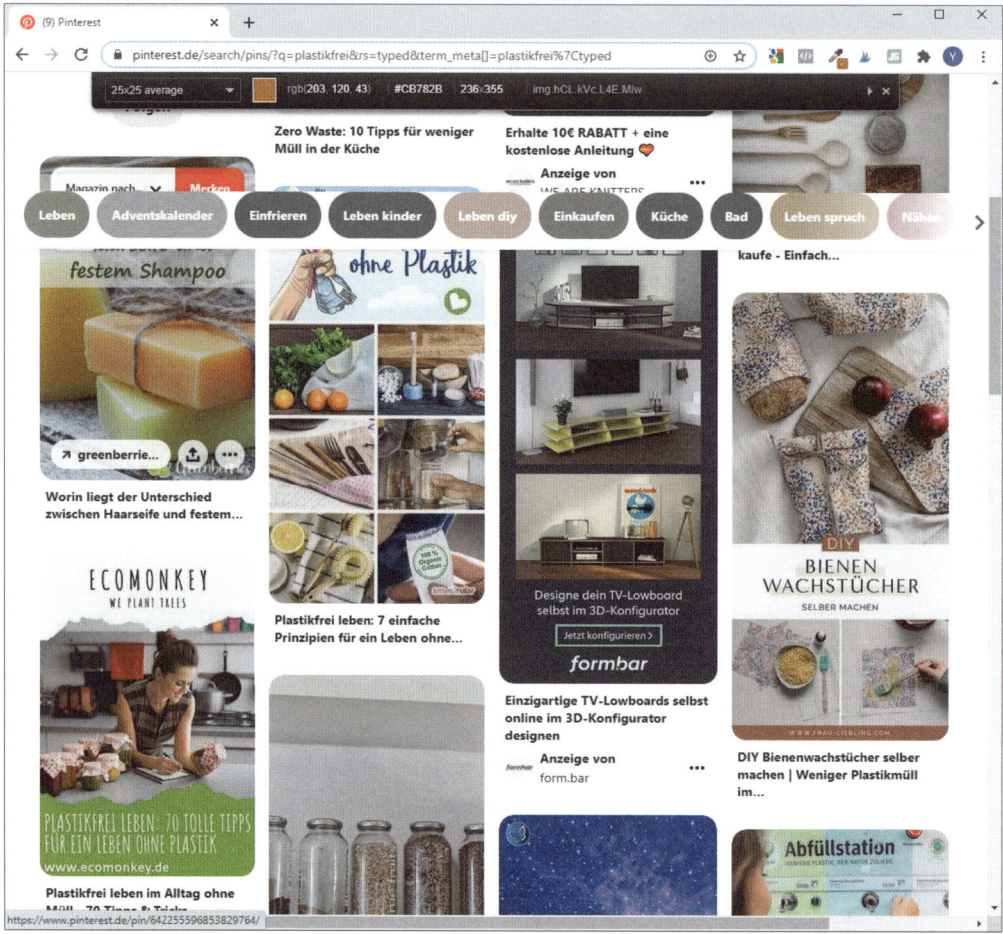

Abbildung 5.3 Mit dem Farbpicker kannst du deine gewünschte Farbe auswählen.

2. **Farbpaletten im Netz**

Du kannst dich auch von fertigen Farbpaletten inspirieren lassen und diese dann einfach aussuchen. Meist haben diese Farbpaletten mehr als eine Akzentfarbe. Ich empfehle dir trotzdem, die Anzahl der Farben nicht zu erhöhen. Mehr kannst du später immer noch machen. Für den Anfang ist für dich vor allem wichtig, dass du ein klares und professionelles Design hast. Farbpaletten findest zum Beispiel bei Canva. Hier gibt es eine umfangreiche Liste mit Beispielen: *https:// www.canva.com/learn/website-color-schemes/*.

Wenn du deine Farben ausgewählt hast, stellst du sie nun in deinem Theme ein. Dazu gehst du zunächst zu Design • Customizer. Wo du die Farben einstellen kannst, hängt vom Theme ab, und eventuell musst du dich einfach durch die Optionen hindurchklicken. Im Astra-Theme findest du die Farbeinstellungen unter Global • Farben • Standardfarben. Dort kannst du die Farben für dein Theme auswählen (Abbildung 5.4). Sobald du die Farben eingestellt hast, klickst du auf Veröffentlichen.

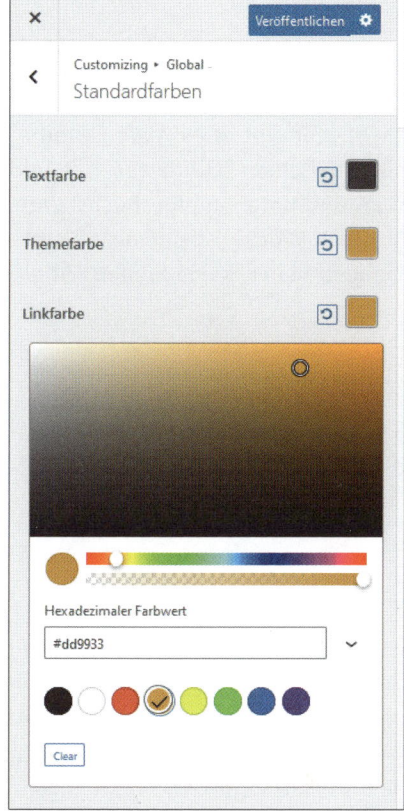

Abbildung 5.4 Farbeinstellungen in Astra

Diese Farben sind ab jetzt deine Standardfarben. Achte in Zukunft bei allem, was du in den Blog einfügst, darauf, dass diese Farben dort vorkommen. Wenn du Bilder einbindest, schau am besten darauf, dass sie ebenfalls die Farben enthalten.

5.3.2   Schriftarten fürs Web

Auch in Bezug auf die Schriftarten, die du verwendest, sollst du dich in Zukunft beschränken – und zwar auf maximal drei. Kein Problem, sagst du? Nun, mit einer

Schriftart ist hier eine Kombination aus Font und Größe gemeint. Da wird es dann wahrscheinlich schon schwieriger. Denn deine Überschriften, deine Menüs, deine Texte – sie alle haben zumindest unterschiedliche Schriftgrößen.

Ich empfehle dir, dass du

- eine Schriftart für den Text,
- eine zweite Schriftart für Überschrift 1 und
- diese zweite Schriftart in einer anderen Größe für deine anderen Überschriften

aussuchst. Menüs kannst du dann in derselben Schriftart formatieren wie die Überschriften.

Und welche Schriftarten sollst du nun auswählen? Dafür gibt es ein paar Grundregeln. Wahrscheinlich kennst du den Unterschied zwischen Schriftarten mit und ohne Serifen. Serifen sind die kleinen Striche oben und unten an den Buchstaben. Die Times New Roman – Standardschriftart in Microsoft Word – ist eine der bekanntesten Serifenschriften. Arial und Montserrat dagegen haben keine Serifen (Abbildung 5.5).

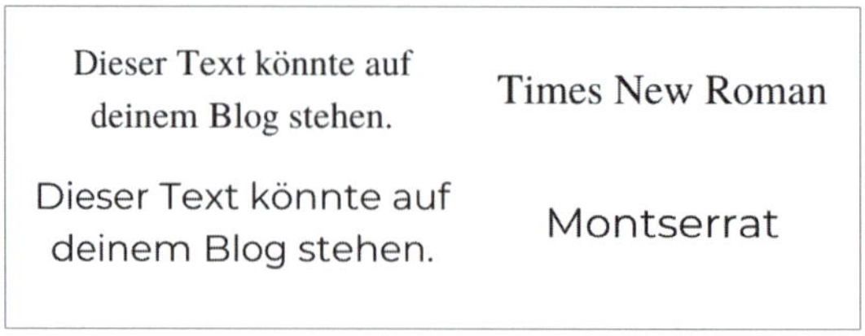

Dieser Text könnte auf deinem Blog stehen.	Times New Roman
Dieser Text könnte auf deinem Blog stehen.	Montserrat

Abbildung 5.5 Schriftart mit und ohne Serifen

Serifenschriften nimmt man meist für ausgedruckte Texte, vor allem für Bücher mit längeren Textblöcken. Die Serifen sorgen dafür, dass das Auge leichter der Zeile folgen kann. Am Bildschirm ist es jedoch so, dass die Serifen das Auge eher stören und die Schrift dadurch weniger klar wird. Meistens wird daher als Hauptschriftart für die Texte selbst eine serifenlose Schriftart wie die Montserrat gewählt. Feste Regeln gibt es aber nicht, und es gibt einen deutlich höheren Anteil an Websites mit Serifenschrift als an Büchern ohne. Wie du in Abbildung 5.5 sehen kannst, hat die Wahl der Schriftart auch Einfluss auf die angezeigte Größe. Die eingestellte Schriftgröße bei beiden Schriftarten ist dieselbe. Trotzdem nimmt die Montserrat deutlich mehr Platz ein.

Für die Überschriften kannst du dir eine andere Schriftart auswählen, wenn sie zu deinem Blog passt, auch eine auffälligere. Vorsichtig solltest du bei Handschriftarten sein. Diese sehen zwar schön aus, sind aber oft schwer zu lesen. Viele von uns haben in der Grundschule auch unterschiedliche Arten von Handschriften gelernt, was dazu führt, dass eine Schriftart, die für dich sehr klar aussieht, für andere kaum zu lesen ist.

Wenn du Schriftarten recherchierst und dir vielleicht sogar eine Lizenz dafür kaufst, achte vorher unbedingt darauf, dass auch die Umlaute (ä, ö, ü) dargestellt werden können. Manche »kleinere« Schriftart aus den USA kann das nämlich nicht, womit sie für dich unbrauchbar wird.

Die Schriftarten stellst du genau wie die Farben im Customizer ein. Im Astra-Theme findest du sie unter GLOBAL • TYPOGRAPHIE.

5.4   Unverwechselbar dank Logo und Favicon

Wenn du erst am Anfang stehst und bisher nicht viele Artikel geschrieben hast, rate ich dir, mit Logo und Favicon noch zu warten. Nicht, weil du später bessere Entscheidungen dazu treffen wirst, sondern weil du ein Logo auch später noch jederzeit ergänzen kannst. Und weil die Auswahl und das Design eines Logos viel Zeit in Anspruch nehmen. Denn natürlich macht es total viel Spaß, das eigene Symbol, das für den Blog stehen wird, zu entwickeln bzw. entwickeln zu lassen. Gleichzeitig ist dieses kleine Symbol für viele Blogger*innen überzogen wichtig, weil sie glauben, dass ihre Leser*innen sich anhand des Logos ein Bild vom Blog machen werden.

Daher zunächst einmal Entwarnung: Deine Leser*innen machen sich anhand deiner Texte und deines Designs ein Bild von dir. Wenn deine Texte inhaltlich überzeugen und außerdem ansprechend geschrieben sind, werden sie sie gerne lesen. Wenn dein Design klar, strukturiert und einheitlich ist, machst du einen professionellen Eindruck. Wenn es dann kein Logo gibt, wird das den meisten Menschen überhaupt nicht auffallen. Von welchen Blogs fällt dir spontan das Logo ein? Mir vielleicht von drei oder vier Blogs, und dabei lese ich viele relativ regelmäßig (und schaue wahrscheinlich auch noch mal anders auf diese Seiten). Welche Farben auf den Blogs verwendet werden, wie die Autor*innen schreiben und wie die Bildsprache aussieht, kann ich dir dagegen bei deutlich mehr Blogs sagen.

Also: Du kannst die Entscheidung für ein Logo getrost auf einen späteren Zeitpunkt verschieben.

Wenn du unbedingt jetzt eins entwickeln willst, sollte es natürlich zu deinem Designkonzept und zum Blog-Thema passen. Das heißt, dass sich

▶ Farben,

▶ Schriftarten und

▶ der Gesamteindruck

an deinem Blog-Design orientieren müssen. Wenn dein Blog eher elegant ist, sollte das auch dein Logo sein. Hast du verspielte Farben und Schriftarten gewählt, muss das Logo das natürlich auch widerspiegeln.

Grundsätzlich kannst du dein Logo entweder selbst erstellen oder es erstellen lassen. Für beides gebe ich dir ein paar Tipps.

Wenn du selbst versuchen willst, dein Logo zu entwerfen, empfehle ich dir Canva (mehr Infos dazu findest du übrigens in Kapitel 7, »Bloggen heißt schreiben: Schreibtipps für den Blog«). Canva ist das Grafikverarbeitungsprogramm der Wahl für alle, die sich mit Grafikverarbeitung nicht besonders gut auskennen. Wenn das bei dir der Fall ist, solltest du hier beginnen, dein Logo zu erstellen. Canva bietet mittlerweile einen Logo-Creator an, der im Gegensatz zu anderen Logo-Generatoren sogar ganz passable Ergebnisse erzielt. Wenn du das mal ausprobieren möchtest, gehst du einfach auf *https://www.canva.com/de_de/werkzeuge/logo-gestalte/* und gibst deinen Blognamen sowie deine Branche an. Dann wählst du aus mehreren Vorschlägen deine Lieblingslogos aus und erhältst einen Vorschlag für dein eigenes Logo. Das kannst du nun anpassen und mit deinen Farben, Schriftarten und Elementen versehen.

Wenn du es dir leicht machen willst, wählst du ein schlichtes, quadratisches Logo ohne großartige Grafikelemente. Auch ein reines Textlogo ist möglich. Dafür kannst du sogar eine andere Schriftart als deine Blog-Schriftarten auswählen, weil das Logo schließlich zu einem Bild wird und nicht als Text wahrgenommen wird.

Übrigens kannst du auch im ersten Schritt dein eigenes Logo erstellen, um deine Wünsche schon mal ungefähr zu umreißen, und es dann im zweiten Schritt an eine*n Designer*in übergeben, damit es noch besser wird. Und damit sind wir auch schon beim Punkt »dein Logo erstellen lassen« angelangt. Wenn du ein wirklich gutes Logo haben willst, solltest du die Profis ans Werk lassen. Du kannst entweder über eine Plattform wie Fiverr oder 99designs gehen (mehr dazu in Kapitel 26, »Mit Unterstützung noch professioneller werden«), oder du beauftragst selbst jemanden.

Wichtig dabei ist, dass du ein möglichst genaues Briefing erstellst und dir genau überlegst, was für ein Logo du haben willst. Du kannst dazu zum Beispiel Logos sammeln, die dir gut gefallen, und diese den Freelancern zur Verfügung stellen. Außerdem solltest du auf jeden Fall in dein Briefing schreiben, was genau du mit dem Blog machst, was deine Farben sind, welchen Eindruck du erwecken willst und was für dich auf keinen Fall infrage kommt. Natürlich gibst du auch einen Link zur Website mit. Nicht zuletzt aus dem Grund ist es wichtig, dass dein Design schon steht, wenn du dein Logo erstellen lässt.

Wenn du dein Logo dann hast, machst du am besten direkt ein Favicon daraus. Favicons sind die kleinen Symbole, die auf den Browser-Tabs angezeigt werden. Sie sind 16×16 oder 32×32 Pixel groß, also quadratisch und sehr klein. Das bedeutet, dass du wahrscheinlich nur einen Teil deines Logos im Favicon darstellen kannst und dass du diesen Teil dann auch noch verkleinern musst. Wenn du ohnehin jemanden mit dem Logo beauftragt hast, solltest du diese Person bitten, auch gleich ein Favicon zu erstellen. Wenn du dein Logo selbst entworfen hast, geht das natürlich nicht. Dann solltest du ein zentrales Element deines Logos auswählen, das sich quadratisch darstellen lässt, nicht zu viele komplizierte Linien hat und dem Logo noch ähnlich sieht. Diesen Teil schneidest du aus und speicherst ihn in der Größe 32×32 ab. Wenn das noch zu wild ist, weil dein Logo zu viele Linien und Abstufungen hat, kannst du auch ein Favicon mit einem Tool erstellen lassen, zum Beispiel bei *https://favicon.io/favicon-converter/*. Dort lädst du dein Logo hoch und lässt es in ein Favicon umwandeln.

Zum Schluss musst du das Logo und das Favicon dann nur noch hochladen. Das machst du auch wieder im Customizer (DESIGN • CUSTOMIZER), und zwar unter HEADER • WEBSITE-IDENTITÄT • LOGO (Abbildung 5.6). Hier kannst du dein Logo hochladen. Wenn du auf dem Smartphone ein anderes (zum Beispiel ein kleineres) Logo anzeigen lassen möchtest, kannst du das hier ebenfalls einstellen. Das Favicon bindest du unter WEBSITE-ICON ein. Und schon hat deine Website noch ein bisschen mehr Persönlichkeit.

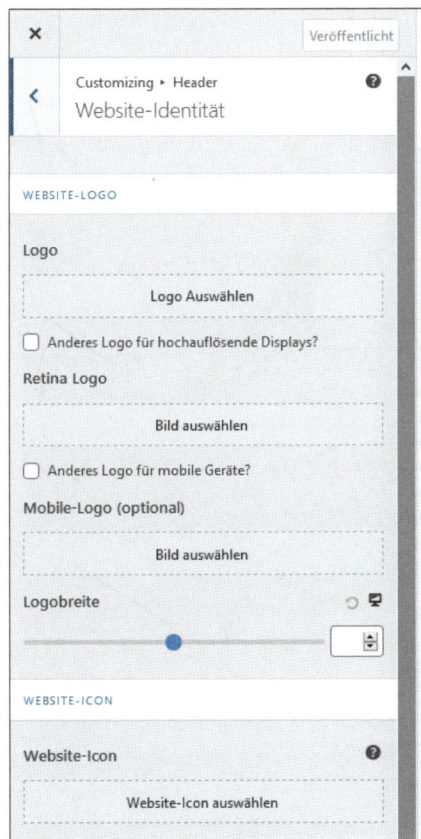

Abbildung 5.6 Logo und Favicon einfügen

6 Kein Grund zur Panik: Worauf Blogger*innen rechtlich achten müssen

Wer einen Blog betreibt, muss ein paar rechtliche Dinge beachten. Einen Überblick über die wichtigsten Punkte sowie die Ausgangsbasis für deine eigenen Recherchen findest du in diesem Kapitel.

Zum Bloggen gehört natürlich auch das Veröffentlichen im Internet. Und damit einher gehen ein paar Veränderungen für dich. Zum einen wirst du plötzlich sichtbar, was für viele ein großer Schritt ist. Um den geht es in diesem Kapitel aber gar nicht, sondern um die Pflichten, die dir auferlegt werden, wenn du deine Texte online stellst.

6.1 Rechtliches von Anfang an mitdenken

Für dich gelten dieselben Regeln wie für alle anderen Website-Betreiber*innen. Aus Sicht deiner Leser*innen ist nämlich zu großen Unternehmen auf den ersten Blick kein Unterschied zu erkennen. Also macht das Recht auch keinen Unterschied zwischen dir und größeren Internetpräsenzen. Was du alles beachten musst, hängt natürlich davon ab, was genau du auf deinem Blog machst bzw. anbietest. Und es wird mit dem Wachstum oder der Veränderung deines Blogs wahrscheinlich immer ein bisschen mehr werden. Daher kannst du dir jetzt schon für die Zukunft merken: Wenn du eine größere Veränderung am Blog vornimmst, solltest du dich immer auch gleich fragen, ob sich rechtlich für dich etwas ändert. Die meisten Blogger*innen, die gerade mit dem Thema beginnen, gehen nämlich auf eine von zwei Weisen mit dem Thema Recht um: Sie ignorieren es komplett, weil sie denken, dass diese komplizierten Regeln doch unmöglich für sie gelten können, oder sie verfallen in Panik, weil sie sich mit ihrem Blog schon mit einem Fuß im Gefängnis sehen. Beides ist natürlich keine sinnvolle Einstellung.

Daher zunächst mal: Ja, auch du musst ein paar Dinge beachten, die du rein aus rechtlichen Gründen auf deinem Blog umsetzen solltest. Und nein, das ist nicht furchtbar kompliziert, und du bist auch nicht allein damit. Es gibt gute Informationsquellen und Anwaltskanzleien, die sich auf das Recht im Internet spezialisiert haben. Die kannst du natürlich auch online erreichen und sie im Zweifel fragen.

Immer wieder hat man von Abmahnwellen gehört, aber ich bin bisher bei keinem meiner Blogs abgemahnt worden. Ich kenne persönlich auch keine Blogs, denen das passiert ist. Wenn du dich regelmäßig über Neuerungen informierst und deine Seite entsprechend anpasst, gibt es also keinen Grund zur Panik.

Ich selbst bin übrigens keine Anwältin. Das heißt, ich kann und darf dich rechtlich nicht beraten. Alles, was in diesem Kapitel steht, stammt aus meiner eigenen Erfahrung. Du solltest es als Anregung nehmen, dich mit den rechtlichen Themen zu deinem Blog auseinanderzusetzen. Das kann jedoch nur der Startpunkt für dich sein, selbst Informationen einzuholen und dich gegebenenfalls beraten zu lassen. Ich empfehle dir außerdem, dir auf jeden Fall einen oder mehrere Newsletter zum Thema Recht zu abonnieren, weil sich natürlich auch öfter Dinge ändern und du so auf dem Laufenden bleibst. Gute Erfahrungen habe ich gemacht mit:

1. *lawlikes.de*: Die Website von Sabrina Keese-Haufs richtet sich speziell an Solo-Selbstständige im Internet, die beispielsweise einen Online-Kurs anbieten.

2. *it-recht-kanzlei.de*: Die Website informiert immer aktuell über Gesetzesänderungen und Rechtsprechung und bietet außerdem einen AGB-, Impressums- und Datenschutzgenerator an.

3. *e-recht24.de*: Macht dasselbe wie die IT-Recht-Kanzlei.

Am besten schaust du dir diese oder auch andere Seiten an und entscheidest, was dir zusagt. Mehrere Quellen zu haben, kann natürlich auch nicht schaden. Auch hier gilt: Vorsicht ist sinnvoll, Panik ist nie ein guter Ratgeber. Wenn einer der Newsletter über eine Abmahnung berichtet, überlege erst einmal, inwiefern du betroffen bist und was du machen kannst, bevor du in Panik verfällst und alles auf deinem Blog umschmeißt. Hole dir im Zweifel Rechtsberatung ein. Aus dem Grund mag ich den Newsletter von Sabrina Keese-Haufs gerne. Sie informiert nicht nur sehr klar, sondern wägt ab und gibt auch weiter, was sie für ihr eigenes Onlinebusiness macht. Die Entscheidung darüber, was du tust, liegt natürlich am Ende immer bei dir selbst. Und die Verantwortung auch. Aber das ist eine Verantwortung, die man gut schultern kann und mit der man auch mit jedem Jahr, in dem sich der Blog weiterentwickelt, selbst wächst.

Ein paar rechtliche Punkte solltest du auf jeden Fall beachten. Sie sind einfach und außerdem die häufigsten Gründe für Abmahnungen und Bußgelder. Um die geht's in den folgenden Abschnitten.

6.2   Impressumspflicht für Blogger*innen

Ein *Impressum* muss haben, wer einen geschäftsmäßigen Onlinedienst betreibt. Bevor du jetzt gedanklich einen Haken an das Thema machst, kommen noch ein

98

paar Einschränkungen. Denn natürlich trifft die Impressumspflicht zunächst einmal Onlineshops. Aber auch Blogs können unter diese Pflicht fallen. Denn wer regelmäßig journalistisch tätig ist, braucht ebenfalls ein Impressum. Und das kann man bei Blogs so annehmen.

Richtig klar ist das nicht. Zum Beispiel könnte sich dein Blog mit Urlaubsfotos ausschließlich an deine Familie richten. Aber du würdest wahrscheinlich nicht dieses Buch durcharbeiten, wenn du einfach nur deine Fotos ins Internet stellen wolltest. Insofern ist es wahrscheinlich am einfachsten, eins anzubieten für den Fall, dass du unter die Impressumspflicht fällst. Wenn du dich absichern möchtest, solltest du ein Anwaltsbüro fragen.

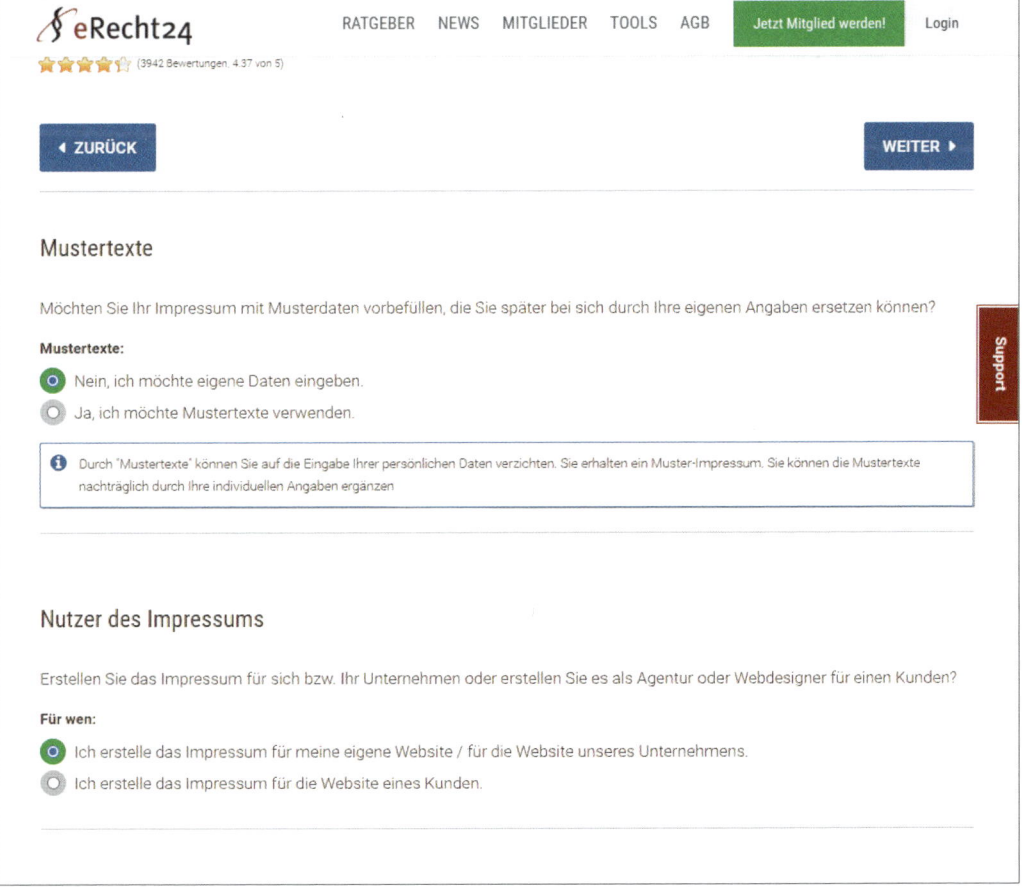

Abbildung 6.1 Impressumsgenerator von eRecht24

Das Wichtigste in deinem Impressum ist eine ladungsfähige Adresse und eine Kontaktmöglichkeit (E-Mail-Adresse, Telefonnummer). Dies ist wichtig, damit deine

Leser*innen die Möglichkeit haben, mit dir in Kontakt zu treten, wenn sie zum Beispiel ihre Rechte verletzt sehen. Die Pflichtangaben im Impressum unterscheiden sich je nach Bundesland ein wenig. Sie sind in den Pressemediengesetzen der Länder geregelt.

e-recht24.de (*https://www.e-recht24.de/impressum-generator.html*) und *it-recht-kanzlei.de* (*https://www.it-recht-kanzlei.de/Tools/Impressum/generator.php*) stellen beide einen Impressumsgenerator zur Verfügung, mit dem du ganz einfach dein Impressum erstellen, kopieren und einfügen kannst. Du wirst mithilfe eines Wizards durch verschiedene Fragen geführt, und das Impressum berücksichtigt dabei die Anforderungen aller Bundesländer. Ich empfehle dir, dich dort oder auf einer der vielen anderen Seiten mit Impressumsgenerator umzuschauen, damit du immer auf aktuelle Informationen zurückgreifst. In WordPress musst du dazu nur noch eine Seite erstellen, diese IMPRESSUM nennen und sie in eines deiner Menüs einbinden (siehe auch Abschnitt 4.5, »Die wichtigsten dauerhaften Seiten erstellen«). Denn das Impressum muss von jeder Seite deines Blogs aus einfach zugänglich sein.

Wenn du auf keinen Fall deine eigene Adresse im Internet angeben möchtest, kannst du gegebenenfalls auch auf einen sogenannten Impressumsservice zurückgreifen. Diesen findest du ganz einfach durch eine Google-Recherche. Ich selbst habe keine Erfahrungen mit diesen Services. Und ich kann dich auch ein bisschen beruhigen: Meine Adresse, meine E-Mail-Adresse und meine Telefonnummer stehen seit Jahren im Internet. Manchmal kommt eine E-Mail, von der ich nicht weiß, woher der Absender meine Adresse hat – das könnte natürlich übers Impressum passiert sein. Und es rufen wirklich ganz selten Menschen an, und dann immer in Bezug auf Dinge, die ich auf meinem Blog verkaufe, aber nie, um Fragen zu Artikeln zu stellen oder um mich irgendwie zu nerven. Tatsächlich waren die paar Anrufe, die ich auf diese Weise geführt habe, immer sehr nett, und ich habe sogar noch etwas daraus gelernt. Du musst dir also normalerweise keine Sorgen machen, dass du Tür und Tor für andere Menschen öffnest, wenn du deine Daten ins Impressum stellst. Solltest du dir trotzdem Sorgen machen, informiere dich über Impressumsservices.

6.3   Datenschutz gilt auch für Blogs

Die *Datenschutzgrundverordnung* (*DSGVO*), die im Mai 2018 in Kraft getreten ist, ist die aktuelle Basis der Datenschutzanforderungen, die an den Blog gestellt werden. Wie das bei neuen Verordnungen so ist, wird sie ergänzt durch eine sich ständig entwickelnde Rechtsprechung. Viele Einzelbestimmungen müssen noch in der Praxis geklärt werden, sodass hier aktuell einiges unklar bzw. nicht final durch die

Rechtsprechung geklärt ist. Grundsätzlich gilt aber: Daten sollen nur erhoben und gespeichert werden, wenn dies wirklich notwendig ist oder wenn sich Nutzer*innen damit einverstanden erklärt haben. Du musst ganz transparent darüber informieren, welche Daten du zu welchem Zweck erhebst, und außerdem Buch führen über die Stellen, an denen du das tust. Und du musst dafür sorgen, dass niemand außer dir oder außer Menschen und Unternehmen, mit denen du dazu eine besondere Vereinbarung hast, Zugriff auf diese Daten hat. Die DSGVO war eine ganze Zeit lang das Schreckgespenst für viele Blogger*innen, vor allem für diejenigen, die ohnehin schnell in Panik geraten. Dabei sind die Anforderungen sehr logisch und klar und aus Sicht einer Nutzerin finde ich tatsächlich gut, dass Unternehmen und Behörden auf diese Weise mit meinen Daten umgehen müssen. Selbst die Verantwortung für die Daten anderer zu tragen, ist natürlich eine andere Sache, aber zu solchen Vereinbarungen gehören eben zwei Seiten. Und beim Bloggen stehen du und ich ausnahmsweise mal auf der anderen.

Diese Anforderungen der DSGVO musst du auf deinem Blog und an den Stellen, die du für den Blog nutzt, umsetzen. Eine Datenschutzerklärung muss zum Beispiel darüber aufklären, welche Daten wozu erhoben und gespeichert werden und wie man sich als Nutzer*in dagegen aussprechen kann. An welchen Stellen der Datenschutz Einfluss auf deinen Blog hat, erkläre ich in den folgenden Punkten. Auch hier gilt: Halte dich zu dem Thema auf spezialisierten Rechtsseiten auf dem Laufenden. Die Rechtsprechung zur DSGVO ist aktuell noch in den Kinderschuhen.

Als Blogger*in erhebst du Daten der Nutzer*innen manchmal, ohne es selbst zu wissen. Manche Daten braucht beispielsweise der Hoster, andere werden von Plug-ins erhoben, oder du brauchst sie, um Zahlen über den Blog zu erhalten. Viele dieser Daten werden außerdem in fremden Systemen gespeichert, sodass du als Blogger*in selbst keinen direkten Einfluss auf die Sicherheit der Daten hast. Um dich hier abzusichern, sind eine Datenschutzerklärung, ein Verfahrensverzeichnis, Verträge zur Auftragsverarbeitung mit allen Partnern, der Einsatz von Cookie-Consent-Tools sowie eine SSL-Verschlüsselung der Webseite erforderlich. Und es ist gut und sinnvoll, dass du dir regelmäßig darüber Gedanken machst, wo du überall Daten erhebst und an wen du sie weitergibst. Datenschutz sollte also auf deine Liste der regelmäßigen To-dos wandern.

6.3.1 SSL-Verschlüsselung

Eine SSL-Verschlüsselung sorgt dafür, dass die Daten, die von und zu deiner Website übertragen werden, sicher bleiben. Du erkennst sie daran, dass in der Browserleiste vor der Website *https://* und nicht nur *http://* steht. Aufgrund der DSGVO bist du verpflichtet, auf die Sicherheit der Daten zu achten, die dir deine Nutzer*innen zur Verfügung stellen. Schon allein, wenn sie deine Seite besuchen, werden Daten erfasst, von denen du gar nichts mitbekommst. Daher ist es in jedem Fall erforderlich, deine Seite mit einem SSL-Zertifikat auszustatten. Leider passiert das nicht automatisch, sondern du musst hierfür noch eine Änderung vornehmen, und zwar bei deinem Hoster. Die meisten Hosting-Anbieter ermöglichen dir eine ganz einfache Installation eines SSL-Zertifikats per 1-Klick-Verfahren. Außerdem sollte zumindest ein Zertifikat in deinem Hosting-Paket kostenlos enthalten sein.

Nach der 1-Klick-Installation kann es ein bisschen dauern, bis die SSL-Verschlüsselung aktiv ist. Schau am besten immer mal wieder auf der Seite deines Hosters nach. Anschließend musst du noch eine Veränderung auf dem Blog vornehmen. Standardmäßig ist als URL in den Einstellungen nämlich die unverschlüsselte Adresse hinterlegt. Das musst du einmal ändern, und zwar unter EINSTELLUNGEN • ALLGEMEIN. Dort trägst du dann statt der *http://*-Adresse die *https://*-Adresse ein.

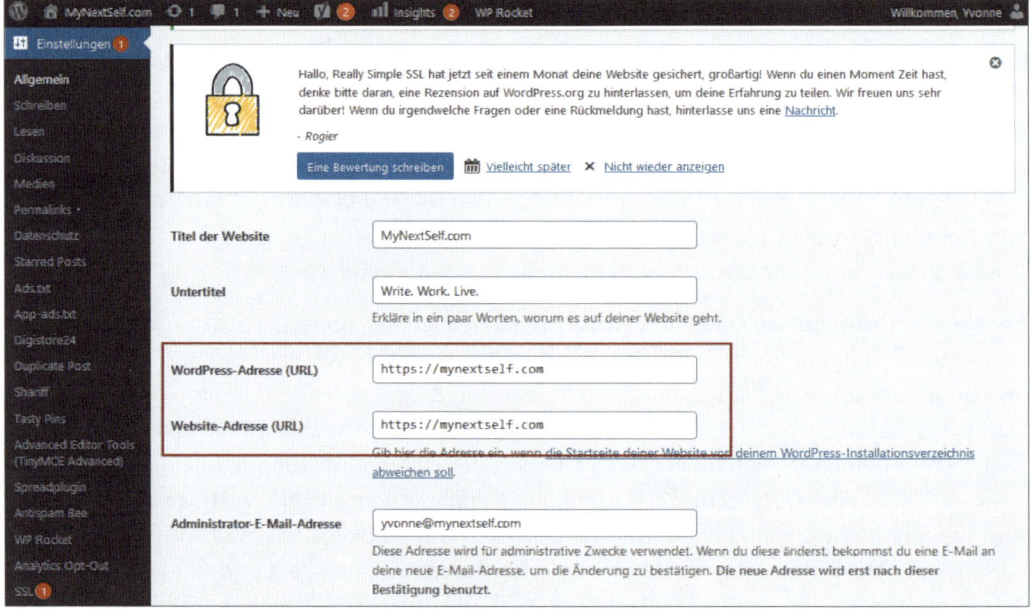

Abbildung 6.2 Einstellung der URLs

Am besten ist es, wenn du das Zertifikat direkt am Anfang installierst. Sobald du nämlich Beiträge und Seiten veröffentlichst, musst du nach der Zertifikatsinstallation manuelle Anpassungen vornehmen, weil zum Beispiel Bilder bereits unverschlüsselt verlinkt sind. Wenn einzelne Teile deiner Website unverschlüsselt sind, obwohl du ein SSL-Zertifikat installiert hast, zeigen manche Browser deine Website als unsicher an. Man spricht dann auch von Mixed Content, also gemischten Inhalten. Falls du vor der Installation des SSL-Zertifikats bereits Inhalte auf der Website hattest, musst du einmal überall *http* durch *https* ersetzen. Das brauchst du zum Glück nicht manuell zu machen, sondern du kannst dafür – natürlich – ein Plug-in nutzen. *Velvet Blue* bietet dir eine Suchen-und-Ersetzen-Funktion an, wie du sie vielleicht aus Office-Produkten kennst. Du kannst das Plug-in installieren, einmalig überall auf der Website *http* durch *https* ersetzen und es dann wieder deinstallieren.

6.3.2 Datenschutzerklärung

Wenn du Daten von Nutzer*innen erhebst, bist du dazu verpflichtet, dies in der Datenschutzerklärung sichtbar zu machen. Dort musst du angeben, welche Daten du erhebst und wofür du sie verwendest. Eine Datenschutzerklärung erstellst du entweder als eigene Seite, oder du bindest sie im Impressum ein. In diesem Fall musst du den entsprechenden Link allerdings auch *Impressum + Datenschutz* nennen, weil deine Leser*innen die Datenschutzerklärung sonst nicht finden können. Auch für eine Datenschutzerklärung gibt es Vorlagen und Generatoren im Internet, mit denen du mithilfe eines Wizards ganz einfach die perfekte Datenschutzerklärung für deinen Blog erstellen lassen kannst. Erneut bieten eRecht24 und die IT-Recht-Kanzlei den Service für dich an.

6.3.3 Auftragsdatenverarbeitung

Als Blogger*in erheben oft andere (Unternehmen) Daten für dich und speichern sie auf ihren eigenen Servern ab. Da du die Verantwortung für die Sicherheit der Daten trägst, die über deinen Blog erhoben werden, kannst du natürlich nicht einfach so Dritte damit beauftragen, ohne dass du sicherstellst, dass die Daten auch dort sicher sind. Das machst du über eine sogenannte Vereinbarung zur Auftragsdatenverarbeitung (*ADV*), die du mit dem Anbieter abschließt. Alle Anbieter, die sich auf die Zusammenarbeit mit Website-Betreiber*innen spezialisiert haben, bieten so etwas standardisiert an. Normalerweise musst du also nur auf der Website recherchieren, etwas ausdrucken, unterschreiben und an das Unternehmen schicken. Alternativ kannst du auch den Service fragen, der auf diese Frage normalerweise gut vorbereitet ist. Mittlerweile wird die ADV auch manchmal digital abgeschlossen, oder sie ist in den Allgemeinen Geschäftsbedingungen eines Unternehmens integriert.

Wichtige Stellen, an denen du eine ADV brauchst, sind zum Beispiel:

▶ dein Hoster,

▶ Google Analytics,

▶ dein Newsletter-Anbieter,

▶ deine Buchhaltungssoftware.

Du solltest aber bei jedem Plug-in, das möglicherweise Nutzerdaten speichert, überlegen, ob eine ADV hier erforderlich ist, und gegebenenfalls gezielt danach recherchieren.

6.3.4   Cookie Consent

Cookies sind kleine Dateien, die im Browser gespeichert werden und anhand deren eine Website Besucher*innen wiedererkennen kann. Auf jeden Fall handelt es sich hier um personenbezogene Daten. Du selbst setzt vermutlich gar keine Cookies, aber du nutzt möglicherweise Dienste, die das tun, zum Beispiel von Google oder Facebook. Das sind dann sogenannte Third-Party-Cookies, die es anderen Parteien erlauben, sich ein umfassendes Bild von Nutzer*innen zu verschaffen. Denn dein Blog ist ja nicht der einzige, der mit diesen Unternehmen zusammenarbeitet.

Für Third-Party-Cookies brauchst du immer eine Einverständniserklärung deiner Nutzer*innen. Die kannst du dir über ein sogenanntes Cookie-Consent-Tool einholen. Zwei gute Tools dafür sind *Borlabs Cookie* (*https://borlabs.io/borlabs-cookie/*) und *Pixelmate* von Lawlikes (*https://wp-dsgvo-plugin.com/*). Beide sind kostenpflichtig, dafür aber einfach zu bedienen und werden ständig an die neue Rechtsprechung angepasst.

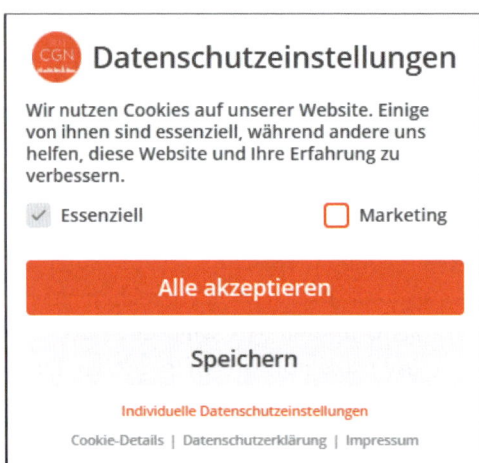

Abbildung 6.3 Typische Einbindung des Cookie-Consent-Tools von Borlabs

6.3.5   Verfahrensverzeichnis

Als Website-Betreiber*in bist du außerdem verpflichtet, ein sogenanntes Verfahrensverzeichnis anzulegen. Darin schreibst du auf, welche Daten du bei wem für welchen Zweck speicherst. Im Grunde ist es eine Übersicht über alle Daten, die du erfasst.

Du musst für dein Verfahrensverzeichnis keine besondere Form haben. Ich führe meins einfach in einer Excel-Tabelle. Wichtig ist, dass du auf Nachfrage sofort sagen kannst, was du wo speicherst. Eine Vorlage findest du bei Regina Stoiber (*https://regina-stoiber.com/2018/03/11/datenschutz-verfahrensverzeichnis-nach-artikel-30-dsgvo-mit-muster/*). Den Artikel und ihren Blog, der sich mit Datenschutzthemen auseinandersetzt, kann ich dir ebenfalls ans Herz legen. Wichtig ist, dass du dein Verfahrensverzeichnis nicht einfach nur erstellst und dann wieder vergisst, sondern dass du es laufend aktualisierst, also immer dann, wenn du neue Tools oder Plugins verwendest. Am besten überprüfst du es darüber hinaus einmal im Jahr zu einem festen Termin.

6.3.6 Datensicherheit

Nicht nur deine Partner, mit denen du deine ADV abschließt, sind dazu verpflichtet, auf die Daten deiner Nutzer*innen zu achten, sondern natürlich auch du selbst. Auf manche dieser Daten hat man von deinem Rechner aus Zugriff. Und du musst dafür sorgen, dass nur du den hast. Das kannst du durch folgende Maßnahmen machen:

▶ Verwende immer unterschiedliche und vor allem auch sichere Passwörter. Wenn du dir die Passwörter nicht merken kannst, legst du dir bei *1Password* oder *Kee-Pass* einen Account an und hinterlegst deine Passwörter dort verschlüsselt. Es ist auch sinnvoll, Passwörter von Zeit zu Zeit zu ändern.

▶ Gerade wenn du mit einem Laptop oder Tablet arbeitest, die du auch mal mitnimmst, solltest du darauf achten, dass niemand einfach so drankommt. Auch das kannst du durch ein gutes Passwort sicherstellen.

▶ Dasselbe gilt für dein Smartphone.

▶ Wenn du nicht zu Hause, sondern in einem Büro arbeitest, musst du darauf achten, dass auch dort niemand Einblick in deine Daten hat. Sperre am besten deinen Rechner immer, wenn du dich von deinem Platz entfernst.

▶ Daten können übrigens nicht nur in elektronischer Form, sondern auch auf Papier (Ausdrucke, Briefe, Rechnungen) vorliegen. Auch die musst du natürlich sicher ablegen.

6.4   Urheberrecht für Bilder und Texte

Urheberrecht betrifft Blogger*innen gleich doppelt: in Bezug auf fremde Texte und Bilder und auch auf die eigenen. Urheberrecht heißt für dich zunächst mal, dass immer die Person, die ein Bild, einen Text oder ein Kunstwerk geschaffen hat, frei entscheiden darf, was damit passiert. Das Urheberrecht kann auch nicht an andere übertragen werden. Es erlischt je nach Medium mehrere Jahre nach dem Tod der Urheber*innen. Dann werden die Medien gemeinfrei und dürfen frei verwendet werden. Grundsätzlich darfst du aber erst mal keine Bilder und Texte von anderen auf deinem Blog verwenden. Und deine darf auch niemand verwenden.

Natürlich gibt es Ausnahmen, denn Bilder und Texte anderen Menschen zur Verfügung zu stellen, kann ja auch ein Beruf oder eine Leidenschaft sein. Deswegen kann man Nutzungsrechte einräumen und genau bestimmen, was eine konkrete Person zum Beispiel mit dem Bild machen darf. Wenn du ein Bild einer anderen Person nutzen willst, brauchst du also die Nutzungsrechte. In Abschnitt 7.7, »Artikel durch Bilder optisch aufwerten«, gehe ich auf konkrete Quellen und die dort vorliegenden Nutzungsrechte ein. Für dich ist erst mal wichtig, dass du darauf achtest, keine Rechte zu verletzen, wenn du Inhalte von anderen auf deinen Blog stellst. Außerdem solltest du Rechteinhaber*innen und deine Quelle immer nennen – und zwar möglichst nah am Bild bzw. am Text. Gut ist auch ein Link zur Quelle. Was genau gefordert ist, können dir nur die Urheber*innen sagen.

Eine gute Zusammenfassung zu dem Thema findest du hier: *https://www.54books. de/blogs-und-urheberrecht-teil-1-welche-texte-geniessen-urheberrechtlichen-schutz/*.

Bei Texten gilt außerdem das Zitatrecht, das ebenfalls im Urhebergesetz geregelt ist. Du darfst in begrenztem Umfang Texte anderer Menschen zitieren, zum Beispiel um über sie zu berichten. Drei Absätze zu kopieren und in Anführungsstrichen auf deinen Blog zu stellen, sprengt aber normalerweise den Rahmen eines Zitats.

Wenn du also ganz auf Nummer sicher gehen willst, verwende einfach nur Dinge, die du selbst erstellt hast. Und achte bei Bildern darauf, dass nichts abgebildet ist, wofür ebenfalls Urheberrechte bestehen könnten (zum Beispiel das Bild eines zeitgenössischen Malers). Setze dich im Zweifel mit den Rechteinhaber*innen vorab in Verbindung. Im Gegenzug solltest du dich auch auf jeden Fall melden, wenn du glaubst, dass jemand das Urheberrecht in Bezug auf deine Texte oder Bilder verletzt.

6.5   Wettbewerbsrecht bei Kooperationen

Das Wettbewerbsrecht (oder das Gesetz gegen unlauteren Wettbewerb) sorgt dafür, dass am Markt alle dieselben Chancen haben. Was das mit dir als Blogger*in zu tun hat? Nun, das Gesetz verlangt, dass Werbung als solche gekennzeichnet ist. Denn sonst haben Menschen, die Werbung wie echten Inhalt aussehen lassen, einen unlauteren Vorteil gegenüber denen, die ihre Anzeigen kennzeichnen.

Und das ist für dich als Blogger*in sehr relevant. Konkret ab dem Zeitpunkt, an dem du bezahlte Kooperationen eingehst. Wenn du beispielsweise ein Testprodukt von einem Unternehmen geschenkt bekommst und im Gegenzug eine Bewertung dazu schreibst, ist das im Grunde nichts anderes als Werbung. Selbst wenn du kritisch über das Produkt schreibst, solltest du offenlegen, dass du es kostenlos erhalten hast. Das ist rechtlich so vorgesehen, und es ist auch einfach fair gegenüber deinen Leser*innen, die ja auf deine Meinung vertrauen. Am besten kennzeichnest du solche Artikel direkt oben mit dem Wort Anzeige oder Werbung – darauf musst du hinweisen, und diese Vorgehensweise hat sich eingebürgert. Darüber hinaus würde ich im Text immer erwähnen, dass es sich um eine Kooperation handelt, dass das deine Berichterstattung aber nicht beeinflusst hat. So wirst du dem Wettbewerbsrecht gerecht und bist auch den Menschen gegenüber transparent, denen du ja vor allem verpflichtet bist: deinen Leser*innen.

Was für deinen Blog gilt, gilt übrigens auch für Social-Media-Posts: Wenn du zum Beispiel auf Instagram Bild und Text mit dem Ziel veröffentlichst, für ein Produkt Werbung zu machen, musst du den Post so kennzeichnen. Übrigens auch, wenn du kein Geld dafür bekommst, das Ziel aber ist, Menschen etwas zu verkaufen oder zum Beispiel eine Kooperation mit dem Anbieter anzubahnen. Hierzu gibt es regelmäßig Gerichtsurteile, die dazu geführt haben, dass Posts häufig mit *[Werbung unbezahlt]* eingeleitet oder mit dem Hashtag *#werbungunbezahlt* versehen werden. Sobald du ein Produkt vorstellst und deine Leser*innen davon überzeugen willst, dass sie es auch kaufen sollen, machst du nämlich Werbung: Du setzt deine Reichweite dafür ein, den Verkauf eines Produkts zu fördern. Allerdings ist sich die Rechtsprechung aktuell einig, dass du dafür auch eine gewisse Reichweite haben musst. Wenn du einer Freundin eine E-Mail schreibst und ihr darin ein Produkt empfiehlst, musst du das ja schließlich auch nicht kennzeichnen.

Wenn du – wie eingangs empfohlen – Rechts-Newsletter abonnierst, bleibst du auch zu diesem Thema immer auf dem Laufenden.

6.6   Die wichtigsten Regeln zum Persönlichkeitsrecht

Auch Persönlichkeitsrechte solltest du natürlich auf deinem Blog wahren. Zum Beispiel haben alle Menschen das Recht am eigenen Bild, solange sie nicht an einer öffentlichen Veranstaltung teilgenommen haben und du einfach nur die Menge fotografiert hast oder sie nicht Personen öffentlichen Interesses sind. Außerdem darfst du natürlich niemanden auf deinem Blog beleidigen.

Persönlichkeitsrechte zu respektieren, ist am einfachsten, denn du musst dich eigentlich nur so verhalten, wie man das als normales soziales Wesen sowieso tut.

Schreibe nichts über andere, ohne vorher mit ihnen zu sprechen, veröffentliche keine Fotos von ihnen und greife niemanden so an, dass dieser Mensch sich verletzt fühlen könnte.

Dass trotzdem immer wieder Probleme damit entstehen, dass Persönlichkeitsrechte verletzt werden, liegt daran, dass manche das Internet immer noch als anonymen oder gar rechtsfreien Raum empfinden. Die Distanz, die durch das Schreiben von Texten in diesem Medium entsteht, ist vergleichbar mit der auf der Autobahn, wo viele ja auch meinen, dass man sich – zumindest mit Zeichen – alles an den Kopf werfen darf.

Im Internet sind jedoch die Reichweite und die Öffentlichkeitswirksamkeit größer. Wenn du hier ein Bild veröffentlichst oder jemanden persönlich angreifst, sieht nicht nur die Person das, sondern auch andere Menschen können es lesen. Und es ist nicht kontrollierbar, wer das liest und was diese Person damit macht. Insofern ist es am besten, wenn du einfach dabei bleibst, immer nur aus deiner Sicht zu schreiben, und Menschen, über die du berichtest, immer so respektvoll behandelst, als wären sie anwesend und du würdest ihnen deinen Text vorlesen.

6.7 Wenn der Blog Einnahmen generiert

Das Thema Steuern ist für dich gerade am Anfang wahrscheinlich nicht relevant, weil Blogs zu Beginn in aller Regel kein Geld einbringen. Solltest du jedoch irgendwann Einnahmen über deinen Blog haben, ist es sehr wichtig, dass du damit genau umgehst und alles richtig versteuerst.

Die drei Steuerarten, die dann für dich relevant werden (können), sind die Umsatzsteuer, die Gewerbesteuer und die Einkommensteuer. Auf den Ausweis von Umsatzsteuer kannst du verzichten, solange du unter bestimmten Umsatzgrenzen bleibst, aber alles, was du einnimmst, musst du definitiv in deiner persönlichen Steuererklärung angeben und dort auch versteuern. Gewerbesteuer fällt nur an, wenn du ein Gewerbe betreibst und dieses (aktuell) mindestens 24.500 Euro Gewinn im Jahr macht. Bis dahin brauchst du vielleicht noch ein bisschen, sodass am Anfang tatsächlich nur die Einkommensteuer für dich eine Rolle spielt.

Verdienst du mit deinem Blog mehr als nur ein paar Hundert Euro im Jahr, die du noch selbst in die Steuererklärung eintragen kannst, solltest du dir auf jeden Fall eine Steuerberatung suchen. Am besten lässt du dir von ihr alles sehr genau erklären, damit du in den folgenden Jahren deine Steuererklärung selbst machen kannst, wenn du das Geld dafür sparen möchtest.

Wenn du selbstständig Geld verdienst, musst du nicht nur angeben, was du einnimmst, du hast auch die Möglichkeit, alles, was du für deinen Blog ausgibst, entsprechend gegenzurechnen. Hier kann dir ein Steuerbüro genau erklären, was du
tun musst und was zulässig ist. Wahrscheinlich rechnet sich diese Ausgabe bereits
beim ersten Mal, sofern du ein regelmäßiges Blog-Einkommen hast.

Mehr dazu, wie du mit Einnahmen umgehst und wie du alles richtig verbuchst,
erkläre ich in Kapitel 25, »Einnahmen aus dem Blog richtig verbuchen«.

6.8   Mehr Infos zum Recht im Internet

Wie ich bereits an mehreren Stellen erwähnt habe, ist es wichtig, dass du dich zum
Thema Recht im Internet selbst auf dem Laufenden hältst – bzw. halten lässt. Du
solltest dir auf jeden Fall einen oder mehrere Newsletter abonnieren und regelmäßig lesen. Du musst nicht nach jedem Bericht über eine Abmahnung in Panik verfallen, aber du solltest ein waches Auge haben und Rechtliches immer mitdenken.
Am Anfang des Kapitels habe ich dir meine drei Favoriten bereits genannt:

▶ *lawlikes.de*: Die Website von Sabrina Keese-Haufs richtet sich speziell an Solo-
Selbstständige im Internet, die beispielsweise einen Online-Kurs anbieten.

▶ *it-recht-kanzlei.de*: Die Website informiert immer aktuell über Gesetzesänderungen und Rechtsprechung und bietet außerdem einen AGB-, Impressums-
und Datenschutzgenerator an.

▶ *e-recht24.de*: Macht dasselbe wie die IT-Recht-Kanzlei.

Auch TrustedShops bietet rechtliche Unterstützung für Blogger*innen an, obwohl
das nicht ihr Kerngeschäft ist. Am besten schaust du dir wie gesagt mehrere Sites
an – denn Recht ist keine Naturwissenschaft, sodass es zu vielen Themen unterschiedliche Meinungen gibt.

Die wichtigsten Gesetzestexte, in denen du selbst nachlesen kannst, sind:

▶ BGB

▶ DSGVO

▶ Pressemediengesetze

▶ UrhG

▶ EStG

▶ UWG

▶ gegebenenfalls HGB, UStG, GewStG, wenn du gewerblich agierst

Von den Gesetzestexten solltest du dich nicht einschüchtern lassen, sondern sie im Gegenteil als Chance sehen, im Original nachzulesen, was für dich gilt. Je intensiver du dich mit dem Thema Recht auseinandersetzt, desto spannender werden die Originalvorschriften für dich auch, weil du mehr und mehr vom Thema verstehst.

Besonderes Augenmerk solltest du übrigens zu allem haben, was Datenspeicherung in den USA angeht. Dort ist die Rechtsprechung ziemlich rigoros, und gleichzeitig kommst du als Blogger*in um viele Tools einfach nicht herum. Sabrina Keese-Haufs befasst sich regelmäßig in ihrem Podcast mit dem Thema.

7 Bloggen heißt schreiben: Schreibtipps für den Blog

Viele Menschen, die einen Blog starten, unterschätzen, welchen Anteil das Schreiben dabei einnehmen wird. Dabei ist das eine der Hauptaufgaben, die du beim Bloggen haben wirst. In diesem Kapitel findest du Tipps dazu, wie du dir das Schreiben leichter machst und dabei deinen eigenen Still entwickelst.

Wenn du einen Blog betreibst, wirst du ähnlich viel schreiben wie professionelle Schriftsteller*innen. Ja, wirklich. Ein einfaches Rechenbeispiel zeigt das: Ein durchschnittlicher Roman umfasst 60.000 bis 100.000 Wörter. Die Blog-Artikel, die ich dir ans Herz legen werde, sollten um die 1.000 Wörter lang sein. 60 bis 100 Blog-Artikel sind dann vom Umfang her so viel wie ein Roman. Und pro Woche solltest du einen oder zwei davon schreiben. Nach zwei Jahren hast du also so viel Text zusammen, wie in ein normales Buch passt. Wow, oder?

Aber nicht nur der schieren Menge wegen solltest du dich mit dem Schreiben auseinandersetzen. Du willst mit deinem Blog ja gesehen werden, eine Beziehung zu anderen Menschen aufbauen, Traffic bekommen, Gleichgesinnte und vielleicht auch Kund*innen finden. Und bei all diesen Zielen helfen dir richtig gute Texte.

7.1 Regelmäßig in Erscheinung treten

Okay, du willst also deinen Blog starten. Ich gehe davon aus, dass du das neben vielen anderen Dingen tust. Wahrscheinlich hast du einen Job, der deine Tage ausfüllt. Oder du studierst oder gehst noch zur Schule. Du hast Familie und andere soziale Kontakte. Sicher auch das eine oder andere Hobby. Und jetzt eben noch den Blog. Vielleicht hast du dir vorgestellt, dass du immer etwas daran arbeiten wirst, wenn gerade Zeit dafür bleibt.

Die schlechte Nachricht ist: So funktioniert das mit dem Bloggen leider nicht. Wenn du immer nur dann neue Artikel veröffentlichst, wenn du Zeit hast, wirst du irgendwann keine mehr veröffentlichen. In den ersten Wochen oder Monaten kann das noch gutgehen. Aber sobald du dann einmal länger nicht zum Bloggen kommst, ist die Luft ganz schnell raus. Und sei mal ganz ehrlich: Was denkst du, wenn du bei der

Recherche auf Blogs stößt, auf denen vor Monaten das letzte Mal etwas veröffentlicht wurde? Ich denke dann immer: »Wäre schön gewesen, aber ich brauche hier auch nicht noch mal vorbeizuschauen.« Wahrscheinlich ist das nicht der erste Eindruck, den du machen möchtest.

Wo eine schlechte Nachricht ist, gibt's natürlich auch eine gute. Und die lautet: Wenn du regelmäßig dranbleibst, wirst du viel (viel!) schneller Erfolge mit deinem Blog erleben. Das passiert nicht über Nacht. Aber nach ein paar Monaten. Google rankt dich dann (dazu mehr in Kapitel 10, »Der nachhaltige Weg: In Suchmaschinen ranken«), Menschen kennen dich plötzlich, kommen mehr als nur einmal vorbei, und du erhältst Feedback auf deine Artikel. Wenn der Punkt erreicht ist, wirst du sowieso nicht mehr aufhören wollen. Denn sobald du weißt, dass du nicht allein vor dich hinschreibst, sondern dass Menschen auf die Texte von dir warten, entwickelt das Bloggen einen ganz neuen Sog.

Also: Dein Ziel ist zunächst mal »nur«, diesen Punkt zu erreichen, ab dem du sichtbar bist und eine Beziehung zu deinen Besucher*innen aufbauen kannst. Und das schaffst du durch Regelmäßigkeit. Meine ganz klare Empfehlung ist: Schreibe einen Blog-Artikel pro Woche. Am besten immer am selben Tag. Das ist oft genug, damit du nicht unstet wirkst, und gleichzeitig für dich noch überschaubar. Wenn du bei der Aussicht darauf, jede Woche einen neuen Artikel zu schreiben, zusammengezuckt bist, habe ich zwei Tipps für dich. Tipp 1: Probier's erst mal aus. Zumindest für ein paar Wochen. Vielleicht vier. Danach kannst du immer noch deine Häufigkeit herunterschrauben. Und wenn du sie tatsächlich herunterschraubst, dann am besten mit Tipp 2: Regelmäßigkeit ist noch wichtiger als Häufigkeit. Es ist viel besser, wenn du regelmäßig alle zwei Wochen schreibst, als wenn du in einer Woche vier Posts veröffentlichst und dann wochenlang nichts. Und zwar aus dem oben genannten Grund: Sowohl deine Besucher*innen als auch Google denken sonst, dass dein Blog einen weiteren Besuch nicht unbedingt lohnt.

Um es dir leichter zu machen, kannst du dir von Anfang an regelmäßige Schreibzeiten einplanen. Am besten im Kalender. Solche Routinen führen nämlich dazu, dass du nicht immer wieder aufs Neue entscheiden musst, ob heute vielleicht der Tag ist, an dem du dich an den Blog setzt. Wenn das in deine normale Tagesplanung nicht passt, kannst du natürlich auch vorarbeiten. WordPress bietet die Möglichkeit, Artikel zu einem bestimmten vorher festgelegten Datum zu veröffentlichen. Wenn du dir also lieber einmal im Monat zwei ganze Tage fürs Bloggen freihältst, kannst du an diesen alle Artikel für die nächsten Wochen vorschreiben und WordPress dann dafür sorgen lassen, dass regelmäßig veröffentlicht wird. Grundsätzlich ist die erste Variante – ein fester Tag pro Woche – jedoch auch für dich die bessere. Denn kürzere Termine lassen sich leichter »verteidigen«, und du kannst sie auch einfacher ausgleichen, wenn doch mal etwas dazwischenkommen sollte.

7.2   Text eingeben und gestalten mit Gutenberg, Classic Editor und Page Builder

Jetzt ist es also so weit: Du schreibst deinen ersten Blog-Artikel. Am besten startest du gleich mit einem Thema, zu dem du schreiben möchtest, und arbeitest die einzelnen Schritte parallel mit durch. Manche Details werden erst später ausführlicher erklärt. Diese musst du dann eventuell noch mal nacharbeiten, was dich aber nicht viel zusätzliche Zeit kosten wird.

Du hast in Kapitel 4, »Technische Anfangshürden meistern«, schon Seiten angelegt. Einen Artikel schreibst du genauso. Du hast auch hier wieder die Möglichkeit, dich für den Classic Editor, die Eingabe über Gutenberg oder deinen Page Builder zu entscheiden. Ich zeige im Folgenden immer den Weg über den Gutenberg-Editor, da dieser mittlerweile der Standard in WordPress ist.

Einen neuen Artikel legst du ganz einfach an, indem du links in der Menüleiste Beiträge • Erstellen auswählst.

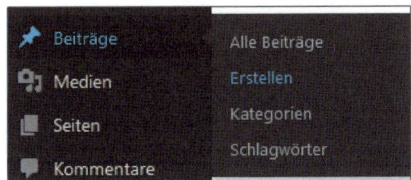

Abbildung 7.1 Einen neuen Beitrag legst du im Menü an.

Abhängig vom Theme, für das du dich entschieden hast, sieht der Editor immer ein bisschen anders aus. Mit dem Astra-Theme schaust du beispielsweise auf ein leeres Blatt Papier. Hier gibst du zunächst den Titel für deinen Blog-Artikel ein. Worauf du bei einer Überschrift achten musst, lernst du in Abschnitt 7.4, »Mit der richtigen Überschrift Leser*innen ansprechen«. Für den Moment empfehle ich dir einfach, einen Titel zu wählen, der dich selbst dazu bringen würde, den zugehörigen Text lesen zu wollen.

Unter dem Titel fügst du nun deinen Text ein. Dazu legst du durch einen Klick auf das Pluszeichen einen Textblock an (Absatz) oder fängst einfach an zu tippen. WordPress erkennt dann, dass dein Block ein Textblock sein soll. Sobald du mit ⏎ einen neuen Absatz einfügst, legt WordPress einen weiteren Textblock an.

Du kannst natürlich auch andere Blöcke nutzen, um deinen Artikel optisch aufzuwerten. WordPress bietet dir die wichtigsten Blöcke automatisch an (Abbildung 7.2). Absätze sind reine Textblöcke – diese wirst du am häufigsten verwenden. Du kannst Bilder auch in Textblöcke einfügen, wenn du zum Beispiel möchtest, dass dein Text um das Bild herumfließt. Lockerer und moderner wirkt es jedoch, wenn du dein Bild frei in eine Zeile setzt. Dazu nutzt du den Bild-Block von Gutenberg. Zu Überschriften kommen wir im nächsten Abschnitt auch noch. Hiermit sind Zwischenüberschriften gemeint, die deinen Artikel strukturieren und leichter lesbar machen. Auch diese wirst du regelmäßig nutzen. Eine Galerie ist eine Sammlung von Bildern, die nebeneinander angeordnet werden. Listen sind selbsterklärend, und ein Zitat kannst du verwenden, um deinen Text aufzulockern.

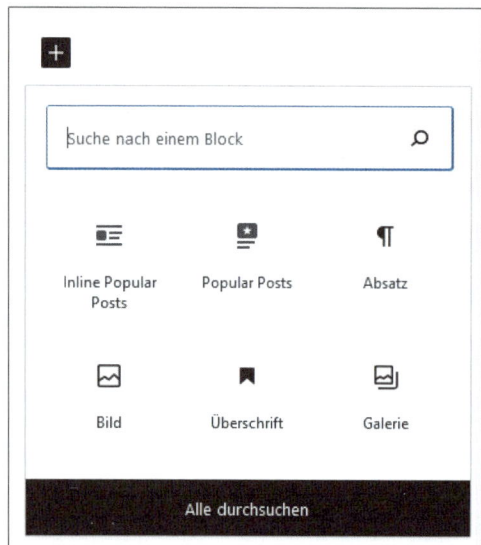

Abbildung 7.2 Die wichtigsten Blöcke im Editor

Wie überall in WordPress gibt es auch hier mehrere Wege, die zum selben Ziel führen. Wenn du im Text selbst auf das Absatzzeichen klickst, kannst du den aktuellen Block nämlich mit einem Klick in einen anderen umwandeln.

Da wir schon in diesem Menü sind, kannst du dich auch kurz umschauen. Du kannst nämlich hier typische Formatierungen vornehmen. Die Absatzeinstellungen (linksbündig, zentriert, rechtsbündig) kennst du wahrscheinlich schon aus Textverarbeitungsprogrammen, und sie funktionieren genauso wie dort. Eine Möglichkeit, deinen Text im Blocksatz darzustellen, gibt es nicht. Der Grund dafür: Du weißt, wenn du deinen Blog-Text schreibst, nicht, auf welchem Gerät er später gelesen wird. Das kann ein Smartphone sein oder auch ein großer Bildschirm. Blocksatz setzt aber voraus, dass du ungefähr weißt, wie lang die Zeilen sind. Bei zu schmalen Spalten entstehen sonst große Lücken zwischen den Wörtern. Was also im Buch gut funktioniert, sieht am Bildschirm nicht mehr so gut aus.

Daneben kannst du deinen Text fett und kursiv formatieren und Links einfügen. Wenn du zu einem Thema bereits einen Artikel geschrieben hast, gewöhne dir am besten jetzt schon an, einen Link dorthin zu setzen. Dafür klickst du auf das Wort oder die Wortgruppe, das oder die als Anker für den Link dienen soll, und anschließend auf das Linksymbol in der Kontextleiste. Du kannst hier nun eine URL eingeben (oder von einer anderen Stelle hineinkopieren). Wenn du auf einen Artikel innerhalb des Blogs verlinken willst, kannst du auch einfach nach einem Begriff suchen, und WordPress schlägt dir dann alle Artikel vor, die diesen Begriff enthalten. Das ist meist der einfachste Weg.

Über den Schieberegler unterhalb des URL-Felds kannst du einstellen, ob du den Link in einem neuen Tab oder im selben Tab öffnen lassen möchtest. Als Faustregel gilt: Du solltest Links auf fremde Seiten immer in einem neuen Tab öffnen lassen und Links innerhalb des Blogs im selben. Du möchtest Besucher*innen nämlich möglichst auf deiner Seite halten, selbst dann, wenn du externe Inhalte empfiehlst. Außerdem sind wir beim Surfen genau dieses Verhalten von Links gewohnt und stolpern gedanklich über andere Varianten.

Im nächsten Abschnitt lernst du, was einen guten Blog-Artikel ausmacht. Du kannst aber auch jetzt schon starten und einfach intuitiv loslegen – und dann anschließend nachlesen, was warum gut funktioniert. Wenn du deinen ersten Artikel eher aus dem Bauch heraus schreiben möchtest, schreibst du am besten so über dein Thema, dass du es aus deiner Sicht erschöpfend erklärst und Menschen, die danach suchen würden, etwas aus dem Post lernen können. Wahrscheinlich machst du viele Dinge automatisch richtig, wenn du einfach darauf achtest, so zu schreiben, dass andere Menschen möglichst viel aus deinem Text mitnehmen können.

7.3   Richtig gute Artikel für den Blog schreiben

Du kannst in deinen Blog-Artikeln zunächst mal so ziemlich alles schreiben, was du möchtest. Und auch auf die Art und Weise, wie dir das am besten gefällt. Ich gehe allerdings davon aus, dass du dieses Buch durcharbeitest, weil du mit deinen Artikeln Menschen ansprechen möchtest, also zum einen gefunden und zum anderen gelesen werden willst. Wenn du die folgenden Punkte beachtest, kannst du die Wahrscheinlichkeit für beides deutlich erhöhen. Das Gute daran: Gefunden und gelesen werden erfordern genau dasselbe von Texten.

Gute Blog-Artikel zeichnen sich durch drei Dinge aus:

▶ ein gut gefasstes und umfassend beschriebenes Thema,

▶ eine übersichtliche und lesefreundliche Struktur,

▶ leichte Lesbarkeit.

All diese Dinge dienen einem größeren Ziel: Klarheit. Wenn du mit allem, was du auf deinem Blog schreibst, dafür sorgst, dass sofort klar ist, worum es geht, wo man welche Informationen finden kann und wie deine Artikel aufgebaut sind, lassen sich Menschen viel lieber auf deine Texte ein. Zu Designfragen gibt es den Klassiker »Don't make me think«. Für Texte gilt dasselbe. Du solltest es deinen Leser*innen so leicht wie möglich machen, das mitzunehmen, was sie suchen. Wenn sie sich erst lange in deinen Blog einarbeiten oder über einzelne Sätze zu lange nachdenken müssen, werden sie schnell wieder verschwinden. Konkret bedeutet das für dich, dass du vorher Arbeit in deine Blog-Artikel steckst, damit andere Menschen das nachher nicht mehr machen müssen. Und das kannst du in vier Schritten tun.

7.3.1   Schritt 1: Mach dir vorher einen Plan

Einfach drauf loszuschreiben, macht natürlich Spaß, vor allem wenn du gerne kreativ tätig bist. Aber es hat auch einen großen Nachteil – wie alles, was wir spontan und ungeplant machen: Du kannst dir damit für später Chancen verbauen oder zusätzliche Arbeit erzeugen, weil du Dinge falsch angehst oder Sachen nicht berücksichtigst, die jetzt noch viel einfacher sind als später.

Bei meinem ersten Blog musste ich viele Artikel (und damit meine ich mehrere Hundert) im Nachhinein drei oder vier Mal überarbeiten, weil ich beim Bloggen einfach losgelegt habe, ohne mich über die wichtigsten Themen zu informieren. Bei meinen anderen Blogs habe ich diese Dinge direkt berücksichtigt, und davon sollst du natürlich auch profitieren. Und keine Sorge: Deine Kreativität wird hier nicht unter Hunderten von Regeln erstickt. Vielmehr hilft dir ein wenig Struktur für deine Posts dabei, dich auf das Wesentliche zu konzentrieren: auf das Schreiben von richtig guten Texten. Am besten erarbeitest du dir dafür eine Checkliste, die du für jeden Artikel abhaken kannst.

7.3.2   Schritt 2: Baue eine sinnvolle Struktur für den Artikel auf

Natürlich gibt es keine Vorschriften darüber, wie du deine Blog-Posts aufbauen sollst. Du kannst alle Punkte, die ich dir hier vorschlage, ganz bewusst ignorieren. Es ist trotzdem sinnvoll, sie zu kennen, um am Ende eine informierte Entscheidung treffen zu können. Und auch hier gilt: Selbst wenn dir manche Punkte zu lästig, zu aufwendig oder einfach übertrieben erscheinen, kannst du sie zumindest ein paar Wochen lang ausprobieren. Vielleicht liegen sie dir am Ende ja doch, und du bist überrascht über die Ergebnisse.

Wie sieht ein Text aus, den Menschen gerne lesen? Auf jeden Fall nicht anstrengend. Eine gute Struktur ist dabei das A und O. Wenn jemand auf deinen Blog-Artikel kommt und eine Bleiwüste vorfindet, wird ihm das Lesen viel zu aufwendig erscheinen – und er ist dann ganz schnell wieder weg. Das kannst du mit ein paar ganz einfachen Tricks verhindern.

Am besten versuchst du, kurze Absätze zu schreiben, die nicht mehr als fünf bis sieben Zeilen haben. Das ist gut zu überblicken und auch als Sinneinheit wahrzunehmen. Jeweils zwei bis drei Absätze kannst du unter einer Zwischenüberschrift zusammenfassen. Diese musst du in WordPress entsprechend formatieren. Wichtig ist, dass du auch dabei auf eine nachvollziehbare Struktur achtest. Dein Titel ist automatisch mit der Überschriftenformatvorlage für die erste Ebene formatiert. Dafür musst du nichts weiter tun. Das ist eine ganz besonders wichtige Informationsquelle, wenn Google herausfinden will, worum es in deinem Text geht. Man spricht hier auch vom H1-Tag, weil der HTML-Befehl für diese Überschrift `<h1>` lautet. Wo es H1-Tags gibt, gibt es natürlich auch H2-, H3- und noch weitere H-Tags. Im Artikel selbst verwendest du ausschließlich Überschriften ab Ebene 2 abwärts (WordPress bietet dir auch gar nichts anderes an). Der Grund hierfür ist, dass mehrere H1-Überschriften Google verwirren könnten.

Wenn du deinen Artikel aufbaust, setzt du also zunächst Überschriften mit dem H2-Tag, das heißt, du formatierst sie als Überschrift 2. Willst du diese Überschrift noch untergliedern, kannst du auf die dritte Ebene gehen. Wichtig ist vor allem, dass du überhaupt Zwischenüberschriften hast und dass diese auf der zweiten Ebene beginnen.

7.3.3   Schritt 3: Schreibe klare und leicht verständliche Sätze

Für mehr Klarheit und Struktur im Text sorgt natürlich auch klare Sprache. Deine Sätze sollten also nicht zu verschachtelt sein. Viele Menschen neigen dazu, sehr lange Sätze zu schreiben. Ich habe beobachtet, dass das oft einfach auf Unsicherheit zurückzuführen ist. Manche haben offensichtlich das Gefühl, dass sie einen Satz einfach noch nicht beenden können, weil noch nicht genügend Information drinsteckt. Grundsätzlich ist es für deine Leser*innen aber viel angenehmer, wenn du in deinen unterschiedlichen Sinneinheiten (Satz, Absatz, Artikel) immer genau einen Gedanken darlegst. Wenn du also merkst, dass ein Satz zwei Gedanken umfasst, kannst du ihn ganz einfach trennen.

Ein Beispiel, um das Ganze leichter zu verstehen. Ein typischer Satz in einem Blog-Artikel könnte lauten:

Die Freizeitgestaltung mit Hunden erfordert gerade am Anfang etwas mehr Planung, weil zum Beispiel manche Restaurants keine Hunde zulassen oder Bekannte sich am Hund stören, weil sie zum Beispiel eine Allergie haben oder Angst vor Hunden haben. Machen Sie sich also rechtzeitig Gedanken dazu, was sich mit dem Hund ändern wird.

In diesem Satz stecken gleich vier Gedanken:

▶ Mit einem Hund ändert sich die Freizeitgestaltung.

▶ Man kann mit einem Hund nicht in jedes Restaurant.

▶ Nicht alle Bekannten werden sich über den Hund freuen.

▶ Manche Menschen haben eine Tierhaarallergie oder Angst vor Hunden.

Entsprechend solltest du hier mindestens vier Sätze schreiben. Und am besten auch mehrere Absätze gestalten. Das Ganze könnte dann so aussehen:

Mit einem Hund ändert sich auch die Freizeitgestaltung. Manche Dinge sind nicht mehr möglich, andere erfordern etwas mehr Planung.

Das fängt schon im Bekanntenkreis an. Nicht alle Menschen, die Sie kennen, werden genauso begeistert wie Sie auf Ihren Hund reagieren. Das kann gute Gründe haben wie beispielsweise Allergien oder Angst. Die Gründe sind für Sie aber gar nicht relevant, weil Sie niemandem Ihren Hund aufzwingen können.

Auch ein Restaurantbesuch ist nicht mehr so einfach wie vorher…

Der Text wird durch diese Änderungen länger. Das ist aus Google-Sicht eine gute Sache, da kurze Texte gar nicht alle Informationen enthalten können. Vor allem aber wird er durch die Änderungen viel klarer.

Natürlich sollst du nun nicht ausschließlich ganz kurze Sätze schreiben. Eine Mischung aus kürzeren und längeren Sätzen ergibt eine viel schönere Sprachmelodie. Mische unterschiedliche Satzlängen und -arten (Haupt- und Nebensatz), damit dein Text natürlich klingt. Was du aber immer und auf jeden Fall streichen kannst, sind Schachtelsätze. Das sind Sätze, in denen mehrere Nebensätze ineinander verschachtelt sind. Zähle einfach mal die Verben in deinem Satz. Die meisten Sätze sollten ein bis zwei Verben haben. Wenn die meisten deiner Sätze drei oder mehr Verben haben, schreibst du wahrscheinlich verschachtelt oder zumindest zu lang.

Es gibt übrigens einen ganz einfachen Test, mit dem du selbst feststellen kannst, ob deine Texte eine schöne Sprachmelodie haben: Lies sie einfach laut vor. Worüber du selbst beim lauten Lesen stolperst, darüber stolpern andere Menschen beim stillen Aufnehmen.

7.3.4 Schritt 4: Schreibe lang, schreibe alles

Natürlich gibt es zu allem immer Ausnahmen, und du wirst im Internet auch erfolgreiche kürzere Artikel finden, zum Beispiel Zitate, Fotos oder ganz prägnante Informationen, die es in der Form nicht woanders gibt.

Aber: Das sind wie gesagt Ausnahmen. Wenn du von Anfang an darauf achten möchtest, dass du a) von Google nicht ignoriert wirst und b) deine Leser*innen dich kompetent finden, dann biete beiden was. Und zwar so richtig viel in Form von langen Texten. SEO-Fachleute haben lange Zeit dazu geraten, dass ein Artikel mindestens 300 Wörter haben sollte. Darunter wird Google deinen Post sehr wahrscheinlich nicht besonders relevant finden. Und du kannst auch nicht besonders viel Wissen in deutlich weniger als 300 Wörter fließen lassen, das so nicht schon auf etlichen anderen Websites zu finden ist.

Ich empfehle dir sogar, es nicht bei den 300 Wörtern zu belassen. Viele Jahre lang galt diese Zahl als die magische Google-Grenze, und viele Blogger*innen haben sich daran orientiert – und jede Menge Artikel mit 300 bis 400 Wörtern geschrieben. In Google-Rankings konnte man diese relativ leicht überholen, indem man einfach einen doppelt so langen Text geschrieben hat.

Das kann man natürlich endlos so fortführen. Allerdings sollte dein Artikel zwar lang genug sein, um alle wichtigen Informationen zu einem Thema zu umfassen, aber kurz genug, um immer noch genau ein Thema zu haben. Als ideale Länge für deinen Blog-Post empfehle ich dir daher mindestens 1.000 Wörter. Meine eigenen Artikel sind mittlerweile im Durchschnitt eher 1.500 Wörter lang. Wenn du dir vornimmst, zu deinen Themen wirklich in die Tiefe zu gehen und alle wichtigen Informationen dazu zu liefern, wird das bei dir wahrscheinlich auch automatisch passieren.

Ich habe auch schon Artikel mit knapp 3.000 Wörtern geschrieben. Und ich kenne viele richtig gute richtig lange Texte im Internet. Wenn du wirklich viele Informationen und viel Wissen zu einem Thema hast (das sich auch nicht in mehrere Artikel teilen lässt), schreib ruhig soviel du willst. Solange du deine Leser nicht langweilst, ist mehr tatsächlich auch besser, weil du ihnen so sehr viele Informationen bietest.

Wichtig ist dabei, dass du deine Wortzahl erreichst, indem du Informationen und Wissen lieferst. Auf keinen Fall solltest du anfangen, Füllwörter zu verwenden oder unnützes Zeug zu schreiben, nur um eine bestimmte Wortanzahl zusammenzubekommen. Wenn du vor so einem Artikel sitzt und dir beim besten Willen nicht mehr als 200 Wörter einfallen, überlege doch noch mal, ob ein anderes Thema dir nicht vielleicht besser liegt.

7.3.5   Schritt 5: Korrektur lesen

Wenn wir etwas geschrieben haben, sind wir oft so froh darüber, dass es fertig ist, dass wir sofort auf VERÖFFENTLICHEN klicken. Mir geht das eigentlich immer so. Allerdings schleichen sich bei uns allen Fehler in Texte ein, die wir nicht oder nicht sofort erkennen können. Bevor du deinen Text also veröffentlichst, lies noch einmal drüber. Leser*innen verzeihen kleinere Tippfehler, aber grobe Rechtschreib- und Grammatikfehler sorgen einfach für einen nicht so kompetenten ersten Eindruck. Um den wieder wettzumachen, musst du sehr viel Energie in richtig gute Inhalte stecken. Übrigens mag Google Rechtschreibfehler auch nicht besonders, weswegen es sich doppelt lohnt, alles vor dem Veröffentlichen zu korrigieren.

Am besten ist es natürlich immer, wenn eine zweite Person deine Texte gegenliest, bevor sie nach draußen gehen. Das ist nur oft nicht möglich. Wer kennt schon jemanden, der jede Woche am selben Tag 1.000 Wörter korrigieren möchte? Vielleicht kennst du andere Blogger*innen, die an einem ähnlichen Punkt sind wie du. Mit diesen kannst du dich austauschen, und ihr könnt gegenseitig Korrektur lesen. Alternativ kannst du auch einfach einen Tag oder zumindest ein paar Stunden warten, bevor du deinen Artikel zum zweiten Mal liest. Wenn wir zwischendurch etwas anderes gemacht haben, fallen uns unsere eigenen Fehler viel deutlicher auf.

7.3.6   Worauf du jetzt schon beim Schreiben für SEO achten kannst

Alle Tipps aus diesem Kapitel helfen dir dabei, sowohl deine Leser*innen besser anzusprechen als auch in Google besser zu ranken. Auf *Search Engine Optimization* (kurz *SEO*) gehe ich in Kapitel 10, »Der nachhaltige Weg: In Suchmaschinen ranken«, noch näher ein, weil du sowohl auf deinem Blog als auch außerhalb einiges dafür tun kannst, noch besser über Suchmaschinen gefunden zu werden. Das soll dich aber jetzt nicht davon abhalten, schon mal einen Artikel zu schreiben, denn das ist – wie erwähnt – das Wichtigste am Bloggen. Solange du richtig gute Texte für Menschen schreibst, kann bei SEO auch nicht viel schiefgehen, denn die Algorithmen der Suchmaschinen wollen ja gerade die besten Texte in ihren Rankings zeigen. Das Einzige, das du dabei im Hinterkopf behalten musst, ist die Art, wie Menschen über Suchmaschinen suchen. Das passiert zum einen in Form von sogenannten *Keywords*, den Suchbegriffen, die Menschen in Google eingeben. Du schreibst einen Artikel darüber, welche Bio-Supermärkte in München die besten sind? Dann ist das zugehörige Keyword, nach dem die Menschen diesen Artikel suchen werden, wahrscheinlich »Bio Supermarkt München«. Dieses Keyword solltest du in deinem Artikel auch erwähnen – und zwar in der Überschrift, in einer Zwischenüberschrift und regelmäßig im Text.

Eine zweite Suchmöglichkeit, die mittlerweile immer wichtiger wird, ist das Suchen nach Fragen, zum Beispiel nach: »Was kann ich in Köln mit Kindern draußen unternehmen?« Der Grund hierfür ist, dass die verschiedenen Smartphone- und Smart-Home-Hersteller mittlerweile die Möglichkeit bieten, über Spracheingabe zu suchen

– sei es über OK Google, Siri oder Alexa. Das Suchverhalten mit diesen Geräten ist ein anderes, und wenn du selbst schon mal eins genutzt hast, weißt du sofort, was ich meine: Hier nennt man nicht irgendwelche Keywords (die man in den Suchmaschinen ja vor allem deswegen eingibt, weil es weniger Tipparbeit bedeutet und man sich daran gewöhnt hat), sondern man stellt eine Frage mit möglichst einfachen Worten, weil das sehr gut zum Ziel führt. Und was macht die Software auf den Endgeräten dann? Richtig, sie gibt die Frage genau so in die Suchmaschine ein. Wenn du also deine Rankings zusätzlich boosten willst, schreibe einfach mal eine Frage in eine der Zwischenüberschriften, und zwar eine, die gezielt auf deinen Artikel führt.

Mehr zu dem Thema findest du in Kapitel 10, »Der nachhaltige Weg: In Suchmaschinen ranken«. Aber du kannst das jetzt schon im Hinterkopf behalten. Wenn du das Plug-in Yoast installiert hast, gibt dir dieses jetzt schon hilfreiche Tipps dazu, wie du ohne weitere SEO-Kenntnisse deinen Artikel optimieren kannst. Sorge einfach dafür, dass die Punkte alle grün werden – Yoast sagt dir genau, was du dafür machen musst. Das Gute daran, wenn du dir das jetzt schon angewöhnst, ist, dass du manche wichtigen Dinge (wie die Verwendung des Keywords oder das Vermeiden von Passivkonstruktionen) irgendwann ganz automatisch machen wirst. Und du lernst nebenbei, worauf es bei SEO ankommt, ohne tief in die Materie einzusteigen. Die Optimierungen von *Yoast* oder *Rank Math* umzusetzen, ist also das Mindeste, was du für die Suchmaschinenoptimierung tun solltest, wenn du dich damit nicht näher beschäftigen willst.

7.4   Mit der richtigen Überschrift Leser*innen ansprechen

Da die Überschrift so wichtig ist, gibt es hier noch ein paar Anmerkungen zum Thema. Dadurch, dass die Überschrift als H1-Tag formatiert ist, ist sie für Google besonders wichtig. Aber auch für deine Leser*innen ist natürlich die Überschrift der erste Kontakt zu deinem Text. Sie ist sozusagen die Tür, durch die sie hindurchgehen müssen, um auf deine Website zu kommen und dort zu bleiben – und sollte entsprechend attraktiv aussehen.

Deine Überschrift erfüllt also genau drei Aufgaben:

1. Sie soll deine Leser*innen darüber informieren, was sie im Text finden werden.
2. Sie soll deine Leser*innen neugierig machen und ihnen das Gefühl geben, dass es sich lohnen wird, deinen Text zu lesen – damit sie von Google, Facebook & Co. aus auf deine Website herüberklicken.
3. Sie soll dich dabei unterstützen, über Suchmaschinen gefunden zu werden.

All diese Eigenschaften vereinen sogenannte *Clickbait-Überschriften*, die du vor allem in Social Media siehst (»Diese 7 Tipps zu London überraschen selbst Prinz Harry – Über Tipp 4 lache ich jetzt noch!«). Solche Überschriften funktionieren tatsächlich gut, sie sorgen aber auch dafür, dass dein Blog als unseriös wahrgenommen wird. Und wahrscheinlich willst du das gerade nicht. Die Kunst ist nun, die drei Punkte umzusetzen, ohne in Click-Bait-Überschriften zu verfallen.

Der erste Punkt ist wahrscheinlich der einfachste, denn genau das haben wir in der Schule gelernt. Erinnerst du dich noch an die Übung, Texten Zwischenüberschriften zu geben? Genau das machst du in deinem Artikel auch. Jede Überschrift ist eine kurze Zusammenfassung des Inhalts deines Texts. Wenn du beispielsweise Tipps für die Schreibsoftware Scrivener vorstellst, kannst du deinen Text einfach *Schreiben mit Scrivener* nennen. Damit ist die erste Anforderung erfüllt. Das ist zwar noch nicht so richtig gut, aber für den Anfang ist es in Ordnung.

Allerdings hört sich diese Überschrift ziemlich langweilig an, und ich bezweifle, dass du damit viele Menschen für deinen Artikel begeistern wirst. Daher solltest du noch ein wenig konkreter werden. Du gibst im Artikel fünf Tipps (weil du ja jetzt weißt, dass eine gute Struktur schon die halbe Miete ist) und könntest deinen Artikel daher *5 Tipps, mit denen du dank Scrivener dein Manuskript verlagsreif machst* nennen. Damit würdest du außerdem sehr genau sagen, was dein Leser davon hat, wenn er den Text liest.

Außerdem willst du, dass Google deine Überschrift findet. Dafür muss sie das Keyword, nach dem die Menschen suchen, enthalten – und möglichst gar nicht so viel anderes. Hier wäre die aktuelle Überschrift schon ein wenig lang. Vielleicht könntest du *5 Scrivener-Tipps für dein Manuskript* wählen. Das hört sich ein bisschen nüchterner an – was in Abgrenzung zu Click-Bait-Überschriften gar nicht schlecht ist –, ist kürzer und enthält ebenfalls alle Informationen, die deinen Artikel gut beschreiben.

7.5   Mit einfachen Methoden schneller und besser schreiben

Du hast dir also fest vorgenommen, jede Woche einen Artikel von 1.000 Wörtern zu schreiben. Außerdem gibt es noch viele andere Themen rund um deinen Blog, an denen du arbeiten musst. Also wäre es doch super, wenn du für die 1.000 Wörter keine acht Stunden bräuchtest. Denn die Folge daraus wäre, dass du am Ende doch nicht jede Woche einen Post veröffentlichst. Und gut sollen die Texte natürlich außerdem sein. Für beides habe ich dir einfache Tipps zusammengestellt, die du auch als Nicht-Texter*in leicht umsetzen kannst.

7.5.1   Schneller schreiben

Weißt du, wie lang du für 1.000 Wörter brauchst? Ein guter Schnitt dafür sind normalerweise zwei Stunden. Das ist zügig, aber nicht gehetzt. Allerdings brauchst du etwas Übung, um diese zwei Stunden zu erreichen. Und ganz sicher können dir ein paar Tipps dabei helfen, dein persönliches optimales Schreibtempo zu finden, ohne dass du nur so durch die Texte jagst. Dieses Schreibtempo weicht von Person zu Person ab, und vielleicht liegt deins bei drei Stunden für 1.000 Wörter. Aber wenn du übst und einen optimalen Schreibprozess findest, ist auch wirklich Luft nach oben.

Schneller zu schreiben, bedeutet übrigens nicht, dass du unbedingt schlechter schreibst. Wenn du ein Schreibtempo findest, bei dem du nicht lange nachdenkst und die Wörter einfach fließen lässt, kommst du viel einfacher in einen Zustand des Flows, bei dem du voll in deiner Arbeit aufgehst. Und du beschränkst deine Ideen nicht durch paralleles Redigieren. Tatsächlich hat deine Kreativität so eine viel größere Chance, die Oberhand zu gewinnen und den Text besser zu machen. Natürlich sparst du so auch Zeit, die du wieder für andere Dinge einsetzen kannst. Wichtig ist allerdings, dass du nicht mit Druck, sondern einfach möglichst effizient arbeitest. Vieles von dem, was uns beim Schreiben langsam macht, ist nämlich völlig unnötig und macht unsere Texte auch schlechter.

Dein Ziel beim Schreiben sollte immer sein, deine individuelle optimale Schreibgeschwindigkeit zu erreichen, bei der du

▶ hoch konzentriert arbeitest (das macht deine Texte besser),

▶ in ein Flow-Gefühl kommst (damit macht es viel mehr Spaß) und

▶ ein gutes Ergebnis erzielst (sonst musst du nachher alles noch mal machen und verlierst sogar Zeit).

Alles, was dir dabei nicht hilft, kannst du konsequent weglassen. Du wirst dadurch schneller und besser werden und mehr Spaß am Schreiben haben.

Ich selbst brauche mittlerweile für einen Text mit 1.000 Wörtern zu einem Thema, in dem ich mich auskenne, etwa eine halbe Stunde. Das ist sehr schnell, und ich muss anschließend auf jeden Fall noch mal drüberlesen, aber das sollte man ja sowieso tun. Weil ich schnell schreibe, habe ich auch mehr Zeit für Qualitätschecks. Und ich habe das erreicht, indem ich konsequent die folgenden fünf Tipps befolgt habe.

Tipp 1: Erhöhe den Fokus.

Wenn du dich komplett aufs Schreiben konzentrierst und alles um dich herum ausblendest, tauchst du in deinen Text ein und wirst ganz automatisch schneller. Das erreichst du zum Beispiel, indem du feste Zeiten fürs Schreiben sicherst. Sorge am besten dafür, dass dich andere Menschen in diesen Zeiten nicht stören. Die Schriftstellerin Joyce Carol Oates hat mal gesagt, dass das, was uns am meisten vom Schreiben abhält, das Gesicht trägt, das wir am meisten lieben. Und es ist ja auch so: Eine unangenehme Aufgabe wird uns wahrscheinlich nicht dazu bringen, von unserem Text aufzustehen. Unser Partner oder unsere Kinder wahrscheinlich schon – und zwar mit Leichtigkeit. Suche dir also Rituale, die dir und auch allen anderen zeigen, dass jetzt deine Schreibzeit ist. Wenn du einen Arbeitsraum hast, schließe auf jeden Fall die Tür hinter dir (und hänge am besten ein Schild daran, das darauf hinweist, dass du nicht gestört werden solltest, solange es nicht brennt oder jemand verletzt ist). Wenn du keinen Arbeitsraum hast, suche dir eine feste Ecke zum Arbeiten und signalisiere zum Beispiel durch ein aufgestelltes Schild, dass du nicht ansprechbar bist.

Das funktioniert natürlich nur für Menschen, die mit dir in einem Haushalt leben. Alle anderen haben ja keine Ahnung, dass du jetzt eigentlich an deinem Blog-Artikel schreiben willst. Also musst du es diesen anderen unmöglich machen, dich zu erreichen. Und das funktioniert sehr gut, indem du den Flugmodus deines Handys benutzt. Denn mit dem Flugmodus ist auch klar, dass hier nichts vibrieren, nichts klingeln und nichts Spannendes auf dem Startbildschirm geschehen wird. Zusätzlich packst du dein Smartphone am besten in einen anderen Raum oder zumindest möglichst weit weg von dir.

Gerade das Smartphone bietet nämlich viele Reize, und Reize bieten wiederum Belohnung, und zwar sehr schnell. Allein das Löschen einer Spam-Mail fühlt sich so an, als ob man etwas erledigt hätte, was uns ein Mini-Hochgefühl verschafft – aber sonst auch überhaupt nichts. Beim Schreiben eines Blog-Posts lässt dieses Hochgefühl deutlich länger auf sich warten, was du eine Weile lang einfach aushalten musst.

Auch Recherchen und neue Einfälle können uns übrigens wunderbar ablenken. Hier gibt's einen ganz einfachen Tipp: Schreib dir solche Dinge auf. Damit sind sie aus deinem Kopf, aber nicht verloren. Und du kannst dich um sie kümmern, sobald du deinen Text in der ersten Fassung fertig geschrieben hast.

Tipp 2: Strukturiere deinen Text vor.

Jeder deiner Texte braucht eine gute Struktur, die sich in den Zwischenüberschriften widerspiegelt, aber darunter auch fortgesetzt wird. Es wird viel leichter, diese Struktur gut aufzubauen und später auch in einen guten Text umzusetzen, wenn du diese beiden Tätigkeiten voneinander trennst: das Strukturieren und das eigentliche Schreiben. Du kannst zum Beispiel in den Blog-Post einfach Stichpunkte schreiben, die einzelne Absätze deines Artikels werden sollen. Dann hast du schon einen guten Aufbau und musst anschließend »nur noch« die einzelnen Punkte mit Text füllen. Das geht deutlich schneller, als wenn du immer wieder zwischen beiden Aufgaben hin- und herspringst und beim Schreiben ständig überlegst, was denn der nächste Punkt sein wird.

Tipp 3: Trenne das Schreiben vom Redigieren.

Vielleicht bist du perfektionistisch veranlagt, vielleicht hat man dir beigebracht, dass man das so macht. Wenn du so schreibst wie die meisten Menschen, die ich kenne, redigierst du auf jeden Fall, während du deinen Text schreibst. Und verlierst damit Zeit. Bei vielen sieht das so aus: Sie schreiben einen Satz hin, finden ihn ganz in Ordnung, aber eben noch nicht richtig perfekt. Dann überlegen sie, wie sie ihn vielleicht ein bisschen besser machen können, feilen, stellen um, und am Ende steht er genauso da wie vorher. Es hat nur deutlich länger gedauert. Das ist nicht nur ineffizient, sondern auch sehr frustrierend und schränkt den Spaß am Schreiben total ein. Also: erst schreiben und dann redigieren. Hört sich einfacher an, als es ist? Wahrscheinlich kannst du dir das tatsächlich nicht einfach so abgewöhnen, wenn du bisher immer so geschrieben hast. Was meiner Erfahrung nach hilft, ist eine andere Zielsetzung. Nimm dir nicht vor, einen fertigen Blog-Post zu schreiben, sondern einen Entwurf für einen Artikel, den du anschließend sowieso noch überarbeiten wirst. Das nimmt einiges an Druck aus dem Schreiben. Wenn du das ein paar Mal gemacht hast, kannst du dich auch viel leichter darauf einlassen. Denn du wirst jedes Mal wieder feststellen, dass deine Texte viel besser sind, als du vermutest, selbst dann, wenn du quasi im Entwurfsmodus schreibst.

In den Büros von Facebook hängt an der Wand der Spruch: »Done is better than perfect«, also »Erledigt ist besser als perfekt«. Ich mag das, weil es »erledigt« und »perfekt« in einen Gegensatz bringt. Denn »perfekt« ist in Wahrheit ein Zustand, den wir nie erreichen können. Es gibt immer Dinge, die man an etwas verbessern kann, und wenn wir danach suchen, werden wir sie auch finden. Daher sollte dein Ziel nicht sein, einen perfekten Blog-Artikel zu schreiben, sondern einen veröffentlichen. Davon haben du und deine Leser*innen viel mehr.

Tipp 4: Nutze die Pomodoro-Methode.

Eine Methode, die meinen Schreibprozess deutlich beschleunigt hat, ist die sogenannte Pomodoro-Technik. Diese Technik wurde von Francesco Cirillo in den 1980er-Jahren erfunden und setzt Rahmenbedingungen, die es leichter machen, in einen Zustand des Flows zu kommen. Außerdem ist sie sehr einfach anzuwenden, was schon allein ein Grund sein sollte, sie mal auszuprobieren.

Die Pomodoro-Technik funktioniert wie folgt: Du setzt dir kurze, feste Zeitabschnitte von 25 Minuten, in denen du schreibst und für die du dir jeweils ein Schreibziel festlegst. Das könnten zum Beispiel die ersten beiden Abschnitte deines

Artikels sein. Die 25 Minuten misst du mit einer Stoppuhr, und wenn sie klingelt, hörst du auf. Cirillo hat dafür übrigens eine Küchenuhr in Form einer Tomate benutzt, woher die Methode ihren Namen hat (»pomodoro« bedeutet auf Italienisch Tomate). Nach 25 Minuten Arbeitszeit folgen fünf Minuten Pause, in denen du etwas anderes machst. Am besten stehst du auf, gehst ans Fenster und bewegst dich ein bisschen. Die fünf Minuten stoppst du ebenfalls. Und dann beginnt die nächste Zeiteinheit, also das nächste Pomodoro. Nach vier solchen Blöcken machst du dann eine längere Pause von zum Beispiel einer halben Stunde.

Die Pomodoro-Technik funktioniert deswegen so gut, weil es sehr einfach ist, sich 25 ungestörte Minuten zu sichern, wenn man weiß, dass man anschließend fünf Minuten lang »ansprechbar« ist. Außerdem sorgen die kurzen Abschnitte dafür, dass man so richtig Gas gibt und viel schafft. Verbunden mit den Zielen für die einzelnen Blöcke entstehen außerdem schnelle Erfolgserlebnisse, die die Motivation hochhalten.

Die Pomodoro-Technik funktioniert am besten, wenn du bereits klare Vorstellungen davon hast, worüber du schreiben willst, und einfach Schwierigkeiten damit hast, loszulegen und schnell fertig zu werden. Wie bei allen Tipps in diesem Buch empfehle ich dir auch hier, es einfach mal auszuprobieren und zu schauen, wohin es dich bringt.

Tipp 5: Setze Hilfsmittel gezielt ein.

Wir sind mittlerweile alle in der glücklichen Lage, dass Technik uns dabei helfen kann, unsere Arbeit leichter zu erledigen. Und wo es sinnvoll ist, kannst du auch beim Schreiben von Artikeln technische Hilfsmittel einsetzen. Das kann beispielsweise eine Diktierfunktion sein, wenn du nicht besonders schnell tippst. Du sprichst deinen Text dann, und er wird automatisch in eine Datei eingefügt. Microsoft Word bietet das mittlerweile standardmäßig an, und wenn du diese Software ohnehin hast, ist das die für dich günstigste und einfachste Variante. Daneben gibt es aber auch Apps fürs Smartphones oder Onlinedienste, die das übernehmen können. Wichtig zu wissen ist, dass wir anders sprechen als schreiben. Du wirst deinen Text also anschließend auf jeden Fall überarbeiten müssen. Mittelfristig lohnt es sich ansonsten auch, das Zehnfingertippsystem zu erlernen. Auf *typingclub.com* kannst du das sogar kostenlos.

Es gibt aber nicht nur zur schnelleren Texteingabe technische Hilfsmittel, sondern auch zum Erhalten des Fokus. Einige Programme bauen ein bisschen Druck auf, damit du kontinuierlich weiterschreibst (wie das online kostenlos nutzbare *Write or Die*), andere bauen Ablenkungen auf dem Rechner gezielt ab wie *Ilys* oder *iA Writer*. Du kannst aber auch einfach die Zoomstufe deines Artikels oder deiner Word-

Datei größer stellen, damit du nicht in Versuchung gerätst, den bereits geschriebenen Text ständig anzuschauen und zu korrigieren.

Meine Empfehlung an der Stelle ist, dass du zunächst mal beobachtest, was deinen Schreibprozess überhaupt stört, und dann nach einer konkreten Lösung dafür suchst. Egal was dich beim Schreiben aufhält, du kannst sicher sein, dass andere Menschen bereits dasselbe Problem hatten und es dafür auch eine technische Unterstützung gibt.

7.5.2 Besser verständlich schreiben

Es reicht natürlich nicht, dass du schnell irgendeinen Text produzierst und diesen dann live stellst. Du willst auch erreichen, dass dein Text verstanden wird. Konkret sollte dein Text Folgendes für dich erreichen:

▶ eine Beziehung zu deinen Leser*innen aufbauen,

▶ dich selbst hinter dem Text sichtbar machen,

▶ Vertrauen aufbauen (in dem Sinne, dass Menschen deinen Worten vertrauen und gerne lesen, was du zu sagen hast – und deine Tipps auch umsetzen) sowie

▶ im besten Fall eine Veränderung bei deinen Leser*innen hervorrufen, beispielsweise indem du ihren Urlaub mit deinen Posts besser machst oder die Beziehung zu ihrem Haustier stärkst, weil sie nun wissen, was das Tier mit einem bestimmten Verhalten meint.

Da dieses Thema relativ umfangreich ist, habe ich dir zehn konkrete Tipps zusammengestellt, die dir dabei helfen sollen, besser verständlich zu schreiben, und zwar mit Vorher-nachher-Beispielen. Du musst natürlich nicht alle Tipps auf einmal umsetzen. Du kannst dir auch die herauspicken, die sich für dich am einfachsten anhören oder am besten zu dir passen. Jeder einzelne Tipp wird deine Artikel schon besser machen.

Tipp 1: Sage alles drei Mal.

Nehmen wir an, du hast einen Camping-Blog und möchtest über Reservierungsmöglichkeiten auf Campingplätzen schreiben. Das könntest du folgendermaßen tun:

Viele Campingplätze bieten keine Reservierungsmöglichkeit für Wohnmobile an. Trotzdem kann es sinnvoll sein, kurz vorher auf dem Campingplatz der Wahl anzurufen und zu fragen, ob aktuell Stellplätze frei sind.

Das ist an sich erst mal gut verständlich, und deine Leser*innen werden sofort wissen, was du meinst. Sie werden es sich allerdings nicht besonders lange merken, weil die Information wahrscheinlich im Gesamttext untergeht. Du darfst nämlich nicht davon ausgehen, dass dein Artikel mit einhundertprozentiger Aufmerksamkeit gelesen werden wird. Überlege mal, wie du selbst Texte im Internet liest. Wahrscheinlich scannst du nach den wichtigsten Begriffen, bleibst hier und da mal hängen und liest dich erst dann ein, wenn du merkst, dass du hier wirklich wertvolle und gut vermittelte Informationen bekommst. Aus dem Grund solltest du ganz einfach jede wichtige Information drei Mal nennen. Die Wiederholung führt dazu, dass man sich die einzelnen Punkte besser merkt. Das deckt sich auch mit der bekannten Struktur aus Einleitung, Hauptteil und Schluss eines Texts. Du schreibst zunächst, was du sagen wirst, dann erklärst du den eigentlichen Punkt, und zum Schluss fasst du zusammen, was du gesagt hast. Das geht sogar so, dass es sich gar nicht nach Wiederholung anhört. Im Beispiel könnte das es aussehen:

> Es ist sehr ärgerlich, abends müde auf dem Campingplatz anzukommen und wieder weggeschickt zu werden, weil alles voll ist.

> Am besten versuchen Sie, einen Campingplatz zu reservieren. Viele Campingplätze bieten das jedoch gar nicht erst an – weil sie die Erfahrung gemacht haben, dass manche Reisende eine Stellplatzreservierung handhaben wie einen Platz im Kino. Unsere Empfehlung: Rufen Sie trotzdem an und fragen Sie, ob genügend Plätze frei sind.

> So können Sie unnötige Wege vermeiden und sich zur Not nach einer Alternative umschauen.

Wenn du dir angewöhnst, wichtige Informationen vorher anzukündigen und nachher zusammenzufassen, wird dein Text leichter verständlich, und deine Leser*innen nehmen mehr daraus mit.

Tipp 2: Nutze Schritt-für-Schritt-Anleitungen und Nummerierungen.

Sehr häufig wirst du Artikel darüber schreiben, wie jemand etwas tun kann bzw. wie du selbst etwas ganz einfach geschafft hast. Du kannst deinen Text dann optisch ansprechender gestalten, indem du einfach eine Nummerierung einfügst. Das hat außerdem noch zwei weitere schöne Effekte: Eine nummerierte Liste wirkt sofort »bewältigbar«. Beim Lesen steht dann kein ganzer Berg an Text mehr vor uns, den wir durcharbeiten müssen, stattdessen sehen wir ein paar einfache (und natürlich deutlich kürzere) Schritte, die wir einen nach dem anderen durchlesen können. Schon nach dem ersten Schritt versprichst du unbewusst ein kleines Erfolgserlebnis – und wie wichtig die sind, weißt du ja spätestens durchs Schreiben selbst. Für dich haben solche Listen aber auch einen Vorteil. Wenn du deinen Text Schritt für Schritt durchgehst, stellst du sicher, dass du beim Schreiben nichts vergisst. Denn du baust automatisch deine Liste so auf, dass ein Schritt auf den anderen folgen muss.

Wenn du zum Beispiel einen Business-Blog betreibst und deinen Leser*innen erklären möchtest, worauf sie beim Einrichten eines Zoom-Meetings achten sollten, könntest du das so beschreiben:

Beim Aufsetzen einer Zoom-Konferenz gibt es ein paar Dinge zu beachten: Du solltest die Einladung rechtzeitig verschicken und eventuell eine Anleitung dazu, woher man Zoom bekommt und wie man es einrichtet. Überlege dir außerdem vorher, ob und wo du das Meeting aufzeichnen willst.

Auch dieser Text ist verständlich, und du vermittelst alles Wesentliche. Du kannst aber noch deutlich einfacher und klarer schreiben, indem du eine nummerierte Liste aufsetzt. Und prompt fällt dann nämlich auf, dass dir ein wichtiger Punkt im Fließtext fehlte.

So setzt du dein Zoom-Meeting auf:

1. Lege ein neues Meeting in Zoom an. Richte dabei ein, ob du das Meeting aufzeichnen lassen willst und wer mit Audio/Video daran teilnehmen soll.

*2. Versende eine Einladung an alle Teilnehmenden. Am besten formulierst du einen Standardtext, der erklärt, woher man Zoom bekommt und wie man es installiert, damit auch neue Teilnehmer*innen leicht Zugang finden. Schicke sowohl die ID als auch den Link mit.*

3. Melde dich 5 Minuten vorher an, um die Technik zu testen.

Natürlich eignet sich nicht jedes Thema und jeder Text für eine nummerierte Aufzählung. Aber auch unnummerierte Listen lockern einen Text auf und machen ihn leichter verdaulich. Behalte immer im Hinterkopf, dass du wahrscheinlich in jedem deiner Artikel eine Liste unterbringen kannst, wenn du möchtest. Nach einer Weile wird es dir leichter fallen, Möglichkeiten zur Umsetzung zu erkennen.

Tipp 3: Bilde logische Ketten aus Ursache und Wirkung.

Die größte Herausforderung, mit denen Blog-Autor*innen meiner Meinung nach immer wieder kämpfen, ist das Bilden logischer Ketten. Das hat auch einen ganz einfachen Grund: In unserem Kopf ist das ganze Wissen bereits vorhanden. Wenn wir es dann so herunterschreiben, wie es dort sortiert ist, fehlen aus Sicht der Leser*innen dazwischen immer wieder wichtige Punkte. Denn diesen fehlt ja wichtiges Wissen, über das du bereits verfügst. Daher ist es ganz wichtig, Texte so aufzubauen, dass ein Satz und ein Schritt immer aus dem vorherigen hervorgehen – in einer Kette aus Ursache und Wirkung. So übermittelst du auch nicht nur die Ergebnisse deiner Überlegungen, sondern du lässt deine Leser*innen selbst den Weg dorthin zurücklegen. Das ist angenehmer zu lesen und außerdem sehr überzeugend.

Im Beispiel wird dies noch deutlicher. Dein Blog richtet sich an Eltern schulpflichtiger Kinder, und du schreibst einen Artikel über die Hürden des ersten Schultags. Du könntest so anfangen:

> *Der erste Schultag ist für viele Kinder schwierig. Sie können ihn erleichtern, indem Sie das Kind rechtzeitig vorbereiten und den Gedanken an die Schule positiv besetzen.*

Tatsächlich fangen sehr viele Blog-Artikel so oder so ähnlich an, und die meisten Menschen stören sich nicht daran. Das heißt aber nicht, dass es nicht viel besser geht. Denn der erste Satz ist zunächst mal nur eine Behauptung. Und unbewusst gleichen wir solche Behauptungen immer mit unserer eigenen Erfahrung ab. Vielleicht fanden deine Leser*innen ihren eigenen ersten Schultag gar nicht so schwierig. Oder sie haben ein anderes Verständnis vom Begriff »schwierig« als du. Wenn schon der erste Satz dazu einlädt, nicht mit ihm übereinzustimmen, verlierst du die Menschen anschließend deutlich leichter. Deswegen solltest du solche Behauptungen immer aus einer Kette aus Ursache und Wirkung herleiten. Der einfachste Weg ist, dich selbst zu fragen: Warum ist das so? Woher kommt das? Die Antwort darauf verfolgst du mit weiteren Fragen zurück, bis du zu einem Punkt kommst, mit dem die meisten wahrscheinlich übereinstimmen können. Wie hier im Beispiel:

> *Etwas Neues ist für die meisten Menschen eine große Herausforderung. Erst recht, wenn man gerade mal sechs Jahre alt ist und alle plötzlich vom »Ernst des Lebens« sprechen. Die Erwartungshaltung, die oft unbewusst im Vorfeld aufgebaut wird, führt bei vielen Kindern dazu, dass sie Angst vorm ersten Schultag haben. Und natürlich hat das vom ersten Moment an Auswirkungen auf alles, was das Kind erlebt.*

> *Wahrscheinlich wollen Sie, dass Ihr Kind diese wichtige Zeit so positiv wie nur möglich erlebt …*

Wie du siehst, ist der erste Satz viel allgemeiner gehalten: Es geht erst mal nur um irgendetwas Neues und um die meisten Menschen. Daraus leitest du dann immer konkreter ab, bis du beim ersten Schultag gelandet bist.

Deine Texte werden dadurch besser verständlich, aber auch länger. Und länger ist eine gute Sache. Schließlich liegt dein Ziel pro Artikel ja bei 1.000 Wörtern. Dass gute Texte mehr Platz für Erklärungen brauchen, ist nämlich auch ein Grund für Google, diese zu bevorzugen.

Tipp 4: Nutze Bilder und Vergleiche.

Reiner Text ist gerade im Internet eine Herausforderung, weil so viele andere Formen, Informationen zu finden, zur Verfügung stehen. Daher sollte dein Text so anschaulich wie möglich sein. Du erreichst das, indem du Bilder und Vergleiche verwendest, die zu deinem Thema passen. Diese Bilder stellt man sich beim Lesen nämlich automatisch vor, sodass dein Text nicht mehr abstrakt bleibt, sondern zum Film im Kopf wird.

Vielleicht möchtest du Tipps für introvertierte Menschen auf Partys geben. Du könntest so anfangen:

> *Viele introvertierte Menschen haben ein gespaltenes Verhältnis zu Partys. Einerseits können sie hier in der Masse untertauchen und vielleicht einfach neue Menschen kennenlernen. Andererseits sind die vielen Kontakte sehr anstrengend.*

Gerade das Thema Party bietet eine tolle Möglichkeit für Bilder, weil die meisten von uns eine sehr konkrete Vorstellung davon haben. Das kannst du nutzen, um den Text noch besser zu machen:

> *Für viele introvertierte Menschen sind Partys gleichermaßen Fluch und Segen. Einerseits ist es einfacher, dort in der Masse unterzugehen: Wenn 100 Menschen an einem Ort sind, ist der Scheinwerfer sicher nicht ausgerechnet auf einen selbst gerichtet, und es ist leichter, einer von vielen als aus einer Handvoll von Menschen zu sein. Andererseits fühlt man sich nach so vielen neuen Eindrücken manchmal wie eine weggeworfene Chipstüte.*

Die Bilder – Scheinwerfer, Chipstüte – greifen das Partythema auf und lassen die beschriebene Situation so noch viel stärker im Kopf bleiben. Passende Bilder und Vergleiche zu finden, erfordert ein bisschen Übung. Aber fang doch einfach mal mit nicht so ganz passenden Bildern an. Die sind nämlich immer noch besser als gar keine. Und du kannst sie später jederzeit ändern.

Tipp 5: Nutze Beispiele und Anekdoten.

In diesem Kapitel gebe ich zu jedem Tipp ein ausführliches Beispiel. Und das aus gutem Grund: Es ist so viel einfacher, anhand eines Beispiels etwas zu verstehen, als es einfach nur abstrakt zu lesen. Genauso gut geeignet sind Anekdoten, denn das sind ja nur Beispiele in Form von tatsächlich stattgefundenen Geschichten.

Im folgenden Text wird eine Information nur erklärt:

> *Informationen sind heute so einfach zugänglich, dass es leicht zu einer Überforderung führt. Wer soll aus den ganzen Optionen überhaupt noch eine heraussuchen? Und wie?*

Da viele von uns nahezu täglich mit der Informationsflut im Internet konfrontiert sind, ist es unglaublich leicht, hierzu Anekdoten und Beispiele zu finden, wie dieses:

> *Wenn ich in meiner Jugend den Text eines Lieds wissen wollte, musste ich es aus dem Radio auf einer Kassette mitschneiden und dann 20 bis 30 Mal Stück für Stück*

anhören, um mir jedes einzelne Wort zu erarbeiten. Heute halte ich Shazam vors Autoradio und muss mir nicht mal den Namen der Künstlerin merken, um sofort laut mitzusingen.

Die vielen Informationen haben einiges im Leben leichter gemacht – nicht nur die private Karaoke-Session. Gleichzeitig hat die Informationsflut, die damit einhergeht, auch Nebenwirkungen …

Hier entsteht sofort ein Bild, und manche Leser*innen werden sich in der Anekdote auch wiedererkennen. (Andere haben ähnliche Geschichten vielleicht von ihren Eltern gehört.) Ich habe das Beispiel übrigens bewusst an den Anfang des Texts gesetzt. Dadurch erreiche ich, dass die Leser*innen es im Kopf haben, wenn sie meine folgende Argumentation lesen. Natürlich funktioniert das Ganze auch andersherum.

Tipp 6: Verwende Zahlen (ja, wirklich).

Viele Blogger*innen (und Menschen, die gern Texte schreiben) machen einen riesigen Bogen um Zahlen. Dabei sind Zahlen super. Denn sie sind maximal konkret. Du hast viele Bücher? Darunter kann man sich nichts vorstellen. Zehn Regale voller Bände sind schon konkreter, 3.423 Bücher sind aber an Konkretheit kaum zu übertreffen. Die Information wird immer genauer, je mehr du sie mit Zahlen unterlegen kannst. Das hat zur Folge, dass deine Leser*innen aufhorchen. Denn du kündigst an, dass hier wertvolles Wissen vermittelt wird und nicht nur eine Aneinanderreihung von Informationen, die man auch woanders finden kann. Das zeige ich natürlich in einem Beispiel. Zunächst ohne Zahlen:

Um mit deinem Buch aus der Masse herauszustechen, musst du von Anfang an auf dich aufmerksam machen.

Das ist gut lesbar und informativ, aber es geht noch deutlich besser:

Jährlich erscheinen 70.000 Bücher allein im deutschsprachigen Raum. Da sind Lexika, Schulbücher und Romane mit eingerechnet. Natürlich stehst du nicht zu allen Veröffentlichungen in direkter Konkurrenz. Aber bei (rechnerisch) 192 neuen Büchern pro Tag ist es sehr leicht möglich, dass deins in der Masse untergehen wird.

Dagegen kannst du von Anfang an etwas tun.

Die Zahlen, die ich in der zweiten Variante nenne, unterstreichen das Argument und verschaffen ihm Dringlichkeit. Ich kann sicher sein, dass ich die Aufmerksamkeit meiner Leser*innen habe – weil es so wahnsinnig viele Buchveröffentlichungen pro Jahr sind und weil ich weiß, *wie* viele.

132

Tipp 7: Schreibe einfach.

Gerade im deutschsprachigen Raum hat es sich durchgesetzt, dass schwierige Themen schwierig zu verstehen sein müssen. Das gilt vor allem für Buchveröffentlichungen. Wer viele Fremdwörter verwendet, lange, verschachtelte Sätze schreibt und Logikketten so sehr in die Länge zieht, dass man am Ende nicht mehr weiß, wo man gestartet ist, gilt als besonders kompetent. Zum Glück sind die Erwartungen an Texte im Internet andere, und die Suchmaschinen belohnen Texte, die leicht zu verstehen sind. Am besten schreibst du immer so, dass eine Viertklässlerin deinen Text verstehen kann. Nicht unbedingt vom Inhalt her, aber zumindest sollte sie alle Wörter kennen und sämtliche Sätze überblicken. Du erreichst das, indem du die folgenden Punkte umsetzt:

▶ kurze Sätze,

▶ kurze Absätze,

▶ Verben statt Substantive (vor allem Verben, die ein Bild vor Augen entstehen lassen),

▶ direkte Ansprache der Leser*innen,

▶ natürliche Sprache,

▶ aktive statt passive Formulierungen,

▶ Vermeiden von Fremdwörtern.

Du kannst diese Punkte für jedes Thema umsetzen, selbst für Themen, die per se schon eher bürokratisch wirken. Glaubst du nicht? Dann lass uns doch mal über die Steuererklärung schreiben:

Wenn Sie Ihre Steuererklärung abgeben, ist es sehr wichtig, die Fristen des Finanzamts genau einzuhalten. Allerdings können Sie beim Finanzamt formlos eine Fristverlängerung beantragen, die in den meisten Fällen auch relativ unbürokratisch gewährt wird.

Der Text ist – wie die anderen auch – verständlich und wird sein Informationsziel erreichen. Aber er ist auch unglaublich langweilig. Er hört sich an, als hätte eine Behörde ihn geschrieben. Und Wörter wie »formlos« und »Fristverlängerung« erwecken nicht gerade einen unbürokratischen Eindruck. Das geht auf jeden Fall einfacher und damit auch besser:

Die Finanzämter mögen es pünktlich. Das ist klar, schließlich ist die Steuererklärung etwas, das die meisten von uns gerne vor sich herschieben. Ohne Fristen und Termine geht's also nicht. Aber Finanzämter sind auch nur Menschen (oder so), und das heißt: Du kannst mit ihnen reden. Am besten schriftlich. Wenn du mit den Fristen nicht hinkommst, frag einfach nach einer Verlängerung. Am besten nennst du gleich den konkreten Termin, auf den du dich selbst verpflichtest. Wer könnte dazu dann schon »Nein« sagen?

Der Ton ist hier viel weniger distanziert, und die Wörter sind einfacher gewählt. Das macht den Inhalt nicht weniger seriös, sondern nur leichter verständlich. Und genau das willst du ja erreichen.

Tipp 8: Nutze die Möglichkeiten des Internets.

Dein Blog-Artikel ist kein Buch. Er muss nicht aufwendig gedruckt werden, und er steht auch nicht allein im Regal. Deswegen solltest du die Möglichkeiten, die das Internet dir bietet, nutzen, um deinen Text ansprechender zu gestalten. Dazu zählen

▶ Bilder (darüber findest du in Abschnitt 7.7 noch mehr Informationen),

▶ Links zu eigenen und anderen Inhalten und

▶ die Aufforderung zur Interaktion.

Schon die Kommentarfunktion deines Blogs lädt dazu ein, mit dir in Kontakt zu treten. Du kannst aber auch gezielt dazu einladen oder eine Frage an deine Leser*innen stellen, um die Interaktion zu stärken. Im besten Fall entwickelt sich auf deinem Blog dann eine Unterhaltung unter verschiedenen Leser*innen.

Tipp 9: Erzeuge Spannung durch Wissen.

Wenn deine Leser*innen sich durch lange Texte wühlen müssen, bis sie eine spannende Information finden, wirst du sie irgendwann verlieren. Daher solltest du, wo immer möglich, Faktenwissen einbauen, mit dem du die Aufmerksamkeit hochhältst.

In diesem Beispiel informierst du zunächst nur über die Einreise in die USA. Damit vermittelst du natürlich auch schon Wissen:

Eine USA-Reise will gut vorbereitet sein. Auch wenn mit einem deutschen Reisepass kein Visum erforderlich ist, musst du deinen Besuch über ESTA anmelden.

Um dieses Thema herum gibt es aber auch spannendes Faktenwissen, mit dem du deinen Artikel noch ein wenig anreichern kannst.

Wusstest du, dass der deutsche Reisepass einer der vier Pässe ist, mit denen du in die meisten Länder der Welt ohne Visum einreisen kannst? Auch für deine USA-Reise brauchst du keins. Trotzdem musst du deinen Besuch anmelden, und zwar per ESTA.

Der Text wird dadurch sofort spannender, weil du in Aussicht stellst, dass du weit mehr als nur die notwendigen Informationen gibst. Du übertriffst also die Erwartungen deiner Leser*innen, und Erwartungen zu übertreffen, ist immer gut.

Tipp 10: Unterstütze durch Formatierung.

Zwischenüberschriften helfen, die Struktur deines Texts klarer herauszuarbeiten, und diese sind wirklich Pflicht für jeden guten Text. Du kannst aber darüber hinaus mit Formatierung deinen Text leichter verständlich machen. Fettungen und Kursivdruck helfen dir dabei, den Blick aufs Wesentliche zu lenken. Auch die Zitatfunktion hebt die Elemente hervor, die deine Leser*innen auf keinen Fall verpassen sollen.

Wenn du Formatierungen verwendest, ist es wichtig, dass du einen Mittelweg anstrebst. Denn du kannst auch zu viel formatieren. Sind in jedem Absatz fünf Wörter gefettet, springt irgendwann gar nichts mehr ins Auge. Oder deine Leser*innen fühlen sich bevormundet, weil du ihnen nicht zutraust, selbst die wichtigsten Punkte zu finden.

7.6   Den eigenen Stil für den Blog finden und umsetzen

Deine Leser*innen kommen beim ersten Mal zu dir, weil sie eine Information suchen oder weil jemand sie auf dich aufmerksam macht. Wenn sie wiederkommen, tun sie das aber nicht mehr (nur) wegen deiner Inhalte, sondern vor allem wegen dir. Deswegen ist es für dich wichtig, deinen eigenen, unverwechselbaren Stil zu entwickeln – oder vielmehr: ihn herauszuarbeiten. Denn deinen eigenen Stil hast du schon, du wendest ihn auch jeden Tag an. Nur irgendwie haben wir uns beim Schreiben alle angewöhnen lassen, plötzlich wie ein*e Nachrichtensprecher*in zu klingen. Und wenn die Leute Nachrichten lesen wollen, kommen sie nicht zu dir. Dafür gibt's andere Seiten.

Nutze gerade am Anfang die Chance, die sich dir dadurch bietet, dass du (vielleicht) noch nicht so viele Leser*innen hast, um dich ein wenig auszuprobieren und mit jedem Artikel mutiger und mehr du selbst zu werden. Die Tipps, die ich dir in den folgenden Abschnitten dazu vorstelle, helfen dir dabei.

7.6.1   Schreibe so, wie du sprichst

Ist dir schon mal aufgefallen, dass du ganz anders schreibst, als du sprichst? Warum eigentlich? Die Antwort gebe ich dir natürlich sofort: Wir haben das alle so gelernt. Wenn wir etwas schreiben, soll sich das »gut« anhören. Wir denken, wenn wir auf eine bestimmte Weise schreiben, wirken wir besonders kompetent. Aber warum sprechen wir dann nicht auch so? Nein, nicht, weil's einfacher ist. Es ist genauso einfach oder schwierig, einen Text mit Fremdwörtern zu spicken, wie ihn davon zu befreien. Aber: Gesprochene Sprache ist viel besser verständlich. Wenn du etwas sagst, hast du wahrscheinlich keine Lust, es noch fünf Mal zu wiederholen, bis alle es verstanden haben. Also benutzt du eine Sprache, die alle gut verstehen. Und wenn du schreibst, spielt das plötzlich keine Rolle mehr? Bei manchen Texten habe ich tatsächlich genau diesen Eindruck.

Das ist in Ordnung für Romane oder wissenschaftliche Texte, die anderen Regeln gehorchen. Aber du schreibst auf deinem Blog keinen Roman, keine philosophische Abhandlung und auch keinen Zeitungsartikel. Du schreibst Texte für Menschen, die sich für ein bestimmtes Thema interessieren. Und klar, wenn der Text da steht und sie etwas nicht verstanden haben, können sie es ja noch mal lesen. Nur: Das tun sie nicht.

Wenn du einen Blog-Artikel schreibst, schreibst du ihn nicht für dich. Sondern für deine Leser*innen. Und die wollen es meistens einfach. Und vor allem gut verständlich. Vergiss also den Anspruch, dass deine Artikel dich als sprachlich besonders kompetent zeigen sollen. Dann bist du nämlich automatisch bei dir und nicht bei deinen Leser*innen. Warum sollten die das dann lesen? Wenn du in deinen Texten näher an die gesprochene Sprache rückst, hat das außerdem einen weiteren Vorteil: Du rückst damit automatisch näher an *deine* gesprochene Sprache, die einzigartig ist.

Vergiss also alles, was deine Deutschlehrerin dir beigebracht hat. Kürze deine Sätze. Schreibe umgangssprachlich. Und benutze Wörter, die gar keine sind. Dein Text – deine Regeln. Besonders »echt« werden deine Texte, wenn du Ausdrücke verwendest, die du auch beim Reden regelmäßig nutzt. So entwickelst du ganz automatisch deinen eigenen Schreibstil. Oder vielmehr: Du lässt ihn nach draußen. Natürlich solltest du das nicht übertreiben. Und auch ein paar Regeln beachten – zum Beispiel Rechtschreibung und Zeichensetzung. Aber schon bei der Grammatik kannst du dir ein paar Freiheiten nehmen. Solange du das bewusst tust. Der ultimative Test, um herauszufinden, wie dein Text klingt, ist übrigens: lautes Vorlesen. Dann merkst du sofort, was gut funktioniert – und was nicht.

7.6.2   Warte einen Tag mit dem Veröffentlichen

Wenn du dich wirklich wie du selbst anhören willst, ist das mehr Arbeit, als du denkst. Das passiert nicht von selbst. Und wahrscheinlich ist die erste Version deines Texts nicht die beste. Um das selbst festzustellen, musst du ein wenig Abstand zum Text gewinnen. Und das erreichst du am besten, indem du eine Nacht darüber schläfst. Veröffentliche deine Texte also nicht sofort in der Minute, nachdem du sie geschrieben hast. Nimm ein bisschen Abstand und lies die Artikel dann noch mal. Du wirst sicher ein paar Stellen finden, für die dir noch bessere Formulierungen einfallen, die noch mehr nach dir selbst klingen. Vor allem hilft dir das dabei, noch besser zu erkennen, was deinen persönlichen Schreibstil ausmacht. Und du wirst immer besser darin, ihn herauszuarbeiten.

7.6.3   Streiche Substantive

Substantive wirken irgendwie schlau und überlegen. Wenn ich schreibe: »Die Verwendung von Substantiven beeinflusst die Wahrnehmung der Kompetenz des Autors eines Textes in positiver Weise.«, hört sich das gleich viel offizieller an als: »Wer viele Substantive verwendet, klingt kompetenter.« Der erste Satz klingt, als hätte eine Behörde das offiziell beschlossen, und er wäre deswegen wahr. Den zweiten versteht man aber besser. Und das, obwohl er nicht mal stimmt. Viele Substantive in Texte zu pressen, ist eine typisch deutsche Sache. Wenn dein Finanzamt dir schreibt, dann nicht nur Zahlen, sondern vor allem Substantive. Und wie wirkt das? Unnahbar. Kalt. Anonym.

So, als sollten die Leser*innen gar nicht erkennen, wer den Brief geschrieben hat. Und es führt dazu, dass alle Menschen glauben, ihre Texte würden glaubwürdiger, wenn sie viele Substantive enthalten. Erst recht, wenn wir über ein Thema schreiben, bei dem wir uns nicht ganz sicher fühlen, packen wir die Substantiv-Keule aus.

Dummerweise erschlagen wir damit nicht nur unsere Angst, nicht klug genug zu erscheinen. Sondern wir schrecken auch unsere Leser*innen ab. Wir erreichen also genau das Gegenteil von dem, was wir wollten. Ersetze daher in deinen Texten Substantive so häufig wie möglich durch Verben oder Adjektive. Dadurch verwendest du auch automatisch bessere Verben. Du schreibst dann nicht mehr: »Ich beschäftige mich mit dem Schreiben von Texten«, sondern: »Ich schreibe Texte.« Das klingt viel besser, denn »schreiben« ist sehr aktiv, und wir haben beim Lesen gleich ein Bild im Kopf. »Beschäftigen« wirkt dagegen passiver und ein bisschen beliebig. Diese Verben klingen dann auch viel mehr nach dir.

7.6.4   Sei genau

Sei mit deinen Texten so genau wie möglich. Details, die du hinzufügst, machen sie nämlich einzigartig und zu einem Stück von dir. Ich zeige dir das mal an einem Beispiel. Du könntest auf deinem Blog einen Text beginnen mit:

Letzte Woche habe ich ein Eis gegessen.

Der Satz ist richtig, verständlich und nicht zu lang. Aber irgendwie nichts Besonderes. Mit ein paar mehr Details wird er schon einzigartiger.

Am Dienstag habe ich in der kleinen Eisdiele mit den gelben Stühlen ein leckeres Eis gegessen.

Das ist schon besser. Denn der Dienstag führt mich auch direkt zu einem konkreten Zeitpunkt, den ich mir vorstellen kann. Außerdem sehe ich hier sofort ein Bild vor meinen Augen: eine kleine Eisdiele mit gelben Stühlen. Ein solches Bild entsteht immer dann, wenn du genau wirst. Konkret. Wenn du keinen Satz wählst, der für eine Million Menschen genau so gelten kann, sondern einen, der nur für diese eine Situation passt. Das kannst du wie oben durch Adjektive erreichen (klein, gelb). Oder durch Beschreibungen, die du auch in einen zweiten oder dritten Satz packen kannst.

> *Am Dienstag habe ich auf dem Nachhauseweg von der Arbeit ein Eis gegessen. Ich war in der kleinen Eisdiele mit den gelben Stühlen und habe die neueste Sorte probiert: gesalzene Karamell-Creme mit Schokostückchen.*

Es ist schon wieder genauer geworden. Der x-beliebige Satz ist zur konkreten Beschreibung einer einzigartigen Situation geworden. Dadurch fühlen sich deine Leser*innen so, als wären sie selbst dabei gewesen. Sie können sich alles genau vorstellen – und lesen ganz automatisch weiter. Wenn du deine Leser*innen noch stärker in deine Beschreibung hineinziehen möchtest, sprich mehrere Sinne an. Meistens beschränken wir uns (wenn überhaupt) auf den Sehsinn. Aber wir haben ja noch einige mehr.

Ich ergänze also erneut ein bisschen:

> *Am Dienstag habe ich auf dem Nachhauseweg von der Arbeit das beste Eis meines Lebens gegessen. Ich war in der kleinen Eisdiele mit den gelben Stühlen und dem großen Kastanienbaum im Hof. Der, in dem immer die Kohlmeisen tschirpen. Da habe die neueste Sorte probiert: gesalzene Karamell-Creme mit Schokostückchen. Die musst du unbedingt auch probieren: Während das Eis auf der Zungenspitze schmilzt, verwandelt sich der süße und cremige Geschmack ganz langsam in eine zarte salzige Note. Übrig bleibt dann ein Schokostück in der Größe eines Pfefferkorns, das man mit einem lauten Knack mit den Schneidezähnen durchbeißen kann.*

In dieser Variante bin ich noch konkreter geworden. Und habe dabei verschiedene Mittel eingesetzt, die du auch alle anwenden kannst:

▶ Ich spreche verschiedene Sinne an (man hört die Vögel, spürt das Eis auf der Zunge schmelzen, hört das Knacken der Schokolade).

▶ Ich nutze lautmalerische Wörter: tschirpen, Knack.

▶ Ich wende mich direkt an eine*n Leser*in: »Die musst du unbedingt auch probieren.«

▶ Ich verwende einen Vergleich: Größe eines Pfefferkorns.

▶ Ich spreche im Superlativ (und übertreibe dabei vielleicht ein bisschen): das beste Eis meines Lebens.

▶ Ich setze Adjektive ein, um ein noch genaueres Bild zu vermitteln: zarte salzige Note.

Natürlich musst du nicht aus jedem einzelnen Satz deiner Blog-Artikel eine kleine Erzählung machen. Du kannst aber die verschiedenen Mittel, die ich dir gezeigt habe, immer wieder einsetzen. Deine Texte werden dadurch länger und anschaulicher. Beides hilft dir bei deinem Blog.

7.7   Artikel durch Bilder optisch aufwerten

Das Internet ist ein visuelles Medium. Wo du hinschaust, siehst du Bilder. Und natürlich helfen Bilder dir dabei, deine Leser*innen auf eine bestimmte Art und Weise anzusprechen. Ein Bild lässt sich leichter und schneller erfassen als ein Text. Gerade wenn dein Blog noch unbekannt ist, kannst du durch Bilder erreichen, dass Menschen sich besser angesprochen fühlen.

Trotzdem sind Bilder für deinen Blog-Erfolg nicht zwingend erforderlich. Es gibt Themen, für die Fotos nahezu unerlässlich sind (zum Beispiel bei einem Mode-Blog), und andere, bei denen du auch getrost auf Bilder verzichten kannst – wenn dir dies lieber ist. Ein Artikelbild sollte dein Post schon aus Strukturgründen trotzdem haben. Du kannst aber auch ein einfarbiges Bild mit einer Schrift dafür erstellen. Das wirkt schlicht und sehr auf den Text fokussiert. Tatsächlich kann es ja auch ein Stilmittel sein, bewusst auf Bilder zu verzichten.

In Social-Media-Kanälen sind Fotos dagegen sehr wichtig, weil Text schnell überlesen wird. Aber auch hierfür gibt es Abhilfe, wenn du keine Bilder verwenden willst: Du kannst einfach Text ansprechend auf einen farbigen Hintergrund setzen und daraus eine JPG-Datei erstellen – und schon hast du ein Bild, von dem aus du in deine Social-Media-Kanäle verlinken kannst. In diesem Kapitel sollst du dich damit beschäftigen, wie du künftig Bilder auf deinem Blog nutzen willst. Achte dabei darauf, dass du im Farbschema deines Designs bleibst und nicht wild durcheinander alle möglichen Farben mischst.

7.7.1   Bildmaterial finden

Bilder fallen unter das Urheberrecht, und daher darfst du sie nur verwenden, wenn du entweder selbst das Urheberrecht besitzt oder zumindest das Nutzungsrecht. Wer ein Bild erstellt, hat automatisch das Urheberrecht. Dafür muss man nirgends etwas eintragen lassen oder sich melden – das Recht ist sofort mit Entstehung des Bilds da. Das Urheberrecht kann auch nicht übertragen werden, denn schließlich kann ja nicht im Nachhinein jemand anderes Urheber*in eines Bilds werden. Es können lediglich sogenannte Nutzungsrechte eingeräumt werden: zum Beispiel das Recht, das Bild im Internet zu veröffentlichen. Oder jemand verzichtet auf die Ausübung seines Urheberrechts und stellt sein Bild unter eine Lizenz, die es gemeinfrei nutzbar macht – also für alle Menschen für alle Zwecke und kostenlos.

Das Nutzungsrecht für Bilder ist kompliziert, denn nicht nur die Urheber*innen haben daran Rechte, sondern gegebenenfalls auch diejenigen, die Urheber*innen einer darauf abgebildeten Sache sind. Personen haben an ihrem Aussehen zwar kein Urheberrecht, aber wenn du sie abbildest, ohne dass sie damit einverstanden sind, kann es sein, dass du damit ihre Persönlichkeitsrechte verletzt. Außerdem können Urheber*innen die Nutzungsrechte eines Bilds an jemand anderen übertragen – sodass noch mehr Menschen Rechte daran haben, die sie eventuell einfordern. Dies solltest du immer beachten, wenn du Bilder für deine Website verwendest.

Trotzdem möchtest du ja Bilder bzw. Fotos für deine Website nutzen. Dabei hast du grundsätzlich drei Möglichkeiten:

1. **Fotos selbst machen**

   Wenn du komplett auf Nummer sicher gehen willst, machst du deine Fotos am besten selbst. Und du solltest keine Personen, die nicht damit einverstanden sind, fotografieren und auf deinem Blog zeigen. Wenn du unbedingt Personen zeigen möchtest, besprich am besten vorher jedes einzelne Foto mit ihnen. Wenn du ganz sicher sein willst, dass sie später nicht behaupten, sie hätten dir ihr Einverständnis nie gegeben, lass es dir schriftlich geben. Da dies eine sehr gute Methode ist, Menschen davon abzubringen, sich fotografieren zu lassen, gebe ich dir natürlich auch noch Tipps, wie du anderweitig an Bilder kommst.

2. **Fotos aus kostenlosen Quellen**

   Es gibt einige Quellen im Internet, die gemeinfreie Bilder anbieten. Dort kannst du Fotos herunterladen und sie auf deiner Website einbinden. Bei manchen Quellen musst du einen Bildnachweis angeben, der Urheber*in und Quelle nennt, bei anderen ist dies nicht erforderlich. Ein Bildnachweis muss in der Regel in der Nähe des genutzten Bilds stehen. Eine Möglichkeit ist, ihn direkt ans Bild zu schreiben. Alternativ kannst du ihn ans Ende deines Artikels setzen. Manche Urheber*innen sind auch damit einverstanden, wenn du alle Bildnachweise gesammelt ins Impressum schreibst.

   Die unten stehenden Quellen bieten nach heutigem Stand gemeinfreie Bilder an. Du solltest dir trotzdem vorher die Nutzungsbedingungen durchlesen, da diese sich auch ändern können. Ein Restrisiko besteht natürlich weiterhin: Wenn jemand sich als Urheber*in eines fremden Bilds ausgibt und es auf eine der Plattformen lädt, kann es sein, dass du trotzdem Urheberrechte verletzt, auch wenn du dich an die Nutzungsbedingungen hältst. Das ist mir noch nie passiert, aber es ist möglich. Für diesen Fall ist es gut, wenn du zeigen kannst, wo du das Bild bekommen hast.

   Folgende Quellen bieten kostenlos Bilder an, die du nutzen kannst (es gibt noch einige mehr, und es kommen auch immer wieder welche hinzu, eine eigene Recherche lohnt sich also):

140

  – Canva

  – Wikimedia Commons

  – Unsplash

  – Pixabay

3. **Stockfotos kaufen**

Natürlich kannst du auch etwas mehr Geld investieren und Fotos kaufen. Dies ist aber nur dann sinnvoll, wenn du mit diesen Fotos auch Geld verdienst – oder wenn es die absolute Ausnahme bleibt, zum Beispiel weil du ein schönes Titelbild suchst.

Wenn du nach »Stock Photos« googelst, findest du einige Anbieter, die Bilder in unterschiedlichen Preisklassen anbieten. Auch hier musst du die Urheber*innen nennen. Auf den Seiten findest du genaue Informationen darüber, wie dies auszusehen hat.

Folgende Quellen verfügen über eine große Auswahl (teilweise sind auch Überschneidungen vorhanden):

  – Fotolia

  – BigStockPhoto

  – DepositPhotos

  – Adobe

  – iStock

  – DeathToTheStockPhoto

  – Envato Elements

7.7.2 Bilder bearbeiten

Du solltest die Bilder, die du online findest, nicht einfach so in deine Artikel einfügen, sondern vorher bearbeiten. Zum einen kannst du sie so um Markenelemente deiner Website ergänzen. Zum anderen kannst du sie in ein für Social Media gut geeignetes Format bringen. In den verschiedenen Social-Media-Kanälen funktionieren unterschiedliche Bildformate nämlich verschieden gut. In Facebook ist es beispielsweise sinnvoll, wenn das Bild, das verwendet wird, das typische Beitragsgrößenformat hat. Dann wird nichts abgeschnitten. In Pinterest sind hochformatige Bilder besser, weil sie mehr Raum einnehmen und besser gesehen werden.

Am besten erstellst du daher immer zwei Bilder desselben Fotos für deine Posts: eins als Beitragsbild (wie du das einstellst, erfährst du im nächsten Abschnitt) im Facebook-Format und mindestens ein weiteres für Pinterest. Mehr zu Pinterest-Bildern findest du in Abschnitt 9.5.

Um Bilder zu bearbeiten, brauchst du eine Bildbearbeitungssoftware. Wahrscheinlich hast du schon von Photoshop gehört. Dieses Programm ist sicher das professionellste, um Bilder zu bearbeiten, und Grafikdesigner*innen setzen es normalerweise ein. Es ist aber auch teuer und ziemlich kompliziert. Eine kostenfreie Alternative ist GIMP. Für beide Programme findest du zahlreiche kostenlose Tutorials in YouTube, sodass du dir alles dazu selbst beibringen kannst.

Für die Bildbearbeitung, die du wahrscheinlich machen möchtest (Bilder in ein schönes Format bringen, einen Text daraufsetzen oder mehrere Bilder zu einem anordnen), brauchst du keine solche Software. Mittlerweile gibt es Anbieter von Software im Internet, mit der du deine Bilder so einfach bearbeiten kannst wie eine Power-Point-Folie. Alles, was du dort machen kannst, ist per Drag-and-drop möglich. Du ziehst deine Elemente auf eine leere Leinwand, positionierst sie, schneidest sie zu und färbst sie um. Wenn du mit WordPress umgehen kannst, schaffst du das auch.

Mein Favorit hier ist Canva (*canva.com*), weil dieser Anbieter sehr viele Vorlagen hat, von denen man sich inspirieren lassen kann, und weil er wirklich sehr einfach in der Handhabung ist. Canva ist kostenlos, man kann allerdings auch eine kostenpflichtige Pro-Variante nutzen. Für den Anfang kommst du sehr gut ohne diese aus. Die Erstellung von Bildern mit Canva ist sehr einfach. Im Folgenden zeige ich sie anhand einer Pinterest-Grafik.

1. Gehe auf *canva.com*.

2. Lege einen Account an oder logge dich direkt ein.

3. Klicke links oben auf DESIGN ERSTELLEN.

4. Tippe in das Suchfeld »Pinterest« ein und wähle dann PINTEREST PIN aus.

5. Suche dir links eine Vorlage aus, die dir gefällt und die genügend Platz für Text hat.

6. Passe Farben, Bild und Text an. Du kannst Bilder selbst hochladen (unter UPLOADS) oder auch welche bei Canva auswählen. Wenn du den Pro-Account hast, macht das Sinn, weil du sehr viel Auswahl hast. Mit dem Basis-Account findest du hier nur Bilder, die in jedem dritten Pinterest-Bild verwendet werden. Alternativ lade ein eigenes Bild hoch oder eins, das du verwenden darfst.

7. Diese Vorlage solltest du ab jetzt immer benutzen, damit du einen hohen Wiedererkennungswert hast.

8. Füge an einer sinnvollen Stelle den Namen deines Blogs ein.

9. Speichere und exportiere die Datei (HERUNTERLADEN).

Wenn du einmal eine ordentliche Vorlage hast, dauert das Erstellen von neuen Bildern nur noch wenige Minuten.

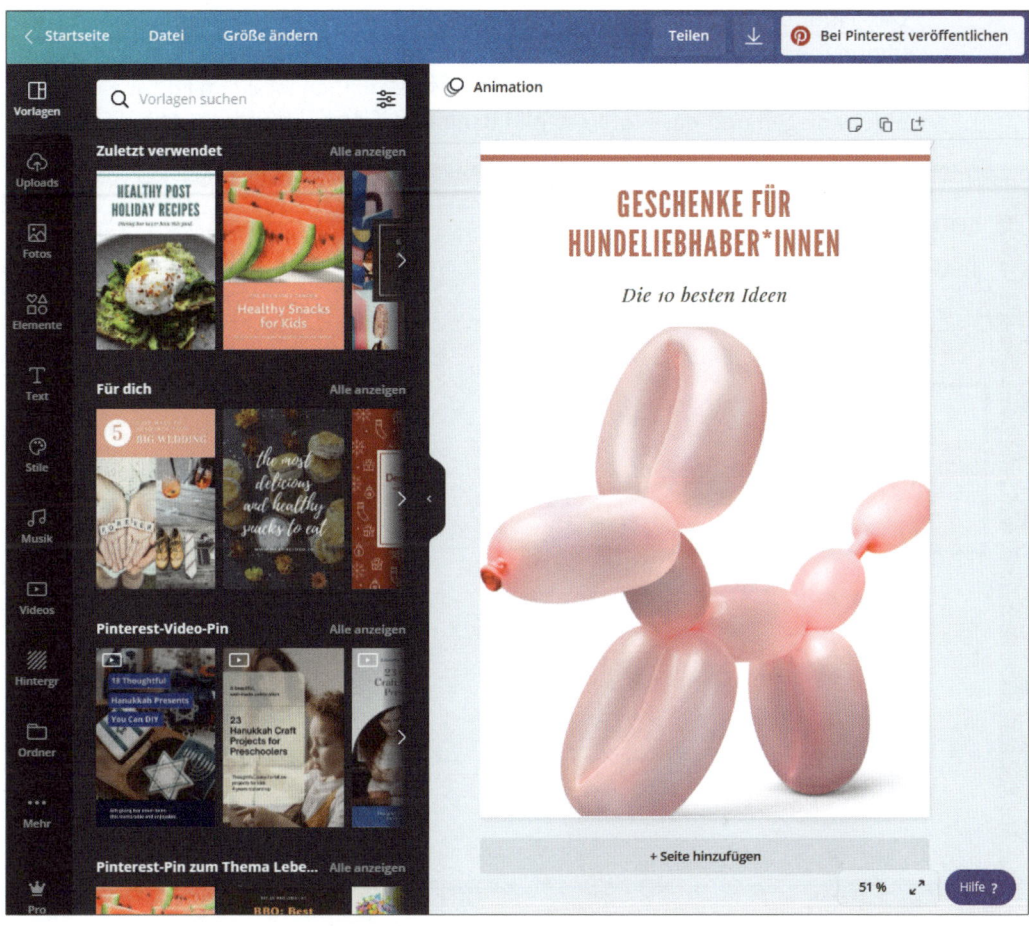

Abbildung 7.3 Grafikerstellung in Canva

7.7.3   Artikelbilder in WordPress hinterlegen

Wahrscheinlich kennst du die Funktion schon: Du kannst für jeden Artikel ein Bei-
tragsbild festlegen. Dieses wird als Thumbnail in jeder Artikelvorschau auf deinem
Blog verwendet. Social-Media-Kanäle ziehen sich ebenfalls dieses Bild, um deinen
Artikel zu featuren – wenn keine anderen hinterlegt sind. Hier solltest du also auf
jeden Fall ein Bild einstellen, und zwar die Facebook-Variante oder eine extra dafür
angelegte Version. Dazu klickst du rechts in der Leiste auf BEITRAGSBILD • BEITRAGS-
BILD FESTLEGEN. Du gelangst in die MEDIATHEK deines Blogs. Nun kannst du dein
Bild hochladen. Wichtig: Lege rechts noch den Titel und den Alternativtext für das
Bild fest. Dann klickst du auf BEITRAGSBILD FESTLEGEN.

Das Pinterest-Bild kannst du auf verschiedene Arten einfügen. Du findest mehr Informationen dazu in Abschnitt 9.5, »Pinterest«. Für den Anfang ist es sinnvoll, wenn du es einfach in deinen Artikel einfügst. Dafür kannst du im Editor einen Bild-Block anlegen und das Pinterest-Bild dann in der Mediathek auswählen.

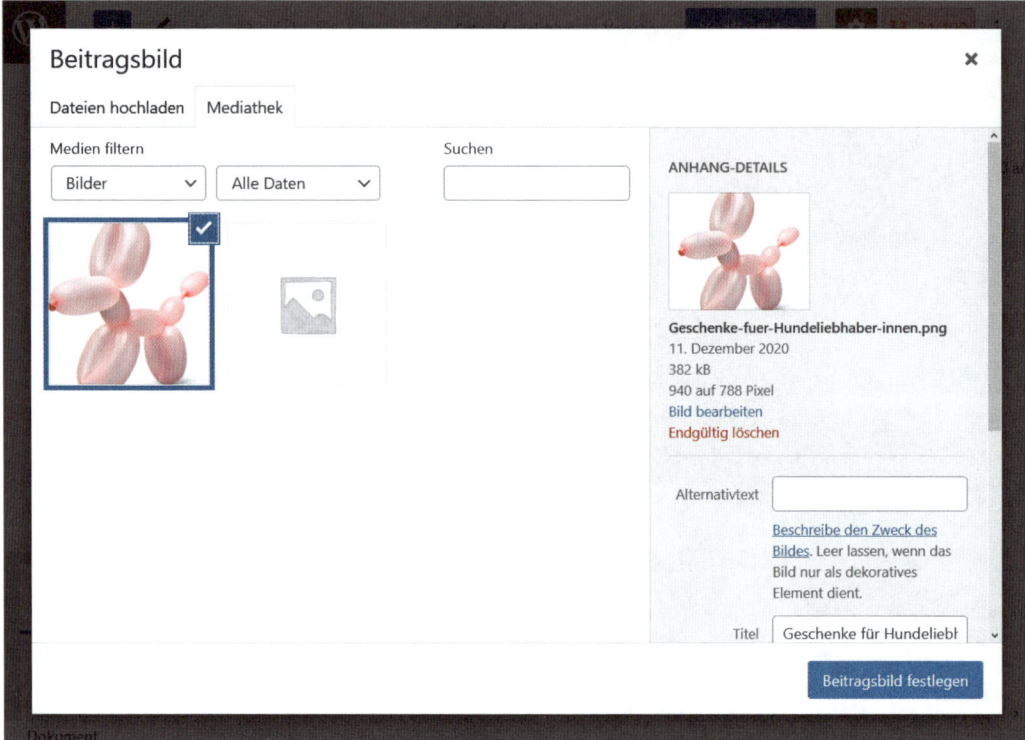

Abbildung 7.4 In der Mediathek kannst du dein Beitragsbild einfügen und einfache Einstellungen vornehmen.

7.8   Immer wieder neue Artikelideen entwickeln

Selbst wenn du jetzt schon die fünf nächsten Blog-Posts im Kopf hast, solltest du dir bereits Gedanken darüber machen, wie du an weitere Ideen kommst. Sonst sind zwei dieser Ideen nachher doch nicht so toll, wie du dachtest, und ehe du dich versiehst, liegt dein Blog wieder brach. Bevor ich Erfahrung mit dem Bloggen hatte, wollte ich zum Thema Business Intelligence schreiben, einem Thema, in dem ich mehr als zehn Jahre Berufserfahrung habe. Ich hatte drei tolle Ideen für Blog-Posts, die ich auch geschrieben habe, und ich war sehr begeistert. Danach hatte ich keine Ideen mehr und habe den Blog nach ein paar Monaten eingestellt.

7.8.1   Mit einem Themenplan arbeiten

Damit du nicht irgendwann auch ohne Ideen dastehst, solltest du auf jeden Fall zuerst einen Themenplan für deinen Blog erstellen. Dann kannst du immer, wenn du Zeit für einen Blog-Post hast, etwas »abarbeiten«, ohne dir vorher überlegen zu müssen, woran du arbeiten willst. Sobald du neue Ideen hast, kannst du sie ergänzen. Wenn du dir diese Arbeitsweise direkt von Anfang an angewöhnst, werden dir nie die Themen ausgehen. Für deinen Themenplan kannst du einfach den Editorial Calendar verwenden. So streust du deine Posts schon an die richtigen Daten. Word oder Excel eignen sich genauso gut, ebenso Google Docs. Du musst dann allerdings Daten an zwei verschiedenen Stellen pflegen, im Dokument und in WordPress.

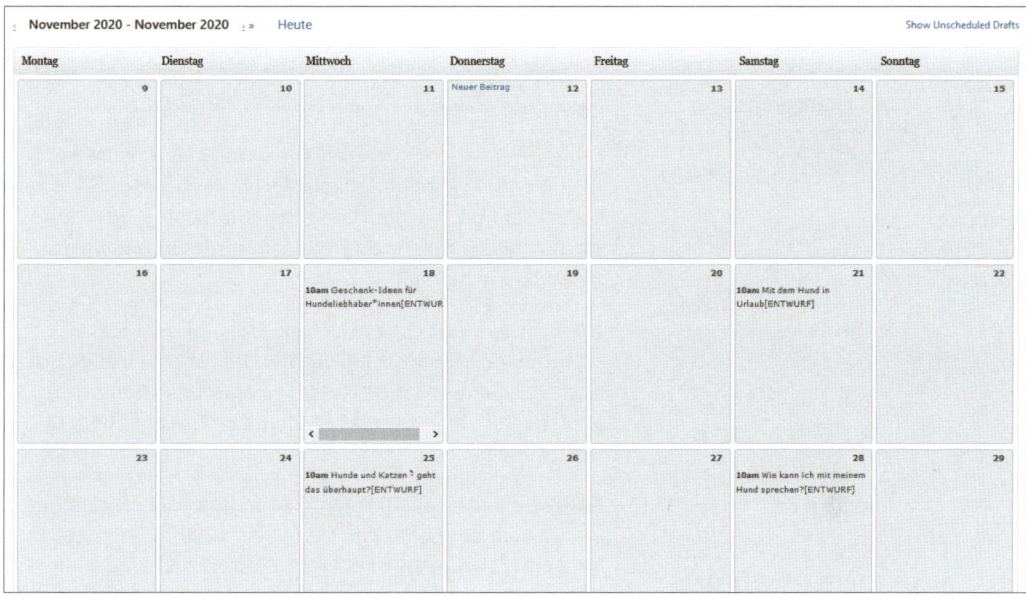

Abbildung 7.5 Der Editorial Calendar

7.8.2   Typische Artikelformate

Am besten setzt du dich regelmäßig eine halbe Stunde hin und generierst 20 Artikelideen. So hast du immer genügend Nachschub, wenn du Zeit zum Schreiben hast. Aber 20 kreative Themen für deinen Blog wirst du wahrscheinlich auch nicht einfach aus dem Ärmel schütteln. Daher findest du hier ein paar Ideen dazu, welche typischen Arten von Blog-Posts es gibt.

Blog-Post	Beschreibung
Rezensionen/Produkttests	Egal über welches Thema du schreibst, wahrscheinlich hat schon jemand ein Buch dazu geschrieben, oder es gibt Produkte, die man gut dazu verwenden kann. Wenn du hier eine echte Empfehlung hast, schreibe darüber.
How-to-Artikel	Viele Leser*innen stoßen auf Blogs, weil sie eine Anleitung zu etwas suchen. Wichtig ist, dass du sehr einfach und nachvollziehbar schreibst, am besten mit Schritt-für-Schritt-Anleitung.
Top-10-Artikel	Listenartikel sind auch immer sehr beliebt, weil du damit Fans eines bestimmten Themas ansprichst.
Artikel, die Zusammenhänge erklären	Schreibe über ein Thema, das viele bisher nicht verstanden habe, und erkläre die theoretischen Hintergründe.
Artikelreihen	Schreibe zu einem größeren Themengebiet eine Reihe zusammenhängender Artikel. Der Vorteil ist klar: Du kannst sehr stark in die Tiefe gehen, und deine Leser*innen werden gleich mehrere Artikel von dir lesen und dich so besser kennenlernen.
Statistiken	Noch ist es vielleicht etwas früh, dass du eine Statistik über deinen eigenen Blog veröffentlichst (die vielleicht auch gar nicht so interessant für deine Leser*innen ist), aber vielleicht verfügst du ja über Zahlen zum Thema deines Blogs.
Infografiken	Ähnlich spannend wie Statistiken (nur hübscher) sind Infografiken, in denen du das Thema eines Blogs anschaulich darstellst. Dafür kannst du zum Beispiel piktochart oder Canva verwenden.
Podcasts oder Videos	Wenn du nicht ausschließlich schreiben möchtest, sondern auch andere Medien gerne nutzt, kannst du auch einen Podcast oder ein Video zu einem Thema erstellen. Beides wirkt nahbarer als reiner Text, weil dein Publikum dich hören oder sogar sehen kann, beides ist aber nicht jedermanns Sache. Und es ist noch mal ein großer zusätzlicher Aufwand.
FAQ zu einem Thema	Wenn du dich schon länger mit deinem Blog-Thema beschäftigst, stellen dir bestimmt immer wieder Menschen Fragen dazu. Diese kannst du sammeln und in einem FAQ-Artikel (Frequently Asked Questions) zusammenfassen.

Tabelle 7.1 Artikel- und Beitragstypen

Blog-Post	Beschreibung
Andere Blogs aus deinem Bereich vorstellen	Wenn du selbst gerne Blogs liest und dir dort Anregungen holst, stelle sie doch einfach in deinem eigenen Blog vor. Die Blogger*innen werden sich freuen (das würdest du ganz sicher auch).
Zitate	Zitate-Artikel können witzig oder inspirierend sein, dienen also vor allem der Unterhaltung. Sie sind gut geeignet, um dein Thema auch mal aus der Sicht von anderen zu präsentieren.
Link-Sammlung	Diese Artikel sind so ähnlich wie die Vorstellung anderer Blogs, aber du kannst hier zusätzlich noch weitere wichtige Links, zum Beispiel zu Wikipedia-Artikeln oder News-Seiten, setzen.
Persönliche Geschichte	Viele Blogger*innen machen nichts anderes, als persönliche Geschichten zu erzählen. Wenn du fantastisch schreibst und interessante Dinge erlebst, kannst du auch so dein Publikum finden, aber meist sind solche Geschichten eher für dein persönliches Umfeld interessant. Wenn du hin und wieder etwas Persönliches erzählst, zeigt das deinen Lesern allerdings, dass du authentisch und nahbar bist.
Saisonale Artikel	Viele saisonale Ereignisse bieten sich an, um darüber zu schreiben bzw. sie mit deinem eigenen Thema zu verknüpfen. Weihnachtsgeschenke für Menschen, die sich für dein Thema interessieren, die besten Tipps für den Sommer – hier gibt es viele Anknüpfungspunkte.
News	Gut ist es auch, wenn du über relevante Neuigkeiten in deinem Bereich berichtest, vor allem dann, wenn diese Nachrichten nicht sowieso überall nachzulesen sind.
Gastartikel	Frage Bekannte oder andere Blogger*innen, ob sie nicht Lust hätten, einen Artikel für deinen Blog zu schreiben. Du solltest dir allerdings sicher sein, dass diese Artikel nachher die Qualität haben, die du auch selbst erstellen würdest. Das Gute an Gastartikeln ist, dass du noch einmal einen anderen Blick auf Dinge erhältst. Außerdem werden deine Gastautor*innen dafür sorgen, dass ihre Fans ihren Artikel auf deinem Blog lesen.

Tabelle 7.1 Artikel- und Beitragstypen (Forts.)

Blog-Post	Beschreibung
Kooperationen	Du kannst natürlich auch mit anderen kooperieren und so noch mehr Artikel generieren. Die folgenden Zeilen zeigen Möglichkeiten für Kooperationen auf.
Interview	Interviews zu bekommen, ist einfacher, als du vielleicht denkst, denn die meisten Menschen sprechen gern über das, was sie tun. Du kannst zum Beispiel Expert*innen zu deinem Thema suchen und sie freundlich anschreiben (wenn du willst, auch gleich mit einer Fragenliste, das macht es allen Beteiligten leichter) oder auch andere Blogger*innen interviewen. Du wirst erstaunt sein, wie viele Menschen gerne dabei sind.
Gewinnspiele	Du kannst zwar auch in Eigenregie ein Gewinnspiel veranstalten, oft gibt es aber Presseagenturen oder Verlage, die gern ein paar Gewinne sponsern. Dies ist eine gute Möglichkeit, neue Leser*innen anzusprechen. Ich würde es damit allerdings nicht übertreiben. Gewinnspiele sind viel Arbeit (du musst die Preise organisieren, das Gewinnspiel erstellen und bewerben, auslosen, mit den Gewinner*innen kommunizieren und ihnen die Preise zuschicken), und du ziehst zu einem großen Teil Leser*innen an, die einfach nur etwas gewinnen wollen und kein Interesse an deinen Inhalten haben.

Tabelle 7.1 Artikel- und Beitragstypen (Forts.)

7.8.3   Inspirationsquellen

Wenn du weitere inhaltliche Inspirationen suchst, können dir die folgenden Quellen helfen:

Quelle	Beschreibung
Google Alerts	Setze unter *https://www.google.de/alerts* einen Alarm für relevante Keywords zu deinem Thema. Google benachrichtigt dich dann, sobald es hierzu Infos auf Nachrichtenseiten gibt. Damit bist du immer ganz aktuell informiert.
Newsletter	Wenn es größere Webseiten zu deinem Thema gibt, abonniere ihre Newsletter und lese sie regelmäßig. So kommst du noch mehr in dein Thema und bist immer auf einem aktuellen Stand.
Andere Blogs	Auch andere Blogs können eine Inspirationsquelle sein. Dabei sollst du natürlich nicht deren Artikel kopieren. Aber vielleicht gefällt dir ein Artikel besonders gut, eine Frage ist jedoch noch gar nicht darin behandelt worden. Dann kannst du dazu einen Artikel schreiben.
Umfrage	Wenn du schon ein paar Leser*innen hast, kannst du diese fragen, worüber sie gern etwas lesen würden. Ansonsten kannst du in deinem Bekanntenkreis nachhören. Wahrscheinlich kommen sie noch mal auf ganz andere Ideen als du.

Tabelle 7.2 Inspirationsquellen für den Blog

Teil II

Gelesen werden:
Sichtbarkeit für den Blog

8 Mit den richtigen Zahlen den Leser*innen auf der Spur

*Viele Blogger*innen beschäftigen sich viel zu wenig mit ihren Zahlen. Dabei macht gerade das Spaß: Denn du siehst hier schwarz auf weiß, wie dein Blog sich entwickelt, was gut funktioniert und wo du noch Entwicklungspotenzial hast.*

Vielleicht hast du bisher kein besonders großes Interesse an Zahlen gehabt. Ich bin sicher, dass sich das in diesem Kapitel ändern wird. Denn die Zahlen, die ich dir vorstelle, können dir tiefe und genaue Einblicke in den Erfolg deines Blogs geben, wie du sie anders nicht erhalten kannst. Egal wie gut du in Kontakt mit deinen Leser*innen stehst und wie sehr du dich mit deinem Thema auskennst: Wenn du dir deine Zahlen anschaust, erhältst du ein umfassenderes und verlässlicheres Bild von deiner Blog-Performance. Und du bekommst zusätzlich Hinweise, wie du deinen Blog noch erfolgreicher machen kannst. Du schreibst also nicht aus Versehen an deinen Leser*innen vorbei, sondern sorgst dafür, dass jeder Artikel genau ins Schwarze trifft. Ob eine Idee, die du hast, funktioniert, kannst du nämlich nur feststellen, wenn du ihre Ergebnisse objektiv misst. Wie das geht und welche Kennzahlen du dafür kennen solltest, erfährst du in den folgenden Abschnitten.

8.1 Das Verhalten auf der Website dank Google Analytics verstehen

Es gibt viele Informationen, die für dich als Blogger*in interessant sind. Eine Frage, die besonders wichtig für dich ist, lautet: Was machen deine Leser*innen eigentlich auf deiner Website? Diese Frage kannst du ganz einfach mithilfe eines Tracking-Tools beantworten. Das Tracking-Tool, das ich dir empfehle, ist *Google Analytics*. Für den Einsatz hast du bereits das Plug-in *MonsterInsights* installiert, aber noch nicht verbunden. Das kannst du jetzt nachholen, und ich zeige dir natürlich Schritt für Schritt, wie das geht. Vorher solltest du aber noch etwas Grundsätzliches beachten: Da Google ein US-amerikanisches Unternehmen ist, gibt es beim Einsatz datenschutzrechtliche Bedenken, schließlich erhebst du personenbezogene Daten von deinen Nutzer*innen.

Um diese möglichst gering zu halten und die Datenschutzbestimmungen in deinen Möglichkeiten einzuhalten, solltest du vor dem Start des Trackings

▶ Google Analytics in deine Datenschutzerklärung aufnehmen,

▶ dein Cookie-Consent-Tool so einrichten, dass Google Analytics separat ausgewählt werden kann (siehe Kapitel 6, »Kein Grund zur Panik: Worauf Blogger*innen rechtlich achten müssen«),

▶ Analytics in dein Verfahrensverzeichnis aufnehmen (siehe Kapitel 6).

Nachdem du dein Konto anlegst, kannst du dann auch direkt deine Auftragsdatenverarbeitung mit Google abschließen, die du ebenfalls aus Datenschutzgründen brauchst.

8.1.1   Einen Account in Google Analytics anlegen

Um Google Analytics nutzen zu können, benötigst du zunächst einen Google-Mail-Account. Anders geht es leider nicht. Falls du schon einen hast, kannst du diesen nutzen. Falls nicht, kannst du dir einen unter *accounts.google.com/SignUp* erstellen. Es kann auch sinnvoll sein, dir einen eigenen Account für deine Blog-Angelegenheiten anzulegen, zum Beispiel in der Form *DEINNAME@google.com*. So weißt du, dass hier nur Mails rund um den Blog ankommen. Wenn du Google-Apps nutzt, um deine persönliche Mailadresse zu verwenden, funktioniert auch diese E-Mail-Adresse für dein Analytics-Konto.

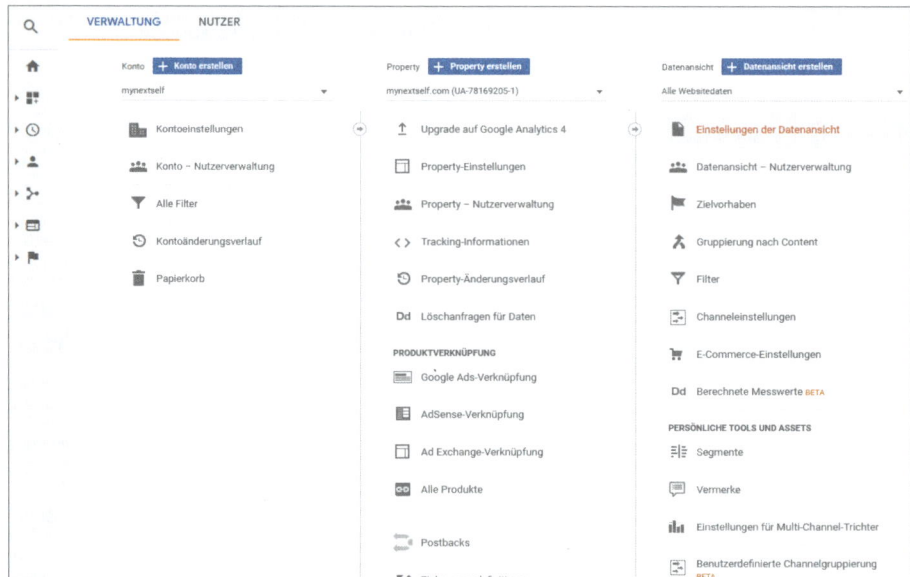

Abbildung 8.1 Ein neues Analytics-Konto anlegen

Wenn du deine E-Mail-Adresse registriert hast, gehst du auf *analytics.google.com* und meldest dich dort mit der Google-Mail-Adresse an. Herzlichen Glückwunsch – du hast nun einen Google-Analytics-Account. Unten links im Seitenmenü findest du ein Symbol, das aussieht wie ein Rädchen (VERWALTUNG). Da klickst du drauf. Sobald du eine oder mehrere Websites eingebunden hast, werden sie hier angezeigt. Aktuell sollte bei dir noch alles leer sein. Im ersten Schritt brauchst du ein Konto, das du deinem Blog zuordnen kannst (Abbildung 8.1). Das legst du an, indem du links im Auswahlmenü auf NEUES KONTO ERSTELLEN klickst. Dann gibst du bei Kontoname, Webseitenname und Website-URL den Namen bzw. die Adresse deines Blogs an.

Wähle deine Branche und dein Land aus. Alle Haken zur Datenfreigabe kannst du herausnehmen. Google bittet dich hier, dass Mitarbeiter*innen auf deine Tracking-Daten zugreifen können. Wenn du das unterbinden kannst, solltest du das tun – schon allein aus Datenschutzgründen. Zudem hast du als Blogger*in nicht wirklich etwas davon, wenn Google-Mitarbeiter*innen deine Daten kennen. Bis du einen eigenen Key-Account-Manager bei Google zugewiesen bekommst, dauert es wahrscheinlich noch ein bisschen.

Noch wird nichts getrackt, da deine Tracking-ID noch nicht auf deiner Website eingebunden ist. Das kannst du auf zwei Weisen tun: entweder manuell, indem du dir unter TRACKING-ID ABRUFEN deine persönliche Tracking-ID herausgeben lässt und diese dann in WordPress einträgst. Oder du erlaubst dem Plug-in MonsterInsights, auf dein Analytics-Konto zuzugreifen. Dafür musst du einmal den Wizard des Plug-ins starten und kannst dich durch die verschiedenen Schritte führen lassen. In Schritt 3 fordert das Plug-in dich auf, dich mit deinem Google-Konto zu verbinden. Das reicht dann schon, um das Tracking einzurichten. Der Wizard ist aber noch nicht am Ende angelangt. Du kannst beispielsweise festlegen, dass Nutzer mit bestimmten Rollen (Administrator, Redakteur) nicht getrackt werden. Das ist sinnvoll, weil du sonst durch dein Arbeiten am Blog ständig die Zugriffszahlen unnatürlich erhöhst. Ganz wichtig ist, dass du sicherstellst, dass keine IP-Adressen getrackt werden. Da du zur Datensparsamkeit verpflichtet bist – das heißt, du darfst nur die Daten speichern, die du brauchst, selbst wenn deine Nutzer*innen zustimmen –, darfst du die IP-Adressen, die Google theoretisch auslesen kann, nicht verfolgen. Dies stellst du im MonsterInsights-Dashboard (unter SETTINGS) im Register ENGAGEMENT ein. Setze hier den Schieberegler bei ANONYMIZE IP ADDRESSES auf eingeschaltet (das ist er standardmäßig nämlich nicht). Der Schieber muss so aussehen wie in Abbildung 8.2.

Da Google Daten über deine Nutzer erfasst und speichert, musst du laut DSGVO mit ihnen eine sogenannte Auftragsdatenverarbeitung abschließen. Da du jedoch

155

gerade in deinem Analytics-Konto bist, kannst du dich jetzt schon einmal darum kümmern. Das geht nämlich ganz leicht online:

1. Wähle Verwaltung • Konto • Konto-Einstellungen.

2. Scrolle nach unten zu Zusatz zur Datenverarbeitung.

3. Klicke auf Zusatz anzeigen.

4. Lies und akzeptiere den Zusatz.

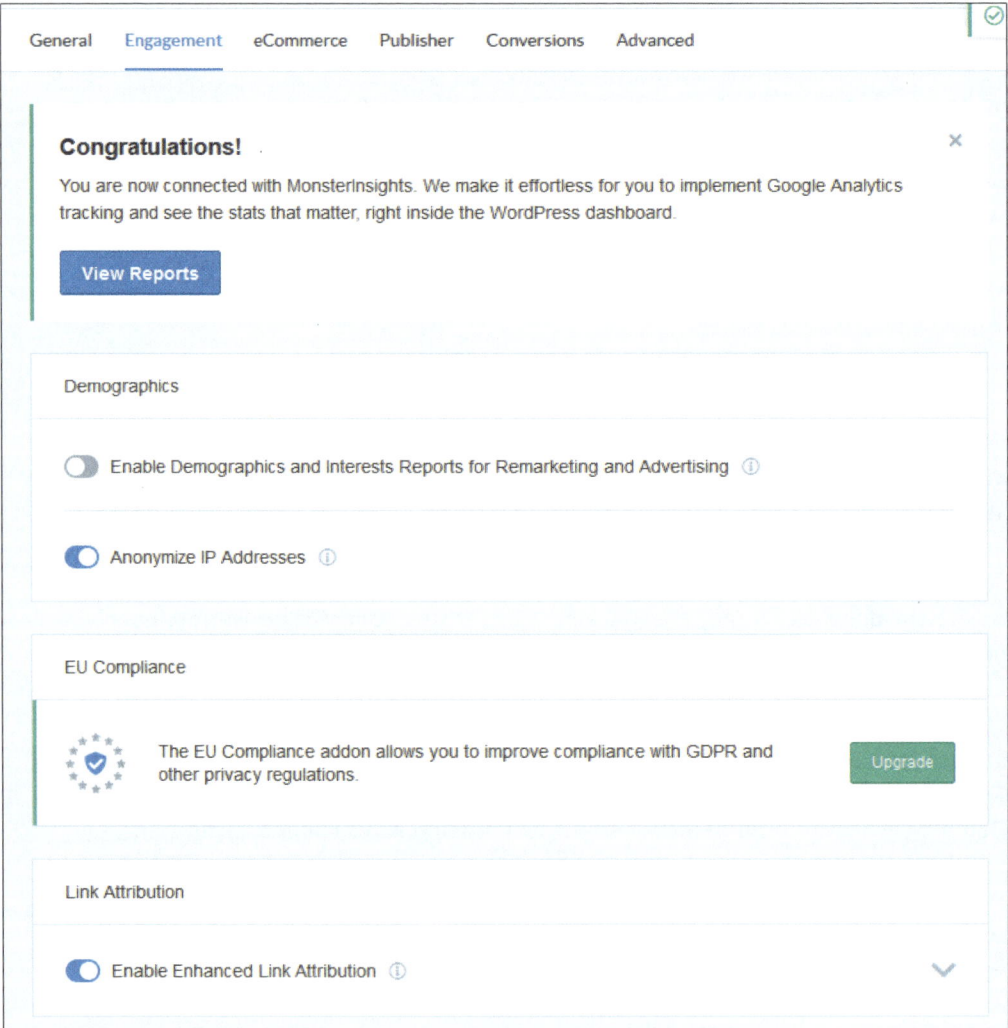

Abbildung 8.2 IP-Adressen anonymisieren bei MonsterInsights

Prüfe nun, ob unter OPT OUT SETTINGS ein Häkchen bei USER MONSTER INSIGHT SETTINGS gesetzt ist, und bestätige noch einmal. Diese Möglichkeit musst du bieten, um datenschutzkonform unterwegs zu sein. Deine Nutzer*innen können das Analytics-Tracking für deine Seite so manuell über einen Link in deiner Datenschutzerklärung ausschalten. Am besten testest du den Link einmal. Da du deine eigenen Aktionen ja ohnehin nicht in Analytics aufnehmen möchtest, ist es nicht schlimm, wenn du das Tracking für deinen Browser abschaltest.

Damit ist dein Tracking fertig eingerichtet. Für den Moment wirst du in Google Analytics noch keine Zahlen sehen, da ja erst ab dem Zeitpunkt, an dem du den Code eingefügt hast, Daten erhoben werden. Was du dann in ein paar Tagen oder Wochen sehen kannst, lohnt das Warten aber auf jeden Fall.

8.1.2 Was du in Analytics sehen kannst

Du findest in Google Analytics Unmengen an Informationen, und du kannst durch eine Anpassung des Trackings noch mehr erheben. Es gibt ganze Bücher, die sich mit nichts anderem beschäftigen. Hier sollst du zunächst einen kleinen Überblick darüber bekommen, welche die wichtigsten Zahlen sind, was sie bedeuten und was du aus ihnen ablesen kannst.

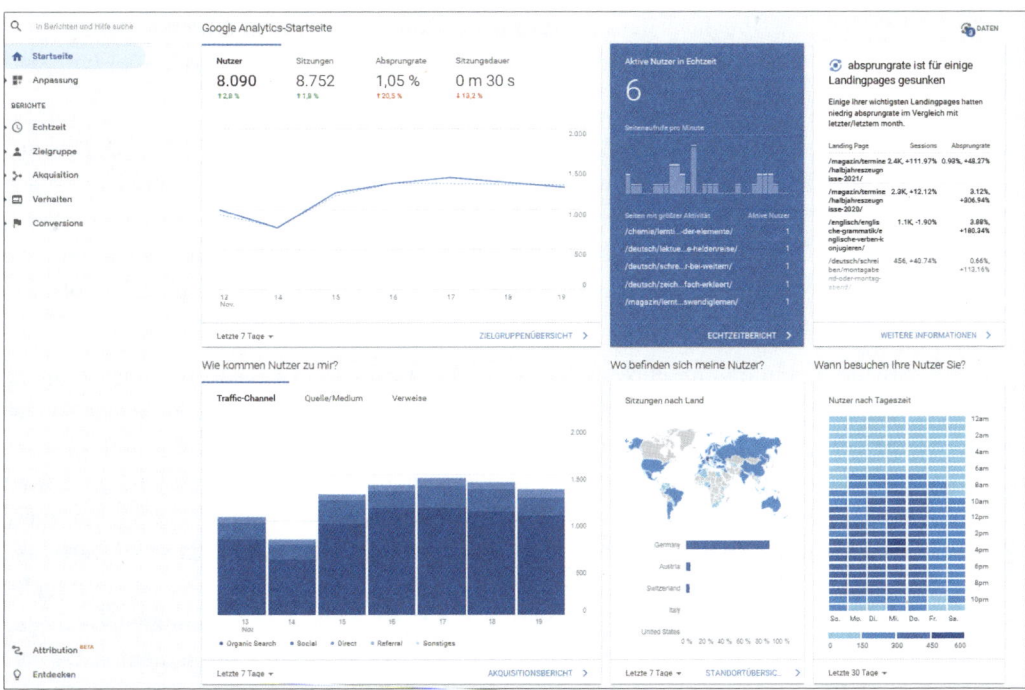

Abbildung 8.3 Analytics-Dashboard

Auf der Startseite hat Google dir schon ein ganz nützliches Dashboard zusammengestellt, mit dem du wahrscheinlich zu Beginn auskommen wirst. Du siehst Nutzer (unterschiedliche Personen, die deine Seite angesurft haben), Sitzungen (Anzahl der Besuche, diese muss mindestens so hoch sein wie die Anzahl der Nutzer), Absprungrate (Anteil der Besuche, die sofort auf der ersten Seite beendet wurden) sowie die Sitzungsdauer – alles in Summe bzw. im Durchschnitt über die letzten sieben Tage und im Vergleich zur Vorwoche (Abbildung 8.3).

Die Grafik zeigt standardmäßig die Anzahl der Nutzer an, aber durch Anklicken der anderen Kennzahlen kannst du auch sie ändern. Im rechten Bereich siehst du in Echtzeit, was gerade auf deiner Seite los ist.

Durch Klick auf das Wort DATEN rechts oben erhältst du sogar ein paar Hinweise auf besondere Entwicklungen in deinen Zahlen.

Wenn du herunterscrollst, siehst du in der nächsten Grafik, wie deine Nutzer dich gefunden haben. Der TRAFFIC-CHANNEL gibt an, aus welcher Quelle dein Traffic stammt. ORGANIC SEARCH sind Suchen über Suchmaschinen wie Google. DIRECT bedeutet die Eingabe deines Domain-Namens (oder einer Unterseite) in die Adresszeile des Browsers. SOCIAL fasst alle sozialen Medien zusammen, und REFERRAL sind Links von anderen Seiten, denen deine Nutzer gefolgt sind.

Es folgt eine Übersicht der meistbesuchten Seiten. Dies wird interessant, wenn du mehrere Artikel hast. Alle anderen Auswertungen gehen sehr ins Detail und sind für dich noch nicht relevant.

In der linken Bedienleiste findest du alle Punkte, die du auch in dem Dashboard siehst, wieder, allerdings noch detaillierter und weiter heruntergebrochen. Spannend für dich sind die Berichte hinter AKQUISITION • ÜBERSICHT und VERHALTEN • WEBSITE CONTENT • ALLE SEITEN. Du kannst außerdem oben rechts individuell den Zeitraum einstellen, den du betrachten möchtest. Dieser gilt für deine aktuelle Sitzung dann für alle Berichte, bis du einen neuen Datumsbereich einstellst.

Sobald du mit deinem Blog aktiver wirst, kannst du hier die ersten Zahlen verzeichnen. Sehr wahrscheinlich kommen deine ersten Besucher*innen über Social Media, weil das der schnellste und direkteste Weg ist. Damit du dann weißt, welche Kanäle besonders gut funktionieren, solltest du dir den entsprechenden Punkt auch in Analytics anschauen. Du findest diese Information im linken Seitenmenü unter AKQUISITION. Wenn du dort CHANNELS auswählst, siehst du zunächst die verschiedenen Quellen, über die dein Traffic kommt. Gerade am Anfang ist die Quelle SOCIAL für dich wie gesagt besonders wichtig. Also klickst du einfach auf dieses Wort und landest eine Ebene tiefer. Auf diese Weise funktionieren die meisten der Analytics-Berichte: Die Kategorie, nach der die Daten aufgezeigt werden, ändert sich immer. Du kannst aber auf jeden einzelnen Eintrag klicken und damit tiefer in die Daten einsteigen.

Im SOCIAL-Beispiel erhältst du nun Informationen darüber, welche Social-Media-Kanäle bei dir besonders gut funktionieren. Daraus kannst du Rückschlüsse dazu ziehen, wo du vielleicht noch mehr Energie reinstecken und was du in Zukunft eher sein lassen solltest (keine Sorge – was du auf den einzelnen Plattformen machen kannst, um Menschen auf deine Website zu bringen, erfährst du in Kapitel 9, »Sofort Leser*innen ansprechen durch Social Media«). In den Spalten findest du meist absolute Zahlen – also die genaue Anzahl an gemessenen Aktionen. Dahinter ist klein und in Klammern der jeweilige Anteil an der Gesamtzahl angegeben. Das hilft dir bei der Einordnung der Zahlen (Abbildung 8.4).

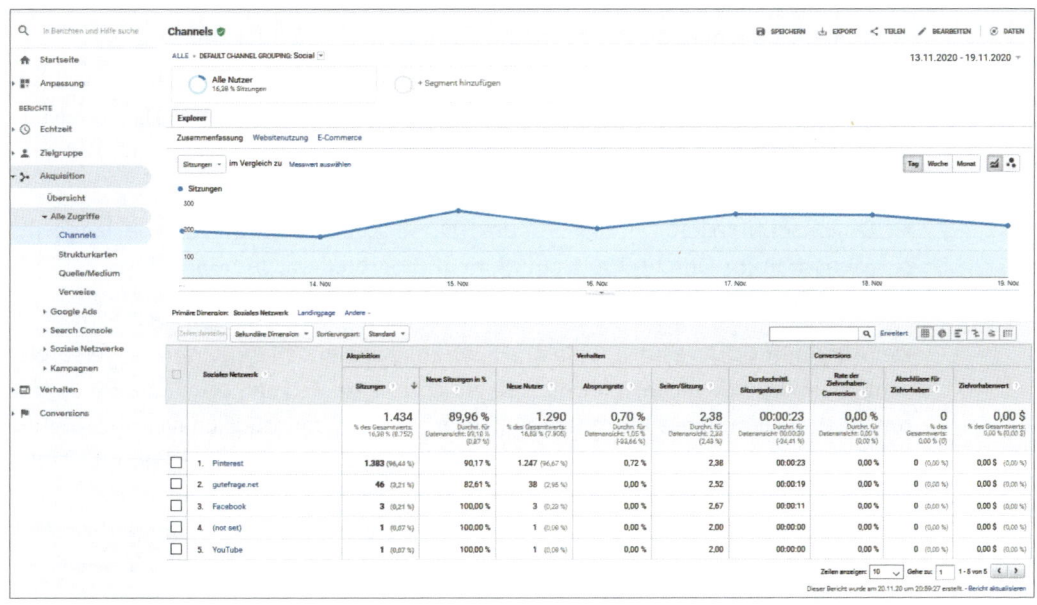

Abbildung 8.4 Bericht über die verschiedenen Social-Media-Kanäle

Die Zahlen, die du dort und in den meisten Berichten findest, sind:

▸ SITZUNGEN: Anzahl der Besuche, die im gewählten Zeitraum über den jeweiligen Kanal auf deine Seite gekommen sind. (Standardmäßig ist dein Bericht nach Anzahl der Sitzungen oder alternativ nach Anzahl der Nutzer absteigend sortiert – die Kanäle mit den meisten Sitzungen stehen also oben, was ja auch sinnvoll ist, weil das die für dich spannendsten sind. Du kannst aber auch nach jeder anderen Spalte sortieren, indem du einfach auf die jeweilige Überschrift klickst.)

▸ NEUE SITZUNGEN: Der Anteil der Besuche, die Google nicht wiedererkennt. Das sind nicht zwingend wirklich neue Sitzungen. Manchmal waren die entsprechenden Nutzer einfach länger nicht auf der Website oder haben kein Cookie gesetzt.

▶ NEUE NUTZER: Das sind die Anzahl der Nutzer, die Google nicht wiedererkennt. Die Zahl der Nutzer ist grundsätzlich niedriger als die der Sitzungen, denn ein einzelner Nutzer kann natürlich mehrfach auf die Website kommen. In der Spalte Sitzungen würde er dann mehrmals gezählt.

▶ ABSPRUNGRATE: Die Absprungrate gibt an, welcher Anteil deiner Besucher deine Website sofort nach dem Anklicken wieder verlässt. Wenn jemand keinen einzigen Link auf deiner Website anklickt, ist das ein Absprung. Für Google ist eine hohe Absprungrate ein Indikator dafür, dass deine Leser*innen auf deiner Website nicht das finden, was sie wollen. »Hoch« ist dabei relativ. Gerade bei Blogs liegen die Absprungraten meist um die 80 %, weil Menschen eine konkrete Information suchen, diese finden und dann wieder woanders hinsurfen.

▶ SEITEN/SITZUNG: Hier findest du die Information, wie viele Seiten deine Besucher*innen im Schnitt anschauen, bevor sie deinen Blog wieder verlassen. Wenn die Zahl hoch ist, ist das gut. Es bedeutet, dass du deinen Leser*innen Anknüpfungspunkte bietest, um sich länger auf dem Blog aufzuhalten.

▶ DURCHSCHNITTLICHE SITZUNGSDAUER: Diese Kennzahl sagt dir, wie lange die Menschen im Durchschnitt auf deinem Blog bleiben. Je höher diese Zahl ist, desto besser.

Der Abschnitt CONVERSIONS – die drei Spalten rechts in den Berichten – ist erst relevant, wenn du Conversions für dich eingerichtet hast. Es kann sein, dass du das nie tun wirst, weil du diese Information nicht brauchst. Grundsätzlich hast du aber die Möglichkeit, Ziele für deine Website zu definieren – also beispielsweise festzulegen, dass du es als eine Conversion zählst, wenn sich jemand zu deinem Newsletter anmeldet. Google zählt dann für dich deine Newsletter-Anmeldungen, und du erkennst in den Berichten nicht nur deine Traffic-Zahlen, sondern auch, wie wertvoll dieser Traffic für dich ist.

Bei allen Zahlen gilt, dass sie für dich besonders im Zeitablauf spannend sind. Um sie beurteilen zu können, brauchst du einen Vergleich. Da die erfolgreichen Menschen in deinem Bereich dir sehr wahrscheinlich nicht ihre Daten zur Verfügung stellen, sind deine eigene Zahlen dein Vergleich (es gibt auch andere Möglichkeiten, mehr dazu in Abschnitt 8.3, »Ideen finden und die Konkurrenz im Blick mit Sichtbarkeits- und Keyword-Tools«). Du schaust dir also an, wie sie sich entwickeln, und vergleichst sie beispielsweise mit den Zahlen vom Vormonat. Als Grundregel zur Entwicklung deiner eigenen Strategie solltest du dich immer auf die Dinge konzentrieren, die schon gut laufen, und diese verstärken. Es ist viel einfacher, einen Social-Media-Kanal, der schon ganz gut läuft, zum Superstar auszubauen, als einen, der vor sich hindümpelt, auf ein Level zu heben, das am Ende auch nur ganz okay ist. Die Zuwächse, die du erreichen kannst, sind viel größer.

Tipp

Um Zahlen in Google Analytics sinnvoll zu vergleichen, solltest du wissen, dass deine Zahlen sehr wahrscheinlich einer Saisonalität unterliegen. Wenn du zu Schulthemen schreibst, werden Ferienzeiten bei dir niedrigere Zahlen zeigen als die Zeit kurz vor den Zeugnissen. Bei Reisethemen ist es eher umgekehrt. Auch innerhalb einer Woche und eines Tages unterliegen deine Zahlen einem typischen Verlauf. Manche Themen werden eher an Wochentagen, andere mehr am Wochenende gelesen, manche sprechen ihr Publikum morgens (bei der Arbeit), andere abends (auf dem Sofa) an. Auch dafür ist Google Analytics gut: Du kannst hier erkennen, zu welchen Zeiten deine Leser*innen aktiv sind. Diese Informationen kannst du zum Beispiel nutzen, um den idealen Zeitpunkt für deinen Newsletter-Versand zu wählen oder deine Social-Media-Posts zu planen. Denn wenn deine Leser*innen vor allem abends auf deinem Blog sind, heißt das, dass sie um diese Zeit im Internet sind und sich mit deinem Thema befassen. Und das kannst du für dich nutzen.

8.2   Einblicke in das Suchverhalten mit der Google Search Console

Vor einigen Jahren war es noch so, dass du in Google Analytics sehen konntest, welche Suchbegriffe eingegeben wurden, damit die Menschen auf deiner Website landeten. Das ist eine sehr wertvolle Information, denn so weißt du einerseits, für welche Keywords du gut genug in Google rankst, und andererseits lernst du etwas über das Suchverhalten deiner Nutzer*innen. Mittlerweile zeigt Google die Keywords nur noch ganz selten an – und zwar nur noch dann, wenn jemand bei der Suche nicht mit einem Google-Konto eingeloggt war. Trotzdem hast du noch Zugriff auf diese Daten, wenn auch mit einem etwas anderen Blickwinkel. Und zwar über die *Google Search Console*.

Die Search Console ist ein Tool, in dem Google dir als Website-Betreiber*in wichtige Informationen zu deiner Seite zur Verfügung stellt. Da ein gutes Ranking in Google ein wichtiger Bestandteil für dein Blog-Wachstum ist, solltest du hier immer genau hinschauen. Google unterstützt dich nämlich ein wenig bei der Optimierung deiner Seite, gibt dir Informationen und meldet dir gegebenenfalls auch Fehler auf deiner Website, die du dann schnell abstellen kannst. Außerdem kannst du deine einzelnen Artikel manuell zur Indexierung anmelden. Google sucht nämlich (natürlich) nicht das Internet in Echtzeit durch, sobald jemand eine Suchanfrage eingibt, sondern greift auf eine Datenbank zurück, die ständig in Bewegung ist – den *Google Index*. Anders als bei anderen Indizes willst du hier unbedingt drauf. Denn nur wer indexiert ist, wird in Google angezeigt. Google indexiert zwar nach und nach auch Seiten, die nicht über die Search Console angemeldet sind, aber das dauert einfach deutlich länger. Da die Console sehr wertvolle Informationen bereithält, ist es für dich ohnehin sinnvoll, dich dort anzumelden.

Hierzu gehst du auf *https://search.google.com/search-console/* und meldest dich mit deiner Google-Mail-Adresse an. Auf dem Startbildschirm klickst du auf PROPERTY HINZUFÜGEN. Im Fenster, das sich nun öffnet, tippst du die URL deines Blogs ein und klickst anschließend auf HINZUFÜGEN. Nun musst du bestätigen, dass die Website wirklich dir gehört. Dafür gibt es unterschiedliche Optionen, die von einfach bis sehr kompliziert reichen. Da du ja sowieso schon ein Google-Analytics-Konto angelegt hast, kannst du es auch nutzen, um deine Website zu verifizieren – kommt ja schließlich bei Google sowieso alles aus einer Hand. Klicke hierzu auf ALTERNATIVE METHODEN und dann auf GOOGLE ANALYTICS und BESTÄTIGEN.

Da du keine Daten auf deiner Website erfasst, nichts einbindest und nur auf Daten zugreifst, die Google dir zur Verfügung stellt, musst du die Search Console auch nicht in deine Datenschutzerklärung und dein Verfahrensverzeichnis aufnehmen.

Für den Anfang reicht es, wenn du hier drei Dinge kannst: einen Artikel zur Indexierung anmelden, Fehler suchen und deine Rankings einsehen. Ersteres musst du nur am Anfang machen. Irgendwann indexiert Google deine Artikel sowieso innerhalb von etwa 20 Minuten – spätestens dann kannst du dir diese Arbeit sparen. Aber bei Blog-Start ist es sinnvoll, die Möglichkeit auf ein Ranking ein wenig zu beschleunigen.

So meldest du einen Artikel zur Indexierung an:

▶ Melde dich auf *https://search.google.com/search-console/* an.

▶ Wähle deinen Blog aus.

▶ Kopiere die URL deines Artikels oben in das Suchfeld und drücke ⏎. Google prüft nun, ob die URL bereits im Index ist.

▶ Wenn Google meldet, dass du die URL dem Index hinzufügen kannst, bestätige dies durch Klicken der entsprechenden Schaltfläche.

Die Search Console nutzt du außerdem, um Fehler auf der Website zu suchen. Im besten Fall hat deine Website natürlich keine Fehler. Aber es kann immer vorkommen, dass du einen Beitrag löschst und Links plötzlich ins Leere laufen oder dass deine Seite nicht richtig für Mobilgeräte angezeigt wird. Darüber informiert dich Google in der Search Console und schickt dir außerdem eine E-Mail an die bei der Anmeldung angegebene Adresse.

Wenn du deine Fehler anzeigen lassen willst, gehst du im linken Seitenmenü der Search Console einfach auf den Punkt ABDECKUNG. Dort siehst du, ob es Fehler gibt und – falls ja – wo du diesen Fehler finden kannst.

Wenn du einen Beitrag gelöscht hast und dieser plötzlich hier als Fehler auftaucht, gibt es noch irgendwo auf deiner Website einen Link zu dem alten Beitrag. Aus Google-Sicht ist das nicht gut, weil du deine Leser*innen damit ins Leere schickst. Solche Fehler können also deine Rankings beeinflussen. Um das zu verhindern, spürst du die Broken Links – so nennt man solche Verlinkungen – am besten auf und entfernst sie. Wenn das zu aufwendig ist, kannst du mithilfe des Plug-ins *Redirection* auch eine Umleitung von der alten URL auf einen anderen passenden Artikel setzen.

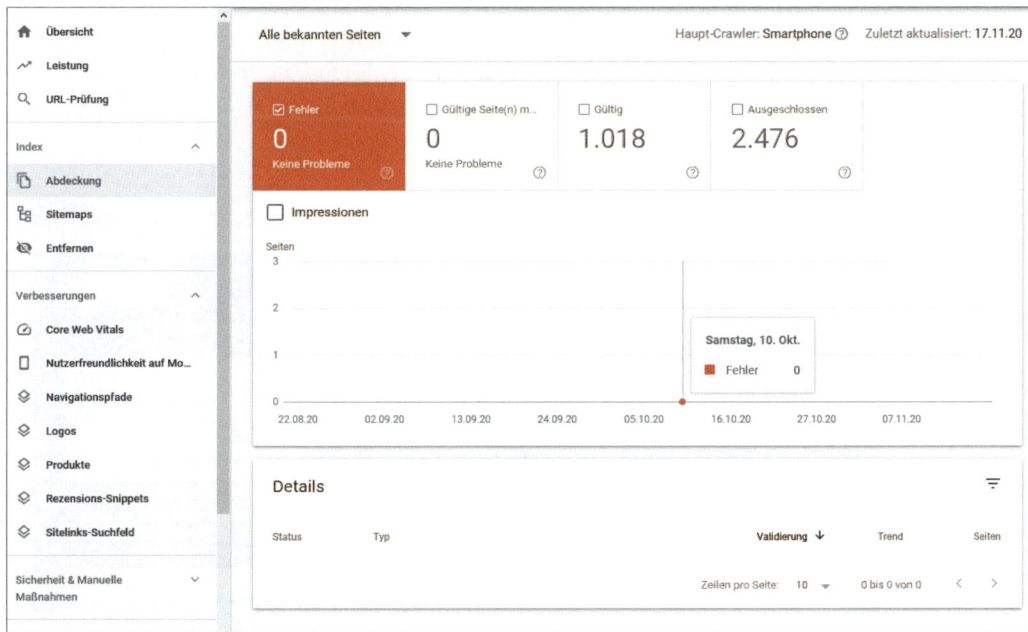

Abbildung 8.5 Fehler in der Search Console

Deine bereits rankenden Seiten kannst du unter LEISTUNG anschauen. Bis dort Keywords erscheinen, kann es natürlich ein bisschen dauern. Dann allerdings kannst du hier sehen, auf welchen Positionen du rankst, wie viele Menschen dich dadurch finden (Klicks) und wie oft du in der Google-Suche insgesamt erscheinst (Impressionen). Die SEO-Tipps in Kapitel 10, »Der nachhaltige Weg: In Suchmaschinen ranken«, werden dir dabei helfen, hier möglichst bald Ergebnisse zu erkennen.

8.3   Ideen finden und die Konkurrenz im Blick mit Sichtbarkeits- und Keyword-Tools

Du weißt nun, wo du Zahlen zum Ist-Zustand deiner Website findest. Du kannst herausfinden, welche Dinge schon gut funktionieren und worauf du deinen Fokus legen solltest. Was du nicht weißt, ist, was außerhalb der Dinge, die du schon probiert hast, noch möglich für dich ist. Auch dafür kannst du Anregungen finden – nur eben nicht auf deiner eigenen Website.

8.3.1   Vergleich mit anderen

Der Zeitvergleich mit dir selbst ist wertvoll und zeigt dir, ob dein Blog sich in die richtige Richtung entwickelt. Ob du aber noch ganz am Anfang stehst oder schon richtig gute Ergebnisse erzielt hast, kannst du eigentlich nur im Vergleich zu anderen beurteilen. Schließlich willst du nicht nur wissen, wo du herkommst und wo du gerade bist, sondern auch, wo es im besten Fall hingehen kann. Und da kann ein Blick auf die Erfolgreichsten deiner Branche nicht schaden.

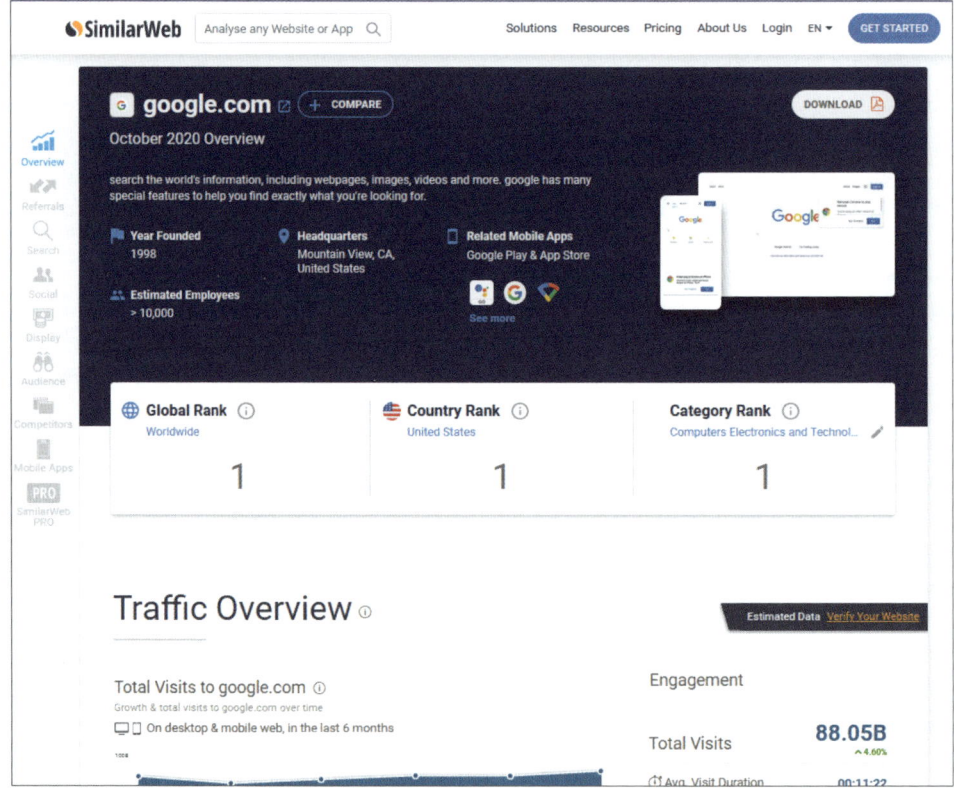

Abbildung 8.6 Übersicht in SimilarWeb

Der Blick, den du auf diese werfen kannst, bietet dir natürlich immer nur einen geschätzten Wert, aber in Summe doch einen relativ akkuraten. Das Tool *Similar-Web* (*similarweb.com*) gibt dir beispielsweise einen Überblick über geschätzte Traffic-Zahlen und auch über die vermuteten Quellen der Zugriffe (Abbildung 8.6). Um einen Einblick in die Genauigkeit des Tools zu erhalten, kannst du, wenn du schon Zugriffe hast, zunächst mal deine eigene URL eingeben. Wenn die Zahlen bei dir noch zu gering sind, wird SimilarWeb allerdings keine Daten zu deinem Blog zur Verfügung stellen.

Noch spannender für dich sind die Daten von anderen, die sich mit deinem Thema beschäftigen. Hier kannst du sehen, wie viel Traffic für dich möglich ist, welche Social-Media-Kanäle gut funktionieren, und du bekommst auch einen kleinen Überblick über Keywords, die besonders gut funktionieren. Dieses Tool kann dir dabei helfen, deine Kund*innen besser kennenzulernen, indem du verstehst, was sie suchen, wohin sie gehen und welche Wege sie dafür wählen.

8.3.2   Inspirationen suchen

Wenn du nicht der erste Blog in einem Bereich bist (was du sehr wahrscheinlich nicht bist), wird es schwieriger für dich, dich gegen deine Konkurrenz durchzusetzen – schließlich hat die schon einen zeitlichen Vorsprung. Aber es hat auch einen Vorteil, wenn andere schon erfolgreicher sind als du: Du kannst dich an ihnen orientieren. Dafür musst du nur wissen, was bei ihnen gut funktioniert. Und das kannst du in verschiedenen SEO-Tools herausfinden. Diese zeigen dir, welche Keywords mit welchem Volumen gesucht werden und wer auf den vorderen Plätzen für das jeweilige Keyword rankt. SEO-Tools bieten sehr wertvolle Daten an. Ihre Nutzung ist daher nicht nur nicht kostenlos, sondern meist sogar ziemlich teuer. Manche Tools wie zum Beispiel *Sistrix* bieten eine kostenlose siebentägige Testphase an, die aber natürlich nur für einen ersten Eindruck und nicht für das Beobachten einer Entwicklung reicht. Ein Tool, das du in weitem Umfang dauerhaft kostenlos nutzen kannst, ist *Ubersuggest* von Neil Patel, der neben diesem Tool auch einen sehr fundierten Online-Marketing-Blog betreibt.

Auf Ubersuggest (*neilpatel.com/de/ubersuggest*) solltest du zwei Dinge tun:

1. Schau dir die Daten für deine eigene Website an, um ein Gefühl dafür zu bekommen. In der kostenfreien Version kannst du auf vier Monate an Daten zurückgreifen, was im Normalfall ausreicht.

   Im Haupt-Dashboard siehst du deine wichtigsten Keywords, geschätzte Besuchszahlen, die Anzahl deiner Backlinks und einen sogenannten Domain Score (je höher, desto besser). Du kannst dir auch direkt Keyword-Ideen geben lassen, die dich vielleicht zu neuen Artikeln inspirieren.

2. Schau dir die Daten anderer an.

   Um zu lernen, was die einzelnen Zahlen bedeuten und ob deine Zahlen hoch oder niedrig sind, schaust du dir am besten die Zahlen anderer Websites an. Das können Websites aus deiner Branche sein oder auch sehr große und bekannte Namen wie Amazon oder Google, von denen du weißt, dass sie sehr hohe Werte haben werden. So siehst du, was nach oben hin überhaupt möglich ist. Besonders spannend sind natürlich die Zahlen deiner direkten Wettbewerber*innen. Du kannst sehen, was ihre wichtigsten Keywords sind, und je nach Stärke entscheiden, ob du selbst zu ähnlichen Begriffen oder ganz anderen Dingen schreiben möchtest. Außerdem erkennst du, wie du im Vergleich dastehst und wie viel Luft für Verbesserungen noch bei dir besteht.

Natürlich gibt es noch weitere Tools, die dir sinnvolle Zahlen liefern können. Sämtliche Social-Media-Kanäle tracken beispielsweise ebenfalls die wichtigsten Zahlen für dich. Google bietet mit *Google Trends* einen Überblick über die wichtigsten Suchanfragen an – auch dort kannst du Inspiration finden. Und es gibt natürlich etliche weitere SEO-Tools wie *Searchmetrics*, *Seolytics* oder *Xovi*, die dir unterschiedliche Leistungen anbieten und zum Beispiel auch ein SEO-Audit deiner Website durchführen.

Wie immer gilt: Es ist wichtig, dass du deinen Fokus behältst und dich nicht verzettelst. Schau vor allem regelmäßig in deine eigenen Zahlen hinein und beobachte die Entwicklung. Ziehe dann, wenn du es brauchst, andere Tools hinzu, die dir Inspiration liefern. Und ansonsten konzentriere dich einfach aufs Bloggen – der Rest klappt dann schon von selbst.

9 Sofort Leser*innen ansprechen durch Social Media

Social-Media-Kanäle bieten eine Option, sehr schnell Leser*innen anzusprechen und auf deinen Blog aufmerksam zu machen. Welche Möglichkeiten es für dich gibt und wie du sie gestalten kannst, findest du in diesem Kapitel.

Im Grunde gibt es fünf Arten, wie deine Leser auf deinen Blog aufmerksam werden können:

▶ Sie suchen in einer Suchmaschine nach einem Thema, für das du Informationen zur Verfügung stellst.

▶ Sie wissen von früheren Besuchen oder durch Bekannte von deinem Blog und geben die Adresse direkt ein.

▶ Sie kommen von einer anderen Website, die auf dich verlinkt.

▶ Sie kommen aus einer E-Mail, die auf dich verlinkt.

▶ Sie kommen über einen Social-Media-Kanal wie Facebook oder Twitter.

Gerade am Anfang dauert es etwas, bis Menschen von selbst auf deinen Blog kommen. Ein typischer Verlauf geht so: Man startet, schickt den Link zum Blog mit ein oder zwei Artikeln an Bekannte und Verwandte, es gibt ein paar Klicks und Kommentare, und dann ist schnell wieder Ebbe. Alle fünf Punkte kannst du jedoch beeinflussen, um Leser*innen zu gewinnen, und zu allen Punkten findest du Informationen im Buch. Das wichtigste Kapitel zu allen fünfen ist Kapitel 7, »Bloggen heißt schreiben: Schreibtipps für den Blog« – denn mit deinen Texten legst du die Basis dafür, dass alles, was du tust, überhaupt erfolgreich sein kann.

Der schnellste und (zumindest kurzfristig) einfachste Weg, Leser*innen anzusprechen, ist das Social-Media-Marketing. Du gehst damit nämlich direkt auf die Menschen zu und zeigst ihnen, was sie bei dir finden können. Es muss vorher kein Interesse vorhanden sein, du weckst es durch deine Aktivitäten. Du wirst hier ziemlich schnell Erfolge haben, da du aktiv möglichen Leser*innen deine Beiträge vorschlägst. Oft klicken sie schon alleine deswegen darauf, weil sie sich für deine Person interessieren.

Ich stelle in diesem Kapitel die wichtigsten Social-Media-Kanäle mit jeweils einer Basisstrategie vor. Wenn du noch ganz am Anfang stehst, kannst du vielleicht mehrere ausprobieren und schauen, was dir liegt. Grundsätzlich ist aber auch bei Social Media Fokus sehr wichtig. Deine Zeit für den Blog und auch für Social Media ist begrenzt. Du wirst bessere Ergebnisse erzielen, wenn du dich auf einen Kanal konzentrierst und diesen so gut ausbaust, wie du es in deiner Zeit schaffst. Wenn du zwei Stunden in der Woche für Social-Media-Marketing zur Verfügung hast, kannst du diese entweder komplett in z. B. Facebook stecken oder auf Twitter, Instagram und Facebook aufteilen. Die erste Strategie wird besser funktionieren, weil du gebündelt dort mehr Menschen ansprechen kannst, als in der kurzen Zeit verteilt auf mehreren Kanälen. Wenn du immer nur ein paar Minuten in der Woche auf einem Kanal unterwegs bist, wird dieser nicht wachsen, und die Zeit, die du verteilt in die verschiedenen Kanäle steckst, verpufft einfach – du kannst dir diese Arbeit dann auch direkt sparen.

Tipp
Schau dir die einzelnen Kanäle an, lies dir die Basisstrategien durch und entscheide dich dann zunächst für einen Kanal. Du kannst dich jederzeit umentscheiden, einen anderen Kanal wählen oder auch einen weiteren hinzunehmen – aber eben erst dann, wenn du den ersten Kanal für dich »abgeschlossen« hast. Also wenn dir entweder klar ist, dass dieser Kanal doch nicht der richtige ist, oder wenn du für dich Prozesse etabliert hast, die gut funktionieren, und bereit bist für mehr.

9.1 Der Nutzen von Social Media für Blogger*innen

Social-Media-Kanäle können für dich als Blogger*in ein schneller Weg sein, erste Leser*innen anzusprechen. Anders als bei der Suchmaschinenoptimierung ist der Effekt nämlich oft unmittelbar: Du postest etwas, und (im besten Fall) sprechen sofort Menschen darauf an. Das funktioniert natürlich nur in begrenztem Umfang. Um über Social Media richtig zu wachsen, brauchst du eine Strategie und auch ein bisschen Geduld. Aber die schnellen Effekte, die du erzielst, sind ein guter Motivator, um auch mit allem anderen weiterzumachen.

Du kennst wahrscheinlich die wichtigsten Social-Media-Kanäle – Facebook, Twitter, Pinterest, Instagram –, und möglicherweise hast du sogar schon Accounts dort. Falls das so ist, weißt du zumindest intuitiv, wie Social Media funktioniert: Du zeigst deinem Umfeld – den Leuten, mit denen du befreundet bist oder die dir folgen – einen Link oder ein Foto, und sie sehen es in ihrem Stream, teilen, kommentieren oder liken es (häufig leider auch nichts von alledem). Social Media ist also genau das, was der Name vermuten lässt: sozial. Es geht um Austausch und Interaktion. Das solltest du auch nie vergessen, wenn du damit beginnst, Social-Media-Marketing zu betreiben. Es geht nicht darum, schnell ein paar Links rauszuhauen und darauf zu bauen, dass schon ein paar Menschen darauf klicken werden. Vielmehr muss dein Ziel sein, echte Beziehungen zu deinen Leser*innen aufzubauen. Social Media ist sehr direkt. Das ist eine tolle Chance für dich, dich nahbar zu zeigen und mit deinen Leser*innen in Kontakt zu treten. So erfährst du, was sie wirklich wissen wollen, und kannst deinen Blog entsprechend ausrichten. Nutzt du Social Media, um deinen Blog zum Business umzubauen, kannst du dich hier außerdem präsentieren und Vertrauen aufbauen. Wenn deine Leser*innen dich schon persönlich kennen und sehen, wie du auf Social Media agierst, sind sie oft viel eher dazu bereit, auch etwas bei dir zu kaufen.

Mit zwei Themen solltest du dich vorher allerdings noch auseinandersetzen: dem Zeit- und dem Personenfaktor.

9.1.1 Der zeitliche Aufwand für Social-Media-Marketing

Einen Social-Media-Kanal aufzubauen und wirklich gut zu betreuen, erfordert einiges an Arbeit. Ja, du kannst vieles vorausplanen und die Arbeit ein wenig bündeln. Aber viel stärker als auf dem Blog musst du einfach präsent sein – und zwar nach Möglichkeit täglich. Denn Social-Media-Kanäle leben von der Interaktion. Das bedeutet, dass du möglichst zeitnah reagieren solltest, wenn Menschen dich erwähnen oder dir etwas schreiben. Zum einen erwarten sie das so. Das ist aber gar nicht der wichtigste Grund. Denn Erwartungen kannst du beeinflussen, indem du von Anfang an klarstellst, wie lange du für eine Antwort normalerweise brauchst. Viel wichtiger ist, dass Themen in Social Media schnell an Relevanz verlieren. Wenn du deinen Leser*innen auf eine drei Tage alte Nachricht antwortest, sind sie gedanklich längst an einem anderen Thema und werden sich nicht mehr so intensiv mit deiner Antwort beschäftigen. Du solltest dir also jeden Tag zumindest ein bisschen Zeit für Interaktion freihalten – am besten morgens und abends. Daneben brauchst du noch Zeit, um Posts vorzubereiten und eine Strategie zu entwickeln.

Insgesamt solltest du dir wahrscheinlich sechs bis acht Stunden pro Woche allein für deinen ersten Social-Media-Kanal freihalten, und zwar am besten nicht am Stück, sondern auf die Woche verteilt. Am Anfang kann es auch ein wenig länger dauern. Mehr Zeit solltest du nicht unbedingt einplanen, wenn du nicht planst, Expert*in für diesen einen Kanal zu werden. Denn wenn du nur einen begrenzten Zeitraum zur Verfügung hast, wirst du dich automatisch auf die Dinge fokussieren, die dir am meisten bringen. Und alle Sachen, die ohnehin nur »nice to have« sind, weglassen. Das macht deine Arbeit leichter und dich nicht weniger erfolgreich.

9.1.2   Dich zeigen

In Social Media aktiv zu werden, bedeutet immer auch Sichtbarkeit. Viele Menschen scheuen die Sichtbarkeit, weil sie nichts Privates von sich preisgeben möchten – was ich absolut nachvollziehen kann und was du auch nicht tun musst. Trotzdem sind in Facebook & Co. keine Blogs unterwegs, sondern Menschen, die miteinander kommunizieren und sich persönlich begegnen – wenn auch virtuell. Wenn du im Social-Media-Marketing als Blogger*in erfolgreich sein willst, musst du dich mit dem Gedanken anfreunden, dass du als Person sichtbar werden wirst. Ansonsten kannst du lange posten und darauf hoffen, dass jemand deine Beiträge gut findet. Ein unpersönlicher Post, der in Konkurrenz zu vielen emotionalen, persönlichen, lustigen, ansprechenden steht, hat einfach kaum eine Chance auf Reichweite. Und ohne Reichweite macht das Ganze keinen Sinn.

Tipp

Bevor du jetzt deine Social-Media-Pläne gleich wieder begräbst, solltest du dir noch dies hier vor Augen halten. Nichts passiert über Nacht. Du wirst nicht heute deine Facebook-Seite anlegen und morgen ein Live vor 1.000 Zuschauer*innen durchführen. Die Größe deiner Seite, die Zahl deiner Fans wachsen stattdessen nach und nach. Und du wächst parallel mit. Vielleicht schaut dir beim ersten Live niemand zu – oder nur zwei oder drei Menschen. Das ist nichts, worüber du enttäuscht sein solltest, sondern was du mit offenen Armen begrüßen darfst. Du bekommst einen Test geschenkt, bei dem du nicht viel falsch machen oder verlieren kannst. Und wenn du das nächste Live startest, bist du viel gelassener. Dann sind vielleicht auch mehr Menschen dabei, aber du bist dann auch in der Lage, mit diesem Mehr umzugehen. Also: Hab Mut dazu, dich auszuprobieren, im Kleinen sichtbar zu werden und zu schauen, was für dich gut funktioniert.

9.2   Facebook

Facebook ist eine der verbreitetsten Plattformen, und die Möglichkeiten für Website-Betreiber*innen sind hier besonders gut ausgeprägt. Du kannst nämlich für deine Website eine eigene Facebook-Seite anlegen, die gelikt und geteilt werden kann. Du kannst dort auch all deine Artikel verlinken und mit deinen Fans in den Austausch treten. Was für dich ein Vorteil ist, hat auch einen Nachteil: Facebook wird immer mehr von Menschen genutzt, die sich dort beruflich präsentieren, und weniger für den persönlichen Austausch. Natürlich gibt es den auch noch nach wie vor. Aber eine jüngere Zielgruppe (z. B. Menschen unter 30) findest du auf Facebook kaum noch. Diese sind eher bei Instagram zu Hause oder kommunizieren gleich über WhatsApp oder Telegram. Noch jüngere Menschen findest du mittlerweile bei TikTok. Doch um diese Kanäle geht es erst später in diesem Kapitel. Wenn deine Zielgruppe 30 Jahre oder älter ist und sich auf Facebook vernetzt, ist dies vielleicht der Kanal deiner Wahl. Dann brauchst du eine Facebook-Seite.

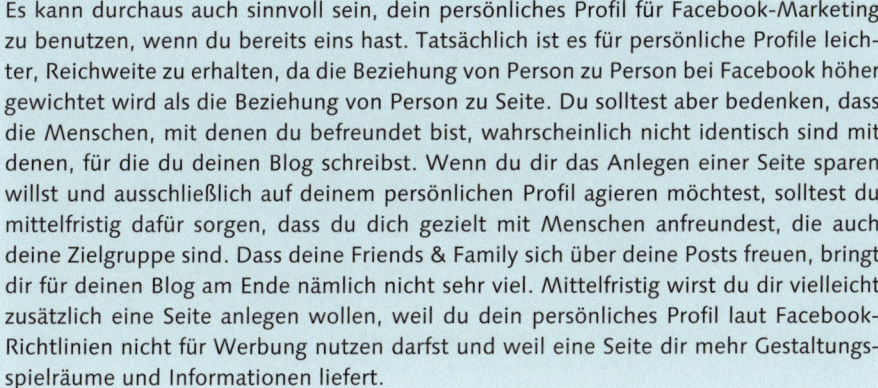

Tipp

Es kann durchaus auch sinnvoll sein, dein persönliches Profil für Facebook-Marketing zu benutzen, wenn du bereits eins hast. Tatsächlich ist es für persönliche Profile leichter, Reichweite zu erhalten, da die Beziehung von Person zu Person bei Facebook höher gewichtet wird als die Beziehung von Person zu Seite. Du solltest aber bedenken, dass die Menschen, mit denen du befreundet bist, wahrscheinlich nicht identisch sind mit denen, für die du deinen Blog schreibst. Wenn du dir das Anlegen einer Seite sparen willst und ausschließlich auf deinem persönlichen Profil agieren möchtest, solltest du mittelfristig dafür sorgen, dass du dich gezielt mit Menschen anfreundest, die auch deine Zielgruppe sind. Dass deine Friends & Family sich über deine Posts freuen, bringt dir für deinen Blog am Ende nämlich nicht sehr viel. Mittelfristig wirst du dir vielleicht zusätzlich eine Seite anlegen wollen, weil du dein persönliches Profil laut Facebook-Richtlinien nicht für Werbung nutzen darfst und weil eine Seite dir mehr Gestaltungsspielräume und Informationen liefert.

9.2.1   Deine Facebook-Seite anlegen und einrichten

Um eine Facebook-Seite für deinen Blog anzulegen, musst du zunächst ein persönliches Facebook-Profil haben, da es immer einen Seiten-Admin geben muss, der bei Facebook angemeldet ist. Wenn du ein persönliches Profil hast, kannst du in der oberen Leiste unter dem Pluszeichen SEITE auswählen.

Eine Art Wizard führt dich nun durch die einzelnen Schritte, um Informationen zu deiner Seite abzufragen (Abbildung 9.1). Fülle diese so aus, dass sie gut zu deinem Blog passen. Wahrscheinlich wirst du unter UNTERHALTUNG fündig werden. Wähle deine Kategorie aus und klicke dann auf SEITE ERSTELLEN.

Dort wirst du gebeten, ein Profil- und ein Hintergrundbild hochzuladen. Das sind Stellen, an denen du dich gut präsentieren kannst. Das Profilbild ist dabei deutlich wichtiger als das Hintergrundbild. Denn dein Profilbild sieht man jedes Mal, wenn ein Post von dir in die Timeline gespült wird. Um dein Hintergrundbild zu sehen, müssen deine Fans schon auf deine Seite kommen – was sie meist nur beim ersten Mal machen. Du solltest ein eigenes Hintergrundbild für Facebook erstellen und nicht einfach auf das zurückgreifen, das du für deine Website benutzt. Wichtig ist aber, dass du dieselben Farben benutzt, damit deine Leser*innen dich schnell wiedererkennen können. Die Auswahl des Profilbilds ist übrigens für viele schon die erste Hürde beim Sichtbarwerden, und manche greifen dann einfach auf ihr Logo als Profilbild zurück. Wenn du aber möchtest, dass Menschen deine Beiträge lesen und nicht einfach über sie hinwegscrollen, weil sie sie für Werbung halten, solltest du hier ein Foto von dir einstellen. Am besten ein anderes als das in deinem persönlichen Profil – so gibt's nämlich eine Unterscheidungsmöglichkeit.

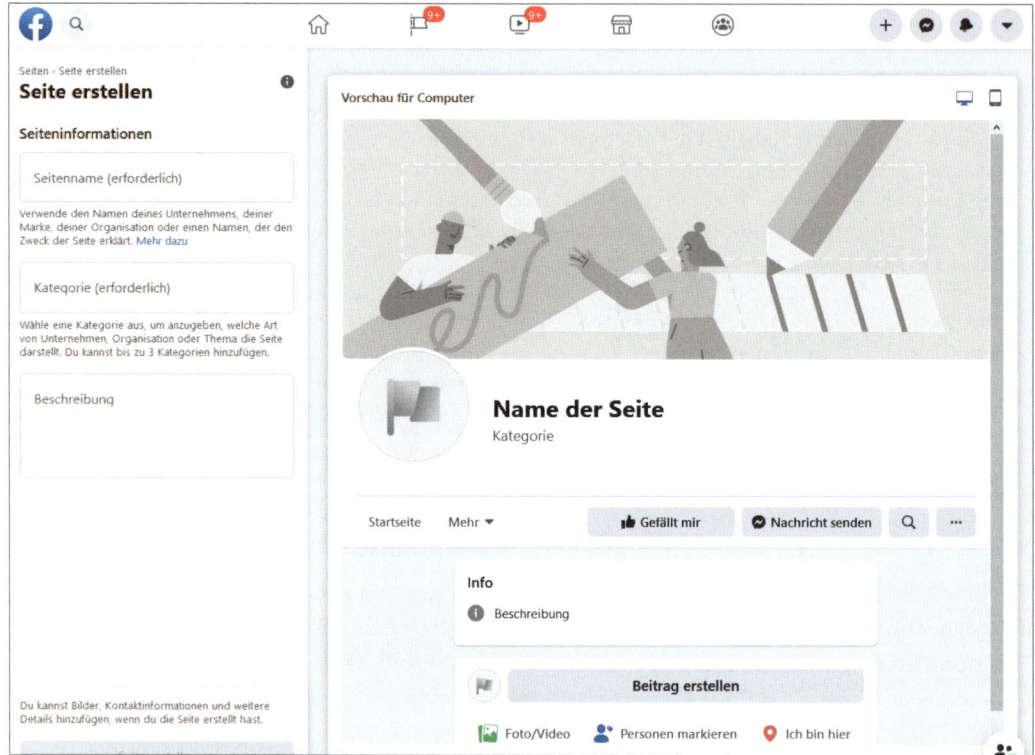

Abbildung 9.1 Eine eigene Facebook-Seite für deinen Blog zu erstellen, ist ganz einfach.

Du landest im nächsten Schritt auf einer leeren Facebook-Seite, die deiner persönlichen Seite sehr ähnlich ist. Im unteren rechten Bereich poppt sofort ein Fenster auf, das dir anbietet, deine Freund*innen einzuladen. Du solltest dich nicht schämen oder zieren, um Hilfe zu bitten. Diese Menschen sind mit dir auf Facebook befreundet, das heißt, sie sind sicher bereit, dir diesen kleinen Gefallen zu tun. Außerdem kennen sie das System Facebook und sind sicher schon öfter zum Liken einer Seite aufgefordert worden.

Unter INFO solltest du nun alles ausfüllen, was du über deinen Blog sagen kannst. Gestalte diese Seite so informativ wie möglich, damit deine Leser*innen hier entdecken können, was du ihnen bietest. Besonders wichtig ist natürlich, dass du deine Website verlinkst. Dies machst du unter INFO – WEBSITE EINGEBEN.

9.2.2   Die ersten Schritte auf Facebook

Nachdem du all deine Bekannten gebeten hast, deine Seite mit GEFÄLLT MIR zu markieren, kannst du darangehen, deine ersten Beiträge zu posten. Das Einfachste, was du für den Anfang machen kannst, ist das Teilen deiner Blog-Beiträge. Das kann langfristig nicht das Einzige bleiben, was du auf Facebook tust, aber es ist ein guter Anfang.

▶ Kopiere immer den Link zu deinem Post und füge ihn in den Facebook-Beitrag ein. Facebook zieht sich automatisch aus deinem Blog-Post das Beitragsbild und zeigt es an. Deine Leser*innen gelangen dann durch Klick auf den Link und Klick auf das Bild zu deinem Artikel. Das macht es besonders einfach für deine Leser*innen, dich auf deinem Blog zu besuchen.

▶ Schreibe eine spannende Information zu deinem Blog-Post, die deine Fans dazu bringt, auch den Rest lesen zu wollen. Hierzu solltest du dir ein bisschen Zeit nehmen. Auf Facebook erscheinen täglich Millionen von Nachrichten, und niemand liest wirklich alle. Insofern solltest du dafür sorgen, dass du aus der Masse herausstichst.

▶ Füge immer einen sogenannten Call-to-Action ein, das heißt einen Aufruf an deine Leser*innen, eine Handlung vorzunehmen – in deinem Fall, deinen Artikel aufzurufen. Mögliche Formulierungen sind zum Beispiel »Klicke hier, um den ganzen Beitrag zu lesen!« oder – subtiler – »Lies auf meinem Blog weiter«.

Du kannst deine Beiträge auch planen, sodass sie nicht alle sofort nacheinander erscheinen.

9.2.3   Deine Facebook-Strategie

Deine ersten Beiträge waren natürlich nur der Start in dein Facebook-Leben. Schließlich willst du deinen Content dort nicht einfach mit denselben Menschen noch einmal teilen, sondern du möchtest neue Fans für deinen Blog gewinnen. Dafür brauchst du eine Strategie. Und das Ziel der Strategie ist es, Reichweite aufzubauen.

Reichweite baust du dadurch auf, dass du – wie auf dem Blog auch – gute Inhalte bietest. Du kannst natürlich ganz einfach die Inhalte des Blogs teilen, aber es ist wichtig, dass du auch darüber hinaus tätig bist. Facebook bevorzugt nämlich Formate, die gut zur Plattform passen und Menschen auch auf ihr halten. Beides gilt für das Teilen deiner Blog-Posts nicht.

Hier ein paar Formate, mit denen du auf Facebook experimentieren kannst:

▶ Fragen und Aufforderungen, zum Beispiel: »Woher kommst du?« oder »Was ist dein liebstes Reiseziel?«

- ▶ Selfies mit einer passenden Geschichte über dich
- ▶ ein konkreter Tipp für deine Fans, am besten auch mit einem guten Bild illustriert
- ▶ Videos
- ▶ Live-Videos

Am besten erstellst du dir einen Plan dazu, welche Posts zeitlich wann gut passen, und bereitest für jeden Tag etwas vor. Du kannst beispielsweise auch jeden Montag ein motivierendes Zitat posten und das schon für das ganze Jahr im Voraus planen. Manche Dinge musst du aber eben auch ad hoc machen, wie zum Beispiel Live-Videos. Gerade Live-Videos stellen viele vor eine große Herausforderung. Wenn du ohnehin eine Facebook-Gruppe planst, kannst du dort zum ersten Mal live gehen – da hast du nämlich mehr Kontrolle darüber, wer dein Video sieht. In Kapitel 15, »Interaktion in der Facebook-Gruppe«, erkläre ich mehr zu Live-Videos.

Da du schon einmal auf Facebook bist, kannst du nachschauen, ob es Blogs gibt, denen du auf Facebook folgen kannst. Das hilft dir bei der Vernetzung. Am besten folgst du sowohl mit der Seite als auch mit dem persönlichen Account. Interagiere auch hier mit den Menschen, stelle Fragen und kommentiere Beiträge. Wenn Facebook dich als aktiv erlebt, werden deine eigenen Beiträge mehr Menschen angezeigt. Aktivität kannst du übrigens auch in Facebook-Gruppen zeigen. Schließe dich Gruppen zu deinem Thema an, höre, worüber da gesprochen wird, und biete auch mal deine Hilfe an. Was du dort allerdings bloß nicht tun solltest, ist, für deine eigenen oder für fremde Produkte zu werben. Das ist ganz schlechter Stil, und Menschen merken sich so etwas. Nicht nur die Menschen, in deren Gruppe du geworben hast, sondern auch die anderen Mitglieder, die das sehen. Und das ist potenziell deine eigene Zielgruppe.

9.3   Instagram

Die Instagram-Zielgruppe ist im Schnitt deutlich jünger (< 25 Jahre) als die von Facebook, wobei mittlerweile auch Menschen ab 30 zu Instagram wechseln, weil tatsächlich der Umgangston ein etwas freundlicherer ist als auf anderen Social-Media-Accounts. Eine Instagram-Strategie funktioniert jedoch anders als die für Facebook. Während du auf Facebook Menschen (auch) direkt auf deine Posts hinweisen kannst, geht es auf Instagram hauptsächlich um Markenaufbau. Links zu teilen, ist umständlich – und zwar sowohl für dich als auch für diejenigen, die deine Links gerne anklicken möchten.

Instagram hat also eher einen indirekten Effekt: Du wirst Teil einer Gemeinschaft und postest Bilder aus deinem (Blog-)Leben. Dadurch wirst du nahbarer, und deine Leser*innen kennen dich persönlich. Du baust eine Beziehung zu ihnen auf und bleibst ihnen im Gedächtnis.

Grundsätzlich ist das Ziel von Instagram jedoch, die Nutzer*innen auf dem Kanal selbst zu halten, nicht, sie weiterzuleiten. Viele Blogger*innen sind daher dazu übergegangen, sich auf Instagram als eigene Plattform zu konzentrieren und gar nicht erst zu versuchen, Menschen auf ihren Blog zu bringen. Dies ist natürlich vor allem bei Themen sinnvoll, zu denen du ansprechende Bilder posten kannst.

9.3.1 Deinen Instagram-Account anlegen und einrichten

Deinen Instagram-Account erstellst du am besten von deinem Smartphone aus. Zwar gibt es Apps für Tablets und auch eine Browserversion, dort hast du allerdings nie die komplette Funktionalität zur Verfügung. Lade dir einfach die Instagram-App auf dein Telefon herunter, wenn sie da nicht sowieso schon installiert ist. Lege dir einen neuen Account dort an oder logge dich, wenn das für dich einfacher ist, mit deinem Facebook-Account ein. Und schon kannst du loslegen. Wie auf allen Social-Media-Kanälen kannst du auch hier ein paar Anpassungen für dein Profil vornehmen – dein Profilbild und deine Bio vor allem. In die Bio gehört auf jeden Fall ein Link zu deinem Blog. Das ist die einzige Stelle, an der du in Instagram Links hinterlegen kannst. Wenn du zu unterschiedlichen Zeitpunkten auf verschiedene Seiten verlinken willst, hast du grundsätzlich zwei Möglichkeiten:

1. Du wechselst den Link regelmäßig aus und schreibst in die Kommentare zu den Posts, die sich darauf beziehen, »Link in Bio«. Instagram-Nutzer*innen kennen das schon.

2. Du nutzt einen Service wie *linktr.ee* und baust dir dort eine Seite mit allen relevanten Links auf. Diese Seite verlinkst du dann in deiner Bio.

Grundsätzlich ist Instagram aber einfach nicht zum Verlinken gemacht, sondern zum Markenaufbau. Wenn du dich für Instagram entscheidest, solltest du auch genau darauf den Fokus legen.

9.3.2 Die ersten Schritte auf Instagram

Damit dein Instagram-Stream nicht leer bleibt, solltest du direkt am Anfang ein paar Bilder posten. Drei bis vier sind sinnvoll, mehr ist natürlich besser. Gewöhne dir am besten gleich an, eine einheitliche Bildsprache zu verwenden (wie im Feed von *eat-this.org*, Abbildung 9.2). Denn die Fotos in deinem Stream sollten nicht nur einzeln, sondern auch zusammen gut wirken. Du kannst beispielsweise immer denselben Filter verwenden. Wenn dieser zu intensiv ist, kann das aber anstrengend für deine Fans werden. Besser ist es, zum Beispiel einen festen Bestandteil in den Fotos zu haben, ähnliche Formen zu verwenden oder mit gleichen Hintergründen zu arbeiten. Was auch gut funktioniert, ist, wenn du jeden zweiten Post in Canva erstellst: Du kannst dort einfach deine Haupt-Blog-Farbe als Hintergrundfarbe verwenden und darauf einen kurzen Text setzen. Der Effekt ist, dass jedes zweite Bild in deinem Stream die gleiche Farbe hat und dein Stream dadurch ruhiger und harmonischer wirkt.

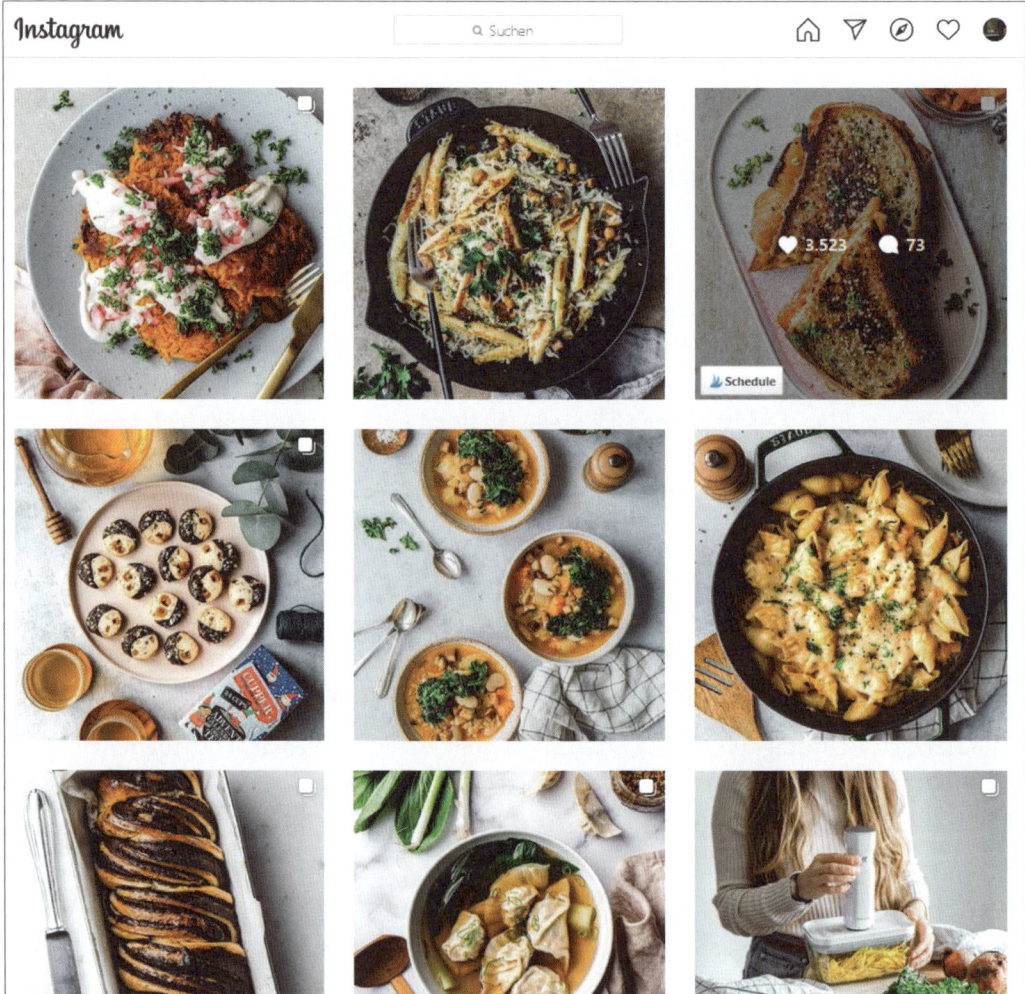

Abbildung 9.2 Instagram-Account von »eatthis.org«. Die Motive sind unterschiedlich, aber die Bildsprache ist einheitlich. Der Orangeton findet sich in jedem Bild wieder, fast alle Gerichte sind von oben abfotografiert, im Zentrum stehen runde Formen, und die Hintergründe sind grau bzw. neutral.

Wenn du deine Bilder postest, solltest du natürlich auch etwas dazu schreiben. Die Texte zu den Fotos auf Instagram haben immer den Charakter einer kurzen Geschichte und nehmen sich meist auch den Raum dafür. Du postest ein Foto von deinem Hund und hast einen Blog über Autoreparaturen? Schreibe dazu, wie dein Hund dich von der Arbeit abhält oder wie er dich einmal darauf gebracht hat, einen Fehler zu entdecken, nach dem du lange gesucht hast. Ergänzen solltest du das Ganze natürlich mit Hashtags. Es gibt mittlerweile etliche Hashtag-Finder im Internet, und du kannst dir den aussuchen, mit dem du am besten klarkommst. Ein gutes Beispiel ist der von Sistrix (*https://app.sistrix.com/de/instagram-hashtags*). Hier kannst du pro Tag 25 kostenlose Abfragen machen und ähnliche Hashtags zu deinen Ideen finden (Abbildung 9.3).

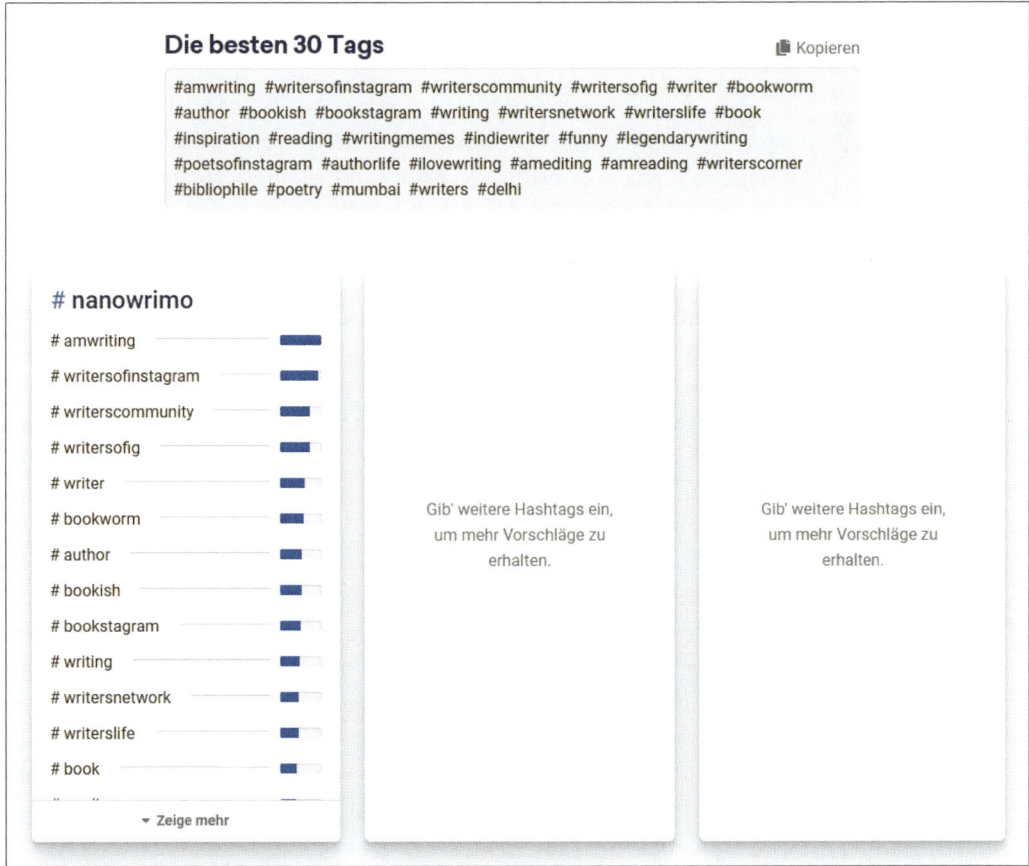

Abbildung 9.3 Ergebnis der Hashtag-Recherche auf Sistrix

Hashtags sind wichtig, weil Menschen dich so leichter finden können. Auch du kannst über die Hashtags, die du selbst nutzt, ähnliche Accounts finden und diesen folgen. Das Wichtigste auf Instagram ist nämlich die Interaktion mit anderen. Zu deinen ersten Schritten gehört es daher auch, ein paar spannenden Accounts zu folgen. Vielleicht findest du Blogs zu deinem Thema, die du kennst, auch auf Instagram. Oder du kannst dich über eine Hashtag-Suche nähern.

9.3.3   Deine Instagram-Strategie

Für deine ersten Wochen auf Instagram solltest du dir vornehmen:

▶ regelmäßig ein Bild mit ausführlicher Beschreibung und Hashtags zu posten, das gut zu deinem Farb-/Designkonzept passt (am besten alle ein bis zwei Tage),

▶ gleich nach dem Posten Bilder anderer Nutzer*innen zu liken und zu kommentieren, um dich zu vernetzen,

▶ in deinen Texten immer wieder auf deinen Blog zu verweisen und auch etwas von hinter den Kulissen zu erzählen.

Instagram besteht natürlich nicht nur aus Bildern, auch wenn diese der erste Kontaktpunkt deiner Follower zu dir sind. Du kannst in Instagram auch Videos posten, und vor allem kannst du auch Stories veröffentlichen. Dies sind ebenfalls kleine Videos, die nach 24 Stunden wieder gelöscht werden. Der Vorteil von Stories ist, dass sie eine hohe Aufmerksamkeit und Interaktion hervorrufen. Der Nachteil ist, dass sie nach 24 Stunden wieder verschwunden sind – du also viel Arbeit in etwas steckst, das am Ende nicht sichtbar bleibt. Wenn du wenig Zeit für Instagram investieren möchtest, konzentriere dich daher erst einmal darauf, deinen Stream gut aufzubauen und dich mit anderen Nutzer*innen zu vernetzen.

9.4   Twitter

Der Kurznachrichtendienst Twitter ermöglicht dir, besonders unkompliziert Kontakt zu Menschen mit ähnlichen Interessen aufzunehmen. Twitter ist gut dafür geeignet, auch Leser*innen anzusprechen, die gar nicht persönlich mit dir verbunden sind, wodurch du leicht eine größere Reichweite als bei Facebook erreichen kannst. Grundsätzlich funktioniert Twitter nämlich so: Du sagst etwas, andere finden es gut, liken oder retweeten es, und dadurch wirst du einem breiteren Publikum bekannt. Im ersten Schritt sehen nur die Menschen, die dir direkt folgen, deine Tweets. Aber wenn du gute Inhalte lieferst und dir die richtigen Menschen folgen, erreichst du bald auch neue Interessenten. Meiner Erfahrung nach gewinnst du bei Twitter deutlich schneller Follower als bei Facebook, weil Twitter nicht so sehr auf Freundschaften im »echten Leben« fokussiert ist. Die Hemmschwelle, jemandem zu folgen, ist sehr gering bis nicht vorhanden. Wenn die Tweets gefallen, folgt man und verpasst nichts mehr. Daher wird es dir schnell passieren, dass wildfremde Menschen dir folgen, weil sie Tweets von dir interessant fanden. Oder einfach, weil du ihnen folgst.

9.4.1 Deinen Twitter-Account anlegen und einrichten

Gehe auf *twitter.com* und lege einen Account für dich an, wenn du noch keinen hast. Am besten legst du einen persönlichen Account an, weil du dann nicht auf Themen mit direktem Blog-Bezug begrenzt bist und Menschen außerdem am liebsten Menschen folgen. Auch bei Twitter kannst du das Profilbild und das Hintergrundbild ändern, und das solltest du gleich am Anfang tun. Accounts, die noch gar nichts individualisiert haben, wirken schnell wie Bots, also wie Fake-Accounts, die nur dazu dienen, bestimmte Botschaften in die Welt hinauszuposaunen. Und damit willst du sicher nicht verwechselt werden. Dein Profilbild ist auch hier am besten ein Foto von dir. Viele Nutzer*innen zeigen nicht gerne ihr Gesicht auf Twitter, da der Umgangston manchmal ganz schön rau ist. Die leichte Möglichkeit, Tweets zu retweeten und einem deutlich größeren Publikum zugänglich zu machen, sorgt dafür, dass Shitstorms bei Twitter an der Tagesordnung sind.

Wenn du deinen Account angelegt und die Bilder ausgewechselt hast, bist du auch schon startklar für deine ersten Twitter-Erfahrungen.

9.4.2 Die ersten Schritte auf Twitter

Sobald du dich angemeldet und erste Informationen zu dir eingegeben hast, wird Twitter dir bereits Vorschläge machen, wem du folgen kannst. Dazu fragt Twitter dich nach deinen Interessen und sucht für dich interessante Twitter-Accounts heraus. Außerdem zeigt Twitter dir Accounts, die sehr viele Follower haben und gerade für andere Nutzer*innen interessant sind. Oft schlägt Twitter auch lokale Konten vor. Du solltest aber gar nicht so viel Zeit damit verlieren, dich über die neuesten Events in deiner Heimatstadt zu informieren, sondern du willst ja Leser*innen mit deinen Twitter-Aktivitäten finden. Also musst du zunächst dafür sorgen, dass du Follower bekommst. Und für die folgende Tätigkeit solltest du dir etwa eine Stunde einplanen – gerne auch mehr, wenn du die Zeit hast. Dafür gibt's zwei Strategien: Die eine ist, auf Follow-back zu setzen, die andere, durch gute Inhalte Menschen anzuziehen. Du sollst natürlich beide nutzen.

Suche im Suchfeld in Twitter nach Stichwörtern, die zu deinem Blog passen. Wenn du einen Literatur-Blog hast, suchst du am besten zunächst nach anderen Buch-Blogger*innen. Twitter schlägt dir sofort einige Accounts vor, wenn du nach den richtigen Begriffen suchst. Schau dir die ersten Accounts an und lies quer, was sie so posten. Könnten diese Personen sich für deinen Blog interessieren? Wenn ja, dann folge ihnen. Wenn du interessante Posts bei ihnen findest, kannst du sie auch liken oder retweeten. So hilfst du diesen Menschen, ihre Tweets zu verbreiten, und gehst den ersten Schritt, einem Netzwerk beizutreten.

Sobald du den ersten Twitterern gefolgt bist, werden dir ähnliche Accounts vorgeschlagen. Dann geht es ganz einfach, neuen Accounts zu folgen. An deinem ersten Tag kannst du ruhig 50 bis 100 Accounts folgen. Du wirst sehen – einige werden dir sehr schnell zurückfolgen. Folge aber nicht einfach wahllos jedem, der dir »angeboten« wird. Wichtig ist, dass du einen soliden Follower-Stamm aufbaust, der dich ernst nimmt und deine Beiträge liest. 5.000 sinnlose Follower bringen dir das gar nichts.

Wenn du in der nächsten Zeit jeden Tag etwa 50 bis 100 neuen, gut ausgewählten Accounts folgst und mit diesen interagierst, hast du sehr bald einen soliden Twitter-Account für deinen Blog.

Nachdem du nun für die ersten Follower gesorgt hast, musst du ihnen auch etwas bieten. Du kannst natürlich schon deine Posts twittern. Twitter beschränkt jeden einzelnen Tweet auf eine Maximallänge von 280 Zeichen. Ein Teil davon geht schon für deine Links drauf, daher solltest du diese als Erstes einfügen. Den restlichen Platz solltest du sinnvoll ausnutzen, um möglichst viele Leser*innen anzusprechen und sie dazu zu bringen, auf deinen Tweet zu klicken. Du kannst auch sogenannte Threads anlegen, in denen du immer auf deinen vorherigen Tweet antwortest. Dadurch entsteht eine Kette zusammengehöriger Tweets, die auch länger als 280 Zeichen sein kann.

Versuche, mit deinem Tweet möglichst neugierig zu machen und einen Call-to-Action einzubauen, aber schreibe nicht zu werberisch oder reißerisch. Denk dran, Social Media ist sozial. Du willst echte Beziehungen zu deinen Followern aufbauen und nicht nur billige Klicks abgrasen. Schreibe ihnen also, welchen Mehrwert du in deinem Post bietest. Du kannst zum Beispiel dein Fazit aus deinem Blog-Post vorstellen und darauf verweisen, dass du Hintergrundinformationen dazu in deinem Artikel bereitstellst.

9.4.3   Deine Twitter-Strategie

Ein paar Artikel teilen und anderen folgen hilft dir wahrscheinlich über die ersten Tage bei Twitter und bringt dir ein paar kleinere Erfolgserlebnisse. Aber das ist natürlich noch keine Strategie. Um dauerhaft auf Twitter erfolgreich zu sein, musst du richtig mit deinen Followern interagieren – und zwar noch mehr als auf allen anderen Social-Media-Kanälen. Auf Twitter entstehen aus Tweets häufig Gruppenunterhaltungen, in denen jede*r etwas beiträgt. Das solltest du natürlich für dich nutzen, denn so lernst du die Menschen kennen – und sie dich –, und wenn du einen neuen Artikel auf dem Blog ankündigst, werden sie an deinem Text interessiert sein, weil du als Mensch sie interessierst.

Überlege dir also, wofür du auf Twitter stehen möchtest. Natürlich bist du Expert*in für dein Thema – aber was ist deine konkrete Position dazu? Schreibst du auf deinem Buch-Blog über ostasiatische Literatur? Konzentrierst du dich auf deinem Kosmetik-Blog auf Naturprodukte? Was genau ist der Punkt, zu dem du nicht nur inhaltlich etwas beitragen, sondern auch eine Meinung äußern kannst? Eine Diskussion in Gang bringen kannst? Finde deine Twitter-Nische und poste dann regelmäßig prägnante Aussagen, hinter denen du voll und ganz stehst, die für andere aber vielleicht eine neue Perspektive bieten. Wenn dir ein Tweet ganz besonders gut gefällt, kannst du ihn auch anheften (Abbildung 9.4). Dann erscheint er immer ganz oben in deiner Timeline. Wenn du also einen fremden Tweet kommentierst und Menschen auf dich aufmerksam werden, sehen sie auf deinem Profil zuerst genau diesen Tweet. Sie können sich damit auf drei Weisen ein Bild von dir machen:

▶ Sie sehen, was für Tweets du schreibst.

▶ Sie sehen, wie Menschen darauf reagieren.

▶ Sie sehen, welcher Tweet dein liebster ist.

Dein angehefteter Tweet kann auch eine lange Zeit dort stehen.

Abbildung 9.4 Angehefteter Tweet auf Twitter

Auch auf Twitter kannst du Hashtags nutzen. Das wird jedoch meist nur bei aktuellen Themen gemacht, über die viel diskutiert wird. Wenn du zu solchen Themen etwas beitragen möchtest, kannst du dich natürlich dazu äußern – auch außerhalb deines Blog-Themas. Auf Twitter geht es vielmehr darum, sich persönlich zu Themen zu positionieren. Mögliche Leser*innen können deine Arbeit dann auch besser einordnen. In der rechten Twitter-Leiste siehst du die aktuellen Trends für das Land, aus dem du twitterst (Abbildung 9.5). Es sind Hashtags und Begriffe, die viel verwendet werden. Wenn du einen sinnvollen Beitrag zu einem dieser Themen leisten kannst, twittere darüber. Du erhältst durch den trendenden Hashtag möglicherweise mehr Reichweite. Sich einfach auf die Trend-Hashtags zu setzen und irgendetwas dazu zu schreiben, ist aber nicht sinnvoll.

Auf Twitter solltest du wie auf Facebook regelmäßig aktiv sein. Und zwar nicht nur zu festen Zeiten, sondern mehrmals täglich. Twitter kann ein regelrechtes Zeitgrab sein. Wenn du einmal anfängst, interessante Accounts zu finden, kannst du den ganzen Tag dort verbringen und Neuigkeiten und Meinungen lesen. Daher solltest du deine Zeit auf Twitter immer begrenzen – und zwar mit der Stoppuhr. Kleine Fünf-Minuten-Blöcke über den Tag verteilt reichen völlig aus, um präsent zu sein.

Die einfachste Möglichkeit, regelmäßig etwas zu twittern und deinen Followern damit auch etwas zu bieten, ist, die Twitter-App auf deinem Smartphone dazu zu nutzen. Während bei Facebook die Handhabung aufwendiger ist, weil du zwischen verschiedenen Medien hin- und herspringen musst, kannst du 280 Zeichen zwischendurch schnell tippen und absenden.

Abbildung 9.5 Die aktuellen Twitter-Trends sind politisch oder banal und wechseln schnell.

9.5   Pinterest

Pinterest ist eigentlich gar kein richtiger Social-Media-Kanal, sondern eine Bildersuchmaschine mit ein paar (nicht so entscheidenden) Social-Media-Elementen (Abbildung 9.6). Aber Pinterest kann einen so großen Schub für deinen Blog bedeuten, dass du diesen Kanal auf jeden Fall anschauen solltest. Gerade bei einer eher weiblichen Zielgruppe lohnt sich eine Pinterest-Strategie sehr, um schnell viel Traffic auf die eigene Webseite zu bekommen. Das Tolle: Du musst nicht besonders viel zusätzlichen Content erstellen, kannst viel im Voraus planen und brauchst überhaupt nicht regelmäßig aktiv zu sein, wenn du das nicht willst. Und du musst auch keinen Foto- oder Reise-Blog haben, um auf Pinterest erfolgreich zu sein. Tatsächlich funktioniert Pinterest mit fast allen Themen sehr gut.

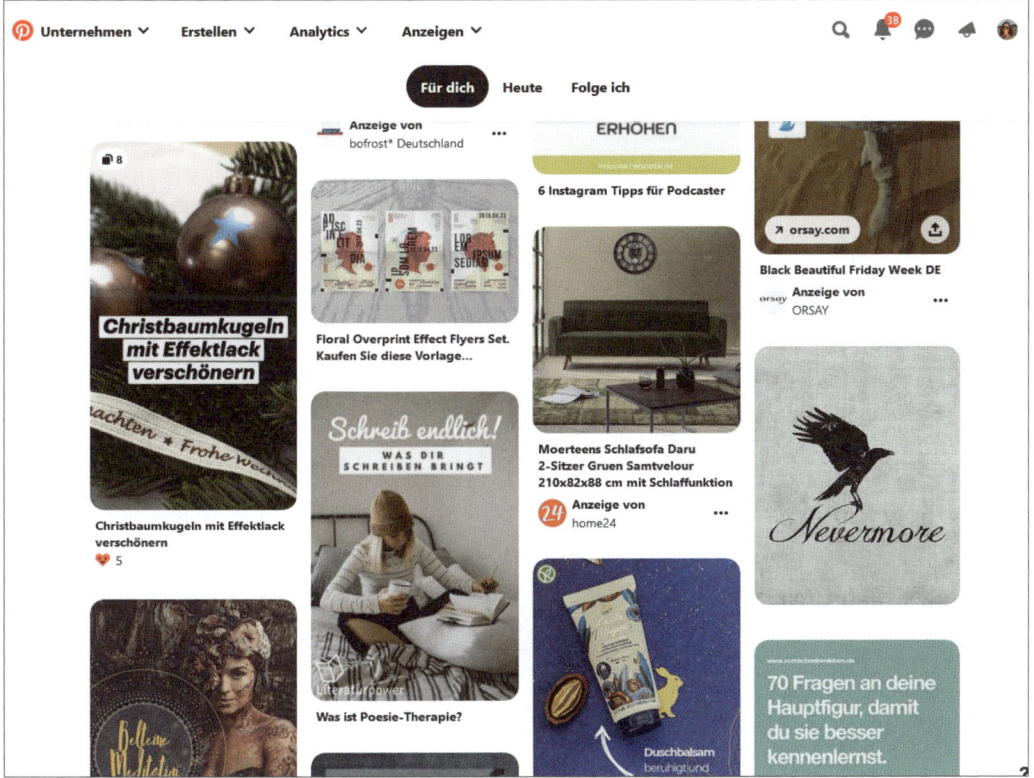

Abbildung 9.6 Pinterest-Feed

9.5.1   Deinen Pinterest-Account anlegen und einrichten

Dein Pinterest-Account ist schnell angelegt. Am besten richtest du ihn für deinen Blog ein, nicht für dich persönlich. Gehe auf *pinterest.de*, klicke oben rechts auf REGISTRIEREN und lasse dich vom Wizard durch die Erstellung deines Accounts führen. Pinterest fragt dich dabei auch nach deinen Interessen. Dies hilft dir später dabei, interessante Pinnwände zu finden. Tatsächlich musst du sogar fünf Interessen auswählen, bevor du weitermachen kannst.

Im nächsten Schritt pflegst du ein paar Informationen in dein Profil ein. Dafür klickst du oben rechts in der Bedienleiste auf den Pfeil und wählst EINSTELLUNGEN aus. Hier wirst du nach ein paar Informationen wie Namen und Website gefragt, die du entsprechend hinterlegst. Außerdem hast du Platz, um einen Profiltext zu formulieren. Dieser sollte darüber informieren, wobei dein Blog anderen Menschen hilft – und zwar am besten mit genau diesem Wort. Du kannst also etwas schreiben wie: »Ich helfe Menschen dabei, die perfekte Reise mit dem Wohnmobil zu organisieren.« Wenn du einen besonders erfolgreichen Artikel hast, kannst du ihn in deinem Profiltext verlinken. Das eignet sich auch gut für das Anteasern von sogenannten Freebies, über die du in Kapitel 14, »Eine Bindung aufbauen mit dem eigenen Newsletter«, mehr erfährst. Ein Profilbild (von dir) solltest du auch noch hochladen. Wenn du die Einrichtung abgeschlossen hast, kannst du mit Pinterest loslegen.

9.5.2   Die ersten Schritte auf Pinterest

Auf Pinterest heftest du in Zukunft zu jedem Blog-Post ein oder mehrere Bilder an, und zwar auf deinen Pinnwänden. Das heißt, du brauchst für den Start ein paar Pinnwände und Pinterest-Bilder für jeden einzelnen Post. Pinnwände kannst du ganz einfach anlegen, indem du

1. rechts oben auf dein Profilbild klickst,

2. in der Mitte rechts das Pluszeichen anklickst und dann PINNWAND auswählst,

3. einen Namen für die Pinnwand eingibst und dann auf ERSTELLEN klickst.

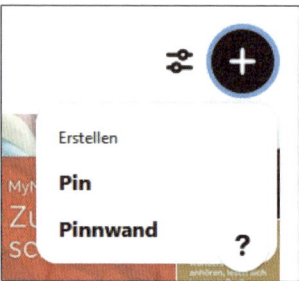

Abbildung 9.7 Eine Pinnwand hinzufügen

Deine Pinnwände sollten thematisch sortiert sein. Du kannst dich an den Kategorien und Unterkategorien deines Blogs orientieren. In Summe solltest du irgendwann auf 20 bis 30 Pinnwände kommen. Für den Anfang sind fünf oder sechs aber auch schon gut. Eine der Pinnwände sollte den Namen deines Blogs tragen. Hier postest du ganz einfach jeden deiner Artikel – und zwar ausschließlich die. Auf die anderen Pinnwände kannst du auch Inhalte andere Autor*innen heften, wenn diese thematisch gut passen.

Als Nächstes brauchst du Bilder für Pinterest. Dafür nimmst du nicht die Artikelbilder deiner Beiträge, weil sie das falsche Format haben. Wenn du dich auf Pinterest umschaust, wirst du feststellen, dass die meisten Bilder hochformatig sind. Diese nehmen in den Streams nämlich mehr Platz ein, weil die Spaltenbreite fest ist, die Zeilenhöhe aber nicht. So werden längliche Bilder besser gesehen.

Pinterest-Bilder kannst du auf Canva erstellen, und zwar einfach anhand einer Vorlage, die du dir dort aussuchst. Die Pinterest-Vorlagen haben schon das ideale Format für deine Bilder. Wie es geht, habe ich dir in Abschnitt 7.7.2, »Bilder bearbeiten«, erklärt.

Du kannst mit einem Bild pro Post anfangen oder auch gleich mehrere verwenden. Wenn du mehrere unterschiedliche Bilder je Blog-Post einbindest, wirst du natürlich gleich deutlich sichtbarer, daher empfehle ich dir drei bis fünf Bilder je Post in unterschiedlichen Designs. Du kannst auch ein oder zwei Bilder einfach mit einem Zitat versehen, das du auf einen bunten Hintergrund schreibst. Diese Bilder sind oft besonders ansprechend.

Abbildung 9.8 Einbindung mehrerer Pinterest-Bilder am Ende der Blog-Posts von Laura Malina Seiler (»lauraseiler.com«)

Nun müssen deine Pinterest-Bilder natürlich noch in deine Artikel eingebunden werden, damit du sie damit beim Anheften verbinden kannst. Du kannst dazu eine der drei folgenden Optionen verwenden:

1. Direkte Einbindung in den Artikel, beispielsweise am Ende des Posts, wie im Beispiel von Laura Malina Seiler (Abbildung 9.8)

   Der Vorteil dieser Variante ist, dass besonders schöne Bilder auch im Artikel sichtbar sind und du beispielsweise direkt dazu aufrufen kannst, sie auf Pinterest anzuheften. Außerdem kannst du hier so viele Bilder unterbringen, wie du möchtest, und hast keinerlei Beschränkungen. Der Nachteil ist allerdings, dass die Bilder geladen werden müssen, was deinen Blog verlangsamt.

2. Einbindung über das Shariff-Plug-in

   Im Beitrag selbst kannst du rechts in der Menüleiste ein Pinterest-Bild hinterlegen. Wenn jemand dann in deinem Artikel den Pinterest-Button von *Shariff* anklickt, wird das ausgewählte Bild geteilt. Der Vorteil ist, dass dein Blog das Bild nicht laden muss. Der Nachteil ist, dass du genau eins hinterlegen kannst.

3. Nutzung von Tasty Pins

   Eine dritte Möglichkeit, Pinterest-Bilder einzubinden, bietet das Plug-in *Tasty Pins* (Abbildung 9.9). Dieses erstellt einen eigenen Abschnitt in deinem Beitrag, den du mit Pinterest-Bildern und – was noch nützlicher ist – mit einem Titel und einem Text für Pinterest füllen kannst.

   So hast du mehrere Bilder eingebunden, einen Text (der sinnvollerweise auch Keywords enthält) vorgegeben, der mit den Pins verbunden wird, und diese Bilder müssen nicht geladen werden. Der einzige Nachteil an Tasty Pins ist, dass es Geld kostet. Besonders gut funktioniert Tasty Pins in Kombination mit der Planungssoftware *Tailwind*, die deine Pins Wochen oder auch Monate im Voraus planen kann. Mit diesen beiden Tools zusammen kannst du ganz einfach jede Menge Pins vorausplanen und täglich 20 oder 30 Mal Pins veröffentlichen, ohne dass du dich ständig darum kümmern musst. Tailwind ist natürlich auch nicht kostenlos. Wenn du Pinterest professionell nutzen willst, solltest du dir die Anschaffung irgendwann überlegen.

Diese Pins teilst du nun entweder mit dem Shariff-Tool, mit Tailwind (wenn du das nutzen möchtest) oder direkt in Pinterest auf deinen diversen Pinnwänden. Ich empfehle dir, jeden Pin auf mindestens drei unterschiedlichen Pinnwänden anzuheften, um möglichst viele verschiedene Menschen anzusprechen. Ergänze den Pin außerdem um einen Text, der sinnvolle Keywords enthält und die Nutzer*innen dazu bringt, auf den Link zu klicken.

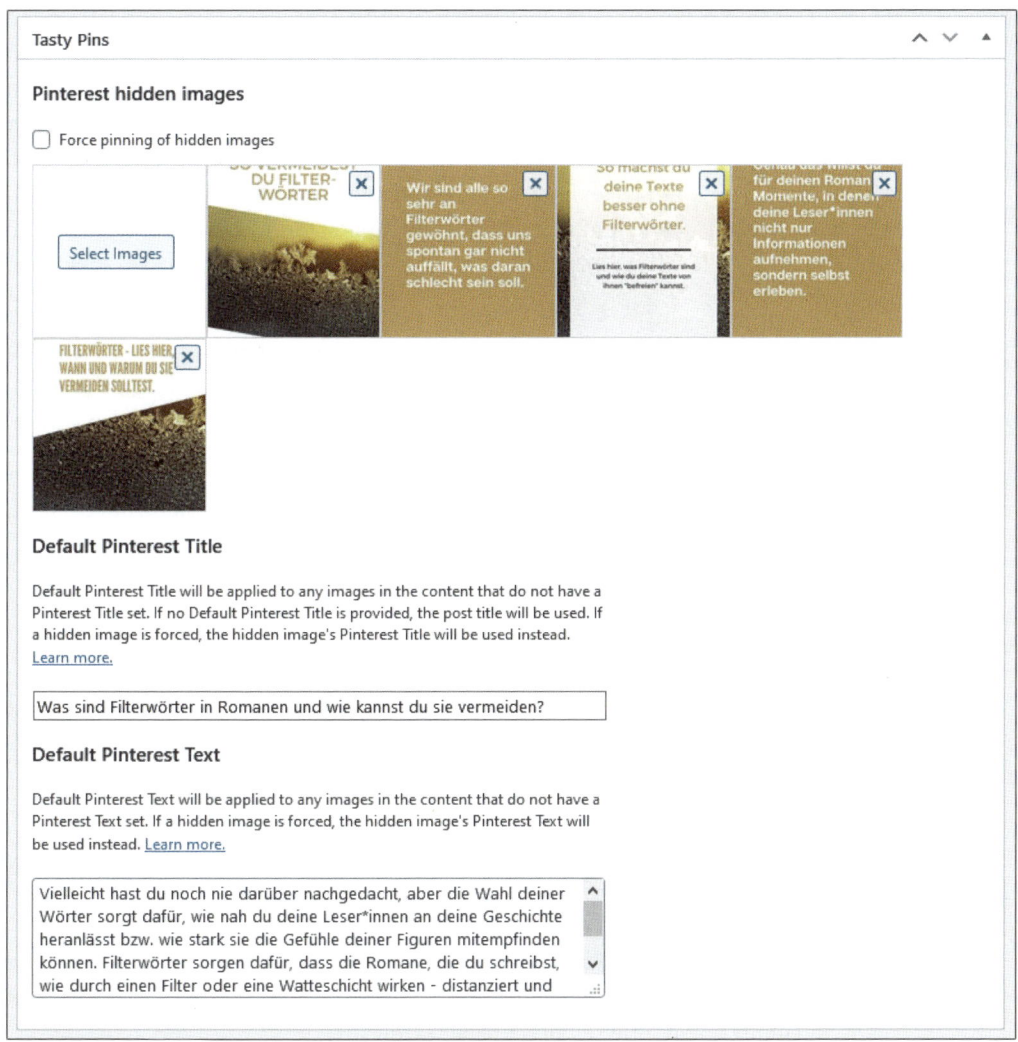

Abbildung 9.9 Tasty-Pin-Einbindung in WordPress

9.5.3 Deine Pinterest-Strategie

Wenn du Pinterest konsequent einsetzt und regelmäßig pflegst, kann es dir dabei helfen, schnell viel Traffic zu bekommen. Die Kombination aus Suchmaschine und Social Media ist aus deiner Sicht ideal: Du musst nicht aktiv auf Menschen zugehen und ihnen, ohne dass sie etwas zu dem Thema wissen wollen, von deinem Blog erzählen. Stattdessen suchen Nutzer*innen nach deinem Thema und finden dich im Idealfall. Außerdem hast du großen direkten Einfluss darauf, was von dir angezeigt wird. Anders als bei Google kannst du die Suchergebnisse selbst bestimmen.

Deine Pinterest-Strategie sollte zuallererst so aufgebaut sein, dass wirklich jeden Tag etwas von dir gepinnt wird. Am besten wirklich ca. 15 bis 20 Mal. Das hört sich viel an, wenn du aber 30 Artikel hast, fünf Bilder pro Artikel und jedes Bild auf drei Pinnwände heftest, kommst du damit schon einen knappen Monat aus. Natürlich solltest du auch all deine neuen Bilder an deine Pinnwände bringen. Wenn du noch nicht genügend eigene Artikel hast, schau dir einfach mal an, was andere in deinem Bereich so posten – und hefte auch das auf deine Pinnwände. So werden die Wände relevanter für deine Nutzer*innen, ohne dass du erst 100 Artikel schreiben musst.

Auch in Pinterest kannst du Hashtags benutzen. Allerdings haben diese nicht die gleiche Wirkung wie auf Twitter oder gar auf Instagram. Sie sind eher nice to have. Konzentriere dich lieber darauf, mehr Bilder und bessere Beschreibungen zu liefern.

Du kannst in Pinterest auch anderen Nutzer*innen folgen, und manche werden dir sicher zurückfolgen. Da Pinterest aber eher wie eine Suchmaschine funktioniert, hast du nicht wirklich etwas davon.

9.6   Businessportale

Auch Xing und LinkedIn können eine sinnvolle Social-Media-Ergänzung für deinen Blog sein, vor allem dann, wenn es auf dem Blog um Businessthemen geht.

Xing war lange Zeit das führende Businessportal im deutschsprachigen Raum. Je internationaler die Kontakte einzelner Menschen jedoch wurden, desto weniger Gewicht hatte dieses Netzwerk. Trotzdem kannst du es nach wie vor nutzen, um Gleichgesinnte zu finden und diese über deine Themen zu informieren.

Während LinkedIn lange Jahre vor allem im englischsprachigen Raum eingesetzt wurde und viele Menschen hierzulande gar keinen Account hatten, erlebt es jetzt gerade in Deutschland eine regelrechte Blütezeit.

Businessportale funktionieren ähnlich wie Facebook, nur eben im Businesskontext. »Businesskontext« kann dabei sehr weit gefasst sein. Es gibt Personal Trainer, die nach Kund*innen suchen, Solo-Selbstständige, die ihre Produkte vorstellen, Start-ups, die ihre Erfolge teilen.

Um auch dazuzugehören, legst du dir einen Account für das Portal deiner Wahl an, wenn du noch keinen hast, und pflegst dein Profil. Hier hast du die Chance, detailliert deine Fertigkeiten zu zeigen, und das solltest du nutzen. Gib also wirklich alles an, was du kannst – und auch alles, was mit deinem Blog zu tun hat. Du kannst dich nun dort auf die Suche nach Menschen begeben, für die dein Blog interessant sein könnte. Das sind wahrscheinlich Menschen, die in diesem Bereich arbeiten oder die ein Interesse an dir als Blogger*in haben könnten. Schreibe diese Menschen mit einer kurzen Notiz an. Da wir es gewohnt sind, im Businesskontext schnell und oberflächlich Kontakte zu knüpfen, werden die meisten wahrscheinlich annehmen. Zu einigen wird sich vielleicht auch ein engerer Kontakt ergeben.

Über deinen Blog informieren kannst du einfach, indem du deine Artikel teilst. Tatsächlich ist das bisher auf den Businessplattformen sehr verbreitet, und viel mehr wird gar nicht erwartet. Reagiere auch auf die geteilten Artikel deiner Kontakte und hinterlasse hier und da einen Kommentar. So sorgst du dafür, dass du im Gedächtnis bleibst – und dass deine Kontakte sich gegebenenfalls bei dir revanchieren.

Wie gesagt, du solltest hier nur Zeit investieren, wenn dein Thema zu den Portalen passt, wenn du zum Beispiel einen Karriere-Blog hast oder Selbstständigen mit freiberuflichen Dienstleistungen hilfst. Ansonsten wendest du viel Energie auf, um die falsche Zielgruppe anzusprechen.

9.7   Immer präsent dank Planungstools für Social Media

Alle Social-Media-Kanäle haben gemein, dass du regelmäßig auf ihnen aktiv sein solltest, um von deinen Followern als relevant wahrgenommen zu werden und eine echte Bindung zu ihnen aufzubauen. Regelmäßige Aktivität im Account lässt sich durch nichts ersetzen, da es wichtig ist, auf Kommentare und Anfragen zeitnah zu reagieren. Allerdings kannst du manche Posts im Voraus planen. Abhängig vom jeweiligen Social-Media-Kanal bieten sich unterschiedliche Tools dafür an. Die Anschaffung eines solchen Tools ist immer mit Kosten verbunden, und sie lohnt sich eigentlich erst dann, wenn du einen Kanal richtig professionell betreiben willst und dafür ein spezielles Tool nutzt (wie zum Beispiel Tailwind für Pinterest) oder wenn du mehrere Social-Media-Kanäle betreibst und sie miteinander abgleichen und dir Arbeit sparen willst. Beides ist also sinnvoll, wenn du schon erste Social-Media-Erfahrungen gesammelt hast. Startest du gerade, solltest du das Thema zurückstellen.

MeetEdgar bietet Planungsmöglichkeiten für Facebook, Instagram, LinkedIn, Twitter und Pinterest und deckt damit quasi alles ab, was ich in diesem Kapitel vorgestellt habe. Wenn du eine besonders umfassende Lösung suchst, ist dieses Tool wahrscheinlich das richtige für dich. Das Tool bietet auch Unterstützung dabei, deine Posts zu kategorisieren und schneller zu erstellen. Du kannst alte Beiträge wiederverwerten und erhältst Informationen über die Leistung deiner Posts. Das Tool ist sehr umfangreich, sehr praktisch und ziemlich teuer. Wie die meisten Programme, die du als Unterstützung für das Online-Marketing nutzt, gibt es auch MeetEdgar ausschließlich im Abo.

Hootsuite kann sogar noch mehr Social-Media-Kanäle verwalten und erlaubt dir zusätzlich, auf YouTube zu posten. Du kannst in einer Kalenderansicht ganz einfach die verschiedenen Kanäle miteinander abstimmen und siehst auf einen Blick, was an welchem Tag gepostet wird. Die Bearbeitung der Posts ist nicht so komfortabel wie bei MeetEdgar, dafür ist das Tool in der Businessvariante aber günstiger als MeetEdgar in der Pro-Version.

Das dritte Tool, das alle fünf vorgestellten Plattformen bedienen kann, ist *Buffer*. Du hast auch hier eine Kalenderansicht und außerdem Zugriff auf Statistiken, die dir dabei helfen, dein Social-Media-Marketing weiter auszubauen. Buffer ist das teuerste der Tools, wenn du mehr als 100 Posts pro Monat planen willst – was du ja allein schon mit Pinterest leicht erreichst.

Tipp

Facebook besitzt übrigens eine eigene Planungsfunktion, die du auch bevorzugt benutzen solltest, weil du dort mehr Optionen hast als in externen Tools.

9.8   Spezielle Plattformen für spezielle Anforderungen

Natürlich ist Social Media ständig im Wandel. Neben den hier vorgestellten Plattformen gibt es einige weitere, die für dich eventuell auch interessant sein können. Da jeder Social-Media-Kanal mehr Arbeit verursacht und manche nur für spezielle Themen interessant ist, reiße ich ein paar der übrigen in diesem Kapitel nur kurz an.

9.8.1   Reddit

Reddit ist ein Nachrichtendienst, der Nutzer*innen erlaubt, ihre eigenen Nachrichten zu erstellen und mit anderen zu teilen. Das können Texte oder Links sein, und das Ganze ist aufgebaut wie ein riesiges Forum mit zahlreichen Unterforen – den sogenannten Subreddits. Du kannst auf Reddit suchen und lesen, auch ohne dass du einen Account besitzt. Die Startseite erinnert am ehesten an Facebook. Du findest alles, was Nutzer*innen interessant genug zum Teilen fanden – und das kann absurd bis creepy sein.

Wenn du jedoch die für dich passenden Subreddits findest, kannst du deine eigenen Themen dort posten und vielleicht eine Diskussion auslösen. Das macht vor allem Sinn, wenn du zu aktuellen Themen schreibst.

9.8.2   TikTok

TikTok ist der kommende Stern am Social-Media-Himmel – wobei für die ganz junge Generation dieser Kanal auch schon ein alter Hut ist. Die Plattform ist aus der App *Musically* entstanden, auf der Jugendliche zu bekannter Musik ihre eigenen Videos drehen konnten. Es ging anfangs vor allem ums Tanzen und ums Playback-Singen. Mittlerweile nutzen mehr als eine Milliarde Menschen weltweit TikTok, und das sind natürlich nicht nur tanzende Kids. Den Musically-Hintergrund merkt man TikTok aber immer noch an: Kurze Videos, die meist mit Musik hinterlegt sind, zeigen vor allem visuell ihre Botschaft. Die kann lustig sein, ernst oder künstlerisch. Viele TikTok-Videos erlangen auch Bekanntheit dadurch, dass sie in den anderen Social-Media-Kanälen geteilt werden. Sie sind kurz und unterhaltsam und sprechen deswegen viele Menschen an – und längst nicht mehr nur die junge Zielgruppe.

TikTok nutzt du wie Instagram am besten über das Smartphone. Die Videos sind normalerweise mit der Selfie-Kamera des Handys aufgenommen und daher im Hochformat. Du kannst in der App selbst dein Video bearbeiten, schneiden, aus Teilen zusammenfügen, mit Filtern und Text versehen. Wenn du wirklich professionelle Videos erstellen willst, brauchst du für 15 bis 20 Sekunden deutlich mehr Zeit. Die hohen Interaktionszahlen können diesen Aufwand aber schnell rechtfertigen.

9.8.3   YouTube

Längere Videos, in denen du umfangreich etwas zu einem Thema erklären möchtest, postest du am besten auf YouTube. Du kannst deinen YouTube-Kanal und deinen Blog miteinander verknüpfen – und das solltest du natürlich auch, wenn du tatsächlich beides betreibst. Gute Videos herzustellen, ist jedoch sehr aufwendig. Ich empfehle dir daher, entweder einen Blog oder einen YouTube-Kanal zu gründen und dich dann darauf zu konzentrieren. Du sprichst mit beidem unterschiedliche Zielgruppen an und musst verschiedene Fertigkeiten besitzen.

Was du jedoch gut tun kannst, ist, hin und wieder Videos zu erstellen, sie auf YouTube hochzuladen und in deinen Blog einzubinden. Videos werten Blog-Artikel sehr auf und erhöhen die Verweildauer deiner Leser*innen. Auf diese Weise bleibt dein Fokus auf deinem Blog, du nutzt aber gleichzeitig die Vorteile des Mediums Video – ohne dich dort zu noch mehr zu verpflichten.

10 Der nachhaltige Weg: In Suchmaschinen ranken

Du weißt nun, wo du deine Zahlen findest. Jetzt lernst du, wie du sie in die richtige Richtung bewegst – und zwar mithilfe von Google.

Die verschiedenen Suchmaschinen und vor allem Google haben das Ziel, Suchenden die bestmöglichen Ergebnisse für ihre Suchen zu bringen. Es gibt sehr viele Anleitungen, um einen suchmaschinenoptimierten Text zu schreiben (und auch Plug-ins, die dabei helfen). Du kannst nun einfach ein paar Regeln auswendig lernen und befolgen (und das solltest du auf jeden Fall tun). Noch wichtiger ist aber, die Funktion von Suchmaschinen zu verstehen.

10.1 Wie Google & Co. funktionieren

Google optimiert ständig seinen Suchalgorithmus – und die Regeln, die heute gelten, passen morgen vielleicht nicht mehr. Es sei denn, du hast das der Regel zugrunde liegende Prinzip verstanden. Und genau das sollte immer dein Ziel sein.

Der Begriff *Search Engine Optimization* und seine Abkürzung *SEO* sind schon ein paar Mal gefallen. Gemeint ist damit, dass du deine Texte so schreibst, dass Suchmaschinen sie finden, richtig einordnen und möglichst weit oben in den passendsten Suchanfragen anzeigen. Wie wichtig das ist, stellst du fest, wenn du langsam mit einem wichtigen Keyword in den Rankings nach oben kletterst. Google veröffentlicht die Zahlen natürlich nicht, aber du kannst davon ausgehen, dass die Hälfte aller Suchenden den Link anklickt, der auf Platz eins im Ranking erscheint. Schon bei Platz zwei wird dieser Anteil deutlich geringer, auch wenn gerade bei intensiven Recherchen Menschen häufig mehrere Links anklicken.

> **Hinweis**
>
> Auf Platz eins in Google zu ranken, heißt übrigens nicht, dass dein Blog wirklich ganz oben angezeigt wird. Denn Google gestaltet die Suchergebnisseite nach den eigenen Bedürfnissen immer wieder anders. Ganz oben können zum Beispiel bezahlte Anzeigen sein, wenn es für das Keyword welche gibt. Manche Anzeigen erscheinen auch mit Bildern, sodass sie noch mehr Raum einnehmen. Wenn du regional suchst, also beispielsweise einen Ortsnamen eingibst, kommt oft noch eine Karte aus Google Maps, die die

nächsten Geschäfte zum Thema anzeigt (Abbildung 10.1). Bei Fragen werden häufig als Antwort sogenannte Rich Snippets ganz oben präsentiert (Abbildung 10.2), die einen kurzen Auszug aus einer Website darstellen. Auch diese gelten nicht als Ranking-Platz. Es kann also sein, dass du zwar auf Platz eins rankst, aber trotzdem kaum Traffic bekommst, weil deine Ergebnisse gar nicht von den Suchenden gesehen werden.

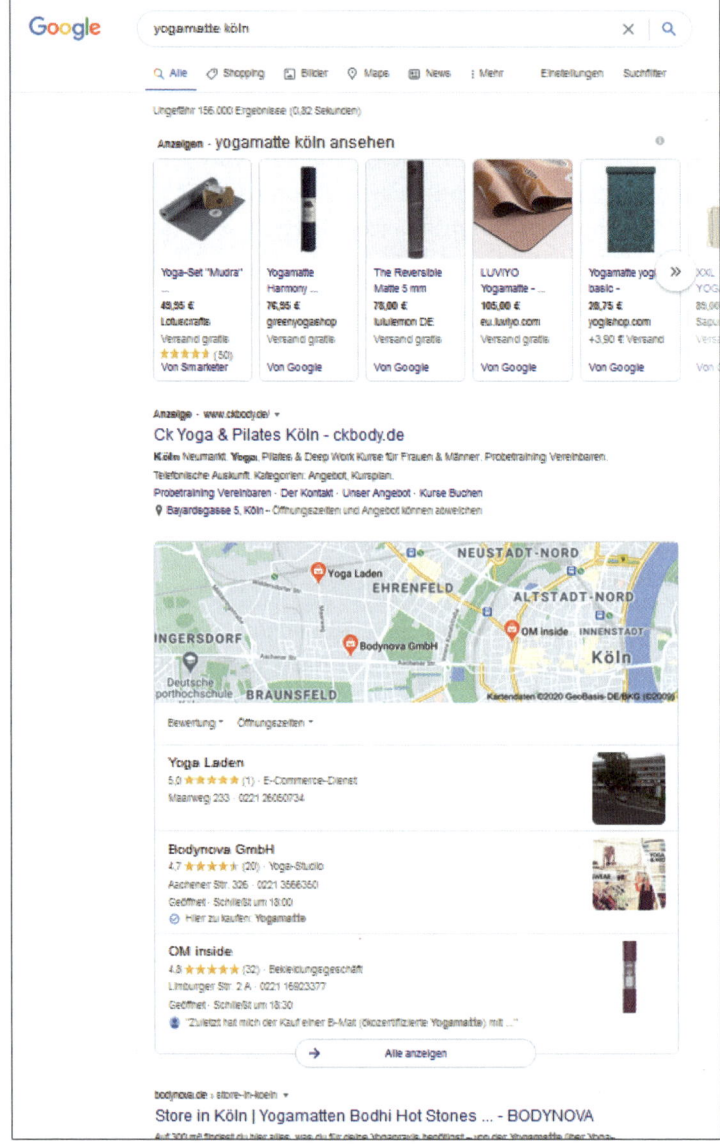

Abbildung 10.1 Google-Suchergebnis für das Keyword »yogamatte köln«: Das erste organische Keyword ist auf einem normalen Bildschirm gar nicht mehr zu sehen.

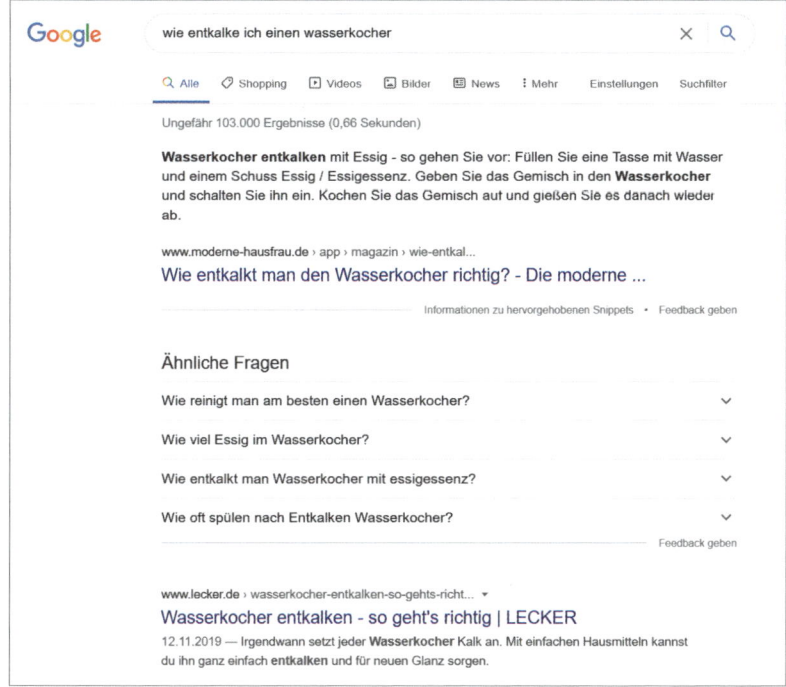

Abbildung 10.2 Suchergebnis mit sogenanntem Rich Snippet ganz oben und ähnlichen Fragen. Das erste organische Ergebnis liegt wieder außerhalb einer Bildschirmhöhe.

Unabhängig davon, dass Platz eins nicht Platz eins ist, möchtest du natürlich so hoch wie möglich in den Suchergebnissen ranken. Denn der Traffic, den du von dort bekommst, ist zum einen kostenlos, und zum anderen kommt täglich neuer. Wenn du ein gutes Ranking hast, solltest du dich zwar nicht darauf ausruhen, aber trotzdem musst du Google nicht jeden Tag aufs Neue befeuern – wie es zum Beispiel bei Facebook der Fall ist, wenn du von dort dauerhaft Traffic erhalten willst. Und um gut zu ranken, musst du verstehen, wie die Platzvergabe auf Google überhaupt zustande kommt.

Dies geschieht durch einen *Algorithmus*, den Google nicht bekannt gibt und der sich auch immer wieder ändert. Wenn du dich intensiver mit Suchmaschinenoptimierung beschäftigst, wird dir das Wort Algorithmus immer wieder begegnen. Denn auch wenn er nicht bekannt gegeben wird, ist doch zumindest klar, dass er nach bestimmten Kriterien funktioniert, die man durch Beobachten vielleicht herausfinden kann. Google gibt den Algorithmus unter anderem nicht frei, weil sich sonst SEO-Profis darauf stürzen würden und es kaum noch Chancen für Seiten wie deine gäbe, ebenfalls zu ranken. Stattdessen stürzen sich die SEO-Profis darauf, zu versuchen, die Regeln der Platzvergabe zu verstehen und nachzubilden. Da es so viele Websites im Netz gibt, gelingt das teilweise auch: Man kann Dinge testen und schauen, was gut funktioniert. Am besten hilft es aber, Google bei deren Ziel zu unterstützen. Und dieses Ziel ist ganz einfach: Google will eine richtig gute Suchmaschine sein und denjenigen, die etwas dort suchen, möglichst relevante Ergebnisse liefern. Also gerade keine künstlich optimierten Texte von SEO-Agenturen. Wenn deine Texte gut geschrieben sind und deinen Leser*innen genau die Informationen bieten, die sie suchen, hast du also gute Chancen, von Google dafür belohnt zu werden.

Es gibt übrigens immer wieder Updates, die Google dabei helfen sollen, noch bessere Suchergebnisse zu liefern und die Bedürfnisse der Suchenden noch besser widerzuspiegeln. Allein deswegen ist es nicht sinnvoll, stur irgendwo aufgeschnappte SEO-Regeln anzuwenden, ohne sich darüber Gedanken zu machen, was das genau mit dem Text macht. Die wichtigste Regel für dich sollte daher immer lauten: Schreibe Texte, die die Menschen gerne lesen und von denen sie profitieren. Menschen, die lange auf der Website verweilen, die verschiedene Seiten anklicken und die mehrfach wiederkommen, sind für Google der beste Indikator für die Qualität einer Seite.

In diesem und den folgenden Kapiteln ist immer wieder nur von Google die Rede. Es gibt natürlich noch andere Suchmaschinen wie Bing oder DuckDuckGo. (Ecosia ist ebenfalls sehr verbreitet, nutzt aber ganz einfach den Algorithmus von Bing.) Allerdings schätzt Statista den Marktanteil von Google bei der Desktopsuche auf rund 72 % und bei der mobilen Suche auf 92 %.[1] Die Marktanteile sind 2020 zwar im Vergleich zu 2019 gesunken. Trotzdem macht Google nach wie vor den größten Anteil aller Suchen aus. Und wenn du dich daran hältst, deine Seite im Hinblick auf deine Leser*innen zu optimieren, guten Content zu liefern und dafür zu sorgen, dass technisch alles funktioniert, werden das auch die anderen Suchmaschinen honorieren. Die haben im Zweifel nämlich das Rad nicht neu erfunden, sondern orientieren sich am Marktführer – wie ihre Suchenden eben auch.

Tipp

Schreibe für deine Leser*innen. Die Suchmaschinen werden folgen.

Es ist gut, wenn du weißt, worauf Suchmaschinen achten und was sie bevorzugen oder auch abstrafen. Das hilft dir dabei, bessere Texte zu schreiben. Du solltest deine Artikel aber immer so schreiben, dass Menschen sie gut finden. Wenn du also die Wahl hast, deinen Text besser für andere zu gestalten oder ihn für eine Such-

---

1   *https://de.statista.com/statistik/daten/studie/222849/umfrage/marktanteile-der-suchmaschinen-weltweit*

maschine anzupassen, entscheide dich immer für die erste Option. Die Änderungen, denen der Suchalgorithmus gerade von Google ständig unterzogen wird, geschehen nämlich nicht nach dem Zufallsprinzip, sondern streng danach, was den Suchenden am besten gefällt. Stück für Stück arbeitet Google daran, das noch besser maschinell abzubilden.

Aber wie kommst du überhaupt auf einen der vorderen Plätze? Schließlich sind die schon alle belegt, oder? Ganz einfach: Google testet immer mal wieder neue Seiten aus und schaut, wie diese bei Suchenden ankommen. Für ein oder zwei Tage rankt deine Seite plötzlich sehr gut, ohne dass du etwas an ihr geändert hast. Google testet gerade aus und beobachtet: Wird die Seite angeklickt? Bleiben die Menschen lange auf der Seite? Oder brechen sie den Besuch nach wenigen Sekunden ab und setzen die Suche fort? Google kann das genau messen und daran erkennen, ob die Leute deinen Blog mögen. Und wenn sie das tun, schickt Google noch mehr Menschen auf deine Seite – die wiederum Google das Signal geben (können), dass dein Blog sich lohnt. Das setzt sich immer weiter so fort, bis du schließlich auf einem der vorderen Plätze landest. Im Idealfall.

Wenn dir also jemand den Tipp gibt, dass du für Google unbedingt bestimmte Regeln einhalten musst, auch wenn es sich komisch anhört, höre bitte nicht auf diese Person. Das Ziel von Suchmaschinen ist, das Beste für deine Leser*innen zu finden. Wenn du das von vornherein beachtest, werden die Suchmaschinen das irgendwann auch merken.

Am besten gehst du daher in dieser Reihenfolge vor:

1. Schreibe einen richtig guten Text für die Menschen, die deinen Blog lesen (richte dich da am besten nach den Tipps in Kapitel 7, »Bloggen heißt schreiben: Schreibtipps für den Blog«).

2. Pflege für die Suchmaschinen genau die Dinge ein, die deinen Text nicht verschlechtern. Ändere nichts, was eine negative Auswirkung für deine Leser*innen haben kann.

Dabei ist natürlich nichts Pflicht. Verzichte lieber auf Anpassungen, die du nur für Google vornimmst, wenn sie deinen Artikel für die Menschen schlechter machen.

10.2   Zehn Faktoren, auf die Suchmaschinen achten

Stell dir vor, du bist im Urlaub. Du machst einen Ausflug mit einer Gruppe und ihr verlauft euch. Dummerweise sprecht ihr die Sprache eures Urlaubslands nicht, also könnt ihr niemanden nach dem Weg fragen. Nach ein paar Minuten ziellosen Herumirrens findest du ein Schild. Du vermutest, dass es die Informationen enthält, die ihr sucht. Leider ist der Text auf dem Schild sehr lang. Und die Schriftzeichen sagen dir überhaupt nichts. Deine Mitreisenden haben in der Zwischenzeit entschieden, dass du dich darum kümmern wirst, das Schild zu entziffern. Schließlich hast du es ja auch gefunden. Und sollst ihnen nun sagen, worum es da geht. Am besten sofort.

Klingt stressig? Google & Co. machen das rund 100.000 Mal. Pro Sekunde. (Google macht das natürlich nicht in Echtzeit, während jemand nach dem Begriff sucht. Tatsächlich durchsucht (crawlt) Google permanent das Internet nach neuen Seiten und matcht diese zu möglichen Suchanfragen, sodass in Echtzeit »nur« auf eine Datenbank zurückgegriffen werden muss.) Suchmaschinen müssen erkennen, ob Texte bestimmte Informationen enthalten und ob diese Informationen zu bestimmten Suchanfragen passen. Dabei verstehen Suchmaschinen die Texte nicht, die sie analysieren. Genau wie du im Urlaub, wenn du das Schild nicht lesen kannst, aber wissen musst, was draufsteht.

Für Google ist das ein wenig leichter als für dich, weil Google auf alle möglichen Lexika zugreifen kann. Und auch auf andere Daten. Im Folgenden erkläre ich dir aus Sicht der Suchmaschine, wie sie versucht, einen Text zu verstehen und vor allem zu bewerten. Wenn du das verstanden hast, weißt du auch, wie du schreiben musst, um besser gefunden zu werden.

Nehmen wir an, dass jemand den Suchbegriff »Bedienungsanleitung Staubsauger« in Googles Suchfeld eingibt. Um zu beurteilen, ob eine Website zu diesem Suchbegriff passt, beantwortet Google Schritt für Schritt die folgenden Fragen. Und aus diesen Fragen kannst du ableiten, wie du am besten deine Artikel schreibst.

10.2.1   Wie lang ist der Text?

Wenn du eine Bedienungsanleitung für einen Staubsauger in einer fremden Sprache suchst und gerade mal weißt, was »Staubsauger« heißt, kannst du mit einem einfachen Schritt schon mal alle unbrauchbaren Texte aussortieren: Wenn ein Text nur zwei Sätze lang ist, kann er keine sinnvolle Anleitung enthalten.

Google bewertet lange Texte daher meistens besser. 300 Wörter sollten deine Texte in der Regel schon haben, damit sie für Google interessant werden. Noch länger ist noch besser. Ich selbst versuche immer, mindestens 1.000 Wörter zu Themen zu schreiben, mit denen ich ranken will. 2.000 Wörter sind sogar noch besser. In Kapitel 7, »Bloggen heißt schreiben: Schreibtipps für den Blog«, bin ich auf das Thema »lange Texte« schon ausführlich eingegangen. Dort findest du auch Tipps dazu, wie du dir das Schreiben leichter machen kannst.

Google findet lange Texte nicht ohne Grund besser. Sie haben nämlich auch für deine Leser*innen einen wichtigen Vorteil: Du gibst ihnen viel mehr Informationen.

Und du gehst zu einem Thema so richtig in die Tiefe. Das bedeutet, du lieferst ihnen Wissen, das sie woanders nicht finden. Wenn du dir nämlich vornimmst, zu einem Thema 1.000 Wörter zu schreiben, und nach 400 Wörtern hast du alles Oberflächliche schon geschrieben, bleibt dir ja fast nichts anderes übrig, als mehr Details und Wissen zu vermitteln.

10.2.2   Steht der Suchbegriff im Text?

Suchmaschinen wissen nicht, was ein Staubsauger ist. Aber sie wissen, wie das Wort Staubsauger aussieht. Also schauen sie zunächst in deinem Text nach, ob der Begriff »Bedienungsanleitung Staubsauger« darin vorkommt. Wenn er häufig vorkommt, ist das gut. Denn offensichtlich schreibst du dann verschiedene Informationen zum Thema. Allerdings solltest du es mit der Keyword-Dichte (= Häufigkeit deines Keywords geteilt durch die Anzahl der Wörter im Text) auch nicht übertreiben. Das wirkt nämlich in den meisten Fällen nicht mehr natürlich. Es gibt hierzu natürlich Ausnahmen, zum Beispiel wenn der Name einer Stadt das Keyword ist. Hier fällt der Begriff ganz automatisch häufiger. Eine gute Keyword-Dichte liegt bei etwa 1 %. Das bedeutet, in den 1.000 Wörter langen Artikeln, die du ab jetzt ja immer schreibst, kommt dein Keyword idealerweise zehnmal vor. Zwölfmal ist auch in Ordnung. Achtmal auch. Einmal ist zu wenig und 20-mal deutlich zu viel.

Damit dein Text natürlich klingt und du nicht krampfhaft dein Keyword unterbringst, versuche am besten, es gleichmäßig über den Text zu verteilen. Das mögen die Menschen auf deiner Website, weil sich der Text ganz normal liest, und Google mag es aus demselben Grund. Es gibt auch ein paar Stellen, an denen dein Keyword auf jeden Fall stehen sollte, wenn du das in deinem Text sinnvoll einrichten kannst. Das sind:

▸ dein Titel (dort prüft Google als Erstes, worum es in dem Text gehen könnte),

▸ der erste Absatz deines Texts (wie in einem Lexikon),

▸ die URL des Artikels und

▸ mindestens eine Zwischenüberschrift (aber nicht in allen, das ist wieder zu viel des Guten).

Es gibt Plug-ins, die dich dabei unterstützen können, SEO-konform zu schreiben. Diese zählen auch, wie oft du dein Keyword verwendet hast, und zeigen dir an, wenn du es zu häufig oder zu selten verwendest. Das bekannteste und am weitesten verbreitete dieser Plug-ins hast du bereits am Anfang installiert, wenn du meinen Empfehlungen gefolgt bist: Es heißt *Yoast* und ist in der (vollkommen ausreichenden) Basisvariante kostenlos. Mehr zu Yoast findest du in Abschnitt 10.3, »Ganz einfach SEO-optimiert schreiben mit den passenden Plug-ins«.

10.2.3   Stehen Synonyme im Text?

Google sucht mittlerweile nicht nur nach dem genauen Suchbegriff, sondern auch nach Synonymen und ähnlichen Wörtern. Du kannst dein Keyword also getrost konjugieren oder deklinieren und zum Beispiel in den Plural setzen. Du darfst Füllwörter zwischen zusammengesetzten Suchbegriffen platzieren und zum Beispiel »Bedienungsanleitung für einen Staubsauger« schreiben statt »Bedienungsanleitung Staubsauger«. Auch »Anleitung Staubsauger« wird richtig erkannt und sogar das viel üblichere »Gebrauchsanleitung« (Abbildung 10.3).

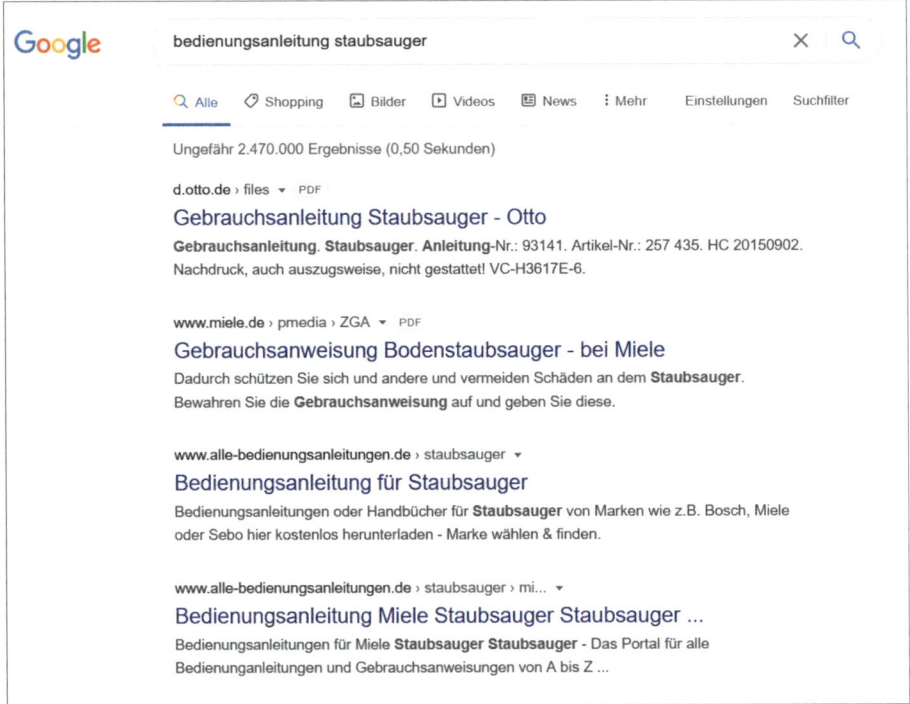

Abbildung 10.3 Suchergebnisse für das Keyword »bedienungsanleitung staubsauger«

Überlege dir also gute Synonyme für das Keyword, für das dein Artikel ranken soll. Google erkennt sie – und für deine Leser*innen wird der Text dadurch abwechslungsreicher und besser.

10.2.4   Wie ist der Text aufgebaut?

Damit die Menschen aus deinem Text möglichst schnell schlau werden, brauchst du eine gute Textstruktur. Suchmaschinen können erkennen, wie gut deine Struktur ist. Und zwar an folgenden Eigenschaften:

▸ Es gibt genau eine Hauptüberschrift (mit der Formatvorlage H1 formatiert). Das ist dein Titel. Idealerweise enthält er wie gesagt dein Keyword. Auch wenn WordPress das über einen kleinen Umweg möglich macht: Formatiere bitte keine Zwischenüberschrift in deinem Artikel mit der Formatvorlage H1.

▸ Dein Text ist in Absätze gegliedert, die nicht zu lang sind.

▸ Es gibt mehrere Zwischenüberschriften, von denen mindestens eine dein Keyword enthält.

▸ Du schreibst in einem gut verständlichen Stil, vermeidest Schachtelsätze und passive Formulierungen.

All diese Punkte helfen Menschen dabei, deinen Text leichter auf einen Blick zu erfassen und die Informationen zu finden, die sie gerade suchen. Deswegen bewertet auch Google sie positiv.

10.2.5 Wie ist die Website insgesamt aufgebaut?

Der Artikel, auf den Google Suchende leitet, steht nicht einfach so allein im Internet. Er ist Teil deines Blogs mit vielen verschiedenen Unterseiten. Und auch die sind für Google relevant. Wenn du noch mehr gute Artikel zu ähnlichen Themen auf deiner Website hast, erkennen Suchmaschinen das und bewerten es als positiv. Aus Leser*innensicht ist das genauso: Je mehr gute Artikel du aus einem Themenbereich veröffentlichst, desto mehr bist du ganz offensichtlich Expert*in für dein Thema.

Wichtig ist aber auch, wie die Artikel auf deiner Seite miteinander verbunden sind. Am besten hast du über den gesamten Blog hinweg eine gut erkennbare Struktur. Das heißt: Deine Website braucht Kategorien (und vielleicht auch Unterkategorien).

Ich bleibe mal beim Staubsauger: Wenn du einen Blog über Haushaltsgeräte betreibst, könntest du zum Beispiel die Kategorien Tests, Kaufempfehlungen und Bedienungsanleitungen anlegen. Oder auch Groß- und Kleingeräte. Jeder Artikel auf deinem Blog wird dann genau einer Kategorie zugeordnet.

Richtig oder falsch gibt es da nicht. Wichtig ist, dass die Kategorien für deine Leser*innen sinnvoll sind. Und dass neue Besucher*innen sich dadurch gut auf deiner Website zurechtfinden. Du kannst das auch mit deiner Familie oder mit Bekannten testen. Frage sie einfach, welche Kategorien sie auf deinem Blog erwarten würden. Die übernimmst du dann natürlich nicht einfach. Stattdessen sammelst du verschiedene Kategorievorschläge ein und baust dir daraus eine Struktur, die du für sinnvoll hältst. Natürlich nicht für dich, sondern für die Menschen, die den Blog besuchen.

Eine gute Struktur führt fast automatisch dazu, dass du Artikel miteinander verlinkst – und zwar am besten in einer Richtung, also von der Kategorieseite zu den einzelnen Artikeln. Solche Links geben deinen Artikeln noch mehr Gewicht. Die Menschen finden sie so schneller auf deiner Webseite, und die Suchmaschinen erkennen, dass du hier so etwas wie eine Wissensdatenbank aufbaust. Am besten baust du von Anfang an deine URLs auch entsprechend deiner Struktur auf:

www.DeineDomain.de/Kategorie/Artikel

oder auch

www.DeineDomain.de/Kategorie/Unterkategorie/Artikel

Der Vorteil: Man erkennt schon anhand der URL deines Artikels die Struktur deines Blogs.

Ein Beispiel: Du schreibst einen Artikel über Cafés in Berlin auf deinem Reise-Blog *nochnereise.de*. Die URL könnte entweder lauten:

www.nochnereise.de/top-10-cafes-in-berlin/

oder

www.nochnereise.de/staedte-tipps/top-10-cafes-in-berlin/

oder

www.nochnereise.de/staedte-tipps/berlin/top-10-cafes-in-berlin/

An der dritten URL kannst du schon erkennen, dass es wahrscheinlich auch für andere Städte Artikel gibt. Und dass es außerdem nicht nur Städtetipps, sondern wahrscheinlich auch Tipps für Rundreisen oder Ähnliches gibt. Natürlich könntest du auch hier die Kategorien anders aufbauen und zum Beispiel »Essen & Trinken« als eine Kategorie anlegen. Richtig ist immer das, was am besten passt.

Ein weiterer Vorteil an verschiedenen Kategorien ist, dass auch die Kategorieseiten bei Google ranken können. Du verschaffst dir damit also mehr Möglichkeiten, von Suchenden gefunden zu werden. Einstellen kannst du das Ganze in WordPress unter EINSTELLUNGEN • PERMALINKS. Die meisten Blogger*innen wählen hier etwas aus den vorgeschlagenen Optionen aus. Du kannst aber auch eine benutzerdefinierte URL anlegen (Abbildung 10.4).

Ganz wichtig: Wenn du deine URLs änderst, verweisen alle Links, die du bisher gesetzt hast, ins Leere. Wie ich im letzten Kapitel erklärt habe, ist das sehr schlecht für deinen Blog. Du kannst aber mit dem Plug-in *Redirection* Verweise erstellen und die alten auf die neuen URLs umleiten lassen.

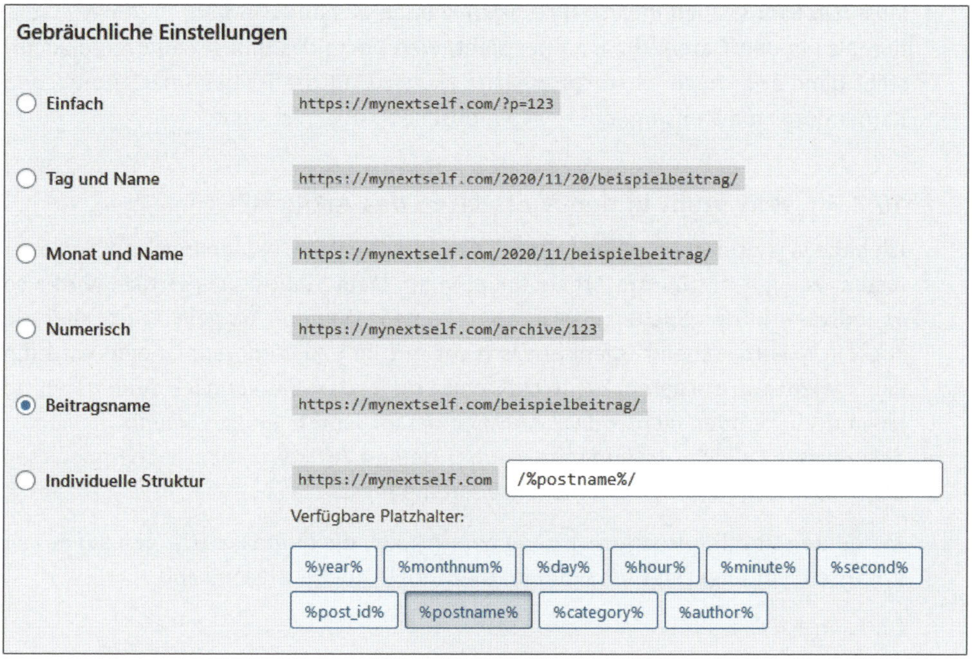

Abbildung 10.4 Permalink-Struktur in WordPress anpassen

Wenn du Redirection bereits installiert und aktiviert hast, kannst du unter WERK-ZEUGE • REDIRECTION dauerhafte Umleitungen angeben. Klicke hier einfach auf NEUE ANLEGEN, gib dann die alte und die neue URL an und richte die Umleitung ein.

Noch einfacher wird es, wenn du unter OPTIONEN anlegst, dass das Plug-in deine URLs überwachen und automatisch Umleitungen erstellen soll (URL-Monitor). Zu viel solltest du dennoch nicht an deinen URLs herumändern, weil du nicht automatisch deine Google-Rankings übernimmst.

Ähnlich wie Kategorien funktionieren auch Schlagwörter (Tags). Diese kannst du ebenfalls deinem Artikel zuweisen. Der Unterschied ist, dass du jedem Artikel mehrere Tags zuweisen kannst und solltest. So bestimmst du für Google und deine Leser*innen genauer, worum es in deinem Text geht. Mehr als fünf oder sechs Schlagwörter solltest du nicht pro Artikel vergeben.

10.2.6   Gibt es mehr als nur Text?

Selbst Google weiß längst, wie sehr Menschen auf Bilder stehen. Es ist ja auch viel einfacher, ein Bild anzuschauen, als sich einen ganzen langen Text durchzulesen. Daher sollte jeder deiner Artikel mindestens ein Bild haben. Und das Bild sollte als Namen dein Keyword tragen. Dafür benennst du das Bild um, bevor du es hochlädst. Du kannst auch in WordPress den Namen des Bilds ändern; in den Metadaten (also in den Daten, die man nur sieht, wenn man das Bild genauer untersucht) steht dann aber noch der ursprüngliche Name. Und das ist bei Smartphone- und Kamerafotos meistens irgendetwas Kryptisches – also nicht gut.

10.2.7   Was steht in den Metadaten des Artikels?

Ich habe ja weiter oben schon beschrieben, dass Suchmaschinen immer mal wieder testen, wie gut bestimmte Artikel ankommen. Dein Staubsauger-Artikel wird also irgendwann in den Suchergebnissen erscheinen. Wenn er da gelistet ist, aber nie angeklickt wird, scheint irgendetwas nicht mit ihm zu stimmen. Google wird ihn daher wieder aussortieren. Vielleicht denkst du jetzt: »Was kann ich denn dafür, ob jemand klickt oder nicht?« Die Antwort darauf lautet: einiges. Denn du kannst beeinflussen, welche Informationen über deinen Artikel in den Suchergebnissen angezeigt werden, indem du die Metadaten pflegst.

Metadaten sind Informationen zu deinem Artikel, die deine Leser*innen auf deiner Website nicht angezeigt bekommen, die Google aber auslesen kann.

Du kannst

▶ den angezeigten Titel und

▶ den angezeigten Text

direkt eingeben.

Dafür nutzt du am besten auch dein SEO-Plug-in. Bei Yoast zum Beispiel musst du innerhalb deines Artikels nach unten scrollen und findest dann ein paar zusätzliche Felder, die du pflegen kannst. Wenn du dort nichts eingibst, sucht sich Google die Informationen einfach von deiner Website, schreibt als Titel den deines Artikels hin und als Auszug einfach die ersten Wörter aus deinem Text. Wir haben uns alle mittlerweile so sehr daran gewöhnt, dass diese Texte perfekt passen und uns Informationen über den Artikel geben, dass wir alles andere als unprofessionell empfinden.

10.2.8   Wie verhalten sich Leser*innen auf deiner Seite?

Google kann auf ziemlich viele Daten zugreifen. Und macht das natürlich auch. Suchmaschinen können nämlich nicht nur sehen, was in deinem Artikel steht und wie er geschrieben ist, sondern auch, wie Leser*innen sich dort verhalten – zumindest ein bisschen. Wenn deine Staubsauger-Seite in Google rankt und jemand klickt auf deinen Link, kann Google erkennen, wie nützlich deine Seite für diese Person ist. Denn: Wenn deine Seite alle Fragen beantwortet, wird die Person bei dir bleiben. Ist deine Seite dagegen ein Fehlgriff, geht's sofort wieder zurück zu Google. Die beiden Kennzahlen, die Google sich hier anschaut, heißen Verweildauer (Wie lange bleiben Menschen durchschnittlich auf deiner Seite?) und Absprungrate (Welcher Anteil aller Besucher*innen steigt sofort wieder aus deiner Website aus?). Du kannst diese Zahlen auch selbst in Google Analytics sehen. Eine hohe Verweildauer ist gut, eine hohe Absprungrate ist schlecht. Was »hoch« ist, kann man leider nicht so pauschal sagen. Es ist von deiner Nische abhängig. Aber: Diese Zahlen lassen sich immer verbessern. Denn du hast Einfluss darauf, wenn du die folgenden Punkte beachtest:

▶ Schreibe richtig gute Texte.

▶ Verlinke im Text andere Seiten aus deinem Blog, die ebenfalls relevant sein können.

▶ Binde überall dort, wo es sinnvoll ist, Videos ein. Die meisten Menschen schauen gerne Videos an, weil das so schön einfach ist. Und bleiben dann automatisch länger auf deiner Website. Außerdem weist du dich mit Videos noch mehr als Expert*in zum Thema aus.

10.2.9   Ist auf der Website alles in Ordnung?

Stell dir vor, du möchtest für deinen Vater einen Kurs im Bierbrauen heraussuchen. Du googelst ein bisschen und findest schließlich einen Artikel, in dem die Top-10-Bierbraukurse in deiner Stadt vorgestellt werden. Dummerweise lädt die Seite so langsam, dass die Bilder nicht alle angezeigt werden. Das Menü sieht ganz komisch aus, und die einzelnen Texte sind übereinandergeschoben. Die Links im Text funktionieren nicht. Und außerdem ist der Artikel voller Rechtschreibfehler. Vertraust du dieser Webseite? Genau, Google auch nicht. Wenn etwas schludrig zusammengestellt ist, denken wir doch alle gleich, dass das nicht nur für die Form, sondern auch für den Inhalt gilt. Und wir denken das, weil wir die Erfahrung in der Vergangenheit genau so gemacht haben. Suchmaschinen achten daher darauf, ob es viele Fehler auf einer Website gibt. Und nur wenn deine Seite so fehlerfrei wie möglich ist, vertrauen sie dir. »Fehlerfrei« heißt:

▶ inhaltlich (das sollte ohnehin klar sein),

▶ formal (Rechtschreibung und Grammatik müssen korrekt sein) und

▶ technisch.

Überprüfe deine Texte daher immer noch einmal, bevor du sie live stellst. Korrigiere mögliche Fehler und schaue vielleicht auch ein paar Wochen später noch einmal in ältere Artikel hinein – man übersieht doch leicht etwas.

Zur technischen Fehlerfreiheit zählt, dass deine Seite ohne Probleme lädt, dass es keine »toten« Links gibt, die auf gelöschte Seiten verweisen, und auch, dass deine Website nicht zu langsam ist. Auf *https://developers.google.com/speed/pagespeed/ insights/* und *https://tools.pingdom.com/* kannst du genau sehen, wie schnell deine Seite geladen wird. Du erhältst auch Tipps dazu, wie du sie beschleunigen kannst.

Viele dieser Tipps sind relativ technisch. Wenn du dich mit Programmierung gar nicht auskennst, lohnt es sich hier, Unterstützung heranzuziehen.

Wenn du eine schnelle Website haben möchtest, suchst du dir am besten ein gutes Theme aus (zum Beispiel Astra) und benutzt nur die Plug-ins, die du wirklich brauchst. Jedes Plug-in, das du installierst, kann deine Seite theoretisch langsamer machen, wenn es vor den Inhalten geladen wird. Da du in der Regel nicht weißt, wann ein Plug-in geladen wird, ist es immer gut, mit Plug-ins so sparsam wie möglich zu sein. Außerdem können durch Plug-ins auch Fehler auf der Website entstehen, die du lange gar nicht erkennst.

10.2.10   Was sagen andere über dich?

Verlässt du dich auch gern auf Empfehlungen anderer Menschen? Google macht das genauso. Wenn andere (vor allem größere) Seiten auf deine verweisen, also einen Link zu deiner Seite setzen, wird das von Google sehr positiv bewertet. Man nennt das Backlinks, weil diese Links aus deiner Sicht zurück auf deine Website führen. Das Problem: Leider hast du diesen Punkt nicht so gut unter Kontrolle. Du kannst nämlich nicht selbst Links von anderen Seiten auf deine setzen (außer in den Kommentaren von Blogs, das ist aber schlechter Stil, wenn du nicht wirklich einen Mehrwert bietest). Die gute Nachricht: Wenn du richtig gute und einzigartige Inhalte erstellst, werden Menschen fast automatisch auf dich verlinken. Ein gutes Beispiel für Artikel, die häufig verlinkt werden, sind solche mit Infografiken. Infografiken stellen komplexe Zusammenhänge ganz einfach in grafischer Form dar. Und wie alles, was Komplexes einfach macht, sind sie mit viel Aufwand verbunden.

Du kannst Infografiken zum Beispiel mit Canva erstellen. Dort findest du sehr viele Vorlagen. Wenn du sie dir anschaust, kommen dir sicher Ideen dazu, welche Infografik du für deinen Blog erstellen könntest.

Auch wenn die meisten über Zahlen jammern, mögen sie sie in Wahrheit sehr. Deswegen sind Statistiken, die es nur bei dir gibt, auch gut geeignet, um Links anderer Websites quasi magisch anzuziehen. Hierfür musst du natürlich die Daten selbst erheben. Dazu gibt es eigene Umfragetools, die du zum Beispiel auch dauerhaft auf deiner Webseite einbinden kannst.

Wenn du etwas weniger Aufwand treiben willst, kannst du vielleicht schwierige Zusammenhänge sehr gut erklären. Das ist ebenfalls ein Grund für andere Blogger*innen, auf deinen Artikel zu verlinken. Natürlich kannst du auch zu anderen Blogs Kontakt aufnehmen und ihnen eine Kooperation vorschlagen. Eine Möglichkeit, die gerne genutzt wird, ist das Schreiben und Veröffentlichen von Gastartikeln. Wenn du ein Thema hast, das den anderen Blog gut ergänzt und zu dem du sehr viel Wissen hast, kannst du einen Artikel anbieten. Wahrscheinlich wirst du mehreren Blogs Gastartikel anbieten, bevor du angenommen wirst. Dann aber hast du die Möglichkeit, auch einem anderen Publikum zu zeigen, was du alles weißt, und du kannst unter dem Artikel eine Autor*innen-Box mit Informationen zu dir und deinem Blog einrichten. Selbstverständlich mit Link zu deiner Website. Zu Kooperationen findest du in Kapitel 11, »Zusammenarbeit mit anderen Blogger*innen«, weitere Informationen.

Übrigens solltest du nicht auf Angebote eingehen, die dir gegen Bezahlung Links auf anderen Webseiten setzen. Denn Link ist nicht gleich Link. Wenn der Link zu deinem Blog auf einer Website steht, die nur wahllos auf andere verlinkt, merken Google & Co. das. (Man nennt solche Websites »Backlink-Schleudern«, und der Name sagt ja eigentlich schon alles.) Solche Links nutzen dir nicht nur nichts, sie können deinem Blog im schlimmsten Fall sogar schaden.

Nun weißt du schon mal, wie Google funktioniert und worauf Suchmaschinen achten. Die folgenden fünf Tipps orientieren sich daran und zeigen dir, wie du ganz einfach auf alle Anforderungen von Google eingehen kannst.

10.2.11   Tipp 1: Arbeite mit einem SEO-Plug-in!

Wie oben schon beschrieben, kann ein SEO-Plug-in dir dabei helfen, die Sichtweise von Suchmaschinen einzunehmen. Zu SEO-Plug-ins gibt es ein eigenes Kapitel, weil diese so hilfreich sein können (Abschnitt 10.3, »Ganz einfach SEO-optimiert schreiben mit den passenden Plug-ins«).

10.2.12   Tipp 2: Lege eine gute Struktur für deinen Blog an!

Versetze dich in deine Leser*innen und überlege, ob sie sich gut auf deinem Blog zurechtfinden. Auf fast allen Blogs gibt es hier Verbesserungspotenzial. Die einfachste Möglichkeit, wie du Menschen durch deinen Blog führen kannst, sind gut gewählte Kategorien. Du kannst eine oder zwei Ebenen wählen (es gehen auch mehrere, aber irgendwann wird es unübersichtlich) und deine Artikel so gut einordnen. Am besten stellst du dir eine Baumstruktur vor: Ganz oben ist deine Startseite, darunter sind die verschiedenen Kategorien auf der ersten Ebene. Unter diesen Kategorien findest du eventuell eine zweite Ebene – die Subkategorien. Subkategorien müssen nicht unbedingt sein, wenn du aber sehr viele Artikel hast, kann dir das helfen. Und unter diesen Subkategorien sind dann die einzelnen Artikel zu finden.

Wenn du dir einmal eine solche Struktur überlegt hast, wirst du sehen, wie stark sich dein Blog verändert. Denn du machst aus ihm dann so etwas wie eine Wissensdatenbank zu deinem Thema. Und ganz automatisch siehst du Lücken, die du durch Blog-Artikel füllen kannst. Dieser Tipp hilft dir also nebenbei auch noch dabei, neue Ideen für Artikel zu finden.

10.2.13   Tipp 3: Gehe in die Tiefe!

Vielleicht hattest du auch schon mal das Gefühl, dass du deine Artikel einfach nur schnell fertigschreiben willst. So entstehen Lückenfüller-Artikel. Oberflächlich recherchiert und ohne Zusatzinformationen, dafür aber schnell erledigt und ein Artikel mehr auf der Seite. Am besten machst du so was nicht. Ein langer und sorgfältig recherchierter Artikel ist besser als fünf, die nur an der Oberfläche kratzen. Selbst wenn du dadurch weniger Themen auf deinem Blog besprichst, wirst du mehr Suchende über Google gewinnen. Wenn du einen langen Artikel schreibst (und mit lang meine ich 1.000 bis 2.000 Wörter), wirst du automatisch mehr in die Tiefe gehen. Das führt dann dazu, dass die Informationen, die du in dem Artikel schreibst, so nur bei dir zu finden sind. Oder eben nur bei dir gebündelt an einem Platz. Und über kurz oder lang stellen das auch die Suchmaschinen fest. Wenn du stattdessen nur Artikel schreibst, deren Inhalte deine Leser*innen auch woanders finden, gibt es für niemanden einen Grund, auf deiner Seite zu lesen. Und das tut dann auch niemand.

10.2.14   Tipp 4: Beseitige Hindernisse!

Google ist wie der beliebteste Mensch auf der Party: Alle schwirren um die Suchmaschine herum, und sie kann sich aussuchen, wen sie rankt. Deswegen mache es Google leicht, dich zu lieben. Schaue in die Search Console und nimm die Informationen, die du dort findest, ernst. Gerade für technische Anfänger*innen ist es oft nicht einfach, alle Punkte, die dort genannt werden, umzusetzen. Aber du kannst jeden der Hinweise mit dem Zusatz »WordPress« oder »Blog« googeln und erhältst wertvolle Hinweise zur Umsetzung. Dasselbe betrifft auch die Geschwindigkeit auf der Website. Achte darauf, dass die Seite nicht zu lange lädt, und beseitige die Hindernisse, die du leicht selbst lösen kannst. Für alles andere solltest du dir irgendwann eine*n Programmierer*in leisten.

10.2.15   Tipp 5: Geh nach draußen!

Du solltest für deinen Blog ein wenig die Werbetrommel rühren. Und zwar überall, wo es geht. In Social Media, bei Menschen, die du kennst, und auch bei anderen Blogs. Alles, was dazu führen kann, dass deine Seite von anderen verlinkt wird, ist hilfreich. Social Media bringt dir nicht nur direkt Traffic auf deine Seite, sondern macht möglicherweise auch andere Blogs auf deine Beiträge aufmerksam. Wenn diese dich verlinken, hast du gleich doppelt etwas davon: Ihre Leser*innen werden auf dich aufmerksam gemacht. Und Google sieht, dass du einen Backlink erhalten hast – was über kurz oder lang belohnt wird.

Übrigens können auch Kommentare unter deinem Artikel dabei helfen, von Google gefunden zu werden. Sie zeigen nämlich, dass Menschen sich für dein Thema interessieren. Am besten forderst du in jedem Artikel gezielt dazu auf, Kommentare zu schreiben. Du kannst zum Beispiel nach eigenen Erfahrungen fragen oder nach der Meinung zu dem Thema, das du vorstellst. Die Kommentare sorgen dafür, dass der Artikel immer neue Inhalte enthält. Aus Sicht der Suchmaschinen behält er dann immer einen aktuellen Bezug. Außerdem zeigt Aktivität auf einem Beitrag auch echtes Interesse für das Thema – und Google erkennt das ebenfalls an. Wenn die Menschen deinen Artikel kommentieren, solltest du auf jeden einzelnen Kommentar antworten, selbst wenn es nur ein »Dankeschön für den Kommentar« ist. Du kannst auch Rückfragen stellen, um deine Leser*innen noch besser einzubinden. Wenn du möchtest, kannst du Freund*innen und Familie um Kommentare bitten, die machen das meistens gern. Für deine Artikel ist es aber noch besser, wenn Menschen sich inhaltlich mit dem Thema auseinandersetzen und nicht nur: »Toller Artikel, weiter so!« darunterschreiben. Du kannst auch Nachträge, die du zum Artikel hast, als Kommentar posten. Das macht es anderen vielleicht leichter, sich ebenfalls zu trauen, etwas unter deinen Artikel zu schreiben. Denn auch Kommentare verstärken sich wie Google-Rankings selbst. Wenn erst mal »was los« ist auf einem Artikel, kommen regelmäßig neue Kommentare dazu.

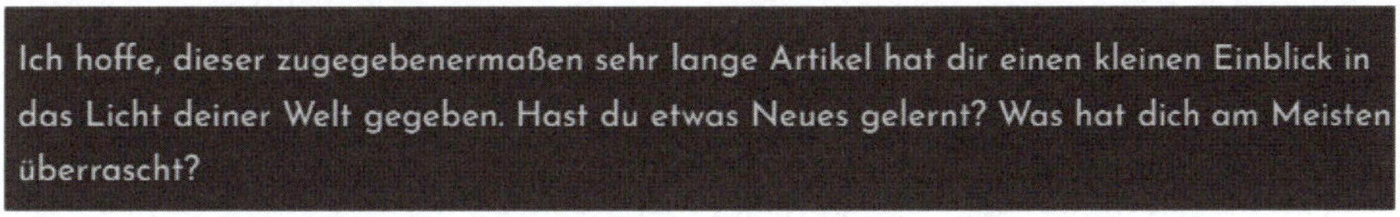

> Ich hoffe, dieser zugegebenermaßen sehr lange Artikel hat dir einen kleinen Einblick in das Licht deiner Welt gegeben. Hast du etwas Neues gelernt? Was hat dich am Meisten überrascht?

Abbildung 10.5 Einladung zum Kommentieren, Quelle: »sinas-geschichten.de«

10.3   Ganz einfach SEO-optimiert schreiben mit den passenden Plug-ins

In diesem Artikel stelle ich dir nun die Arbeit mit SEO-Plug-ins vor. Solche Plug-ins machen nichts aktiv an deinem Text, sondern sie

▸ untersuchen deinen Text anhand bestimmter Kriterien auf seine SEO-Kompatibilität und

▸ stellen dir einen einfachen Weg zur Verfügung, Metadaten für Google und Social Media anzupassen.

Beide Teile sind gleich wichtig. Beim ersten – also der Bewertung deines Texts – musst du im Hinterkopf behalten, dass hier rein mechanisch vorgegangen wird. Die Plug-ins gehen quasi eine Checkliste durch, und du bekommst eine grüne Ampel oder Punkte dafür, wenn möglichst viel von der Checkliste erfüllt ist. Das hilft dir, an den richtigen Punkten hinzuschauen. Es ist aber kein verlässlicher Indikator für die Qualität deines Texts. Oder anders: Es ist überhaupt kein Problem, einen sehr schlechten (weil unsinnigen) Text zu schreiben, der alle SEO-Kriterien deiner Plug-ins erfüllt. Ein solcher wird natürlich trotzdem bei Google durchfallen, weil er die wichtigste Anforderung nicht berücksichtigt: ein guter Text für Menschen zu sein.

Die beiden bekanntesten und beliebtesten SEO-Plug-ins sind *Yoast* und *Rank Math*. Beide funktionieren ähnlich und testen deine Inhalte auf die gleiche Weise. Rank Math bietet einige Funktionen mehr und gibt dir aktiv Vorschläge dazu, wie du deine Artikel noch verbessern kannst. Yoast ist (auch in der kostenlosen Basisversion) dennoch ein sehr gutes und hilfreiches Tool, gerade für Einsteiger*innen im Bereich SEO. Du wirst nicht mit Informationen überfrachtet, sondern erhältst überschaubare Punkte zum Abarbeiten. Ein weiterer Vorteil, der für mich vor allem zu Beginn für den Einsatz von Yoast spricht, ist, dass Yoast dir sagt, wie lesbar dein Text ist. Das ist ein wichtiger Faktor für die Menschen, an die du deinen Artikel richtest, und wenn du die Empfehlungen des Plug-ins befolgst, gewöhnst du dir ganz automatisch einen besseren Schreibstil an. Yoast hat mich persönlich zum Beispiel dazu »erzogen«, mehr kürzere Sätze zu schreiben – in all meinen Texten.

Im Folgenden führe ich dich Schritt für Schritt durch die Nutzung von Yoast und erkläre dir die Bedeutung der wichtigsten Punkte. Grundsätzlich gilt, dass Yoast mit einem Ampelsystem arbeitet (Abbildung 10.6). Jeder einzelne Punkt erhält eine grüne (alles in Ordnung), orangefarbene (solltest du verbessern) oder rote (musst du verbessern) Einschätzung. In Summe erhält der Artikel für SEO-Optimierung und Lesbarkeit dann auch eine Gesamteinschätzung. Nicht alle einzelnen Ampeln müssen dabei grün sein, damit du insgesamt eine grüne Ampel erhältst. Grundsätzlich gilt: Gehe mit den Rückmeldungen des Plug-ins so um wie mit Feedback, das du erhältst: Schaue dir an, was das Plug-in von dir will, überlege, ob es sinnvoll ist, und setze nur das um, was deinen Artikel wirklich weiterbringt. Achte immer darauf, dass du deine eigenen Ziele nicht dem Plug-in unterordnest. Wenn du die Wahl hast, entweder dem SEO-Plug-in gerecht zu werden oder für die Menschen spannender/verständlicher/besser zu schreiben, wähle immer die zweite Variante. Normalerweise sollten sich beide Wünsche jedoch nicht im Weg stehen. Was gut für deine Leser*innen ist, ist meistens auch gut für SEO.

10.3.1   Gute Lesbarkeit

Deine Texte sollten keine allzu verschachtelten Sätze haben, möglichst wenige Passivkonstruktionen und einen natürlichen Lesefluss aufweisen. Yoast zeigt auch einen errechneten Indikator für die Lesbarkeit. Das Plug-in stützt sich dabei auf den *Flesh Reading Index*. Dieser wurde als Test für gute Lesbarkeit entwickelt und berücksichtigt typische Fehler, die einen Text unnötig kompliziert machen. Der Flesh Reading Index hilft dir dabei, leichter verständlich zu schreiben. Er ist aber meiner Meinung nach nicht ausreichend, weil auch er nur eine Checkliste abarbeitet. Er erkennt zum Beispiel nicht, wie schwierig die Wörter sind, die du verwendest. Oder wie sinnvoll deine logische Struktur aufgebaut ist. Wenn du wissen willst, wie du wirklich gute Texte schreibst, solltest du Abschnitt 7.3, »Richtig gute Artikel für den Blog schreiben«, noch einmal durcharbeiten. Was gut hilft, ist, den Text einfach nach ein paar Tagen noch einmal zu lesen. Dann fällt dir sehr wahrscheinlich selbst auf, ob etwas damit nicht in Ordnung ist. Das kannst du auch noch machen, wenn der Text bereits ein oder zwei Tage online ist.

10.3.2   Länge

Ein längerer Text ist natürlich nicht automatisch besser. Aber die Anzahl der Wörter im Artikel ist ein wichtiger Indikator dafür, wie viel Information er überhaupt enthalten kann. In 100 Wörtern kannst du die wichtigsten Stationen der europäischen Geschichte einfach nicht zusammenfassen. Die Faustregel für SEO lautete lange, dass dein Post nicht kürzer als 300 Wörter sein soll. Yoast orientiert sich an dieser Regel, und du erhältst eine grüne Ampel, sobald du nah genug dran bist. Diesen Punkt würde ich mittlerweile bei Yoast immer ignorieren und selbst auf die Anzahl der Wörter achten. Denn auch 300 Wörter sind eigentlich viel zu wenig, um ein Thema so gut zu behandeln, dass dein Artikel wirklich der beste zu dem Thema im ganzen Internet wird (und auf weniger solltest du dich gar nicht erst einlassen). Das bedeutet nicht, dass du deine Texte künstlich aufblähen sollst, sondern dass du aktiv nach weiteren wertvollen Informationen suchst, die deinen Artikel noch besser machen.

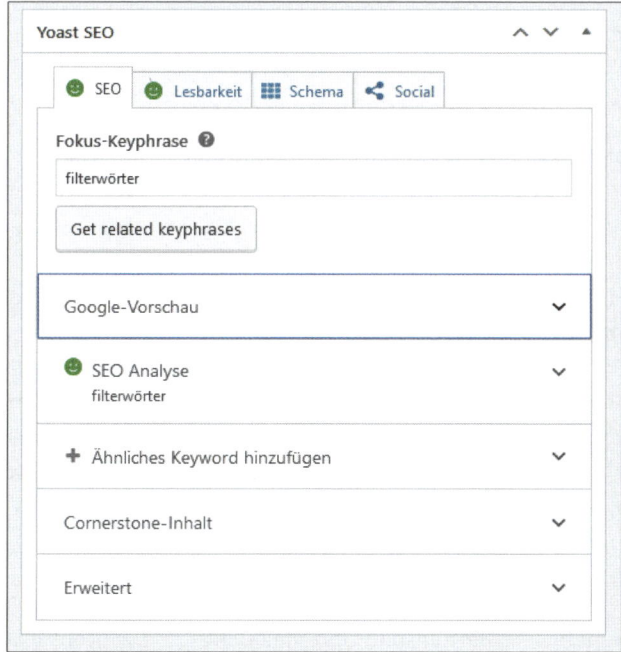

Abbildung 10.6 Ampelsystem in Yoast

10.3.3   Keyword-Dichte

Unter Keyword-Dichte versteht man die Anzahl des Keywords geteilt durch die Gesamtanzahl an Wörtern im Text. Google geht davon aus, dass ein Text ein bestimmtes Wort häufiger enthält, wenn er für dieses Thema relevant ist. Auch hier gibt es eine grobe Orientierung: 1 bis 3 % beträgt die ideale Keyword-Dichte. Weniger ist dabei manchmal mehr. Natürlich muss erkennbar sein, worum es im Text geht, und dafür brauchst du das Keyword. Sogenanntes Keyword Stuffing, bei dem das Keyword in jedem dritten Satz vorkommt, ist allerdings nicht mehr natürlich und führt nicht zu einem besseren Ranking. Im Gegenteil. Vor zehn Jahren hat das vielleicht noch funktioniert, aber die Suchmaschinen sind mittlerweile deutlich schlauer geworden.

Übrigens kannst du bei zusammengesetzten Keywords (zum Beispiel »Hundetraining Köln«) auch sogenannte Stoppwörter, kleine Verbindungswörter, die Google bei der Suche ignoriert, verwenden. Du könntest also beispielsweise »Hundetraining in Köln« schreiben. Auch Variationen sind möglich, wie etwa »Kölner Hundetraining«. Während Google früher nur die exakten Keywords berücksichtigt hat, wird der Algorithmus mittlerweile immer schlauer und »versteht«, was wirklich zusammengehört. Yoast kann das aktuell noch nicht erkennen, sodass du vielleicht mit einer roten Ampel bei dem Punkt bewusst leben willst.

Gut ist grundsätzlich auch, wenn dein Keyword relativ früh fällt (wie in einem Lexikonartikel) und ansonsten regelmäßig über den Text verteilt wird.

10.3.4   Struktur des Posts und Zwischenüberschriften

Ein gut lesbarer Artikel ist in Abschnitte unterteilt und enthält Überschriften. Schreibe daher in Absätzen von vier bis fünf Sätzen und fasse jeweils zwei bis drei Absätze unter einer Zwischenüberschrift zusammen. Diese formatierst du als ÜBERSCHRIFT 2 (in SEO-Sprache heißt das H2-Überschrift) oder, wenn du Unterüberschriften verwendest, als H3-, H4-Überschrift usw. Dein Keyword sollte auch in den Überschriften vorkommen, allen voran natürlich im Post-Titel, der sogenannten H1-Überschrift. Aber auch in zumindest einer Zwischenüberschrift ist es gut aufgehoben, wenn das sinnvoll lösbar ist. Das Keyword sollte übrigens nicht in jeder Überschrift vorkommen, weil das wiederum zu viel des Guten wäre. Außerdem darf ein Artikel immer nur eine H1-Überschrift enthalten, was bedeutet, dass du alle Überschriften erst ab H2 formatierst.

10.3.5   Bilder mit Alt-Tag

Ein normaler Post von dir enthält ein Beitragsbild und vielleicht noch weitere Bilder, wenn du einen sehr visuellen Blog hast. Diese kannst du in WordPress mit einem sogenannten Alt-Tag versehen. Das ist der Begriff, der angezeigt wird, wenn der Browser dein Bild nicht darstellen kann. Außerdem wird danach in Suchmaschinen gesucht. Hier solltest du also dein Keyword ebenfalls hinterlegen.

Du kannst auch eine Beschreibung deines Bilds einfügen, die von Screenreader-Apps vorgelesen wird. Dadurch wird dein Blog ein Stück barrierefreier. Barrierefreiheit schadet nicht für SEO (und wird in Zukunft sicher noch wichtiger), vor allem aber schließt du damit alle Leser*innen mit ein. Der Aufwand ist auch nicht besonders hoch für dich. Du kannst in der Bildbeschreibung natürlich noch mal dein Keyword oder ein Synonym unterbringen.

10.3.6   Verlinkungen innerhalb des Blogs

Wenn du von deinem Post aus sinnvoll auf einen anderen Artikel innerhalb deines Blogs verlinken kannst, solltest du das auf jeden Fall tun. Denn weiterführende Links werten den Artikel und auch deinen gesamten Blog auf. Schließlich signalisierst du damit, dass du Expert*in zu diesem und weiteren Themen bist. Interne Links halten die Menschen außerdem länger auf deiner Website: Die Verweildauer steigt, was wiederum gut für die Suchmaschinenoptimierung ist.

10.3.7   Seitentitel und Metabeschreibung

Wenn du in Google nach einem Keyword suchst, werden dir bei manchen Ergebnissen die ersten Worte aus dem Artikel angezeigt, bei anderen eine kurze Beschreibung. Letztere haben ihre Metabeschreibung gepflegt. Dies ist eine Information über den Inhalt, die man auf der Seite selbst nicht sieht, die aber an die verschiedenen Suchmaschinen übermittelt wird. Um deine Suchergebnisse positiv zu beeinflussen, ist es hilfreich, diese zu pflegen.

Yoast bietet dir hierzu ebenfalls Hilfestellung an (Abbildung 10.7). Du kannst eine kurze Information zu deinem Artikel angeben, in der das Keyword natürlich nicht fehlen darf. Gut ist es, auch hier wie immer einen Call-to-Action einzubauen, zum Beispiel mit »Lies hier mehr« die Metabeschreibung zu beenden.

Wenn der Titel deines Blog-Posts zu kurz oder zu lang ist, solltest du außerdem den Seitentitel anpassen. Ansonsten kannst du ihn so lassen, wie er ist. Yoast stellt ihn aus deinem Artikeltitel und dem Website-Namen zusammen, was sinnvoll ist. Wichtig ist nämlich, dass immer auch dein Blogname am Ende des Seitentitels angezeigt wird. Dies hilft dir dabei, eine eigene Marke aufzubauen. Wenn Menschen deine Seite dann schon kennen und in einer Google-Suche auf einen Artikel von dir treffen, klicken sie mit höherer Wahrscheinlichkeit auf ihn, wenn groß der Name deines Blogs im Titel prangt.

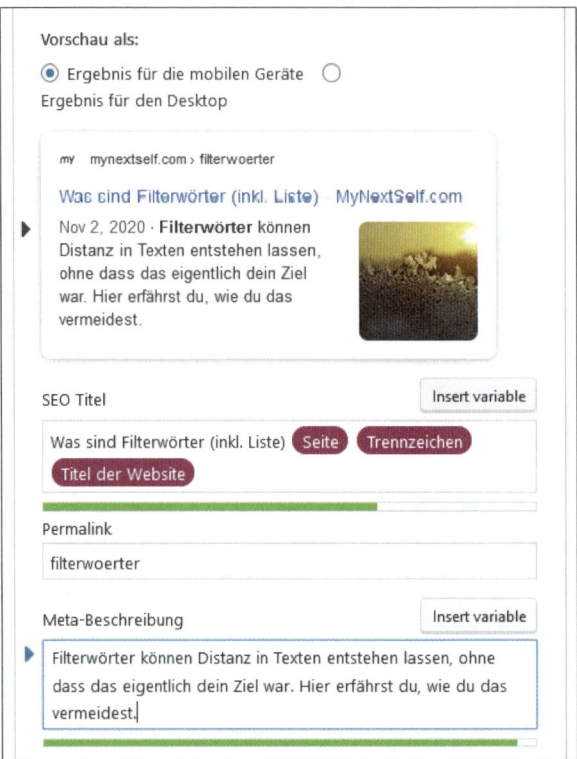

Abbildung 10.7 Bearbeitung der Metadaten in Yoast

10.4   Schneller auf Google ranken durch externe Links

Alles, was du bisher für die Suchmaschinenoptimierung gelernt hast, erledigst du auf deiner eigenen Website. Man nennt dies Onpage-Optimierung, und der größte Teil der SEO-Arbeit liegt auch hier. Das hat zwei Gründe: Zum einen ist es für die Rankings relevanter, weil natürlich dein Inhalt im Zentrum steht. Zum anderen hast du alles, was auf deiner eigenen Website passiert, zwangsläufig besser unter Kontrolle und kannst viel leichter Einfluss darauf nehmen.

Dennoch solltest du die sogenannte Offpage-Optimierung nicht vernachlässigen. Dazu zählt alles, was nicht auf deiner eigenen Website, sondern auf anderen Seiten stattfindet. Auch das kann dir helfen, besser zu ranken, weil du nicht nur intern, sondern auch extern vernetzt wirst. Denn wenn andere Websites deine empfehlen, fällt das für Google besonders stark ins Gewicht. Immerhin hat sich hier offensichtlich ein Mensch die Mühe gemacht, deine Inhalte anzuschauen – und sie für gut genug befunden, um ihnen auf der eigenen Website einen kleinen Raum einzuräumen. Im Folgenden stelle ich dir drei Möglichkeiten vor, wie du externe Links zu deiner Seite generieren kannst – von einfach und plump bis aufwendig und elegant.

10.4.1 Andere Blog-Posts kommentieren

Die einfachste Möglichkeit, Links zu deinen Posts zu bekommen, ist, sie einfach selbst da zu setzen, wo man dich lässt: in den Kommentaren anderer Blogs. Das solltest du aber nur dann machen, wenn es wirklich, wirklich sinnvoll ist. Beispielsweise dann, wenn jemand in den Kommentaren eine Frage stellt, auf die du in einem Blog-Post eine Antwort hast, die du auch nicht in zwei Worten zusammenfassen kannst. In dem Fall kannst du kurz eine Antwort formulieren und dazuschreiben, dass du genau zu diesem Thema bereits einen Artikel verfasst hast. Das ist hilfreich und deswegen nicht ganz so nervig. Alles andere ist schlechter Stil. Du »hackst« dich quasi in die mühsam aufgebaute Reichweite von anderen Blogs, die das sicher im Hinterkopf behalten – da dies ihr erster Eindruck von dir ist.

Was in jedem Fall möglich ist, ist das Hinterlassen eines Kommentars unter Angabe deiner eigenen Website, wenn dafür ein Feld vorgesehen ist. Auch hier bekommst du am Ende einen Link, zwar zu deiner Startseite, aber das ist besser als nichts. Hier gilt natürlich genauso, dass dein Kommentar einen sinnvollen Beitrag leisten und nicht nur »Super Artikel« lauten sollte. Sonst ist sofort klar, was du mit diesem Kommentar bezweckst. Gehe am besten mit dem Ziel, einen Kontakt zu knüpfen, an das Schreiben deines Kommentars. Wenn du ein Netzwerk aufbaust, läufst du ja auch nicht rum und fragst fremde Menschen, wie sie dir helfen können. Stattdessen stellst du dich erst mal vor und bietest im Idealfall sogar zunächst nur deine eigene Hilfe an – und schaust dann, was passiert.

10.4.2 Um Links bitten

Viel netter, als einfach selbst die Kommentare zu kapern, ist es, andere Blogs zu fragen, ob sie nicht vielleicht einen Link auf deine Website setzen können. Gut ist es, wenn du im Gegenzug etwas anzubieten hast, wenn du zum Beispiel auch einen Link anbietest. Oder du kannst vorschlagen, einen Gastartikel zu schreiben, oder zu einem einladen. Danach verlinkt man sich eigentlich automatisch. Auf diesen Punkt gehe ich noch im Detail in Kapitel 11, »Zusammenarbeit mit anderen Blogger*innen«, ein. Vielleicht vernetzt du dich auch locker mit anderen Blogs und guckst, was sich daraus ergibt. Du kannst auch proaktiv einen Link auf einen fremden Blog setzen. Das werden die anderen Blogs sehen, und zumindest kennen sie deine Website dann.

Gute Erfahrungen habe ich außerdem mit Gemeinschaftsartikeln und Interviews mit anderen Blogger*innen gemacht. Das bringt Spaß, weil man die anderen Blog-

ger*innen noch mal deutlich besser kennenlernt. Außerdem haben sie anschließend netterweise auf meine Seite verlinkt – und ich natürlich auf ihre.

10.4.3   Linkbaits

»Bait« heißt Köder. Ein Linkbait ist also ein Köder, den du auswirfst, damit möglichst viele andere Seiten dich verlinken. Das hört sich nicht sehr nett an, ist aber
wirklich toll. Denn im Klartext bedeutet es, dass du einen Inhalt erstellst, der so
umwerfend ist, dass andere Websites von sich aus auf ihn verlinken. Eine gute
Möglichkeit hierfür sind zum Beispiel Infografiken. Diese kannst du leicht mit
Canva oder Piktochart selbst erstellen. Wenn sie gut sind, grafisch ansprechend und
relevante Inhalte aufbereiten, wirst du damit sicher viele Fans finden, die auf dich
verlinken. Oder du schreibst einen so umfangreichen Artikel über ein Thema, dass
dieser zur festen Anlaufstelle wird – und entsprechend auch Links erhält.

11 Zusammenarbeit mit anderen Blogger*innen

*Alle erfolgreichen Blogger*innen haben auch einmal klein angefangen – und sie wissen noch genau, wie es sich dort, wo du gerade stehst, anfühlt. Vernetze dich mit anderen und baue mit ihnen Kooperationen auf, damit ihr gemeinsam stärker werdet.*

Als Blogger*in ringst du dir Woche für Woche Artikel ab, kämpfst um Besucher*innen und Interesse für dein Thema und arbeitest beständig daran, besser zu werden und zu wachsen. In deiner Freizeit. Das ist anstrengend, und es hilft, wenn du dich mit Menschen austauschst, die das nachvollziehen können, weil sie es selbst durchmachen. Ich spreche natürlich von anderen Blogger*innen. In deinem Bereich wird es noch andere Menschen geben, die aktiv sind und die vor den gleichen Herausforderungen stehen. Und die vielleicht an einem ähnlichen Punkt mit ihrem eigenen Blog sind. Diese Menschen solltest du finden, dich mit ihnen vernetzen und versuchen, gemeinsam etwas aufzubauen. Denn wenn ihr eure Kräfte vereint, eure Reichweite kombiniert, eure Ideen zusammenwerft, könnt ihr mehr als nur das Doppelte erreichen. Ein guter Anlaufpunkt, um andere in deiner Situation zu finden, sind Facebook-Gruppen. Es gibt verschiedene Facebook-Gruppen, in denen Blogger*innen sich zu Themen wie Wachstum und Onlinemarketing austauschen. Dort wirst du auf jeden Fall Gleichgesinnte finden, und du kannst anhand der Fragen und Interaktionen auch schon sehen, ob es dort Menschen gibt, die zu dir passen könnten. Dabei ist es weniger wichtig, dass ihr wirklich inhaltlich am selben Thema arbeitet. Wichtiger ist, dass ihr euch an eine ähnliche Zielgruppe wendet und einen ähnlichen Stand habt, damit ihr beide von der Kooperation profitiert.

Du hast verschiedene Möglichkeiten für Kooperationen, die unterschiedlich aufwendig sind und auch unterschiedlich viel bringen. Am besten pickst du dir ein paar heraus, die gut zu dir passen. Wichtig bei Kooperationen ist immer, dass beide Seiten etwas davon haben. Erwarte also nicht, dass jemand dir etwas schenkt. Und verschenke auch du deine Zeit und Sichtbarkeit nicht, ohne dass du selbst ebenfalls davon profitierst. Gute Kooperationen sind immer mehr als die Summe der Teile – für beide Seiten.

11.1 Gastartikel

Der leichteste Weg zur Kooperation ist ein Gastartikel. Den kannst du auch einfach auf Blogs anbieten, die du gerne liest und die eine ähnliche Zielgruppe wie du ansprechen. Am besten konzentrierst du dich nicht auf Blogs, die das exakt selbe Thema wie du bedienen, es sei denn, du kannst Expertise in einem Bereich hinzugeben, die auf dem Blog bisher nicht zu finden ist.

Wende dich mit einer E-Mail an die Person hinter dem Blog. In die E-Mail gehört rein,

- ▶ wer du bist,

- ▶ worüber du bloggst,

- ▶ warum du gerne einen Gastartikel anbieten möchtest,

- ▶ was der Schwerpunkt des Gastartikels sein könnte und

- ▶ was der Blog davon hat, ihn zu veröffentlichen.

Tipp

Diese E-Mail kannst du als eine Art Bewerbungsschreiben betrachten, und du solltest auch ähnlich viel Mühe in den Text stecken. Natürlich begegnest du anderen Blogger*innen auf Augenhöhe. Aber es ist auch eine Frage des Respekts, dass du dich mit ihren Themen auseinandersetzt und kein Massen-Mailing verschickst.

Du kannst auch einen Artikeltausch anbieten, wenn eure Reichweite sich sehr ähnelt. Wenn du eine deutlich geringere Reichweite hast, lohnt sich der Aufwand allerdings nicht für deine*n Kooperationspartner*in.

Nicht auf allen Blogs werden Gastartikel veröffentlicht. Wenn du auf der sicheren Seite sein willst, schau dir mal die Artikel an, die in der letzten Zeit veröffentlicht wurden (das solltest du sowieso, damit du sicher bist, dass der Blog zu dir passt). Wenn du dort Gastartikel findest, stehen deine Chancen schon ein bisschen besser. Trotzdem wirst du wahrscheinlich mehrere Mails verschicken müssen, um eine positive Antwort zu bekommen. Wenn du keine Antwort erhältst, musst du auch noch nicht aufgeben. Du kannst nett noch mal nachhaken zu deinem Thema, vielleicht ist deine Mail ja einfach untergegangen.

11.2 Interviews

Ebenso spannend wie Gastartikel sind Interviews, die du natürlich auch im Tausch anbieten kannst. Dir helfen übrigens beide Richtungen: ein Interview zu geben und eins bei dir auf dem Blog zu veröffentlichen. In beiden Fällen profitierst du auch von der Reichweite der Kooperationspartnerin, denn diese wird ja in ihrer eigenen Community auf ihr Interview hinweisen. Meiner Erfahrung nach ist es gerade am Anfang leichter, Menschen zu finden, die dir ein Interview geben, als selbst zum Interview eingeladen zu werden. Wenn dein Blog neu ist, kennt dich schließlich noch niemand. Da wird es schwierig, erfolgreiche Blogger*innen davon zu überzeugen, dass du etwas Spannendes zu erzählen hast. Umgekehrt haben bisher die meisten Menschen, die ich danach gefragt habe, mir bereitwillig ein Interview für den Blog gegeben. Denn der Aufwand für ein Interview ist vergleichsweise gering – auf jeden Fall geringer als der für einen richtig guten Artikel.

Du kannst das Interview schriftlich führen – du schickst Fragen und erhältst die Antworten – oder mündlich. Das kannst du dann entweder transkribieren oder per Audio (Podcast) oder Video aufzeichnen und so auf deinen Blog stellen.

Tipp

Interviews sind nicht nur für dich sehr spannend, sondern auch für deine Leser*innen. Sie lesen sich leichter und angenehmer als normale Artikel, weil sie einem einfachen Gespräch ähneln und man die Aufmerksamkeit häppchenweise verteilen kann.

Wenn dir jemand einfällt, der ein großes Vorbild für dich ist oder den du gern anderen vorstellen würdest, schreibe die Person einfach an und stelle dein Konzept für das Interview vor. Natürlich solltest du auch ein paar Infos über deinen Blog und deine Ziele beisteuern und für weitere Fragen bereitstehen.

11.3   Gemeinsame Aktionen

Wenn du – wie eingangs erwähnt – beispielsweise in einer Facebook-Gruppe Blogger*innen triffst, die zwar in einem anderen Bereich als du schreiben, dafür aber an etwa dem gleichen Punkt wie du stehen, könnt ihr gemeinsam eine größere Aktion starten. Das kann zum Beispiel ein gemeinsamer Vortrag sein, den ihr online haltet, eine Live-Serie, die ihr zusammen durchführt und in der ihr ein Thema aus unterschiedlichen Blickwinkeln beleuchtet, oder eine saisonale Aktion wie zum Beispiel ein Adventskalender. Ihr könnt auch eine Artikelreihe starten, die jeweils zur Hälfte auf den beiden Blogs zu finden ist. So schickt ihr eure Besucher*innen auch auf den jeweils anderen Blog und erhöht so gegenseitig eure Reichweite.

Im Grunde könnt ihr alles, was ihr allein macht, auch zu zweit (oder mit noch mehr Menschen) tun. Der Vorteil daran ist, dass ihr eure gesamte Reichweite nutzt und zusammen deutlich mehr Menschen ansprecht, als ihr das allein könntet. Außerdem steigern gemeinsame Aktionen enorm die Motivation für das eigene Projekt.

Wichtig ist jedoch, dass du dich nicht verzettelst. Aktionen, die du zu zweit oder in der Gruppe durchführst, werden nämlich oft größer als ursprünglich geplant. Wo mehrere Menschen mitreden und entscheiden, sind die Kommunikationswege länger, und entsprechend braucht alles auch ein bisschen mehr Zeit. Wenn du dich dann zu sehr ins Abenteuer Kooperation stürzt, kann es sein, dass deine eigenen Blog-Aktivitäten darunter leiden. Daher solltest du dir auch während solcher Aktionen immer die folgenden Fragen stellen:

1. Liegt mein Fokus noch auf meinem Blog? (Fokus ist so wichtig!)

2. Habe ich genauso viel von der Kooperation wie alle anderen, oder stecke ich nur Arbeit in das Projekt?

3. Bringt mir die Zusammenarbeit einen Nutzen, den ich allein nicht erreichen könnte? (Dieser Nutzen kann auch Spaß sein, neues Wissen oder eine Abwechslung. Wichtig ist nur, dass du mit einem guten Gefühl daran arbeitest.)

Aus solchen gemeinsamen Aktionen entstehen oft dauerhafte Verbindungen, auf die du auch später in deinem Blog-Leben noch zurückgreifen kannst.

11.4   Sonderfall Onlinekongress

Eine besondere Form der Kooperation ist der Onlinekongress. Onlinekongresse werden normalerweise von einem oder mehreren Blogger*innen veranstaltet und stehen unter einem konkreten Thema. Der Kongress ist kein richtiger Kongress, auf dem man sich vernetzt, sondern es werden Video-Interviews zu unterschiedlichen Themen gezeigt, die alle etwas mit dem Hauptthema zu tun haben. Die Videos werden im Vorfeld aufgezeichnet und dann normalerweise für 24 Stunden kostenlos zugänglich gemacht. Danach kann man sie nur noch im Rahmen eines Kongresspakets anschauen, das man digital kaufen kann.

Das Besondere an einem solchen Kongress ist, dass sehr konzentriert 20 oder 30 Blogger*innen zur selben Zeit über dasselbe Thema sprechen. Natürlich kündigen alle den Kongress auch auf ihren Blogs, über Social Media und in ihren Newslettern an. So werden sehr viele Menschen gleichzeitig angesprochen, die die Teilnehmenden teilweise schon kennen, die aber auch viele neue Gesichter kennenlernen. Und das ist das Attraktive für diejenigen, die auch am Kongress teilnehmen.

Selbst wenn dein Blog noch nicht so bekannt ist, kann ein Onlinekongress eine Chance für dich sein, sichtbarer zu werden. Und zwar dann, wenn du den Kongress selbst veranstaltest. Denn für Onlinekongresse gilt dasselbe wie für Interviews: Um eingeladen zu werden, solltest du schon über ein bisschen Bekanntheit verfügen. Für diejenigen, die dir ein Interview geben, ist es aber schon interessant, wenn du andere gute Interview-Gäste hast, die ja auch ihre Reichweite mitbringen. Sobald du den ersten »größeren« Blog zur Teilnahme bewegst, werden die anderen sehr wahrscheinlich gern zusagen.

Allerdings ist ein Onlinekongress sehr viel Arbeit in der Organisation. Viele andere Projekte kannst du daneben nicht mehr stemmen. Du musst alles koordinieren, Interviews vorbereiten und durchführen, das Marketing so machen, dass auch wirklich genügend Teilnehmende dabei sind, dein Kongresspaket schnüren … Und du musst definitiv selbst auch vor die Kamera, weil du ja die Interviews führen wirst.

Wenn dich das alles nicht abschreckt, solltest du die Chance ergreifen, die ein Onlinekongress dir bietet. Und natürlich kannst du auch diesen mit Kooperationspartner*innen durchführen, um die Arbeit auf mehrere Schultern zu verteilen.

12 Für Besucher*innen bezahlen?

*Wenn du einen schnellen Weg suchst, um mehr Traffic auf den Blog zu bekommen, kannst du für deine Besucher*innen auch bezahlen. Welche Möglichkeiten du hast und wann das überhaupt sinnvoll ist, erfährst du in diesem Kapitel.*

Wenn du beginnst, deinen Blog bekannter zu machen, bestimmte Tools wie Google Analytics nutzt oder eine Facebook-Seite anlegst, kommst du sehr schnell in Kontakt mit der Möglichkeit, Anzeigen für deinen Blog zu schalten. Ein paar Euro ausgeben und ganz viele Leser*innen gewinnen? Das hört sich attraktiv an.

12.1 Wann ist es sinnvoll, für Reichweite zu bezahlen?

Gerade Facebook zeigt dir sehr verlockend, was du eventuell erwarten kannst: Tausende passgenaue Menschen, die auf deine Posts und dann auf deinen Blog kommen – und das Ganze nur für wenige Euro. Google schenkt dir sogar Geld in Form von Werbebudget: Wenn du – je nach Aktion – 75, 100 oder 150 Euro ausgibst, erhältst du denselben Betrag noch mal geschenkt.

Das klingt alles toll, und gerade wenn die Besucher*innen am Anfang noch selten sind, scheint Werbung für den Blog eine praktikable Abkürzung zu sein. Bevor du jedoch auch nur einen Euro dafür ausgibst, solltest du dir klarmachen, was konkret dir Werbung bringt. Im Folgenden habe ich dir die wichtigsten Punkte zusammengestellt, die du über bezahlte Onlinewerbung wissen solltest, bevor du damit experimentierst.

12.1.1 Werbung hat von sich aus nur einen kurzfristigen Effekt

Onlinewerbung wird normalerweise auf eine von drei verschiedenen Weisen[1] abgerechnet:

---

1 Neben den hier dargestellten Varianten gibt es auch die Möglichkeit, einen Festpreis für eine Anzeige zu vereinbaren. Dieser leitet sich jedoch normalerweise aus der geschätzten Anzahl der Impressionen ab, sodass man ihn auch dazu zählen kann.

- nach Impressionen, also danach, wie vielen Menschen deine Anzeige angezeigt wird,

- nach Klicks, also danach, wie viele Menschen durch die Anzeige auf deinem Artikel landen, oder

- nach Conversions, das heißt danach, wie viele Menschen auf deiner Seite eine von dir gewünschte Aktion durchführen, sich zum Beispiel für deinen Newsletter anmelden oder etwas kaufen.

Von oben nach unten werden diese Formen für dich wertvoller, weil du mehr davon hast, wenn jemand sich zu deinem Newsletter anmeldet, als wenn er deine Anzeige einfach nur irgendwo sieht. Natürlich werden sie auch von oben nach unten teurer. Wenn du noch keine Möglichkeit einer Conversion auf deinem Blog hast, wirst du dich sinnvollerweise für klickbasierte Werbung entscheiden. Google oder Facebook, oder wer auch immer damit beauftragt wird, spielt deine Anzeige dann an Menschen aus, die wahrscheinlich darauf klicken werden. Diese kommen dann auf deinen Blog, schauen sich um, und du hast genau diesen einen Besuch Zeit, sie davon zu überzeugen, dass sie von sich aus wiederkommen sollen. Ansonsten hast du zwar einen weiteren Besuch auf deiner Website generiert, aber dieser hilft dir nicht langfristig dabei, zu wachsen.

12.1.2   Du musst wissen, was du mit Werbung erreichen willst, wenn du sie gezielt einsetzen willst

Wenn du keine Ziele für deine Werbung hast, kannst du auch einfach Geld an die Publisher (diejenigen, die für dich Anzeigen veröffentlichen) überweisen – der Effekt wird derselbe sein. Also solltest du vor der Werbung ganz klar deine Erwartungen formulieren:

- Willst du mehr Newsletter-Anmeldungen haben?

- Willst du ein bestimmtes Thema bekannter machen?

- Oder willst du einfach etwas lernen?

Anhand deiner Ziele kannst du dann entscheiden, was für dich sinnvoll ist – und welchen Betrag du bereit bist, dafür auszugeben. Denn es gibt keine Garantie dafür, dass die Werbung, die du schaltest, dir am Ende wirklich etwas bringt.

12.1.3   Werbung macht Gutes besser, gleicht aber keine Schwächen aus

Du solltest Werbung immer nur für Artikel, Landingpages oder Produkte schalten, von denen du schon weißt, dass sie gut funktionieren und dass sie die richtige Zielgruppe ansprechen. Deine Anzeigen kannst du dann gezielt dafür einsetzen, mehr

Menschen auf die entsprechenden Seiten zu bringen. Wenn dagegen etwas bisher nicht funktioniert hat, liegt der Grund dafür wahrscheinlich genau darin: Vielleicht ist der Artikel nicht informativ genug, die Landingpage technisch defekt oder das Produkt zu teuer. Was auch immer es ist: Wenn es nicht von selbst funktioniert, wird Werbung dieses Problem auch nicht lösen. Stattdessen bringst du mehr Menschen auf eine Seite, die nicht optimal ist. Und verbrennst so nur Geld. Bevor du also Werbung schaltest, stelle immer sicher, dass das, was du bewirbst, auch ohne Werbung schon gut funktioniert.

12.1.4 Werbung ist ein eigenes Projekt

Den Aufwand, den Werbung verursacht, unterschätzt man leicht. Die Publisher machen es sehr einfach, mit ein paar Klicks eine Anzeige zu veröffentlichen. Allerdings gibt es sehr viele Stellschrauben – Grafik, Texte, Zielgruppenauswahl usw. –, die dafür sorgen können, dass Werbung mehr oder weniger erfolgreich wird. Bevor du also Geld verlierst, weil du deine Anzeigen nicht optimal aussteuerst, solltest du dich in die Thematik intensiv einarbeiten.

Die folgenden Abschnitte geben dir einen Überblick über die verschiedenen Möglichkeiten, die du hast, Werbung für deinen Blog zu schalten. Sie reichen zwar nicht, um dich zum Werbeprofi zu machen, aber sie erleichtern dir ein erstes Experiment. Wichtig bei allen Versuchen, die du startest, ist, dass du die Kosten und den Nutzen immer im Auge behältst. Dazu gibt es in Abschnitt 12.4, »Mit Anzeigen-Controlling immer die Kontrolle behalten«, mehr Informationen.

Fast alle Social-Media-Kanäle bieten mittlerweile an, Werbung auf ihnen zu schalten. Meiner Erfahrung nach machen allerdings für Blogger*innen nur Google Ads und Facebook bzw. Instagram wirklich Sinn. Twitter mit seinen schnelllebigen Themen und der Diskussionsfreude ist nicht der richtige Ort, um Menschen nachhaltig für dich zu begeistern. Und die Pinterest Ads, die seit 2019 möglich sind, sind eigentlich überflüssig, weil du mit ein bisschen Pflege deinen Pinterest-Account auch kostenlos sehr gut ausbauen kannst. Ich beschränke mich daher im Folgenden auf die beiden Großen unter den Werbe-Publishern.

12.2 Platz 1 bei Google mit Google Ads

In Kapitel 9, »Sofort Leser*innen ansprechen durch Social Media«, habe ich bereits den Aufbau der Google-Suchergebnisse beschrieben. Ganz oben stehen – wenn es welche zum Keyword gibt – Anzeigen. Du könntest also sehr leicht mit deinem Blog bei Google auf Platz 1 ranken und deinen Traffic so deutlich steigern. Das macht allerdings ausschließlich dann Sinn, wenn

1. du etwas zum Verkauf anbietest, dessen Preis die Kosten für die Anzeigen wieder einspielen kann,

2. deine Website für den Verkauf optimiert ist, du also eine hohe Conversion Rate (= Anteil Käufe / Anzahl Besuche) hast,

3. du Keywords nutzt, bei der die Suchintention der Kauf ist.

Wenn einer der Punkte nicht auf dich und deine Website zutrifft, kannst du dieses Kapitel für den Moment getrost überspringen. Denn Google-Anzeigen sind zwar auf der einen Seite sehr effektiv, aber eben auch teuer, wenn du nicht aufpasst. Bevor du hier Geld hineinsteckst, gibt es auf deinem Blog noch andere, wichtigere Dinge zu tun.

12.2.1   Die Suchintention

Die Suchintention deiner Zielgruppe ist für Google-Anzeigen sehr wichtig. Du kennst es wahrscheinlich von dir selbst: Wir nutzen Google-Suchen für unterschiedliche Zwecke. Manchmal wollen wir gezielt Informationen finden, manchmal suchen wir eine Anleitung, und hin und wieder wollen wir auch gezielt etwas kaufen. Unser Verhalten auf der Website ist dann ein anderes. Wenn wir eine Information suchen, verlassen wir die Website wieder, sobald wir sie haben. Vielleicht merken wir sie uns, wenn sie uns sehr angesprochen hat, aber wahrscheinlich passiert das erst, wenn wir zum dritten oder vierten Mal auf die Website stoßen.

Wenn wir etwas zum Kauf suchen, sind wir nur an ganz bestimmten Informationen interessiert: Was kostet das? Wie ist die Qualität? Wie bekomme ich das? Je nach Preis wissen wir, dass wir uns ein bisschen mehr Zeit für diese Art der Recherche lassen müssen. Und wir vergleichen mehr und sind nicht sofort wieder weg.

Wenn du Artikel bewirbst, die nur die Suchintention Information bedienen, gibst du Geld für Besucher*innen aus, die schnell wieder weg sind und dich dann vergessen. Daher ist es so wichtig, dass auf der Seite, für die du eine Anzeige schaltest, etwas zum Kauf angeboten wird (oder zumindest zur Bindung an dich). Und natürlich solltest du dann auch nur gezielt solche Keywords bewerben.

12.2.2   Wie Google-Anzeigen funktionieren

Google-Anzeigen werden über das Google-Tool *Google Ads* (früher AdWords) ausgespielt (dazu findest du im folgenden Abschnitt mehr Informationen). Die Anzeigenplätze werden dabei an alle Bietenden versteigert. Das bedeutet konkret, dass du für bestimmte Suchanfragen einen Höchstbetrag bietest. Sucht jemand dann nach deinen eingestellten Begriffen, erhältst du je nachdem, was du für das Keyword angeboten hast und was deine Konkurrenz, einen Zuschlag und wirst angezeigt – und zwar in der Form, die du selbst vorgibst. Du bestimmst den Titel, den Text und die URL, die angezeigt werden. Anzahl und Form der verfügbaren Anzeigenplätze variieren und haben natürlich großen Einfluss auf die Attraktivität deiner Anzeige. Wenn du an dritter Stelle in der Seitenleiste angezeigt wirst, erreichst du weniger Menschen, als wenn deine Anzeige die einzige vor den organischen Suchergebnissen ist. Darauf hast du jedoch keinen bzw. nur indirekten Einfluss (über die Auswahl der Keywords, die du bewirbst).

Bisher sind für dich übrigens noch keine Kosten entstanden. Die fallen erst an, sobald jemand auf deine Anzeige klickt, denn Google Ads ist ein sogenanntes cpc-Modell (*cpc = cost per click*). Wie hoch die Kosten sind, weißt du vorher nicht, weil es von den Angeboten zu dem Zeitpunkt abhängt. Maximal zahlst du aber deinen Höchstbetrag pro Klick. Und du kannst natürlich auch eine Gesamtsumme angeben, die du in einem vorgegebenen Zeitraum – zum Beispiel am Tag – nicht überschreiten möchtest.

Du hast also im Vorfeld viele Ungewissheiten. Du weißt nicht, wie viel andere Menschen auf deine Keywords bieten und wie wahrscheinlich es ist, dass du auch wirklich ausgespielt wirst. Dafür musst du experimentieren und Erfahrungen sammeln, was natürlich Geld kostet. Google gibt dir in deinem Google-Ads-Konto aber Hilfestellungen und Hinweise dazu.

12.2.3   Dein Google-Ads-Konto

Wenn du bereits ein Google-Mail-Konto besitzt, das du ja auch für Google Analytics und die Search Console benötigst, funktionieren Anmeldung und Einrichtung deiner Website ganz einfach:

1. Gehe auf *ads.google.com* und melde dich dort mit deinem Google-Konto an. Lege ein neues Konto an. Google startet dann einen Wizard, der dich zu deiner ersten Anzeige führt.

2. Wähle aus, dass du mehr Website-Verkäufe oder Anmeldungen erreichen möchtest.

3. Gib deinen Businessnamen ein.

4. Gib deine Website-URL ein. Das kann deine Haupt-URL sein oder die Landingpage, die du bewerben willst. Google scannt die Seite und zeigt dir dann eine Vorschau an.

5. Im nächsten Schritt wirst du aufgefordert, deine erste Anzeige zu schreiben, wobei Google bereits Informationen aus deiner Website übernimmt und dir als Text vorschlägt. Wenn diese Texte passen, kannst du sie übernehmen, weil Google natürlich auch die Suchvolumina für die entsprechenden Begriffe einfließen

lässt. Wenn die Informationen, die Google ausliest, gar nicht zu deinem Blog passen, solltest du auch noch mal überlegen, ob du deine Ziele wirklich klar genug auf deiner Website dargestellt hast.

6. Wähle im nächsten Schritt Keywords aus, auf die du Werbung schalten möchtest. Du kannst die von Google vorgeschlagenen nehmen oder eigene eintippen.

7. Wähle aus, wo du regional werben möchtest. Du kannst auch einfach die Namen aller deutschsprachigen Länder eingeben, was ich dir bei einem Onlinebusiness empfehle.

8. Wähle dein tägliches Budget aus. Ich empfehle dir, möglichst niedrig anzufangen. Google zeigt dir an, wie viele Klicks du damit erwarten kannst. Aber Vorsicht: Der groß angezeigte Preis ist ein Tageswert, die angegebenen Klickzahlen sind Monatswerte (siehe Abbildung 12.1).

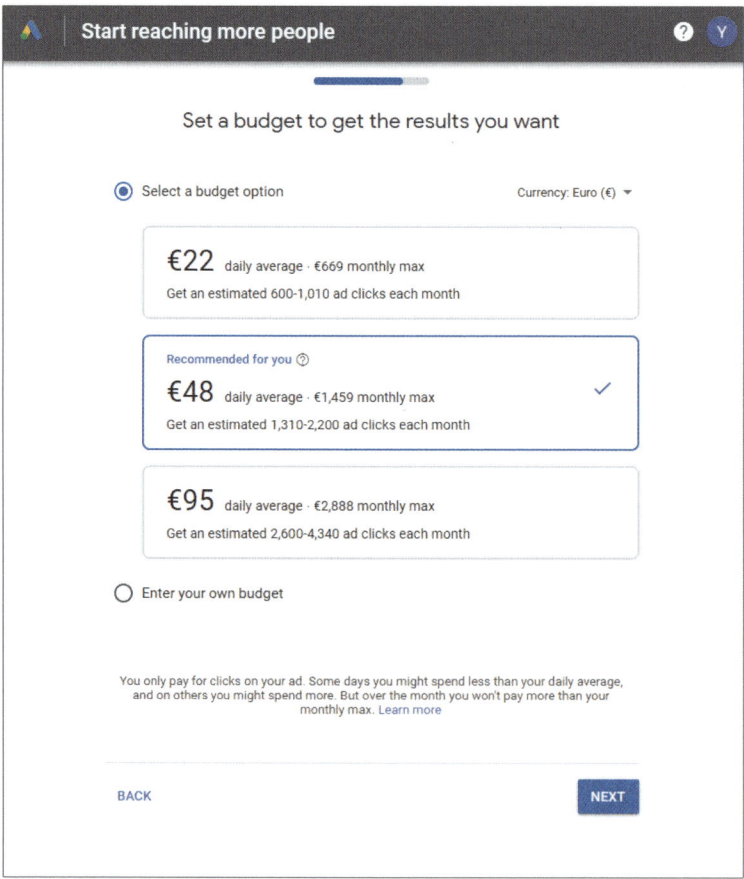

Abbildung 12.1 Auswahl deines Budgets im Google-Ads-Konto

9. Anschließend erhältst du eine Zusammenfassung deiner Anzeige, die du noch einmal überprüfen solltest.

10. Und natürlich kannst du erst dann eine Anzeige schalten, wenn du Google mitgeteilt hast, wie du deine Rechnung bezahlen wirst, was du im letzten Schritt tust. Die AGB musst du auch bestätigen, dann ist deine Anzeige fertig.

Deine Anzeige ist noch nicht sofort live, sondern wird von Google überprüft. Du wirst informiert, sobald sie freigeschaltet ist.

Wenn deine Anzeige ausgespielt wird, kannst du die Ergebnisse im Google-Ads-Dashboard sehen. Diese Zahlen solltest du regelmäßig im Blick behalten und die Grundeinstellungen anpassen. Du kannst beispielsweise neue Keywords hinzunehmen oder welche ausschließen, auf die du nicht bieten möchtest.

Google Ads so einzurichten, dass sie dir dauerhaft Gewinn bringen, ist ein längerer Prozess, für den du am Anfang Unterstützung hinzuziehen solltest.

12.3 Die perfekte Zielgruppe ansprechen mit Facebook und Instagram Ads

Da Facebook und Instagram zusammengehören, kann man auf beiden Plattformen gemeinsam Anzeigen schalten. Anders als bei Google legst du keine Themen fest, sondern Zielgruppen, die du ansprechen willst. Der Ansatz hier ist es, Menschen anzusprechen, für die dein Angebot interessant sein könnte, die aber aktuell noch gar nicht danach suchen. Das hat einen Vorteil und einen Nachteil. Der Vorteil ist: Du weißt, dass diese Menschen diejenigen sind, die sich für dein Angebot interessieren könnten. Das kannst du zwar auch ein wenig anhand von Keywords steuern, aber wenn dein Thema beispielsweise Englisch für junge Väter ist, kannst du deine Werbung genau auf diese Gruppe ausrichten. Bei Google Ads müsstest du darauf hoffen, dass sie entsprechende Keywords verwenden, oder mit hohen Streuverlusten leben. Der Nachteil besteht darin, dass diese Menschen ja aktuell vielleicht gar nicht am Thema interessiert ist, selbst wenn du deine Zielgruppe so passgenau ausgewählt hast, dass du sicher bist, dass sie deine Artikel (oder dein Produkt) brauchen. Die Hürde, die du überwinden musst, um diese Menschen zu überzeugen, ist daher deutlich höher.

12.3.1 Wozu du Facebook-Werbung einsetzen kannst

Facebook-Werbung hat normalerweise einen etwas indirekteren Effekt als Google Ads, zumindest wenn du sie sinnvoll einsetzt. Denn das Indirekte führt gleichzeitig dazu, dass die Menschen, die dich dort kennenlernen, nachhaltiger an dir interessiert sind. Du solltest Facebook nämlich nicht einfach einsetzen, um Klicks auf einen Artikel zu bekommen (das funktioniert auch), sondern um Menschen auf dich aufmerksam zu machen, die vielleicht sogar dauerhaft an dir interessiert sind. Das kannst du zum Beispiel erreichen, indem du

▶ gezielt Newsletter-Abonnent*innen suchst,

▶ deine Seite bewirbst, um mehr Fans zu gewinnen,

▶ Anzeigen nur an Menschen ausspielst, die deine Seite schon besucht haben.

Mit Facebook verfolgst du also eher eine Branding-Strategie. Solltest du schon Produkte verkaufen oder das für die Zukunft planen, ist es auch nicht unbedingt sinnvoll, diese direkt in Facebook zu bewerben. Besser funktionieren mehrstufige Prozesse, in denen du Menschen mehrfach ansprichst, bevor du ihnen etwas zum Verkauf anbietest.

Auch bei Facebook gilt natürlich, dass du ein waches Auge auf deine Anzeigen haben solltest. Am ehesten lohnen sich Anzeigen, wenn du den Ergebnissen, die du erzielst, einen Wert zumessen kannst. Wie bei Google Ads sind die sinnvollsten Anzeigen die, bei denen du die Conversions zählst. Allerdings musst du hier nicht nur etwas haben (einen Newsletter oder ein Produkt), das du als Conversion definieren kannst. Du musst außerdem Facebook erlauben, diese Conversions auch zu zählen und der Anzeige zuzuordnen. Dafür musst du das sogenannte Facebook-Pixel auf deinem Blog einbinden, das datenschutzrechtlich immer wieder in der Kritik steht. Denn Facebook erhält so Nutzungsdaten von dir, die das Unternehmen wiederum mit den Nutzungsdaten auf vielen anderen Websites matchen kann. Die Profile der Nutzer*innen werden damit immer detaillierter. Das Facebook-Pixel kannst du nur in Kombination mit einem entsprechenden Plug-in verwenden, das deine Leser*innen darüber aufklärt, dass du das Pixel nutzt, und ihr Einverständnis einholt.

Für den Anfang solltest du daher eine einfachere Anzeige gestalten und damit erst einmal Erfahrungen sammeln. Alles andere kannst du später noch ergänzen.

12.3.2   Deine erste Facebook-Anzeige

Sobald du eine Facebook-Anzeige hast und erste Beiträge schaltest, bietet dir Facebook an, diese Beiträge für ein paar Euro zu bewerben und so sichtbarer zu machen. Das solltest du nicht tun. Denn die Möglichkeiten, die du hier hast, sind relativ begrenzt. Zwar kannst du so sehr schnell eine erste Anzeige erstellen, aber du schöpfst nicht das komplette Potenzial aus, das Facebook dir bietet.

Die Stärke von Facebook-Anzeigen ist die Ansprache einer möglichst passgenauen Zielgruppe. Also fängst du auch die Gestaltung deiner Anzeige mit dem Anlegen einer Zielgruppe an. Dazu wechselst du in den Facebook-Anzeigenmanager unter *www.facebook.com/adsmanager/*. Links in der Menüleiste klickst du auf das Symbol mit den neun Feldern und wählst dann rechts ZIELGRUPPEN aus (Abbildung 12.2).

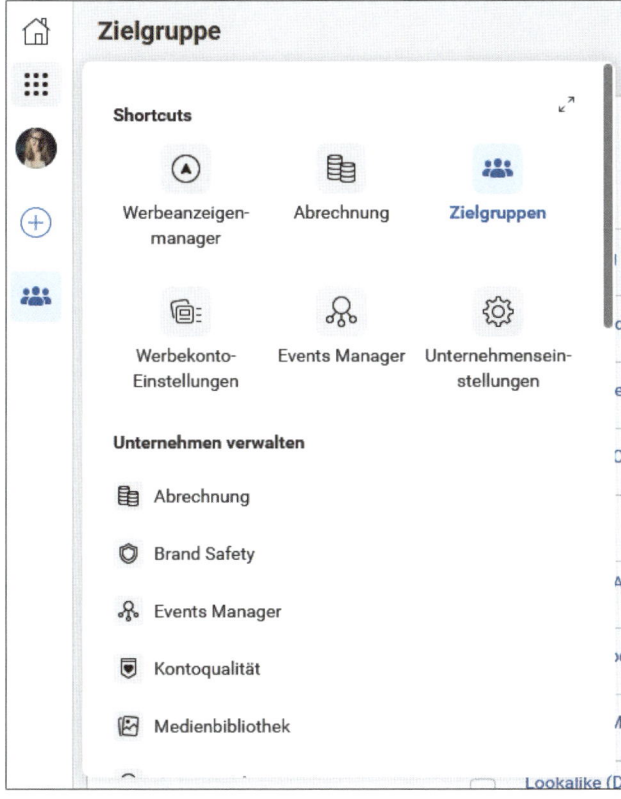

Abbildung 12.2 Auswahl der Zielgruppe

Im nächsten Schritt klickst du auf den blauen Button ZIELGRUPPE ERSTELLEN und wählst im Drop-down-Menü GESPEICHERTE ZIELGRUPPE aus. Nun kannst du detailliert angeben, welche Zielgruppe du ansprechen willst (Abbildung 12.3).

Zunächst benennst du deine Zielgruppe ❶. Als Nächstes wählst du aus, aus welchen Ländern deine Zielgruppe kommen kann ❷. Du kannst hier dein Heimatland oder alle deutschsprachigen Länder auswählen, wenn deine Anzeige später auf Deutsch erscheint. Lege Altersgruppe ❸, Geschlecht ❹ und die Sprache ❺ fest. Dann geht's ans detaillierte Targeting ❻, und jetzt wird's richtig interessant. Du kannst in dieses unscheinbare Feld nämlich alles eingeben, was deine Zielgruppe gut finden könnte: Filme, Bücher, Stars, Autor*innen, Orte usw. In diese Angaben kannst du ruhig ein bisschen Zeit und Energie stecken. Denn je genauer du deine

Zielgruppe hier beschreibst, desto besser wird deine Anzeige funktionieren. Wenn du dich beim detaillierten Targeting ausgetobt hast, kannst du deine Zielgruppe speichern.

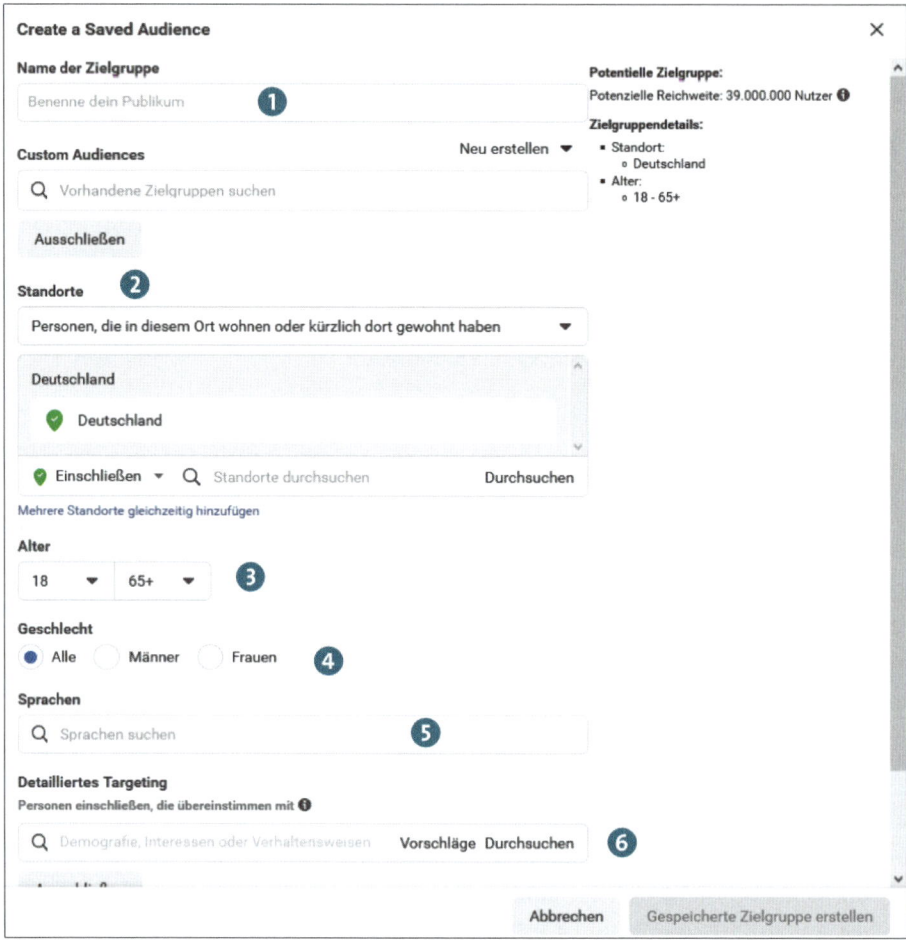

Abbildung 12.3 Eine Zielgruppe in Facebook anlegen

Nun legst du eine Anzeige an. Dabei musst du natürlich wissen, was genau du bewerben willst. Du kannst hierfür entweder einen Artikel nehmen, der besonders gut funktioniert hat und mit dem du viele Menschen von dir überzeugen kannst. Oder du promotest eine Landingpage, auf der man sich zum Beispiel zu deinem Newsletter anmelden kannst. (Mehr zu Newslettern erfährst du in Kapitel 14, »Eine Bindung aufbauen mit dem eigenen Newsletter«.)

Für diese Anzeige erstellst du nun ein Bild in Canva. Du kannst dir einfach eine Canva-Vorlage für eine Facebook-Anzeige aussuchen und diese auf dein Design anpassen. Im nächsten Schritt gehst du wieder zum Facebook-Anzeigenmanager und klickst dort auf den Button ERSTELLEN. Zunächst musst du dann ein Kampagnenziel auswählen. Wenn du ohne Facebook-Pixel arbeitest, bieten sich Traffic (Besuche auf deinem Blog) oder Interaktionen (Likes und Kommentare) an. Im nächsten Schritt wählst du einen Namen für die Kampagne und ein Tagesbudget. Starte am besten mit einem möglichst geringen Betrag wie 3 oder 4 Euro. Damit kannst du schon erste Ergebnisse sehen, behältst die Kosten aber im Griff. Alle anderen Punkte kannst du in der Voreinstellung belassen und auf WEITER klicken. Im nächsten Fenster wählst du einen Namen für deine Anzeigengruppe aus und legst fest, ob sie dauerhaft oder für einen festen Zeitraum laufen soll. Wenn du kein Enddatum angibst, kannst du die Anzeige natürlich trotzdem jederzeit manuell stoppen. Bei der Abfrage der Zielgruppe wählst du deine gespeicherte Zielgruppe aus. Alles andere kannst du wieder in der Voreinstellung belassen.

Im nächsten und letzten Schritt gestaltest du dann die Anzeige. Gib zunächst einen Namen ein. Der einzige Punkt, den du jetzt noch bearbeiten musst, ist die Anzeigengestaltung. Hier kannst du entweder einen bereits vorhandenen Beitrag auswählen oder einen neuen erstellen. Du hast dein Canva-Bild extra designt, also erstellst du am besten auch einen neuen Beitrag. Du kannst dich hier austoben und alles nutzen, was du von Facebook kennst. Erfahrungsgemäß funktionieren lange Texte in Anzeigen sehr gut, sodass du dir hier auch eine persönliche und ausführliche Ansprache deiner Leser*innen überlegen kannst, die zum Artikel, den du verlinkst, hinleitet.

Am Ende prüfst du noch einmal alles und klickst dann auf VERÖFFENTLICHEN. Deine Anzeige wird nun zunächst von Facebook geprüft und ausgespielt, sobald sie freigegeben ist. Im Anzeigenmanager siehst du ab dann einen Überblick darüber, wie die Anzeige funktioniert, das heißt, wie oft sie ausgespielt wurde, wie viel Geld du ausgegeben hast und wie viele Menschen darauf geklickt haben. Diese Zahlen solltest du immer genau im Blick behalten, damit du die Kosten im Griff behältst.

Abbildung 12.4 Überblick über deine Anzeigenperformance im Dashboard

12.4   Mit Anzeigen-Controlling immer die Kontrolle behalten

Die meisten Menschen haben andere Lieblingsthemen als Controlling. Gerade deswegen ist es so wichtig, dass du dich mit diesem Thema auseinandersetzt, sobald du mit deinem Blog höhere Ausgaben verursachst. Denn wer Anzeigen schaltet, kann schnell sehr viel Geld ausgeben. Gerade am Anfang ist es deshalb wichtig, die Kontrolle nicht zu verlieren und Kampagnen, die nicht funktionieren, sofort abzuschalten. In diesem Kapitel stelle ich dir vier Maßnahmen vor, die dir dabei helfen, immer den Überblick zu behalten.

12.4.1   Definiere deine Ziele und Maßnahmen vorab

Ob eine Anzeigenkampagne gut oder schlecht läuft, lässt sich eigentlich nur im Vergleich sagen. Zum Controlling gehören schließlich immer Soll- und Ist-Zahlen. Am besten wäre für dich der Vergleich mit anderen aus der eigenen Branche, nur werden diese dir sehr wahrscheinlich ihre Daten nicht zur Verfügung stellen. Die zweitbeste Möglichkeit ist ein Zeitvergleich deiner eigenen Daten. Wenn du dauerhaft mit Anzeigen arbeitest, solltest du auch genau das tun. Nur bei der ersten Kampagne hast du ja gerade noch keine Vergleichsdaten. Was also ist zu tun?

Du schaffst dir deinen Vergleich selbst. In Form von Erwartungen. Du siehst ja, was Google und Facebook dir bei der Einrichtung deiner Anzeige versprechen. Aus diesen Zahlen kannst du zunächst deine Erwartungen ableiten. Lege also vorher fest, wie viele Visits, Likes oder Conversions du am Tag erreichen willst, um zufrieden mit deiner Kampagne zu sein. Ganz wichtig: Schreibe dir diese Zahl auf. Am besten in einer Excel-Datei (die brauchst du später nämlich sowieso noch). Alternativ kannst du auch ein Google-Spreadsheet erstellen, denn einen Google-Account hast du ja mittlerweile auf jeden Fall.

Mit dem Festlegen deiner Erwartungen ist es aber noch nicht getan. Lege dir außerdem Schwellen fest, ab denen du

▶ abwarten,

▶ nachbessern,

▶ abschalten oder

▶ ausbauen

wirst. Damit bist du vorbereitet, um deine Anzeigen zu schalten und auch zu überprüfen.

12.4.2   Sammle alle Daten täglich an einem Ort

Nachdem du schon deine Excel-Tabelle angelegt hast, solltest du hier auch deine Zahlen hineinschreiben. Und zwar täglich. Wenn deine Anzeigen später eingespielt sind, kannst du die Abstände vielleicht vergrößern. Aber auch das empfehle ich dir nur für den Fall, dass du mit sehr niedrigen Beträgen arbeitest. Ansonsten ist es immer sinnvoll, auf einen Blick alles sehen zu können und sich jeden Tag einen Überblick zu verschaffen. Das kannst du zwar auch in den jeweiligen Dashboards, aber in deiner Excel-Datei hast du die Vergleichswerte eingetragen, sodass du hier nicht nur die Ist-, sondern auch die Soll-Werte auf einen Blick siehst.

Ich habe mehrere Jahre lang täglich die wichtigsten Zahlen manuell in meine Controlling-Datei eingetragen, bis ich nach und nach alle Zahlen über Schnittstellen angebunden und automatisiert eingelesen habe. Das manuelle Übertragen geht sehr schnell, und es hat den Vorteil, dass du dir die Zahlen viel besser anschaust. Schließlich musst du wirklich jede einzelne Zahl, die du in deinen Bericht übernimmst, heraussuchen. Du lernst so sehr viel über deinen Blog und die wichtigsten Zahlen.

12.4.3   Reagiere anhand deines Plans

Du hast dir zu Beginn deiner Kampagne Erwartungen aufgeschrieben und Maßnahmen definiert. Handle gerade bei deinen ersten Kampagnen immer unbedingt nach den Maßnahmen, die du dir vorher überlegt hast. Es ist sehr verlockend, eine Kampagne einfach noch ein paar Tage weiterlaufen zu lassen, um zu schauen, ob sich die Zahlen nicht doch noch mal ändern werden. Und vielleicht tun sie das sogar. Aber du hast dir ja auch für das Abwarten eine Schwelle gesetzt und dir bewusst etwas dabei gedacht. Diese vorher überlegte Maßnahme ist meist rationaler als ein spontanes: »Ich lasse es doch noch mal!« Bei deiner nächsten Kampagne kannst du ja andere Schwellen definieren, wenn du sie bei dieser für falsch hältst. Wahrscheinlich wirst du aber mit etwas Abstand einfach froh sein, wenn du dich an deine eigenen Vorgaben gehalten hast – und sie beim nächsten Mal wieder genauso für dich ansetzen.

12.4.4   Nimm dir nach einer Kampagne Zeit, um sie auszuwerten

Egal wie deine Kampagne läuft, irgendwann ist sie vorbei. Und dann ist es Zeit für eine Auswertung. Schau dir die Zahlen insgesamt an, vergleiche sie mit deinen Erwartungen und versuche sofort, Ableitungen für mögliche nächste Kampagnen zu treffen. Deine Ableitung kann natürlich auch sein, dass du das mit den Werbeanzeigen erst mal sein lässt. Wichtig ist aber, dass du dich nicht nach der Kampagne direkt wieder anderen Dingen zuwendest. Du hast schließlich Geld ausgegeben und solltest auf jeden Fall etwas daraus lernen.

Ab der zweiten Kampagne kannst du dann auch deine eigenen Zahlen miteinander vergleichen, was dir noch einmal neue Einsichten geben wird.

Teil III

Vom Blog zur Community

13 Was ist eine Community, und wozu brauchst du sie?

Der erste Schritt zur Professionalisierung deines Blogs ist der Aufbau einer eigenen Community. Was das genau ist, was du davon hast und wie du eine Community aufbaust, erfährst du in diesem Kapitel.

Viele Blogs erhalten vor allem zufällige Besucher*innen über Google und Social Media. Das ist super, denn diese Kanäle kosten kein Geld und relativ wenig Zeit. Allerdings wechseln die Menschen, die auf den Blog kommen, so immer wieder, und du weißt auch überhaupt nicht, wer die Leute sind, die deinen Blog gut finden. Wenn du mittelfristig eine Monetarisierung deines Blogs planst, solltest du rechtzeitig damit beginnen, dir deine eigene Community aufzubauen, in der du die Menschen direkt ansprechen und mit ihnen interagieren kannst. Dadurch lernen sie dich noch besser kennen, bauen Vertrauen zu dir auf und werden am Ende sogar echte Fans. Und das ist, was du für eine Professionalisierung deines Blogs brauchst: Denn echte Fans sind diejenigen, die am Ende ein Coaching oder einen Vortrag buchen oder etwas auf dem Blog kaufen werden.

Eine Community gibt dir als Blogger*in außerdem die Möglichkeit, dich einer ausgewählten Gruppe deutlich nahbarer und persönlicher zu zeigen und die Menschen dort auf diese Weise von dir als Person und von deiner Expertise zu überzeugen.

Ein Community-Aufbau ist allerdings auch mit großem Aufwand verbunden. Du wirst mindestens genauso viel wöchentliche Arbeitszeit in deine Community stecken müssen wie in die eigentliche Arbeit am Blog. Daher solltest du dir vorher gut überlegen, ob du die Community auch dauerhaft betreuen und ausbauen kannst. Wenn du jetzt schon weißt, dass du mittelfristig keine Zeit mehr dafür haben wirst, solltest du es gleich sein lassen und deine Energie lieber in die Dinge stecken, die dich jetzt schon weiterbringen. Zu viele verschiedene Teilprojekte, auf die du dich nicht richtig konzentrieren kannst, sorgen nur dafür, dass dein Blog – das Kernstück deines ganzen Website-Projekts – leidet. Allerdings wirst du es dann auch schwer haben, aus deinem Blog irgendwann ein Business zu machen. Denn gerade für Solo-Selbstständige – und das wirst du mit einem Blog sehr wahrscheinlich werden – ist der Aufbau von Fans, die der Person vertrauen und mit ihr persönlich zusammenarbeiten wollen, der beste Schritt, um Kund*innen zu gewinnen.

Die beiden wichtigsten Instrumente, die du nutzen kannst, um eine Community zu gründen, sind der eigene Newsletter und die Facebook-Gruppe zum Blog. Natürlich gibt es noch weitere Methoden, mit deinen Fans in Kontakt zu treten und sie an dich zu binden. Du kannst sogar dein eigenes soziales Netzwerk aufbauen und es mit deinem Blog verknüpfen. Auch Offlinevarianten sind denkbar, wie beispielsweise ein Meet-up, in dem du deine Fans persönlich triffst. Aber alle anderen Methoden neben dem Newsletter und der Facebook-Gruppe sind schlechter in Bezug auf das Verhältnis von Aufwand zu Nutzen.

Am besten startest du deinen Community-Aufbau mit einem Newsletter. Beim Newsletter hast du die volle Kontrolle darüber, welche Informationen du wem wann schickst. Du landest im Posteingang deiner Abonnent*innen und teilst dir nicht ihre Aufmerksamkeit mit Hunderten anderen Anbietern auf Facebook (also zumindest ab dem Moment, in dem sie deine E-Mail geöffnet haben). Außerdem liegen die Daten in Systemen vor, die du selbst betreibst. Sollte Facebook bankrottgehen (unwahrscheinlich) oder seine Strategie ändern (wahrscheinlich) und zum Beispiel Gruppen komplett umstrukturieren, hast du viel Aufwand in ein Projekt gesteckt, das du dann nicht mehr nutzen kannst. Für introvertiertere Menschen hat der Newsletter außerdem den Vorteil, dass man nicht ganz so sichtbar ist bzw. nur durch seine Worte erkennbar wird – wie im Blog auch. Einen Newsletter zu schreiben, unterscheidet sich auch nicht sehr davon, einen Artikel zu schreiben. Das bedeutet, dass du nichts Neues lernen musst. Daher sollte dein erster (und größerer) Schritt auf jeden Fall der Newsletter sein.

Warum dann überhaupt eine Facebook-Gruppe gründen, fragst du dich? Gruppen haben gegenüber Newslettern den Vorteil, dass du direkt und in Echtzeit mit deinen Fans interagieren kannst. Du kannst dich mit ihnen vernetzen, ihnen ein Live-Video von dir zeigen, Umfragen gestalten – und sie können sich auch untereinander verbinden. Das Ganze ist einfach noch viel mehr eine wirkliche Gemeinschaft als ein Newsletter, den jeder Fan für sich allein liest. In der Gruppe sehen deine Follower, dass sie nicht allein sind, dass es noch viele andere Menschen gibt, die dich richtig gut finden. Und sie sehen, was das für Menschen sind – und freunden sich vielleicht sogar mit ihnen an. Die Interaktion in der Gruppe zieht deine Fans auch mehr hinein und lässt sie sich stärker beteiligen. Sie können selbst Themen starten, Fragen stellen, mit anderen Mitgliedern kleinere Aktionen starten – und werden das alles immer mit dir und deiner Facebook-Gruppe verbinden. Im Newsletter ist das nicht möglich.

Tipp

Beide Varianten zu betreiben, ist eine gute Option. Aber auch sehr viel Arbeit, wenn du regelmäßig gute Inhalte verschicken und Interaktion fördern willst. Für den Anfang solltest du dich am besten erst auf den Newsletter konzentrieren, die Technik und die Prozesse in den Griff bekommen und dann im nächsten Schritt die Facebook-Gruppe starten, wenn du möchtest.

Wie du konkret eine Community aufbaust, mit Mitgliedern füllst und sie aktiv hältst, zeige ich dir in den folgenden beiden Kapiteln.

14 Eine Bindung aufbauen mit dem eigenen Newsletter

Die Entwicklung vom Blog zur Community startet normalerweise mit einem Newsletter. In diesem Kapitel erfährst du, wozu du einen Newsletter brauchst, wie du ihn aufsetzt und wie du ihn richtig für dich und deinen Blog nutzt.

Du hast dich also entschieden, einen Blog zu schreiben, hast dich darauf eingelassen, dass du Social-Media-Kanäle aufbauen und regelmäßig mit Inhalten füllen musst, damit Menschen zu dir kommen, und bist damit eigentlich schon mehr als ausgelastet. Und jetzt sollst du auch noch einen Newsletter starten? Durch einen Newsletter kommen erst mal keine neuen Leser*innen auf deine Website. Im Gegenteil: Man muss deinen Blog sogar schon gefunden haben, um deinen Newsletter abonnieren zu können. Wozu also das Ganze?

Tatsächlich lassen wir mit dem Newsletter das Ziel, neue Menschen auf deinen Blog zu bringen, ein wenig beiseite und kümmern uns eher darum, was wir diesen Menschen bieten können, um sie dauerhaft an deinen Blog zu binden. Denn wiederkehrende Fans sind für dich noch interessanter als immer wieder neue Leute auf der Website: Schließlich sind Erstere wirklich an dem interessiert, was du machst, und suchen nicht nur eine schnelle Information. Wenn Menschen sich so für deinen Blog interessieren, dass sie bereit sind, dir ihre E-Mail-Adresse zu geben, hast du schon erste richtige Fans gefunden. Das ist unglaublich viel wert, denn du kannst mit diesen Menschen nun aktiv in Kontakt treten. Du kannst sie nach ihrer Meinung fragen, neue Ideen vorstellen, später auch eigene Produkte verkaufen. Und diese Fans können wiederum als Multiplikator*innen dienen und anderen von deinem Blog erzählen. Das ist zwar ein indirekter Weg, aber dafür ein sehr effektiver. Und er macht auch gar nicht so viel Arbeit.

14.1 Einen Dienstleister für den Newsletter-Versand auswählen und einrichten

Deinen Newsletter verschickst du natürlich nicht mit deinem normalen E-Mail-Programm. Du brauchst dafür ein Tool, in dem du deine E-Mail-Adressen sammeln

und speichern kannst und das deinen Newsletter an deine Liste ausliefert. Ich empfehle dir hierfür im Folgenden *MailChimp*, auch wenn ich das Programm selbst
nicht mehr einsetze. (Ich nutze mittlerweile *ActiveCampaign*, das aus meiner Sicht
gerade für den Anfang jedoch zu teuer und zu groß ist.) Für meine Empfehlung gibt
es natürlich Gründe:

▶ MailChimp kannst du in einer kostenfreien Variante nutzen, bis du 2.000 Menschen auf deiner Liste hast. Damit bin ich selbst einige Jahre lang hingekom-
men, und es gibt erfolgreiche Blogs, die diese Grenze gar nicht erst reißen.

▶ Die Bedienung ist einfach. Manche Funktionen (wie das Übersetzen von Stan-
dardmails) sind ein bisschen versteckt, aber sobald du sie gefunden hast, kannst
du sie normalerweise intuitiv richtig nutzen.

▶ Das Tool ist weit verbreitet. Das bedeutet, dass du leicht Plug-ins findest, mit
denen du es auf deiner Website einbinden kannst, und dass alle Prozesse gut
dokumentiert sind.

▶ Du kannst Segregationen und Automatisierungen nutzen. Beides ist wichtig,
und gerade Automatisierungen empfehle ich dir von Anfang an.

▶ Das Ausfüllen der Auftragsdatenverarbeitung ist automatisiert. MailChimp ist
zwar ein US-amerikanischer Konzern, was grundsätzlich problematisch ist (siehe
dazu meine Anmerkungen in Kapitel 6, »Kein Grund zur Panik: Worauf Blogger*innen rechtlich achten müssen«). Aber meiner Erfahrung nach nimmt man
die Auflagen des Datenschutzes dort ernst.

Die Entscheidung, die du am Anfang für ein Tool triffst, wird dich lange binden, da
ein Umzug später aufwendig ist. Daher solltest du deine eigenen Anforderungen
auflisten und auch andere Tools anschauen. Ein Umzug ist natürlich nicht unmöglich – nur ziemlich lästig. Wenn du schon viele Einrichtungen vorgenommen hast
sowie Automatisierungen und Segregationen verwendest, musst du diese in einem
anderen Tool nachbilden, um sie weiter nutzen zu können. Und das Ganze soll
natürlich möglichst reibungslos stattfinden, damit deine Newsletter-Liste nichts
davon mitbekommt. Allerdings macht man einen solchen Umzug eher nur einmal
im Blog-Leben – wenn überhaupt.

Der einzige Nachteil, den ich für Einsteiger*innen bei MailChimp sehe, ist der Sitz
des Unternehmens. Du kannst natürlich auch einen deutschen Newsletter-Anbieter
suchen. Wahrscheinlich wirst du hierzu weniger Informationen online finden, weil
die großen Anbieter am Markt alle in den USA sitzen. Aber mit einem deutschsprachigen Ansprechpartner kommst du natürlich auch weit.

Wenn du dich selbst auf die Suche nach einem Tool begibst, achte darauf, dass es
die folgenden Bedingungen erfüllt:

▶ Das Programm sollte – zumindest in Bezug auf die Basisfunktionalitäten – kostenlos sein. Es gibt so viele kostenlose Anbieter, dass wirklich nicht einzusehen ist, dass du für deinen Blog-Newsletter Geld bezahlst. Vor allem nicht, wenn du noch am Anfang stehst und mit deinem Blog kein Geld verdienst. Wenn du später zum Beispiel eigene Produkte anbietest, dein Blog sich selbst trägt und sogar Gewinn abwirft, kannst du natürlich auch in ein anderes E-Mail-Programm investieren, wenn es dir einen höheren Nutzen bringt als dein kostenloses Tool.

▶ Es sollte leicht zu bedienen und gut dokumentiert sein oder alternativ kostenlosen Support anbieten.

▶ Du musst eine Auftragsdatenverarbeitung vereinbaren können, um datenschutzkonform deine Adressen sammeln zu können.

▶ Der Anbieter muss ein Double-Opt-in für deine Abonnent*innen ermöglichen. Das bedeutet, dass man nicht sofort zum Newsletter angemeldet ist, wenn man die eigene E-Mail-Adresse auf deinem Blog einträgt, sondern erst dann, wenn man dies noch einmal durch Klicken auf einen zugesendeten Link bestätigt. Hierdurch wird verhindert, dass man jemand anderen für einen Newsletter eintragen kann. Es ist zwar nicht explizit vorgeschrieben, dass du ein Double-Opt-in anbieten musst, aber als E-Mail-Versender*in musst du nachweisen können, dass die Menschen auf deiner Liste sich wirklich bei dir angemeldet haben. Das Double-Opt-in ist die Methode, die sich dafür durchgesetzt hat und an die die Nutzer*innen mittlerweile auch gewöhnt sind.

Da MailChimp kostenlos ist, viele Funktionen hat und auch alle anderen Anforderungen erfüllt, eignet es sich meiner Meinung nach für den Einstieg hervorragend, und meine Beschreibungen im Folgenden setzen immer bei diesem Tool an.

So legst du ein Konto bei MailChimp an:

1. Gehe auf *https://login.mailchimp.com/signup/*.
2. Trage deine Daten ein und klicke auf SIGN UP.
3. Wechsle in dein E-Mail-Postfach und aktiviere deinen Account.
4. Bestätige, dass du kein Roboter bist.
5. Wähle im nächsten Schritt die kostenlose Variante aus (ganz rechts).
6. Fülle die Formulare aus, durch die MailChimp dich führt. Wenn du möchtest, kannst du dich am Ende zum Getting-Started-Newsletter anmelden. Wenn du bisher noch nie Newsletter versendet hast, kannst du hier hilfreiche Tricks finden.
7. MailChimp hat automatisch eine Liste angelegt, zu der sich deine Leser*innen anmelden können, sobald du ihnen eine Möglichkeit auf deiner Seite dazu bietest. Du siehst sie, wenn du auf LISTS klickst. Der eine Subscriber, der dort schon zu sehen ist, bist übrigens du selbst. Du kannst in der kostenlosen Variante nur

eine Liste anlegen. In anderen Programmen kannst du mehrere nutzen, aber das ist eigentlich gar nicht nötig. Du kannst die einzelnen Kontakte auf deiner Liste mit sogenannten Tags versehen und dadurch mehrere Listen simulieren. Wenn du unbedingt mehrere Listen haben willst, legst du einfach verschiedene Accounts für unterschiedliche Zwecke an. Damit habe ich mir auch eine Weile beholfen, bis es mir zu aufwendig wurde.

8. Die Standardsprache von MailChimp ist Englisch. Das ändern wir nun. Klicke links im Menü auf AUDIENCE und wähle SIGNUP FORMS aus.

9. Klicke rechts neben FORM BUILDER auf SELECT.

10. Im Drop-down-Feld kannst du verschiedene Formulare und E-Mails auswählen. Wähle eine beliebige aus, klicke auf TRANSLATE IT und setze die DEFAULT LANGUAGE auf GERMAN – oder welche Sprache du auch immer verwenden willst. MailChimp merkt sich das für alle anderen Mails und Formulare. Wenn du möchtest, kannst du in diesem Bereich auch eigene Formulierungen eingeben, musst du aber nicht. Da die Übersetzungen ganz okay, aber nicht richtig gut sind, setze dir am besten zumindest einen Reminder für einen späteren Zeitpunkt, an dem du sie überarbeitest. Für den Moment ist es sinnvoll, erst einmal Erfahrungen zu sammeln und festzustellen, welche Mails du konkret brauchst und was in ihnen stehen soll.

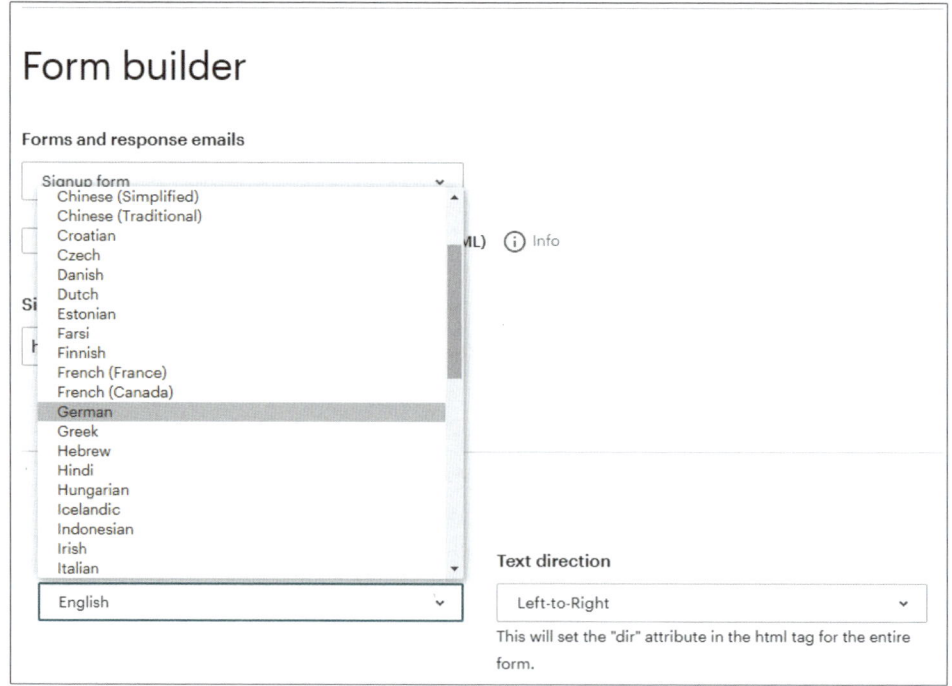

Abbildung 14.1 Auswahl der Standardsprache in MailChimp

11. Die Auftragsdatenverarbeitung (ADV) ist mittlerweile Bestandteil der allgemeinen Geschäftsbedingungen von MailChimp. Sie erfordert keine Unterschrift. Du schließt also automatisch eine ADV mit MailChimp ab, sobald du den AGB zustimmst.

Dein MailChimp-Konto ist nun dazu bereit, deine Abonnent*innen aufzunehmen. Wie das funktioniert, erfährst du im nächsten Schritt.

14.2   Die Anmeldeseite für den Newsletter gestalten

Solange du keine Anmeldemöglichkeit auf deinem Blog hast, wird sich deine Liste natürlich auch nicht füllen. Du hast zwei Möglichkeiten, die Anmeldung zu gestalten. Die eine geht schnell und einfach, die andere ist etwas aufwendiger, wird dir aber auch bessere Ergebnisse liefern. Ich stelle dir beide hier vor. Meine Empfehlung lautet wie immer: Mach es dir zunächst einfach, um überhaupt zu starten, sammle Erfahrungen und baue die Anmeldung zu einem späteren Zeitpunkt professionell aus. Auch hier hilft ein Reminder im Kalender. Wenn das Ganze nämlich erst mal irgendwie läuft, gibt es schon bald keinen Grund mehr, etwas daran zu ändern.

14.2.1   Die einfache Variante

Die einfachste Art, eine Anmeldemöglichkeit auf deinem Blog einzubinden, ist – natürlich – ein Plug-in. Ich empfehle dir das Plug-in *Mail Munch*. Es ist leicht zu installieren, funktioniert sehr gut in Kombination mit MailChimp, und du kannst es sehr schnell aufsetzen. Wie bei den meisten professionellen Plug-ins gibt es eine kostenlose und eine bezahlte Variante. Die kostenlose reicht für deine Zwecke. Der wichtigste Unterschied zur Bezahlvariante ist die Anzahl der zur Verfügung stehenden Vorlagen. Da du es dir aber ja leicht machen sollst, kannst du auch eine ganz einfache Vorlage verwenden.

Du hast verschiedene Möglichkeiten, mit Mail Munch eine Anmeldemöglichkeit zu erstellen. Zum einen kannst du eine eigene Landingpage bauen. Dies kann sinnvoll sein, wenn du aus deinen Artikeln oder deinen Social-Media-Kanälen darauf verlinkst und so die Anmeldemöglichkeit »bewirbst«. Eine Landingpage wirst du später erstellen. Für den Anfang reicht uns ein einfaches Formular. Wähle daher CREATE YOUR FIRST FORM aus.

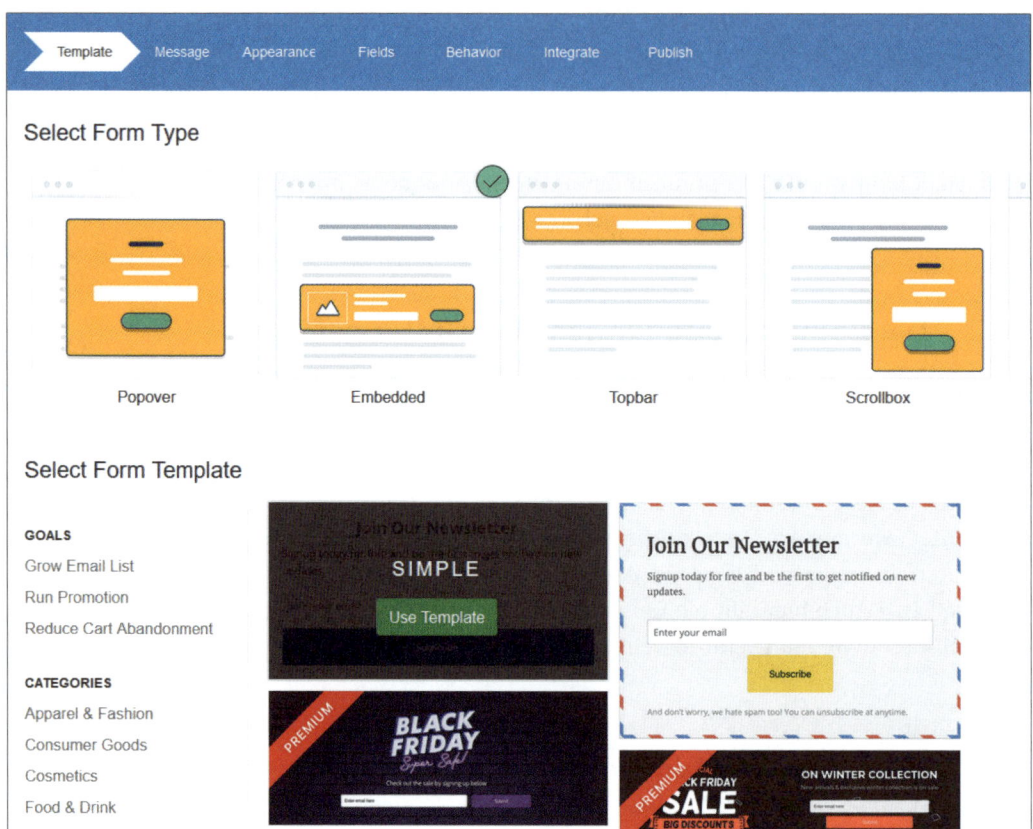

Abbildung 14.2 Anmeldeformular in Mail Munch erstellen

Je nach Layout deiner Seite suchst du dir nun EMBEDDED oder SIDEBAR aus. Die anderen Formulare sind noch auffälliger, und du kannst später damit experimentieren, wenn du schon weißt, was gut für dich funktioniert. Wähle eine der kostenlosen Vorlagen aus und vergib einen Namen. Nun kannst du das Formular so anpassen, dass es zu deinem Layout passt. Du kannst nahezu alles verändern – und solltest das auch nutzen. Hier kannst du dich mal wieder kreativ austoben. Klicke dich einfach durch das geführte Menü durch.

Wichtig sind die Einstellungen, die du unter dem Punkt INTEGRATE vornimmst. Hier kannst du dich mit deinem MailChimp-Account verbinden. Dazu loggst du dich einmal in dem Pop-up-Fenster, das aufgeht, in MailChimp ein. Ganz wichtig: Setze das Häkchen bei DOUBLE OPTIN, um den Datenschutzanforderungen gerecht zu werden.

Das Formular muss außerdem die folgenden Informationen haben:

▶ einen deutlichen Hinweis darauf, dass man sich hiermit zum Newsletter anmeldet, der in regelmäßigen Abständen kommt und über Neuigkeiten und gegebenenfalls Produkte informiert,

▶ einen Verweis darauf, dass man sich jederzeit mit einem Klick abmelden kann,

▶ Links zu Datenschutz und Impressum deines Blogs.

Im unteren Bereich weist du die Felder aus dem Formular denen aus deiner MailChimp-Liste zu. Wenn du jetzt noch bestätigst, hast du die erste Anmeldemöglichkeit für deinen Newsletter geschaffen. Am besten testest du sie gleich selbst aus, um zu sehen, ob alles so funktioniert, wie du dir das vorgestellt hast. Dann kannst du auch die E-Mails sehen, die deine Leser*innen künftig automatisiert von dir erhalten werden.

14.2.2 Die professionelle Variante

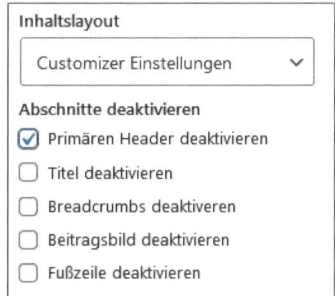

Abbildung 14.3 Einstellungen für die Landingpage im Astra-Theme

Wenn du etwas mehr Zeit in deine Anmeldeseiten stecken kannst und dafür auch bessere Ergebnisse erzielen möchtest, erstellst du am besten eine Landingpage für deine Newsletter-Anmeldung. Eine Landingpage ist eine Seite auf deinem Blog, die genau ein Ziel hat: Du möchtest, dass deine Leser*innen sich zu deinem Newsletter anmelden, etwas kaufen, zu dir Kontakt aufnehmen oder etwas Ähnliches. Die ganze Seite ist darauf ausgerichtet, deine Leser*innen davon zu überzeugen, zu tun, was du ihnen da vorschlägst. Daher müssen Landingpages auch ablenkungsfrei gestaltet werden. Das bedeutet, dass sie normalerweise keine Menüleiste haben und auch keine Links – keine internen und schon gar keine externen. Natürlich müssen wie auf allen anderen Seiten Impressum und Datenschutz leicht zugänglich sein, aber alles andere solltest du ausblenden, wenn dein Theme dir das erlaubt. Die Einstellungen dafür kannst du in der Entwurfsansicht der Seite in der rechten Menüleiste anklicken. Je nach Theme sieht das unterschiedlich aus. Im Astra-Theme heißt die Option, die du suchst, PRIMÄREN HEADER DEAKTIVIEREN.

Außerdem hat eine Landingpage immer einen sogenannten Call-to-Action, also eine Handlungsaufforderung in Form eines Buttons. Auf der Landingpage für deine Newsletter-Anmeldung öffnet der Button natürlich das Anmeldeformular, das du ebenfalls mit Mail Munch erstellen kannst. Diesen Button darfst du auch gerne mehrfach auf der Seite setzen – beispielsweise einmal direkt im Stage-Bild und dann noch mehrfach im Verlauf der Seite. So machst du es deinen Leser*innen zu jedem Zeitpunkt leicht, ihre Anmeldung abzuschicken.

Auf der Landingpage gibst du untereinander die folgenden Informationen:

▶ Eine Information, worum es geht (Newsletter-Anmeldung), mit Call-to-Action. Hier kannst du auch sehr gut ein Foto von dir einbinden, damit deine Leser*innen sofort wissen, mit wem sie es zu tun haben.

▶ Sogenannte Testimonials, d. h. Meinungen zu deinem Newsletter, wenn du welche hast. Das wird am Anfang noch nicht der Fall sein. Aber wenn du in deinem Newsletter regelmäßig nach Feedback fragst, wirst du auch welches bekommen.

▶ Informationen dazu, was zu erwarten ist. Wie oft schreibst du? Worüber schreibst du? Was ist dein Ziel mit dem Newsletter?

▶ Informationen zu dir. Warum möchte man von dir regelmäßig E-Mails bekommen?

Wahrscheinlich hast du dich selbst auch schon zu Newslettern angemeldet. Schau am besten dein E-Mail-Postfach durch und gucke dir an, was dich davon überzeugt hat, bei den Menschen, die dir regelmäßig Newsletter schicken, deine E-Mail-Adresse anzugeben. Du kannst dir auch die Websites anderer Blogger*innen anschauen und dir dort Inspirationen für den Aufbau deiner Landingpage holen. Dabei solltest du weniger auf das achten, was da steht, sondern vielmehr verstehen wollen, warum die Dinge da sind, welche Funktion sie erfüllen sollen und wie etwas Entsprechendes auf deiner Website aussehen könnte. Beschränke dich dabei am besten nicht nur auf deutschsprachige Websites, sondern schau dir auch US-amerikanische Blogs an. Diese erreichen meist ein deutlich größeres Publikum und sind häufig noch professioneller – was auch daran liegt, dass höhere Traffic-Zahlen mehr Möglichkeiten für Tests geben.

Du kannst auf deiner Landingpage übrigens sehr gerne deine Persönlichkeit zeigen (Abbildung 14.4). Wie beim Schreiben gilt auch hier, dass Menschen gerne etwas von Menschen lesen und sehen. Zeige dich so, wie du bist, und du wirst bessere Ergebnisse erzielen. Natürlich kannst du auch unterschiedliche Varianten testen und schauen, welche dir die höchsten Anmeldezahlen bringen.

Abbildung 14.4 Beispiel für eine gelungene Landingpage von Laura Belgrey

Die Landingpage musst du nun noch erreichbar machen, denn es wird niemand von selbst auf die Idee kommen, dorthin zu gehen und sich anzumelden. Teile sie in deinen Social-Media-Kanälen und binde in deinem Menü einen möglichst auffälligen Button ein, der zur Newsletter-Anmeldung führt. Am besten nennst du diesen Button nicht einfach »Newsletter«, wenn du erreichen möchtest, dass irgendwer darauf klickt. Du kannst stattdessen etwas wie »Tipps« oder »Starte hier« als Beschriftung wählen – also einen kurzen Text, der einladend und nützlich klingt.

Tipp

Eine Landingpage zu gestalten, ist aufwendig, lohnt sich aber. Die Conversion Rate – also der Anteil der Menschen, die sich tatsächlich anmelden – ist deutlich höher als bei einfachen Formularen.

14.3   Die wichtigsten Wege, neue Abonnent*innen für den Newsletter zu gewinnen

Nachdem du nun viel Zeit und Aufwand in die Erstellung deiner Landingpage gesteckt hast, gibt's erst mal schlechte Nachrichten von mir: Wahrscheinlich werden sich nicht so viele Menschen einfach so für deinen Newsletter anmelden, nur weil es ihn gibt. Denn es werden mittlerweile so viele Newsletter angeboten, und die meisten Menschen achten ziemlich genau darauf, ihren Posteingang nicht unnötig zu fluten. Daher solltest du deinen Abonnent*innen einen guten Anreiz bieten, sich ausgerechnet bei dir anzumelden. Dafür gibt es drei verschiedene Möglichkeiten, die ich dir hier vorstelle. Grundsätzlich gilt bei allen Optionen, dass du die Entwicklungen bezüglich Datenschutz im Auge behalten musst. Die Einschätzungen darüber, was hier DSGVO-konform möglich ist, gehen auseinander und ändern sich außerdem nahezu wöchentlich. Am besten abonnierst du – wie in Kapitel 6, »Kein Grund zur Panik: Worauf Blogger*innen rechtlich achten müssen«, vorgeschlagen – selbst einen Newsletter zu rechtlichen Themen, um hier auf dem Laufenden zu bleiben und gegebenenfalls zeitnah reagieren zu können. Die erste Möglichkeit, die ich dir vorstelle, ist in dieser Hinsicht die sicherste – allerdings auch diejenige, die dir am wenigsten Anmeldungen bringen wird.

14.3.1 Möglichkeit 1: Besondere Inhalte im Newsletter

Wenn du wertvolle Informationen wie zum Beispiel Anleitungen auf deinem Blog zur Verfügung stellst, kannst du deinen Newsletter-Abonnent*innen noch darüber hinausgehendes Wissen anbieten. Dies musst du dann natürlich regelmäßig liefern, und – ganz wichtig – du musst auf deiner Landingpage klar herausstellen, was das für Inhalte sind. Vielleicht kannst du auch eine Beispielmail aus der Vergangenheit teilen, mit der sich die Besucher*innen einen eigenen Eindruck vom Mehrwert, den du lieferst, machen können. Ein weiterer Nachteil dieser Option ist, dass du vielleicht gute Möglichkeiten verpasst, mit spannenden Keywords zu ranken und Traffic zu generieren. Du steckst dann viel Zeit in die Content-Erstellung für einen sehr kleinen Kreis. Möglicherweise kannst du die Inhalte auch einfach später veröffentlichen. Wenn frühe Informationen in deinem Bereich wichtig sind, kannst du deinen Abonnent*innen anbieten, sie zwei oder drei Tage früher als alle anderen über wichtige Änderungen zu informieren. Am besten machst du ein kleines Brainstorming zur Frage: Welche Inhalte kannst du in deinem Newsletter anbieten, die für deine Leser*innen interessant genug sind, dass sie sich anmelden werden?

14.3.2 Möglichkeit 2: »Produkt« gegen Newsletter-Anmeldung

Du kannst deinen Abonnent*innen auch Zugang zu Materialien wie E-Books, Checklisten oder Arbeitsblättern geben, die sie erhalten, sobald sie sich zum Newsletter angemeldet haben. Solche kostenlosen Goodies nennt man im Onlinemarketing Freebies, und sie sind sehr verbreitet. Technisch kannst du dies einfach in Form einer zugangsbeschränkten Seite lösen. Du erstellst dafür eine WordPress-Seite, die du mit einem Passwort schützt. Dieses Passwort sendest du dann in der ersten E-Mail an deine Abonnent*innen (und vielleicht auch in jeder weiteren, weil Passwörter ja schon mal verloren gehen).

Aus DSGVO-Sicht besteht hier folgende Schwierigkeit: Die Angabe von personenbezogenen Daten muss freiwillig passieren. Nun könnte man argumentieren, dass es nicht mehr freiwillig ist, wenn ich meine E-Mail-Adresse angeben muss, um Zugang zu dem Material zu bekommen. Es gibt hierzu aktuell noch keine einheitliche Rechtsprechung, aber die aktuelle Auffassung geht eher in die Richtung, dass die Angabe einer E-Mail-Adresse eine Form der Bezahlung für die Materialien ist und somit einfach ein Vertrag über den Austausch Goodies gegen Adresse stattfindet. Sehr deutlich herausarbeiten kann man das, indem man den Zugang gegen Bezahlung anbietet, ihn aber an Newsletter-Abonnent*innen verschenkt. So bleibt die Angabe auf jeden Fall freiwillig. Wichtig ist, dass du auf dem Anmeldeformular klar darüber informierst, dass hier eine Newsletter-Anmeldung stattfindet. Du darfst auf keinen Fall die Adresse einsammeln, nichts vom Newsletter erwähnen und dann einfach munter drauflosschicken.

Für dein Freebie erstellst du am besten eine eigene Landingpage, auf der du erklärst, welches Problem es für deine Leser*innen löst und warum sie es unbedingt brauchen.

Diese Variante ist meiner Erfahrung nach deutlich erfolgversprechender als die erste, aber natürlich auch ein bisschen aufwendiger. Sie birgt außerdem das Risiko, dass Menschen sich einfach anmelden, um deine Freebies herunterzuladen, und sich danach sofort wieder abmelden.

14.3.3   Möglichkeit 3: Ein kostenloser E-Mail-Kurs

Meine favorisierte Möglichkeit, Newsletter-Abonnent*innen zu gewinnen, ist der kostenlose E-Mail-Kurs. Er funktioniert wie ein Freebie und ist aus datenschutzrechtlicher Sicht ähnlich zu beurteilen. Allerdings brauchst du die E-Mail-Adresse, die du erfragst, natürlich, um deinen E-Mail-Kurs zu verschicken. Und das geht so: Du baust eine Automatisierung auf, in der du jeden Tag oder alle zwei Tage einen besonderen Tipp zu deinem Blog-Thema oder einen Schritt auf dem Weg zu einer einfachen Problemlösung beschreibst. Insgesamt solltest du auf diese Weise fünf bis zehn E-Mails vorbereiten. Der Vorteil hieran ist, dass du die Chance erhältst, deinen Stil und die Art der E-Mails, die du verschickst, schon vorzustellen. Deine Leser*innen gewöhnen sich daran, regelmäßig etwas von dir zu hören, und du kannst auch direkt zur Interaktion aufrufen – zum Beispiel dazu, deine Facebook-Seite zu liken oder dir auf die E-Mail zu antworten und dir eine Frage zu beantworten.

Seit ich ausschließlich mit E-Mail-Kursen zur Gewinnung von Newsletter-Abonnent*innen arbeite, habe ich einen viel intensiveren Kontakt zu den Menschen, die meine E-Mails lesen. Früher war meine E-Mail-Liste für mich eine anonyme Masse, an die ich meine Texte schickte. Heute kenne ich Geschichten und sogar Gesichter zu etwa einem Viertel der Menschen auf der Liste – was ich ziemlich viel finde. Mit einigen von ihnen sind lange Mailwechsel entstanden, viele sind meine Kund*innen geworden und manche sogar Freund*innen. Kostenlose E-Mail-Kurse hören sich vielleicht steril und technisch an, aber in Wahrheit bieten sie eine ganz einfache Möglichkeit, dich zu zeigen und eine persönliche Bindung zu deinen Leser*innen herzustellen.

Andere Möglichkeiten wie das Verbinden von Gewinnspielen mit einer Newsletter-Anmeldung kann ich nicht wirklich empfehlen. Manchmal schwappen solche Ideen aus den USA hier herüber. Allerdings ist es rechtlich in Deutschland nicht zulässig, eine Gewinnspielteilnahme an eine Newsletter-Anmeldung zu koppeln. Außerdem ziehen Gewinnspiele immer viele Menschen an, die irgendetwas gewinnen wollen. Wenn du trotzdem den Newsletter und ein Gewinnspiel irgendwie miteinander verbinden willst, kannst du auf deiner Landingpage ankündigen, dass du deine Newsletter-Abonnent*innen auch regelmäßig über aktuelle Gewinnspiele informierst. Damit koppelst du die Teilnahme nicht daran, sondern verteilst einfach exklusive Informationen im Newsletter. Natürlich musst du diese dann in der Folge auch liefern.

14.4   Neue Abonnent*innen sofort einbinden mit einer Begrüßungsstrecke

Rein technisch ist eine Begrüßungsstrecke nichts anderes als dein E-Mail-Kurs, und wenn du einen solchen aufgesetzt hast, kommst du auch mit dieser Strecke klar. Ziel einer Begrüßungsstrecke ist es, deine Leser*innen an deinen Schreibstil zu gewöhnen, sie zu Interaktion aufzufordern und sie bei dir zu behalten. Wenn du ausschließlich Abonnent*innen über deinen E-Mail-Kurs gewinnst, kannst du auf die Begrüßungsstrecke verzichten bzw. sie in den Kurs integrieren. Ansonsten solltest du eine Strecke mit drei bis fünf E-Mails aufsetzen, die im Tagesrhythmus oder alle zwei Tage versendet werden. Das ist viel, aber wenn du in der ersten Mail ankündigst, dass diese Mails kommen werden, verschreckst du deine Leser*innen nicht.

Ein möglicher Aufbau für eine Begrüßungsstrecke ist:

▶ Tag 1: Du teilst zwei besonders erfolgreiche Blog-Posts von dir und kündigst weitere E-Mails an.

▶ Tag 2: Du stellst dich und deine Erfahrungen mit deinem Blog-Thema vor.

▶ Tag 3: Du fragst nach Input, zum Beispiel danach, wo deine Leser*innen feststecken. Oder nach einer Erfahrung, die sie mit deinem Thema gemacht haben.

▶ Tag 4: Du stellst die Möglichkeiten vor, mit dir in Kontakt zu treten. Du kannst hier beispielsweise auch gut deine Facebook-Seite (oder -Gruppe) ankündigen.

▶ Tag 5: Du gibst einen Ausblick darauf, was in den kommenden Wochen und Monaten von dir zu erwarten ist und wie häufig du welche Inhalte verschickst.

Diese Begrüßungsstrecke setzt du in MailChimp als Automatisierung einmalig auf und lässt sie dann laufen. MailChimp hat einen eigenen Menüpunkt für Automatisierungen (AUTOMATIONS) und bietet sogar schon einige Vorlagen an. Du kannst dir auch hier einen Reminder setzen, um regelmäßig zu schauen, ob die Inhalte noch aktuell sind oder ob du Ideen hast, wie man sie weiter verbessern kann.

14.5 Regelmäßig Inhalte für den Newsletter erstellen

Nach Begrüßungsstrecke und Automatisierung geht es nun ans regelmäßige Versenden deiner Newsletter. Das machst du unter dem Punkt CAMPAIGNS.

In MailChimp kannst du dir deine Newsletter ganz einfach zusammenklicken. Du wählst CAMPAIGNS • CREATE CAMPAIGN und folgst dann der sehr ausführlichen Anleitung in MailChimp. Wenn du deinen Newsletter nur an einen Teil deiner Liste verschicken möchtest, nimmst du eine Segregation vor. Du schränkst dann zum Beispiel den Versand auf alle ein, die eine bestimmte Kampagne erhalten haben oder die erst seit Kurzem auf der Liste sind. Die Segregation nimmst du direkt bei der Erstellung des Newsletters vor. Du kannst hier auch mit sogenannten Tags arbeiten, die du deiner Liste zuordnest. So kannst du alle Abonnent*innen, die über ein Freebie zu dir gekommen sind, mit dem Namen des Freebies kennzeichnen. Wenn du ein Update dazu hast, kannst es dann gezielt an diese Menschen schicken.

Schwieriger als die technische Erstellung des Newsletters ist es, die passenden Inhalte zu finden. Viele Blogger*innen tun sich schwer damit, weil es gefühlt etwas ganz anderes ist, als einen Blog-Post zu schreiben. Auf deiner Webseite stellst du deinen Post nur ins Netz, und alle, die das wollen, können vorbeischauen – oder eben auch nicht. Wenn du dagegen eine E-Mail schreibst, landest du direkt und persönlich in der Inbox der Menschen, die sich angemeldet haben. Und wer nicht gern andere Menschen stört, findet wahrscheinlich alles banal, was er schreiben könnte.

Das ist allerdings ein Irrtum. Deine Leser*innen haben sich bei dir zu deinem Newsletter angemeldet. Sie freuen sich, von dir zu hören, und warten auf deine Nachrichten. Um es dir leichter zu machen, kannst du dir einfach vorstellen, dass du einen Blog-Post schreibst, der nur an einen eingeschränkten Verteilerkreis geht.

Genauso solltest du deinen Newsletter auch aufbauen: wie einen Artikel. Es ist also wichtig, dass du eine Story erzählst und nicht einfach Artikel von deinem Blog verlinkst. Das kannst du natürlich auch tun, aber es sollte eingebettet in deinen Newsletter sein. Wenn du die folgenden fünf Tipps beachtest, wirst du deine Leser*innen sicher gut ansprechen.

14.5.1   Schreibe persönlich aus deiner eigenen Sicht

Du verschickst eine E-Mail, deine Leser*innen kennen deinen Blog, und nun wendest du dich direkt an sie. Schreibe also auf jeden Fall zumindest eine Einleitung, in der du etwas Persönliches erzählst – eine Geschichte, etwas Saisonales oder einfach einen Gruß. Gut funktionieren auch Storytelling-Elemente. Das macht deinen Newsletter zu etwas Besonderem und hebt ihn von all den Firmen-Newslettern ab, die man sonst so bekommt.

14.5.2   Stelle deinen Newsletter unter ein Thema

Wahrscheinlich möchtest du die Gelegenheit nutzen, deinen Leser*innen Artikel aus deinem Blog noch einmal ans Herz zu legen. Das funktioniert am besten, wenn diese etwas miteinander zu tun haben. Und so fällt es dir auch leichter, textlich einen Bogen zu schlagen. Die Geschichte, die du am Anfang erzählst, kann dann ganz natürlich zu deinem Thema überleiten.

14.5.3   Verwende ein gut wiedererkennbares Layout

Dein Newsletter trägt auch eine Markenbotschaft. Er soll deinen Leser*innen ermöglichen, deinen Blog direkt wiederzuerkennen. Wenn du also ein Logo hast oder nur bestimmte Farben verwendest, nutze diese ebenso im Newsletter. Du kannst auch ein Titelbild in deinen Newsletter setzen, auf dem du selbst zu sehen bist. Dann haben deine Leser*innen ein Bild der Person vor Augen, die da gerade zu ihnen spricht. Das macht deinen Newsletter gleich noch persönlicher.

14.5.4   Verwende schöne Bilder

Dein Newsletter sollte optisch ansprechend sein. Daher solltest du ihn mit schönen Fotos oder anderen Bildern auflockern. Das musst du nicht in jedem Newsletter einsetzen, aber hin und wieder ist es hilfreich. Gut ist, wenn diese Bilder farblich zusammenpassen und auch den Charakter deines Blogs widerspiegeln. Und wenn sie nicht zu groß sind. Achte also unbedingt auf die Dateigröße. Du kannst hier übrigens auch ein persönliches Foto von dir schicken und das bereits in der Betreffzeile ankündigen, zum Beispiel indem du »+ Foto« in Klammern hinter den eigentlichen Betreff setzt. Solche Betreffzeilen führen zu hohen Öffnungsraten.

14.5.5   Überprüfe alles genau, bevor du es schickst

Eigentlich sollte das selbstverständlich sein, aber wahrscheinlich hast auch du schon einmal eine Entschuldigung für einen verpatzten Newsletter bekommen. Also: Lies den Newsletter noch einmal Korrektur oder bitte jemand anderen, das zu tun. Führe einen Testversand durch und prüfe jeden einzelnen Link noch einmal manuell, bevor deine E-Mail wirklich rausgeht.

Übrigens solltest du schon relativ bald nach der ersten Newsletter-Anmeldung eine E-Mail verschicken, selbst wenn du glaubst, dass der Verteilerkreis dafür zu klein ist. Deine Abonnent*innen wissen ja nicht, wie viele Menschen außer ihnen den Newsletter noch abonniert haben. Aus ihrer Sicht können das 2, 100 oder auch 10.000 sein.

Außerdem muss jede E-Mail, die du verschickst, einen Abmelde-Button haben, damit deine Abonnent*innen aus ihrem Abo auch wieder herauskönnen. MailChimp fügt diesen Button automatisch in deine Mails ein. Das machen auch alle anderen Newsletter-Tools so, sodass du dir darum normalerweise keine Gedanken machen musst. Überprüfe aber einmal in der Testmail, die du versendest, ob der Link enthalten ist und ob er funktioniert.

14.6   Den Newsletter-Erfolg anhand von Zahlen messen

Die Arbeit, die du in den Newsletter steckst, soll sich natürlich auch für dich lohnen. Und das kannst du am besten anhand von Zahlen messen. Es gibt keine einheitliche Newsletter-Statistik darüber, welche Zahl wie hoch sein sollte. Du kannst hier am besten mit Zeitvergleichen arbeiten, das heißt, du schaust dir an, wie deine eigenen Zahlen sich mit der Zeit entwickeln.

14.6.1   Neuanmeldungen

Die absolute Anzahl an Neuanmeldungen zeigt dir, wie dein Newsletter wächst. Das prozentuale Wachstum deiner Liste sollte über die Zeit gleich bleiben oder wachsen. Wenn du zehn Anmeldungen hast und pro Woche einen neuen dazubekommst, solltest du bei 100 pro Woche zehn neue begrüßen dürfen.

14.6.2   Anmelderaten

Mit der Anmelderate bewertest du deine Newsletter-Landingpage. Dafür musst du wissen, wie viele Menschen in einem bestimmten Zeitraum auf der Landingpage waren (das kannst du über die Seitenaufrufe in Google Analytics herausfinden) und wie viele Menschen sich im selben Zeitraum über diese Landingpage angemeldet haben. Wenn du verschiedene Landingpages nutzt, kennzeichnest du deine Abonnent*innen am besten direkt bei der Anmeldung mit einem Tag. Mail Munch kann das für dich erledigen, und auch andere Schnittstellentools machen das automatisch. Dann teilst du die Zahl der Anmeldungen durch die Zahl der Besuche und erhältst eine Conversion Rate für diese Landingpage – also den Anteil an Menschen, die tatsächlich deine Mails abonnieren. Mit dieser Zahl kannst du verschiedene Landingpages miteinander vergleichen.

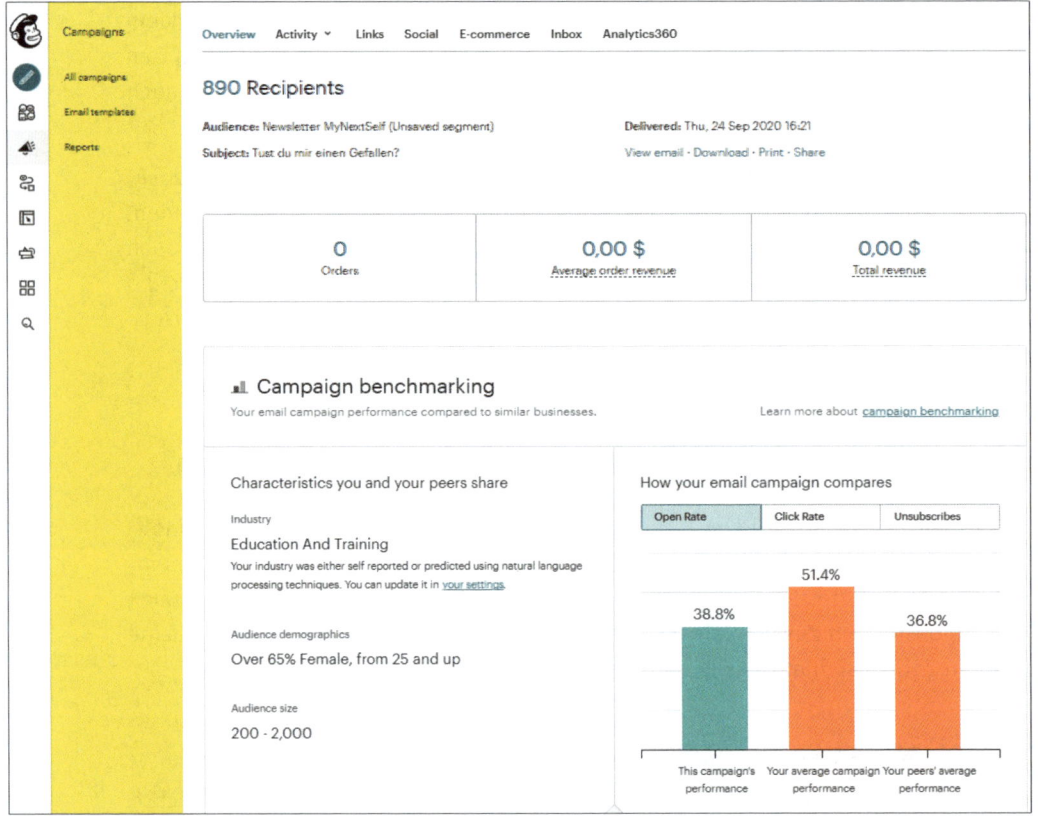

Abbildung 14.5 Berichtsseite in MailChimp

14.6.3   Öffnungsraten

Mit der Öffnungsrate schaust du, wie gut deine Kampagnen performen. Einflussfaktoren für die Öffnungsrate sind die Betreffzeile und der Versandzeitpunkt, wobei die Betreffzeile der wichtigere Faktor ist. Du kannst ein wenig mit unterschiedlichen Betreffzeilen experimentieren und schauen, welche besonders gut funktionieren. Öffnungsraten für E-Mail-Kurse sind tendenziell höher, weil Menschen ja auf diese Mails warten. Du kannst deine Öffnungsrate auch steigern, indem du deine

Kontakte regelmäßig bereinigst und die E-Mail-Adressen entfernst, bei denen die letzten zehn Kampagnen nicht geöffnet wurden. Das tut zwar einen Moment lang weh – schließlich freut man sich gerade am Anfang über jede einzelne neue Adresse –, aber Abonnent*innen, die deine Mails gar nicht erst lesen, bringen dir überhaupt nichts. Wenn sie später wieder an dir interessiert sind, können sie dich ja noch mal abonnieren.

14.6.4   Klickraten

Sehr wahrscheinlich gibt es in jedem deiner Newsletter mindestens einen Link, den man anklicken kann. In MailChimp kannst du dem Kampagnenbericht entnehmen, wie oft jeder einzelne Link angeklickt wurde. Auch hier kannst du experimentieren und so erfahren, was deine Leser*innen besonders interessiert.

14.6.5   Abmelderaten

Je größer dein Newsletter wird, desto mehr Menschen werden sich bei jeder einzelnen E-Mail, die du versendest, abmelden. Auch das tut anfangs weh. Ich habe mich bei den ersten Abmeldungen stundenlang gefragt, was ich Falsches geschrieben habe. Heute sehe ich das natürlich anders. Ich denke mir, dass die Menschen, die sich abmelden, entweder kein Interesse haben und deswegen Platz für neue Abonnent*innen machen (schließlich steigen auch die Kosten mit zunehmender Listengröße). Oder sie sind gerade in einer Phase, die ich auch öfter mal durchlaufe und Ich-räum-mein-Postfach-auf-Phase nenne. Wahrscheinlich hast du auch schon mal beschlossen, rigoros alle Newsletter abzumelden, um endlich weniger Mails zu bekommen. Und vielleicht machen das diese Menschen ja auch. Du hast sehr wahrscheinlich gar nichts falsch gemacht, wenn sich jemand abmeldet – das gehört einfach dazu. Wenn deine Abmelderaten allerdings unnatürlich in die Höhe schnellen, solltest du vielleicht doch noch mal in die Kampagne schauen und überlegen, ob du vielleicht komplett am Thema vorbeigeschrieben hast.

Diese unterschiedlichen Zahlen solltest du dir für jede Kampagne anschauen und auch die Zahlen der verschiedenen Kampagnen miteinander vergleichen. Am besten beginnst du damit einen Tag nach dem Newsletter-Versand, weil die Zahlen dann schon verlässlicher sind.

15 Interaktion in der Facebook-Gruppe

Wenn du ohnehin auf Facebook aktiv bist, kann die Einrichtung einer Facebook-Gruppe für dich sinnvoll sein. Was das genau ist und was du davon hast, erkläre ich dir in diesem Kapitel.

Du hast einen Blog, einen Newsletter, einen Facebook-Account, und jetzt sollst du auch noch eine Facebook-Gruppe anlegen? Ist das nicht ein bisschen viel?

15.1 Wann eine Facebook-Gruppe sinnvoll ist

Wenn du tatsächlich das Gefühl hast, dass du mit den bisherigen Aktivitäten schon ausgelastet bist, konzentriere dich lieber auf deinen Blog und auf neue Artikel. Niemand braucht eine Facebook-Gruppe, und sie hilft dir auch nicht dabei, deinen Blog wachsen zu lassen (zumindest nicht auf direktem Weg). Außerdem bedeutet sie einiges an zusätzlicher Arbeit. Und du wirst noch mehr aus deinem Schneckenhaus herauskommen müssen, denn Facebook-Gruppen funktionieren vor allem dann, wenn du dich dort persönlich zeigst.

Neben all diesen ehrlichen Nachteilen einer Facebook-Gruppe gibt es aber auch Vorteile. Sonst würde sie schließlich niemand gründen. Der wichtigste Vorteil einer Facebook-Gruppe ist, dass du hier direkt mit den Menschen interagieren kannst, die deinen Blog lesen – und zwar in einem (einigermaßen) geschützten Raum.

Vielleicht bist du selbst längst Mitglied in etlichen Facebook-Gruppen. Falls nicht, solltest du dich mit dem Konzept zunächst einmal vertraut machen und vielleicht in ein paar eintreten. Es gibt zu allen erdenklichen Themen Facebook-Gruppen: Hobbys, Berufe, Ernährungsweisen, Stadtteile usw. Facebook-Gruppen sind geschlossene Bereiche auf Facebook, die von einem oder mehreren Admins verwaltet werden und in die nur durch die Admins freigeschaltete Mitglieder Zutritt haben. Es gibt zwar auch offene Gruppen, in die du ohne Freischaltung eintreten kannst. Dennoch musst du zunächst durch einen Klick auf den entsprechenden Button der Gruppe beitreten – und bist damit Mitglied. Wer außer dir selbst noch Mitglied ist, kannst du auch sehen. Insofern weißt du – anders als bei einem öffentlichen Facebook-Post – immer, wer liest, was du schreibst. Natürlich können später neue Mitglieder hinzukommen, die deine Posts dann auch noch sehen. Aber du behältst zumindest den Überblick darüber, ob du vor einem kleinen oder großen Publikum schreibst.

Für dich als Blogger*in kann eine Facebook-Gruppe zur Fan-Community werden. Du kannst die Menschen, die dich über deinen Blog kennen, zur Gruppe einladen und dort mit ihnen in Interaktion treten. Und auch die Mitglieder untereinander können sich vernetzen und kennenlernen. Das ist auch schon der größte Vorteil einer Facebook-Gruppe: Du bietest deinen Mitgliedern die Möglichkeit, Gleichgesinnte kennenzulernen und gemeinsam mit ihnen an ihren eigenen Plänen zu arbeiten. In Facebook-Gruppen sind schon viele gute Freundschaften entstanden, und ich selbst habe dort bereits viele nette Menschen kennengelernt, die mich ein Stück auf meinem Weg begleitet haben.

Das ist natürlich ein schöner Zweck für eine solche Gruppe, aber allein aus diesem Grund solltest du sie noch nicht anlegen. Denn die Zeit, die du dort hineinsteckst, kannst du sicher immer gut brauchen. Also ist eine Gruppe nur dann für dich sinnvoll, wenn du etwas von ihr hast. Und das ist dann der Fall, wenn du aus Fans irgendwann Käufer*innen machen möchtest. Wenn du jetzt schon überlegst, später eigene Produkte zu verkaufen, kann eine Facebook-Gruppe ein guter Weg sein, deine Follower noch stärker von deiner Expertise zu überzeugen, dich ihnen persönlich vorzustellen und sie auch schon kennenzulernen. Schließlich ist es viel wahrscheinlicher, dass sie von einem Menschen etwas kaufen, den sie schon kennen und dem sie vertrauen, als dass sie einfach auf deinem Blog etwas in ihren Warenkorb packen.

Erforderlich ist die Facebook-Gruppe aber auch dafür nicht. Sie ist eine von verschiedenen Möglichkeiten. Sie ist allerdings diejenige, in der du die meisten Wege zur direkten Interaktion hast. Wenn dir das liegt, wenn du neugierig auf die Menschen bist, die deinen Blog lesen, ist eine Facebook-Gruppe sicher das Richtige für dich.

Tipp

Wie immer gilt auch für die Facebook-Gruppe: Du kannst alles ausprobieren und anschließend auch wieder sein lassen. Wenn du merkst, dass deine Facebook-Gruppe langsam einschläft und du dich gar nicht mehr dazu aufraffen kannst, etwas zu posten, kannst du sie auch wieder schließen. Wenn du dir das vorher vor Augen führst, nimmt das ein wenig den Druck heraus und du hast mehr Freude am Experimentieren.

15.2   Die Facebook-Gruppe anlegen

Eine Facebook-Gruppe kannst du mit wenigen Klicks anlegen. Dafür brauchst du natürlich ein Facebook-Profil. So legst du deine Facebook-Gruppe an:

1. Oben rechts in deinem Profil klickst du auf das Pluszeichen (Abbildung 15.1).

2. Du wählst im unteren Bereich GRUPPE aus.

3. Jetzt kannst Einstellungen zu Name, Hintergrundbild und Privatsphäre vornehmen. Ich empfehle dir, auf jeden Fall eine private Gruppe anzulegen, um noch ein wenig Kontrolle darüber zu behalten.

4. Du kannst auch sofort Freund*innen einladen, in die Gruppe einzutreten, wenn du das möchtest. So gewinnst du schon die ersten Mitglieder.

5. Du kannst aber auch zunächst auf ERSTELLEN klicken, und schon hast du deine eigene Facebook-Gruppe.

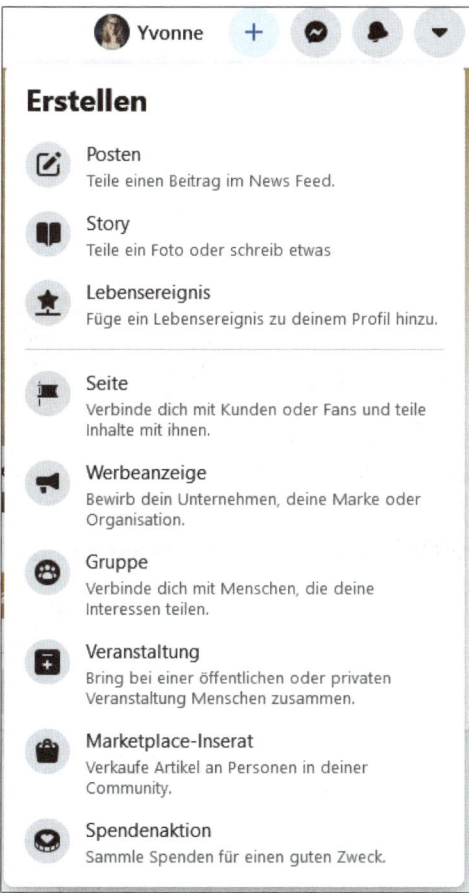

Abbildung 15.1 Eine Facebook-Gruppe anlegen

Bevor du Menschen einlädst, mit denen du nicht direkt auf Facebook befreundet bist, solltest du noch ein paar Einstellungen vornehmen. Du kannst zum Beispiel

Fragen an potenzielle Mitglieder stellen. Dadurch verringerst du die Wahrscheinlichkeit, dass sich Fake-Accounts in deiner Gruppe anmelden und du sie aus Versehen freischaltest. Gute Fragen zum Einstieg sind:

▶ Woher kennst du die Gruppe?

▶ Was ist deine größte Herausforderung (natürlich zu deinem Blog-Thema)?

▶ Was wünschst du dir von der Gruppe?

Die Fragen sind vor allem dazu da, ernst gemeinte Anfragen herauszufiltern. Aus
den Antworten kannst du vielleicht sogar etwas für deinen Blog lernen. Wenn du
gerade mit deiner Gruppe startest, wird sie aber wahrscheinlich eh nicht von Mitgliedern überrannt werden, sodass du dir die Fragen auch erst mal sparen kannst.

Außerdem kannst du Gruppenregeln für die Mitglieder festlegen. Bewährt haben
sich allgemeine Netiquette-Regeln sowie die Aufforderung, keine Werbung zu posten. Grundsätzlich bist du aber auch nicht verpflichtet, Gruppenregeln einzuführen.
Wenn du Admin einer Gruppe bist, kannst du selbst entscheiden, wen du in die
Gruppe lässt und wen du gegebenenfalls auch wieder aus ihr ausschließt.

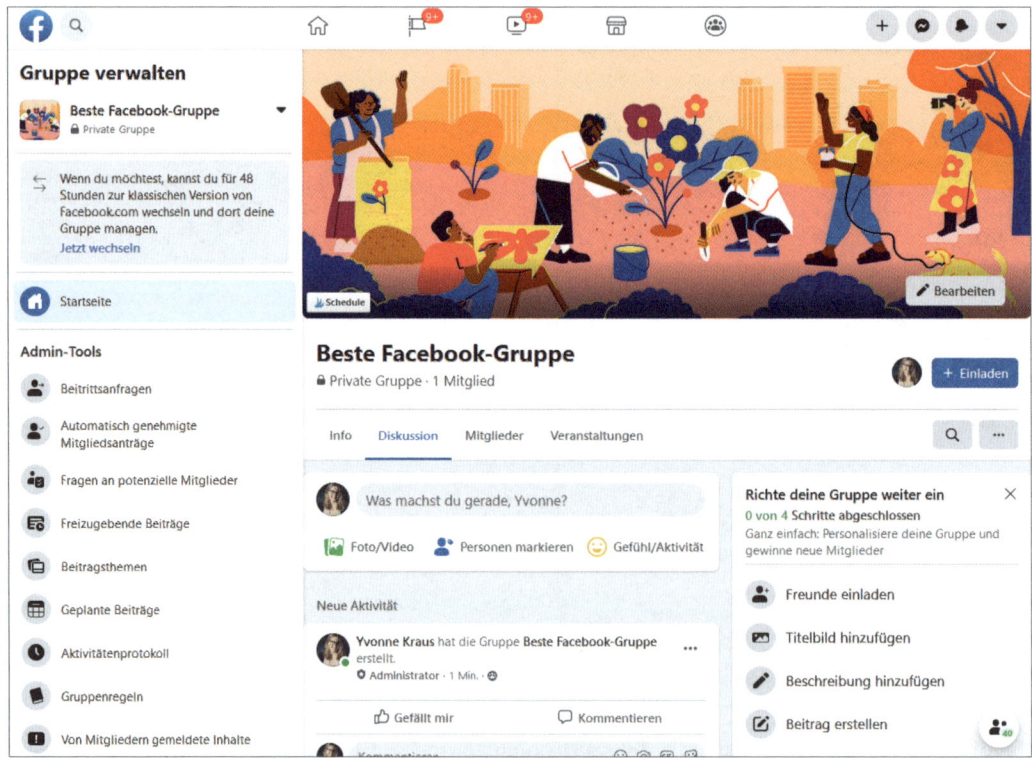

Abbildung 15.2 Einstellungen in der Facebook-Gruppe

In der Gruppenverwaltung kannst du auch neue Mitglieder freischalten. Du solltest dir von Anfang an angewöhnen, die Profile der Anfragenden kurz anzuschauen, bevor du sie freischaltest. Sind sie gerade erst angelegt worden, haben kaum Freundschaften oder posten Dinge, mit denen du nicht einverstanden bist, lässt du sie nicht in deine Gruppe. Wichtig ist, dass du eine Community nach deinen Vorstellungen formst, in der sich deine Mitglieder wohlfühlen und sich offen austauschen können.

15.3   Die richtigen Mitglieder für die Gruppe gewinnen

Damit du nicht allein in deiner Gruppe bleibst, musst du dafür sorgen, dass du Mitglieder findest. Und zwar die richtigen. Das heißt: Du suchst Menschen, die etwas mit deinem Thema anfangen können, die gut zueinander passen und die sich auch aktiv in die Gruppe einbringen werden. Das ist gar nicht so einfach. Der beste Grund für Menschen, in deine Gruppe zu kommen, ist, dass sie dort Inhalte finden, die es woanders nicht gibt. Diese »Inhalte« können auch direkte Interaktion mit dir sein. Für den Start deiner Facebook-Gruppe empfehle ich dir, eine mehrtägige Aktion zu starten. Das kann eine Challenge sein oder eine Live-Serie (wenn du in Facebook überhaupt live gehen möchtest). Diese Aktion kannst du dann auf deinen bisherigen Kanälen bewerben und Menschen gezielt dazu auffordern, Teil deiner Gruppe zu werden.

Dafür kannst du deine bisherigen Traffic-Quellen nutzen, also

- ▶ den Blog,
- ▶ deinen Newsletter und
- ▶ deine Social-Media-Kanäle.

Was auch gut funktioniert, sind Challenges, die du teils auf deiner normalen Facebook-Seite (also öffentlich zugänglich) durchführst und teils in der Facebook-Gruppe. Die ersten Teile sollten natürlich öffentlich stattfinden. Dort kannst du dann ankündigen, dass die folgenden Teile in der Gruppe stattfinden. Im ersten Kommentar zum Challenge-Post teilst du dann den Link zur Facebook-Gruppe. Auch ein Gewinnspiel, das in der Gruppe stattfindet und das du außerhalb ankündigst, kann dir Zulauf verschaffen. Gewinnspiele haben jedoch grundsätzlich den Nachteil, dass du damit vor allem Menschen anziehst, die an Gewinnspielen interessiert sind, und keine Menschen, die wirklich dein Thema voranbringen wollen. Das kannst du verhindern, indem du die Anforderungen an das Gewinnspiel entsprechend stellst, zum Beispiel indem du ein paar Fragen zum Thema stellst, die nicht so leicht zu erraten sind. So filterst du diejenigen heraus, die sich für deinen Blog gar nicht interessieren.

Ein weiterer guter Ort, um deine Gruppe zu promoten, ist das Titelbild deiner Facebook-Seite. Dort kannst du auch in der Bildbeschreibung einen Link zur Gruppe hinterlegen und auf die Vorteile deiner Gruppe hinweisen.

Für den Start ist es gut, wenigstens zehn Mitglieder zu haben, damit sich die Einzelnen aus der Deckung trauen, Posts einstellen oder beantworten und so ein Gruppengefühl entsteht. Dafür kannst du ebenfalls noch sehr viel tun (mehr dazu im folgenden Abschnitt), aber ohne eine entsprechende Größe und wirklich aktive Mitglieder bringen dir die besten Aktionen nichts.

Nicht nur für die Interaktion ist die Mitgliederzahl deiner Facebook-Gruppe wichtig, sondern auch für die Außenwirkung. Denn bevor eine Person sich der Gruppe anschließt, kann sie sehen, wie viele Mitglieder die Gruppe hat. Und je mehr Mitglieder in der Gruppe sind, desto attraktiver wirkt sie sofort. Außerdem kann man erkennen, wie aktiv die Gruppe ist. Wenn die letzte Aktion einen Monat her ist, wirkt die Gruppe ziemlich ausgestorben – was sie wahrscheinlich auch ist.

Für den Start kann es ebenfalls hilfreich sein, Bekannte von dir zu rekrutieren, die Lust auf dein Thema haben und in der Facebook-Gruppe aktiv sind. Das kann Spaß machen und deiner Gruppe den richtigen Anschub geben. Allerdings sind deine Bekannten natürlich nicht die Mitglieder, die du eigentlich ansprechen möchtest. Daher ist es wichtig, dass du von Anfang an dafür sorgst, dass deine Gruppe neue Mitglieder bekommt.

Neben einer Aktion für den Anfang musst du nämlich auch dafür sorgen, dass deine Gruppe wächst. Denn egal, was du darin anbietest, es werden auch immer wieder Mitglieder abspringen und die Gruppe verlassen. Neue Mitglieder können außerdem frischen Wind in die Gruppe bringen und für mehr Aktivität sorgen. Wenn du eine richtige Gemeinschaft in der Gruppe aufbaust, wird es außerdem passieren, dass deine Gründungsmitglieder sich um »die Neuen« kümmern und sie unter ihre Fittiche nehmen. Sobald du das erreicht hast, hast du's geschafft mit deiner Gruppe.

Wenn du deinen Newsletter mit einer kostenlosen Startstrecke oder einem E-Mail-Kurs bewirbst, kannst du auch diese Strecke sehr gut nutzen, um auf deine Facebook-Gruppe aufmerksam zu machen. Du kannst zum Beispiel in der letzten Mail, die du verschickst, darauf hinweisen, dass es mehr Infos und immer wieder neue Aktionen in der Gruppe gibt. Auch die Begrüßungsmail (nach der Double-Opt-in-Bestätigung) eignet sich sehr gut, um deine Gruppe zu bewerben. Denn in diesem Moment sind die Menschen gerade sehr interessiert an allem, was du zu bieten hast. Dass es neben dem Blog und dem Newsletter auch noch eine Facebook-Gruppe gibt, werden sie begeistert aufnehmen. Hast du für deinen Newsletter eine Danke-Seite erstellt, auf die man nach der Anmeldung umgeleitet wird, kannst du auch dort deine Facebook-Gruppe vorstellen. Darüber hinaus gehört sie natürlich an prominenter Stelle auf deine Website und immer mal wieder in deinen regelmäßigen Newsletter.

Du kannst deine bestehenden Mitglieder bitten, ihre Bekannten einzuladen. Das musst du natürlich nicht plump machen, sondern du kannst einen Post schreiben, in dem du erklärst, dass natürlich auch die Freund*innen deiner Mitglieder herzlich willkommen sind, und zeigst, wie man diese ganz einfach einladen kann. In jeder Gruppe – nicht nur in deiner eigenen – gibt es nämlich direkt unter dem Titelbild den Button EINLADEN. Wenn du diesen anklickst (bzw. wenn deine Mitglieder ihn anklicken), kommst du auf eine Liste mit all deinen Facebook-Kontakten. Hier kannst du durch Anklicken einer Checkbox einfach auswählen, wen du zur Gruppe einladen willst. Wenn du deinen Mitgliedern erklärst, wie einfach das ist und dass du dich darüber freust, wenn sie das machen, werden viele sicher Gebrauch davon machen. Und wenn im Schnitt alle nur einen weiteren Kontakt einladen, verdoppelt sich die Anzahl deiner Mitglieder sofort. Diesen Post solltest du dann natürlich regelmäßig schalten, beispielsweise einmal in drei Monaten. So wiederholst du den Effekt immer wieder.

Wenn du bereits Erfahrung mit Facebook-Ads hast, kommst du vielleicht auf die Idee, deine Gruppe ebenfalls zu bewerben. Rein wirtschaftlich könnte sich das sogar lohnen, wenn du vorhast, in der Gruppe später deine Produkte zu bewerben und Interesse dafür zu wecken. Dummerweise lässt Facebook das aber nicht zu. Wenn du deine Gruppe also unbedingt mit Ads bewerben willst, geht das nur über einen (sehr) indirekten Weg: Du kannst einen Post (auf dem Blog oder auf Facebook) bewerben und von diesem dann zu deiner Gruppe leiten. Das ist ziemlich umständlich und hat hohe Streuverluste, daher rate ich dir von solchen Experimenten eher ab.

15.4   Für Aktivität in der Gruppe sorgen

Wenn du deine Facebook-Gruppe erfolgreich gestartet hast, darfst du gar nicht erst nachlassen. Viele Gruppen versanden nach ein paar erfolgreichen Wochen wieder. Die Energie, die du dann am Anfang hineingesteckt hast, verpufft so schnell wieder. Also heißt es: pflegen, aktivieren, bespaßen.

Die Pflege deiner Facebook-Gruppe fängt schon bei der »Eingangskontrolle« an. Anders als beim Newsletter sind die Mitglieder hier nicht nur Empfangende, sondern können innerhalb der Gruppe agieren. Daher ist es so wichtig, dass du genau überprüfst, wen du in die Gruppe lässt. Wird erst mal Spam in der Gruppe gepostet, nehmen deine mühsam erworbenen Mitglieder schnell wieder Reißaus. Wichtig ist auch, dass du Mitglieder auswählst, die zueinander passen, damit keine unnötigen Diskussionen entstehen. Der einfachste Weg, Mitglieder so auszuwählen, ist, nur solche Menschen in deine Gruppe zu lassen, die auch zu dir passen. Du bist dann das verbindende Element der Gruppe. (Das bist du ja sowieso.)

Nach der Auswahl geht es aber erst richtig los. Denn du kannst dir sicher sein, dass niemand irgendetwas in deiner Gruppe postet, solange du das nicht tust. Gerade am Anfang trauen sich die meisten Mitglieder nicht aus der Deckung, und dein Job ist es, die anderen zur Teilnahme zu animieren. Dafür hast du viele Möglichkeiten. Im Folgenden findest du ein paar Ideen.

15.4.1   Vorstellungspost

Veröffentliche noch vor Beitreten der ersten Mitglieder einen Vorstellungspost und fixiere ihn als Ankündigung oben in deiner Gruppe. Dafür klickst du rechts oben im Beitrag auf die drei Punkte und wählst dann ALS ANKÜNDIGUNG MARKIEREN aus. So bleibt der Beitrag immer ganz oben stehen, und deine Mitglieder sehen ihn als Erstes. Am besten veröffentlichst du den Post mit einem Bild, damit er noch besser ins Auge fällt. Im zugehörigen Text forderst du dann die neuen Mitglieder dazu auf, sich kurz vorzustellen. Da eine solche allgemeine Aufforderung meistens gar nichts bringt, stelle am besten gleich noch ein paar konkrete Fragen. Du kannst zum Beispiel nach dem Wohnort, nach dem Bezug zu deinem Thema, nach aktuellen Projekten (wenn relevant), nach Herausforderungen, Wünschen und Interessen fragen. Gib drei bis vier Fragen vor, an denen sich die Mitglieder entlanghangeln können. Im ersten Kommentar zum Post beantwortest du die Fragen dann auch für dich selbst. So muss niemand den allerersten Schritt tun.

15.4.2   Neue Mitglieder namentlich begrüßen

Als Gruppen-Admin hast du die Möglichkeit, alle neuen Mitglieder namentlich zu begrüßen und sie per Knopfdruck in einem neu erstellten Post zu markieren. Da man eine Benachrichtigung bekommt, wenn man in Facebook markiert wird, erzeugt ein solcher Post auch immer Aufmerksamkeit. Eine solche Nachricht kannst du erzeugen, indem du in deiner Gruppe in der Leiste direkt unter dem Titelbild auf MITGLIEDER klickst. In der rechten Leiste werden dann alle neuen Mitglieder der aktuellen Woche angezeigt. Wenn du BEGRÜSSUNGSTEXT auswählst, öffnet sich ein neuer Beitrag, in dem alle neuen Mitglieder markiert sind. Den vorgeschlagenen Text individualisierst du am besten noch. Um wirklich alle neuen Mitglieder zu begrüßen, solltest du dir einen Reminder für einen bestimmten Tag in der Woche setzen. So sehen die Mitglieder, die schon länger dabei sind, auch, dass Bewegung in der Gruppe ist.

15.4.3 Montags- oder Freitagsbooster

In vielen Gruppen gibt es einen regelmäßigen Booster-Post – einen Post, in dem du dazu einlädst,

▶ die Woche Revue passieren zu lassen,

▶ zu schreiben, worauf man so richtig stolz ist,

▶ Empfehlungen zu geben,

▶ Pläne für die Woche zu nennen,

▶ eine Motivation zu teilen.

Da sich viele der Möglichkeiten auf die ganze Woche beziehen, eignet sich der Anfang oder das Ende der Woche besonders gut dafür. Diese Posts kannst du auf Wochen im Voraus planen, sodass du jede Woche mindestens schon einen Post hast, der für Interaktion sorgt. Die Regelmäßigkeit sorgt außerdem dafür, dass deine Mitglieder sich schon auf die Beiträge freuen, weil sie z. B. wieder über ihre Erfolge berichten können.

15.4.4 Fragen an die Gruppe

Grundsätzlich solltest du in deinen Posts immer zur Interaktion einladen. Das funktioniert am besten durch Fragen. Stelle Fragen zu aktuellen Projekten, zu Hürden oder zu Meinungen zu aktuellen Themen, die auch etwas mit deiner Gruppe oder deinem Blog zu tun haben. Wichtig: Mache es deinen Mitgliedern einfach, auf deine Fragen zu antworten.

15.4.5 Umfragen

Besonders leicht machst du es deinen Mitgliedern, auf deine Fragen zu antworten, wenn du gleich eine Umfrage erstellst. Solche Umfragen eignen sich auch gut dazu, die Meinung zu neuen Produkten einzuholen, wenn du welche planst. Da es wirklich einfach ist, eine Umfrage zu beantworten – man muss nur mit einem Klick ein Häkchen an die gewünschte Stelle setzen –, machen viele Menschen mit. Zwar sind die Umfragen innerhalb der Gruppe nicht anonym, aber durch die Auswahl einer vorgegebenen Kategorie fällt es vielen Menschen leichter, sich in einem solchen Rahmen zu zeigen.

15.4.6 Live-Videos

Vielleicht hast du große Scheu vor der Kamera und sagst dir heute, dass du niemals in einem Live-Video in Facebook auftreten wirst. Das haben schon viele Menschen vor dir gesagt – und zwar auch solche, die heute regelmäßig live gehen. Ich zum

Beispiel. Eine Gruppe ist der ideale Ort, um Facebook Lives auszuprobieren. Denn als Gruppen-Admin hast du die volle Kontrolle darüber, wer dein Video sieht. Niemand kann es außerhalb der Gruppe teilen. Du weißt genau, wer dein Video gesehen hat. Das wird dir nämlich in einer Gruppe angezeigt – und zwar nicht nur die Anzahl der Zuschauer, sondern auch ihre Namen. Außerdem kannst du dein Live-Video auch wieder löschen, wenn du damit unzufrieden bist. Gerade wenn du deine Gruppe frisch gegründet hast und noch nicht viele Mitglieder dabei sind, kannst du ohne Risiko experimentieren.

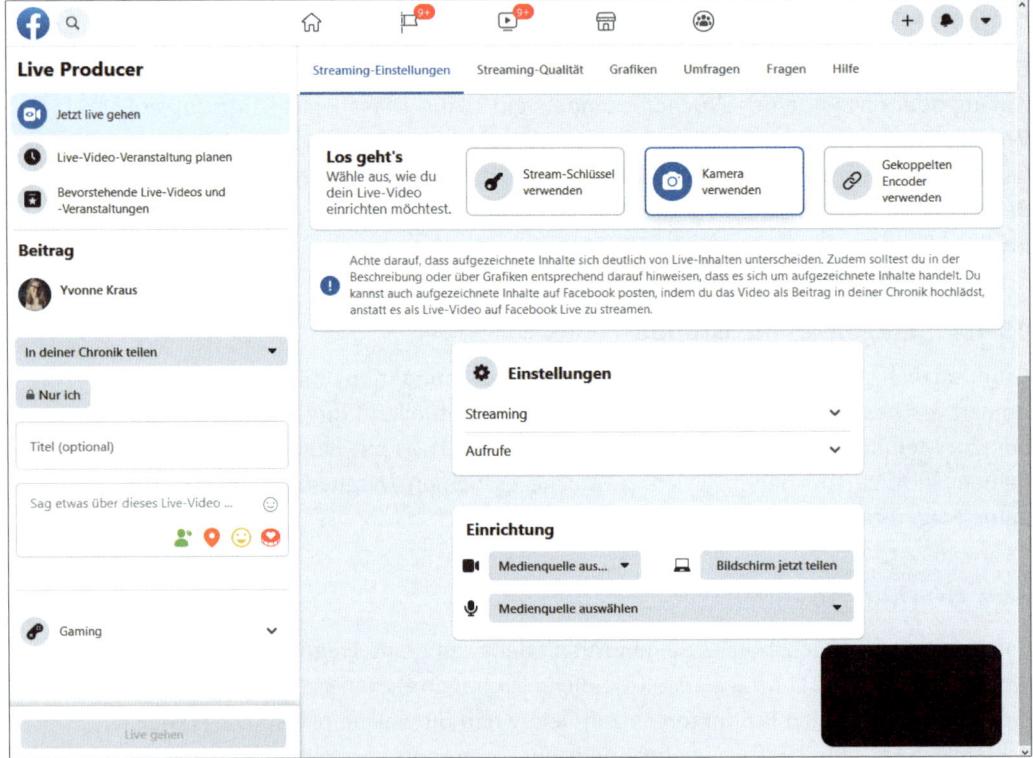

Abbildung 15.3 Einstellungen fürs Facebook Live vornehmen

Es ist ganz einfach, mit deinem Handy oder mit deiner Webcam live zu gehen. Du öffnest einfach einen neuen Beitrag in Facebook und wählst als Beitragstyp LIVE-VIDEO aus (das versteckt sich hinter den drei Punkten und ist durch eine rote Videokamera gekennzeichnet). Und keine Sorge, du bist nicht sofort nach Anklicken des Symbols live. Stattdessen gelangst du zuerst einmal zu einem Dashboard, in dem du alle Einstellungen für dein Live-Video vornehmen kannst. Gib deinem Video einen Namen, beschreibe es kurz und schau es dir auch in einem Vorschaufenster an, damit du weißt, was deine Zuschauer*innen sehen werden. Wenn die Frisur dann sitzt und du bereit bist, kannst du loslegen. Solltest du am Anfang sehr nervös sein, nutze am besten deine Webcam und filme dich live im Sitzen an deinem Schreibtisch. So bist du in deiner gewohnten Umgebung.

Tipp

Grundsätzlich gilt, dass das Medium, das du teilst, einen großen Einfluss darauf hat, wie viel Interaktion und damit auch Reichweite dein Beitrag erhält. Farbe ist auffällig und daher auch für Facebook-Beiträge gut. Farbige Beiträge kannst du sehr einfach erstellen, wenn du nur eine kurze Nachricht verschicken oder ein paar wenige Wörter schreiben möchtest. Du gibst dafür einfach deinen Text ein, wählst das Farbsymbol unten links im Beitrag aus und suchst dir den Hintergrund aus, der dir am besten gefällt. Farbige Beiträge sind in der Länge begrenzt. Daher eignen sie sich nur für kurze Texte. Du kannst längere Texte aber einfach in Canva auf einen farbigen Hintergrund setzen und diesen dann als Bild posten. Denn auch Bilder sorgen für eine hohe Reichweite und viel Interaktion.

Teil IV

Den Blog strategisch ausbauen und wachsen lassen

16 Ziele setzen, verfolgen und überprüfen

In den nächsten Kapiteln geht es darum, wie du deinen Blog strategisch erfolgreich ausbauen und in ein kleines Unternehmen umwandeln kannst. Dafür sollst du dir in diesem Kapitel zunächst über deine Ziele klar werden.

Wenn du deinen Blog so aufgebaut hast, dass alle Prozesse gut eingespielt sind, du mit Design und Technik zufrieden bist und regelmäßig neue Inhalte erscheinen, ist es für dich vielleicht schon Zeit für den nächsten Schritt. Wohin willst du deinen Blog entwickeln? Eine Möglichkeit ist, ihn auf dem aktuellen Level weiterlaufen zu lassen, sich über Erfolge zu freuen und ihn ansonsten ein Hobby sein zu lassen.

Viele Blogger*innen wollen jedoch irgendwann den Blog monetarisieren und professionalisieren. Schließlich fließt viel Arbeit in eine solche Website, die Inhalte sind hochwertig und helfen anderen Menschen – da ist es absolut gerechtfertigt, irgendwann auch eine Gegenleistung dafür haben zu wollen. Der erste Schritt in diese Richtung besteht darin, dass du dir über deine eigenen Ziele klar wirst. Was willst du mit dem Blog erreichen? Wohin willst du ihn mittelfristig entwickeln? Und was gibt dein Blog überhaupt an Möglichkeiten her?

Zu diesem Zweck schaust du dir am besten deine Zahlen zunächst genauer an. Hier kannst du nämlich erkennen, welche Inhalte von dir gefragt werden und was besonders gut funktioniert. Wahrscheinlich hast du über Social Media auch Kontakt mit Leser*innen und kennst ihre Meinung zu deinen Kernthemen bereits. Den Input, den du so gewinnst, kannst du nutzen, um dir ein langfristiges Ziel für deinen Blog zu setzen. Ein solches Ziel kann sein:

▶ finanzielle Unabhängigkeit durch den Blog,

▶ ein bestimmtes Einkommen, um den Blog gegenzufinanzieren,

▶ Aufträge, die über den Blog hereinkommen,

▶ das Knüpfen wichtiger Kontakte

▶ oder auch etwas ganz anderes.

Deiner Fantasie sind keine Grenzen gesetzt. Allerdings solltest du dein Ziel konkreter fassen, um es messen zu können. Denn nur so kannst du feststellen, ob du mit deinen Ideen auf dem richtigen Weg bist. Also: Wie viel Geld willst du verdienen? Wie viele Besucher*innen willst du pro Tag auf deinem Blog begrüßen? Wie viele Aufträge generieren? Setze dir ein langfristiges Ziel (in fünf Jahren), ein mittelfristiges (in zwei Jahren) und ein kurzfristiges (in sechs Monaten). Beim Setzen deiner Ziele empfehle ich dir, die folgenden drei Regeln zu beachten. Sie helfen dir dabei, Ziele auszuwählen, die du auch wirklich verfolgen wirst. Und sie sorgen dafür, dass du sie am Ende auch erreichst.

16.1   Regel 1: Es muss deins sein

Wähle ein Ziel aus, mit dem du dich wohlfühlst. Alle wollen ihr Onlinebusiness starten, aber du bist einfach nur glücklich mit deiner kleinen Blog-Oase? Dann mach das Beste draus! Vielleicht ist es dann dein Ziel, einfach mit noch mehr Menschen in Kontakt zu kommen und ihnen mit deinem Blog Inspiration zu verschaffen. Deine Freund*innen feuern dich an, deinen Blog zum Hauptjob zu machen, aber du möchtest lieber zweigleisig fahren und deinen Job behalten? Dann ist das dein Ziel. Vielleicht willst du aber auch den Sprung ins kalte Wasser wagen, obwohl dein Umfeld dir davon abrät und nicht an Blogs glaubt? Dann informiere dich, was für dich realistisch ist, und leite daraus ein gut informiertes Ziel ab. Für dich, nicht für die anderen.

16.2   Regel 2: Nur mit Fokus kommst du ans Ziel

Ziele setzen macht Spaß. So viel Spaß, dass ich oft gar nicht damit aufhören kann. Es ist ein bisschen so, wie einen Wunschzettel zu schreiben, nur dass man selbst Einfluss darauf hat, dass sich die Wünsche auf dem Zettel auch wirklich erfüllen. So vorzugehen, ist allerdings kein besonders cleverer Ansatz. Denn wenn du sehr viele Ziele gleichzeitig verfolgst, wirst du zwar einige davon erreichen, aber nicht unbedingt die, die dir am wichtigsten sind. Daher solltest du nicht nur Ziele setzen, sondern sie auch gleich in eine Reihenfolge bringen. Und erst mal alles daransetzen, das Ziel zu erreichen, das bei dir auf Nummer eins steht. Oft reicht es schon aus, wenn man weiß, dass man andere Dinge ja später noch erledigen kann, um sich nicht wieder zu verzetteln. Wenn du den Fokus und deine ganze Energie auf dein Hauptziel legst, kommst du außerdem schneller an.

(Aus demselben Grund rate ich dir außerdem, nicht mehr als einen Blog zu betreiben. Wenn du deine Energie auf mehrere Projekte aufteilst, bekommt keins den Schub, den es haben könnte. Glaub mir, ich weiß, wovon ich spreche.)

16.3   Regel 3: Perfekt gibt es nicht

Wenn du aus deinem Blog ein Business machen möchtest, musst du dich möglichst schnell von jeglichem Gedanken an Perfektion verabschieden. Perfektion gibt es nicht. Du kannst immer etwas finden, was du verbessern kannst. Die Mona Lisa ist vielleicht perfekt, vielleicht aber auch nicht. Wenn du Perfektion mit deinem Blog erreichen willst, wirst du nie fertig. Meistens ist Perfektionismus aber auch gar kein Zeichen dafür, dass die Dinge noch nicht fertig sind, sondern ein Symptom einer anderen Sache: Du fühlst dich wahrscheinlich einfach noch nicht bereit, den nächsten Schritt zu machen. Und werkelst dann so lange an allen möglichen Kleinigkeiten herum, bis sich alles bis ins Endlose verzögert. Ich habe schon oft erlebt, dass sich Menschen jahrelang vorgenommen haben, bald ihre Website, ihr Coaching-Programm oder ihr Buch zu launchen, aber es ist einfach die ganze Zeit nichts passiert. Die Konzepte werden ausgefeilter, die Ideen umfangreicher, und irgendwann sind andere mit denselben Ideen nach draußen gegangen. Menschen, die längst noch nicht so weit waren, es aber einfach trotzdem gemacht haben. Wenn du dich noch nicht bereit fühlst, mit einem Produkt nach draußen zu gehen, lass dir versichern: Das tut niemand. Jeder Mensch hat Angst davor, dass etwas schiefgeht mit seiner Idee, dass alles doch nicht so gut ankommt, wie man dachte. Der Unterschied ist nur: Manche machen's trotzdem. Trotz aller Sorgen, Ängste, Unvollkommenheiten. Und sie halten es aus, wenn es dann doch nicht klappt. So schlimm ist das nämlich auch wieder nicht.

17 Die Jahresplanung für den Blog

Mit einer Jahresplanung kannst du deinen Blog professionalisieren, Ziele strategischer verfolgen und dabei den Fokus behalten. In diesem Artikel erfährst du, was für deine Jahresplanung wichtig ist.

Gerade am Anfang ist dein Blog wahrscheinlich nur ein Projekt unter vielen. Du hast einen Beruf, Familie, Hobbys und private Pläne. Vielleicht kannst du mit dem Blog deine Selbstständigkeit starten und ihn so zu deinem Hauptprojekt machen.

17.1 Was du von einer Jahresplanung für den Blog hast

Gerade in der Zeit, in der der Blog wächst und dir mehr abverlangt, gleichzeitig jedoch noch nicht genug zurückgibt, als dass du zum Beispiel einen Tag in der Woche weniger arbeiten könntest, gerätst du sehr schnell zwischen die vielen Anforderungen, die dein Leben an dich stellt. Eine Jahresplanung kann dir dabei helfen,

► dir Klarheit darüber zu verschaffen, was du in der Zeit, die du zur Verfügung hast, mit deinem Blog erreichen kannst,

► deinen Fokus auf die richtigen Dinge zu lenken,

► Zeiten unterschiedlicher Belastung im Jahr auszugleichen,

► für regelmäßige Präsenz auf dem Blog zu sorgen,

► deinen Blog und deine Social-Media-Kanäle miteinander abzustimmen und

► die richtigen Themen zur richtigen Zeit anzusprechen.

Da für viele Menschen der Blog zwar wichtig ist, aber es dann doch meistens Dringenderes gibt, ist es sinnvoll, so früh wie möglich eine komplette Jahresplanung aufzustellen. Diese ermöglicht es dir, den Blog auch dann kontinuierlich weiterzuführen, wenn gerade andere Themen anstehen und den Blog verdrängen. Anders als in einem Anstellungsverhältnis musst du dich beim Bloggen nämlich komplett selbst organisieren. Niemand sagt dir, was du tun sollst – und wenn du nichts tust, leidest nur du selbst darunter.

Eine Jahresplanung sollte außerdem Themen zu Feiertagen und Aktionstagen umfassen, damit du immer die Themen ansprichst, die gerade für deine Leser*innen wichtig sind. Aktionen für den Blog kannst du so ebenfalls rechtzeitig im Voraus planen. Außerdem lassen sich auf diese Weise Blog und Social Media gut aufeinander abstimmen.

17.2   Wie du deine Jahresplanung aufbauen kannst

Du musst nicht bis zum nächsten Jahresende warten, um deine Jahresplanung aufzustellen. Du kannst sofort starten und einfach für ein Jahr im Voraus planen. Nach und nach wirst du deinen Plan dann ergänzen und fortschreiben. Unternehmen machen das genauso. Wenn du erst mal einen Plan für ein Jahr fertiggestellt hast, kannst du ihn außerdem auch in Zukunft weiterverwenden. Zwar wirst du nicht jedes Jahr dasselbe um die gleiche Zeit schreiben, aber es gibt doch Dinge, die sich je nach Saison immer wieder ähneln.

Um einen sinnvollen Jahresplan für deinen Blog zu erstellen, solltest du zunächst eine Bestandsaufnahme machen. Dabei können dir die folgenden Fragen helfen. Die Ergebnisse trägst du am besten in einen Onlinekalender oder in eine Excel-Tabelle ein – je nachdem, was dir mehr liegt. Der Onlinekalender hat den Vorteil, dass du alles an einem Platz hast und an wichtige Dinge erinnert wirst. Dafür kannst du Excel-Tabellen individueller und übersichtlicher gestalten.

Fragen zur Jahresplanung:

▶   Wie viel Zeit hast du üblicherweise in den verschiedenen Monaten?

▶   Zu welchen Zeitpunkten hast du normalerweise eine erhöhte Arbeitsbelastung (Jahresabschluss in der Firma, Schulstart der Kinder, Familienfeste an Ostern und Weihnachten usw.)?

▶   Hast du schon Urlaube geplant?

▶   Zu welchen Zeiten möchtest du mal nichts am Blog machen (dafür sind die Urlaube auch sehr gut geeignet)?

▶   Gibt es saisonal wichtige Ereignisse für dein Blog-Thema (z. B. gute Vorsätze zum Jahresbeginn, Rezeptwünsche um die Karnevalszeit, Schreiben im National Novel Writing Month)?

▶   Wann sind die wichtigsten Feiertage im kommenden Jahr? Kannst du einen sinnvollen Bezug zu deinem Blog-Thema herstellen?

▶   Gibt es Aktions- oder Gedenktage, die gut zu deinem Thema passen? Eine Liste von Aktionstagen findest du zum Beispiel unter *https://www.deutschland-feiert.de/feiertage/sonstiges/aktionstage/*.

▶   Welche Veranstaltungen gibt es, die mit deinem Blog-Thema zusammenhängen (Messen, Produkteinführungen, Kongresse, Branchentreffen)?

Wenn du dir diese Themen notiert hast, besitzt du bereits einen guten Rahmen für die Jahresplanung. Nun trägst du ein, wann du welches Thema im Blog und in deinem Haupt-Social-Media-Kanal veröffentlichen willst. Achte dabei darauf, dass du wirklich regelmäßig postest. Du kannst zum Beispiel einen Artikel pro Woche im Blog einplanen und dazu drei Facebook-Posts pro Woche, die zum aktuellen Blog-Artikel passen. Dabei orientierst du dich nur an der saisonalen Verteilung und noch nicht daran, wann du Zeit hast. Es geht hier zunächst um Veröffentlichungstermine. Wenn du deine Artikel im Voraus planst und dafür die Planungstools von Word-Press oder Facebook nutzt, musst du an den Tagen selbst gar nichts erledigen.

Im nächsten Schritt planst du, wann du die Artikel erstellen willst. Hierfür brauchst du deine persönliche Zeitplanung. Regelmäßigkeit ist auch hier einfacher durchzuhalten. Aber vielleicht ist es für dich besser einzurichten, hin und wieder Blog-Tage zu machen, an denen du Dinge für die nächsten Wochen vorbereitest. Daneben solltest du dir immer auch Zeit für Unvorhergesehenes, für die Wartung deiner Website oder für die Kommunikation mit deinen Leser*innen einplanen.

Deine Jahresplanung gibt dir einen strategischen Ausblick für deinen Blog. Natürlich weißt du noch nicht, wo du in zwölf Monaten stehen wirst und was dann wichtig ist. Daher solltest du deine Jahresplanung regelmäßig anpassen. Du kannst das alle ein bis zwei Monate tun und den für dich perfekten Rhythmus finden. Wenn du merkst, dass es wichtige Ereignisse gibt, die deine Jahresplanung veralten lassen, musst du diese natürlich ad hoc anpassen.

Teil V

**Vom Blog zum Business:
Content und Community
monetarisieren**

18 Warum überhaupt mit dem Bloggen Geld verdienen?

Vielleicht ist dein Blog für dich ein Hobby, vielleicht kommt es dir komisch vor, deine Arbeit daran zu monetarisieren. In diesem Kapitel findest du heraus, warum es trotzdem sinnvoll sein kann, mit diesem besonderen Hobby, von dem auch andere Menschen profitieren, ein wenig Geld zu verdienen.

Wenn du dich ein wenig mit dem Bloggen beschäftigst, nach Tipps recherchierst und auch in den Social-Media-Kanälen aktiv bist, wirst du sehr bald verfolgt von Meldungen darüber, dass du mit dem Bloggen schnell und einfach viel Geld verdienen kannst. Ich sehe täglich Facebook-Anzeigen, die mir versprechen, dass mein Blog mich reich machen wird. Auch wenn solche Versprechungen offensichtlich zu hoch gegriffen sind, gehört der monetäre Aspekt heute oft zur eigenen Website dazu. Das ist eine gravierende Änderung zum Bloggen vor 10 oder 15 Jahren, wo vor allem aus Freude am Schreiben und am Thema gebloggt wurde. Heute steht der Aspekt des Geldverdienens bei vielen Blogger*innen mehr im Fokus.

Grundsätzlich finde ich es richtig, dass du auch als Blogger*in den Anspruch hast, deine Arbeit nicht zu verschenken. Vor allem, wenn du sehr viel Wissen bereitstellst, vielen Menschen Freude bereitest oder sie direkt und indirekt unterstützt. Da ist es nur legitim, dass du dich nach Möglichkeiten umschaust, wie du vielleicht für die Arbeit etwas als Gegenleistung erhältst, auch wenn du sie eigentlich freiwillig leistest. Schließlich könntest du dir in der Zeit auch einen Zweitjob suchen, damit etwas mehr Geld verdienen und dir ein schöneres Leben machen. Bloggen ist nämlich nicht immer nur Spaß, sondern auch ziemlich viel Arbeit. Und viele Leser*innen profitieren von den Inhalten, die es kostenlos im Netz gibt. Ganz praktisch und auch monetär: Wenn du Informationen bereitstellst, für die jemand normalerweise ein Buch kaufen (günstig) oder jemanden gegen Bezahlung fragen müsste (teuer), spart diese Person durch deine Leistung aktiv Geld. Kosten hast du außerdem – für Hosting, Tools und professionelle Unterstützung.

Für Arbeit bezahlt zu werden, ist in anderen Bereichen eine Selbstverständlichkeit, und unsere Gesellschaft baut auf diesem System in weiten Teilen auf. Entsprechend solltest du selbstbewusst und mutig versuchen, für den Wert, den du erschaffst, auch etwas zurückzubekommen.

Es gibt ein paar Möglichkeiten, wie du einen kleinen monetären Ausgleich für deine Arbeit erhalten kannst – dazu später mehr.

Allerdings solltest du nicht mit der Erwartung ans Bloggen gehen, dass du ganz einfach ein paar Artikel schreibst, ein paar Tricks anwendest und dann – ohne weiteres Zutun von deiner Seite – dauerhaft reich wirst. Leider wird diese Erwartung häufig durch die oben genannten Werbeanzeigen geschürt. Die Tatsache, dass Menschen Geld für Werbung ausgeben, um diese Botschaft zu verbreiten, zeigt aber auch, dass sie selbst davon profitieren. Blogger*innen, die dir sagen, dass du ohne Arbeit und über Nacht mit deinem Blog Millionär*in werden kannst und dass sie das bereits erreicht haben, verdienen ihr Geld meistens genau dadurch: indem sie anderen Blogger*innen »Systeme« verkaufen, mit denen sie schnell an viel Geld kommen und ein sogenanntes »passives Einkommen« erzielen.

Ich finde diesen Begriff sehr irreführend, denn Einkommen ist nie passiv (es sei denn, du erbst, jemand gibt dir ein Taschengeld, oder du gewinnst im Lotto). Blogger*innen, die von ihrem Schreiben leben können, tun sehr viel dafür und arbeiten oft härter als in einem »normalen« Job. Seriöse Anbieter*innen von Kursen, in denen du lernen kannst, deinen Blog zu monetarisieren, werden dir das auch klar sagen.

Wenn du die folgenden Punkte liest, gehe also nicht mit der Erwartung daran, dass du nächsten Monat deinen Job aufgeben und deine Arbeitszeit auf wenige Stunden in der Woche reduzieren kannst. Darum geht es hier nicht. Stattdessen möchte ich dir Wege zeigen, wie du das, was du ohnehin geschaffen hast, nutzen kannst, um dir etwas Geld dazuzuverdienen. Natürlich ist es möglich, dass es irgendwann mehr wird, wenn du mit deinem Blog die richtige Nische besetzt, viele Leser*innen gewinnst und ihnen etwas anbieten kannst, wofür sie bereit sind, Geld zu bezahlen. Und wenn du hart dafür arbeitest. Das ist aber eine Entscheidung, die du bewusst treffen solltest und bei der es weder richtig noch falsch gibt. Wenn du deinen Blog als Hobby betreibst, solltest du dich einfach darüber freuen, wenn er nebenher noch ein bisschen was »abwirft«. Schließlich entstehen durch das Hosting und vielleicht durch das eine oder andere Tool auch Kosten für dich, die du so decken kannst.

In den folgenden Kapiteln zeige ich dir, welche Einnahmemöglichkeiten es für dich als Blogger*in gibt, was du dafür tun musst und was das für dich bedeutet. Es gibt Möglichkeiten, die nicht viel Arbeit (oder nur einen einmaligen Aufwand) erfordern, und andere, die dauerhaft für dich zum Hauptjob werden könnten. Manche Optionen werden wenig Geld abwerfen, andere mehr. Und natürlich gibt's zwischen Aufwand und Verdienstmöglichkeiten einen Zusammenhang. Ich empfehle dir, die verschiedenen Optionen einfach mal anzuschauen und zu gucken, was dich spontan anspricht. Nutze den einfachsten Weg, den du aktuell gehen kannst. Probiere eine Möglichkeit aus, ohne dass du dir großes Equipment kaufst und riesige Beträge investierst. Finde heraus, was dir liegt und was zu deinem Blog passen könnte. Wenn du das gefunden hast, mach's größer – wenn du möchtest.

Bevor du Einnahmen mit deinem Blog erzielst, solltest du dich noch darüber informieren, ob du ein Gewerbe hierfür anmelden musst. Das kann man dir bei deinem Finanzamt sagen. Im Zweifel solltest du es tun, denn dann kannst du auch die entsprechenden Kosten (zum Beispiel fürs Hosting) gegenrechnen.

19 Ausschüttung für die eigenen Texte: VG Wort

Eine ganz einfache Möglichkeit, mit dem Blog Geld zu verdienen, fast ohne zusätzlich etwas tun zu müssen, sind die Ausschüttungen der VG Wort. Wann du darauf Anspruch hast und wie du sie geltend machen kannst, erfährst du in diesem Kapitel.

Die *Verwertungsgesellschaft Wort* vertritt die Interessen von Autor*innen und Verlagen. Sie zieht Gebühren ein und verwaltet und verteilt Ausschüttungen. Du kannst sie dir wie eine GEMA für Texte vorstellen. Die Mittel, die die VG Wort verteilen kann, stammen aus Gebühren, die wir alle zahlen, ohne dass uns das meist bewusst ist. Sobald man mit etwas Kopien herstellen kann (darunter fallen Kopiergeräte, aber auch Kopierpapier oder USB-Sticks usw.), entfällt beim Verkauf ein bestimmter Betrag an die VG Wort. Auch Bibliotheken bezahlen an die VG Wort Gebühren. Die VG Wort wiederum schüttet ihre Einnahmen nach bestimmten Schlüsseln an alle bei ihr gemeldeten Autor*innen und Verlage aus. Und wenn du einen Blog betreibst, bist du auch Autor*in – und kannst ganz einfach von den Ausschüttungen der VG Wort profitieren.

Der Sinn dieser Regelung ist, dass Leistungen auch dann bezahlt werden sollen, wenn jemand unentgeltlich davon profitiert, weil er sich eine kostenlose Kopie machen kann. Wenn deine Texte sehr viel gelesen werden, kann man davon ausgehen, dass du damit einen sinnvollen Beitrag für viele Menschen leistest. Die VG Wort sorgt dann dafür, dass diese Leistung eine Anerkennung bekommt.

Einmal im Jahr schüttet die VG Wort Tantiemen aus. Für alle Artikel, die mehr als 1.800 Zeichen haben und mindestens 1.500 Mal im Jahr aufgerufen wurden, erhältst du eine Ausschüttung, wenn du dich rechtzeitig bei der VG Wort meldest. Die Höhe schwankt momentan zwischen 30 und 40 Euro je Artikel, wird aber jedes Jahr neu festgesetzt. Sie hängt von den Einnahmen der VG Wort und von der Anzahl der gemeldeten Texte ab, kann also auch nach oben oder unten abweichen. Unabhängig davon, wie hoch diese Tantieme ist: Wenn du für einen Artikel, den du sowieso geschrieben hast, etwas Geld bekommen kannst, solltest du das in Anspruch nehmen. Schreibst du viele Artikel, kannst du durch diese Einnahmen sogar ein wenig dazuverdienen. Vor allem kann dir jeder Artikel auch auf Dauer Einnahmen bescheren, denn die Ausschüttung ist nicht auf das Jahr der Erstellung beschränkt.

Um teilnehmen zu können, musst du dich schriftlich bei der VG Wort anmelden. Du füllst ein ziemlich langes Anmeldeformular aus und schickst es per Post an die VG Wort. Nach ein paar Wochen bist du dann freigeschaltet. Die Bedingungen für eine Teilnahme an der Ausschüttung sind damit erfüllt. Allerdings reicht das noch nicht. Denn die VG Wort will natürlich selbst messen, wie oft deine Artikel gelesen werden. Dafür musst du deinen Artikeln sogenannte Zählmarken zuordnen. Diese funktionieren wie das Pixel von Google Analytics und übermitteln die Anzahl der Besucher*innen für den jeweiligen Blog-Post an die VG Wort. Entsprechend musst du die VG Wort auch in deine Datenschutzerklärung und in dein Verfahrensverzeichnis aufnehmen, sobald du die Zählmarken einbindest.

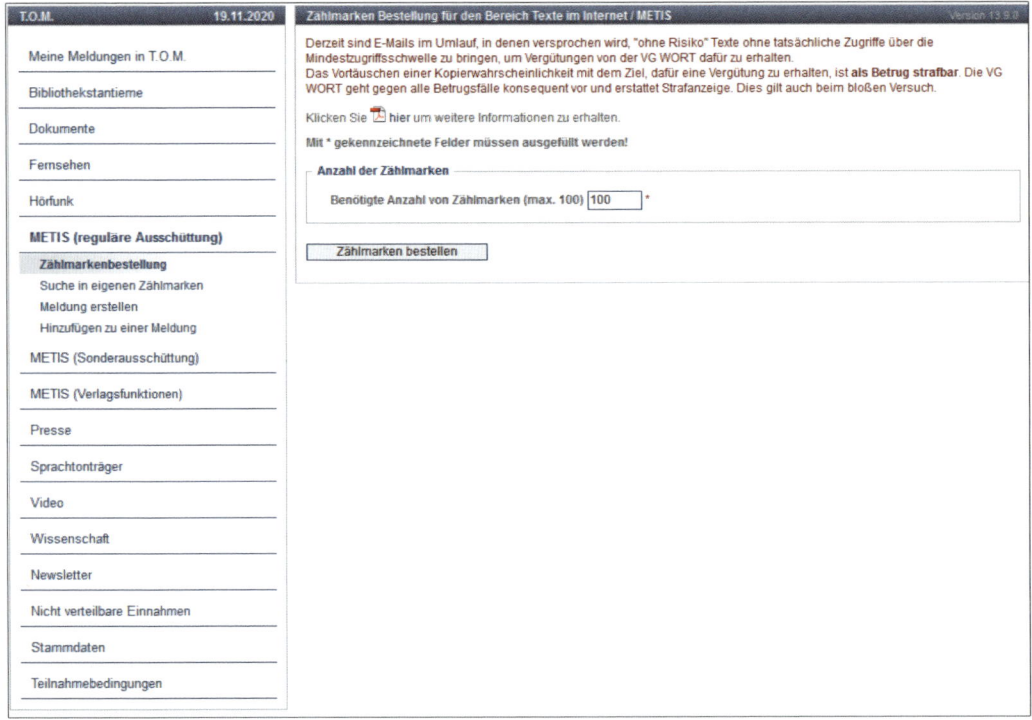

Abbildung 19.1 Zählmarken im Portal der VG Wort herunterladen

Anders als bei Google Analytics reicht jedoch nicht eine Einbindung für die Website, sondern du musst in jeden Artikel, den du melden möchtest, eine eigene Zählmarke einbauen. Das machst du am besten auch für Artikel, die bereits erschienen sind. Ab dem Zeitpunkt, an dem du die Zählmarke einbaust, werden die Besucher*innen gezählt. Es kann also sein, dass du im ersten Jahr für einige Artikel keine Ausschüttung erhältst, obwohl sie übers Jahr gesehen die Mindestzugriffszahl erreicht haben.

Zählmarken erhältst du im Onlineportal T.O.M. der VG Wort unter METIS (REGU-
LÄRE AUSSCHÜTTUNG) • ZÄHLMARKENBESTELLUNG (Abbildung 19.1). Hier kannst du
ganz einfach bis zu 100 Stück je Vorgang herunterladen, und zwar in Form einer
CSV-Datei.

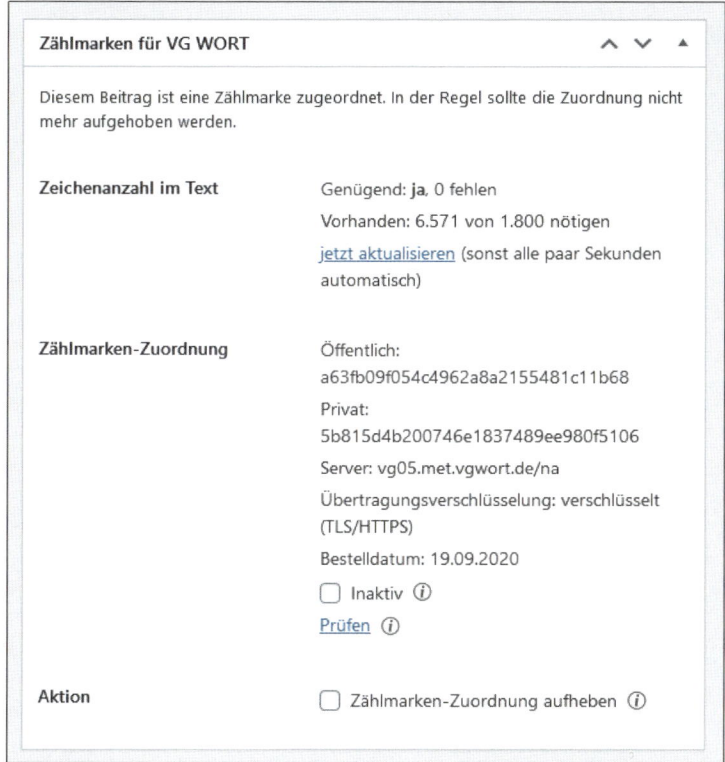

Abbildung 19.2 Zählmarken kannst du im Artikel selbst zuordnen.

Die einfachste Methode, die Zählmarken einzubinden, bietet dir das Plug-in *Proso-
dia VGW OS*. Nach der Installation kannst du die Zählmarken, die du als CSV-Datei
heruntergeladen hast, importieren. Mit einem Klick ordnest du die Zählmarken
dann deinen Artikeln zu – entweder im Artikel selbst oder in der Beitragsübersicht.
Du kannst das Plug-in auch nutzen, wenn mehrere Autor*innen für den Blog schreiben. Die Zuordnung der Zählmarken erfolgt dann über das Log-in.

Am Ende des Jahres musst du die Artikel, die die Zugriffszahlen erreicht haben, an
die VG Wort melden. Auch das erledigst du im Onlineportal unter MEINE MELDUN-
GEN IN T.O.M. • METIS-MELDUNG. Du musst jeden Artikel übrigens nur einmal melden. Sollte derselbe Artikel im folgenden Jahr wieder die Zugriffsgrenze überschreiten, ist er automatisch gemeldet.

Wenn du viel Traffic hast, kannst du auf diese Weise eine Vergütung erhalten, die meiner Meinung nach besonders gerecht ist: Was viel gelesen wird, wird bezahlt. So erhältst du indirekt von deinen Leser*innen Geld für deine Dienstleistung, das Schreiben.

20 Erste Einnahmen über Werbung

Die einfachste Art, ein bisschen Geld mit deinem Blog zu verdienen, ist das Schalten von Werbung für Dritte. Welche Möglichkeiten es dafür gibt, erfährst du in diesem Kapitel.

Wenn du schon ein bisschen Reichweite hast, aber noch keine Zeit investieren möchtest, um eigene Produkte zu erstellen und zu promoten, kannst du die Produkte anderer Parteien bewerben. Das geht einfach, ist standardisiert, und du kannst sehr schnell damit anfangen. Allerdings ist das Ganze nur dann lukrativ, wenn du wirklich passgenaue Werbung für deine Zielgruppe schalten kannst. Grundsätzlich ist Werbung auf dem Blog für dich aber hilfreich, um erste Erfahrungen mit der Monetarisierung zu machen. Sie lässt sich leicht zu- und auch wieder abschalten, wenn du dann lieber eigene Produkte verkaufen möchtest.

20.1 Anzeigen auf dem Blog schalten

Mit deinem Blog generierst du Traffic und gewinnst Leser*innen. Und diese sind natürlich als Zielgruppe für Werbetreibende interessant. Nicht umsonst findet man auf den meisten – vor allem privaten – Seiten im Internet Werbeanzeigen in Form von Bannern und Links.

Der größte Anbieter dieser Anzeigen ist Google. Ihr Anzeigenprodukt bieten sie unter dem Namen AdSense an. Du benötigst eine Google-E-Mail-Adresse, um dich dort anzumelden, und wirst dann nach einer kurzen Überprüfung freigeschaltet. Die Wahrscheinlichkeit, dass das schnell passiert, ist umso höher, je mehr Reichweite du bereits hast. Nach Freischaltung kannst du sofort damit loslegen, Werbeanzeigen zu erstellen und auf deiner Webseite einzubinden. Wenn du Schwierigkeiten hast, den Code für die Werbeanzeigen selbst einzubinden, geht dies auch mithilfe eines Plug-ins (zum Beispiel *Ad Inserter* oder *WP Quads*). Wichtig ist, dass du die Anzeigen datenschutzkonform einbindest, die Zusammenarbeit mit Google AdSense also in deiner Datenschutzerklärung erwähnst, das Cookie Consent Tool entsprechend anpasst und AdSense in dein Verfahrensverzeichnis aufnimmst.

Für die Ausspielung der Anzeigen erhältst du natürlich eine Entlohnung. Die Zahlung erfolgt je nachdem, was derjenige, der die Werbung bei AdSense bucht, eingestellt hat. Entweder du bekommst einen kleinen Betrag dafür, dass die Anzeige überhaupt ausgespielt wird, oder du wirst pro Klick bezahlt. Die Vergütung je Klick ist natürlich höher, weil der Werbetreibende davon mehr hat. Dafür klicken in der Regel nicht so viele Leute auf Anzeigen.

Die Verdienstmöglichkeiten sind daher relativ überschaubar. Du brauchst unglaublich viel Traffic, um hier wirklich relevante Einnahmen zu erzielen. Und die Entwicklung ist eher negativ. Aktuell brauchst du wahrscheinlich etwa 700 bis 1.200 Seitenaufrufe, um über AdSense 1 Euro zu verdienen. Je nach Thema des Blogs und Klickfreudigkeit der Leser*innen können deine Einnahmen natürlich höher oder niedriger liegen. Aber gerade am Anfang lohnt es sich kaum.

Allerdings schadet es auch nicht wirklich. Werbeanzeigen sind so verbreitet, dass du sie einfach mitlaufen lassen und schauen kannst, was passiert. Vielleicht passen die Anzeigen ja gut zu deiner Zielgruppe, und du kannst ein paar Einnahmen verbuchen. Wichtig ist, dass du deine Website nicht mit Anzeigen überfrachtest, sondern sie bewusst einsetzt. Sobald du die Flächen, die die Werbeanzeigen beanspruchen, besser nutzen kannst, solltest du die Anzeigen wieder herausnehmen.

20.2   Mit Affiliate-Marketing gezielt Produkte bewerben

Affiliate-Programme sehen für deine Leser*innen genauso aus wie Werbeanzeigen, funktionieren jedoch für dich anders. Während du Anzeigen normalerweise über ein Netzwerk wie AdSense einbindest und daher keine Kontrolle darüber hast, welche Werbeanzeigen bei dir erscheinen, bewirbst du dich gezielt um Affiliate-Programme von bestimmten Unternehmen. Am besten suchst du solche aus, die gut zu deinem Blog-Thema passen. Wenn du über das Thema Reisen schreibst, kannst du zum Beispiel das Affiliate-Programm eines Reise-, Flug- oder Hotelanbieters einbinden. Amazon bietet unter dem Namen *Amazon Partnernet* auch ein eigenes Affiliate-Programm an, das sehr verbreitet ist.

Manche Internetunternehmen zeigen ihre Affiliate-Programme auf ihrer eigenen Website. Am besten schaust du zunächst dort oder googelst nach deinem Wunschpartner mit dem Zusatz »Affiliate« oder »Partnerprogramm«. Einige Unternehmen betreuen ihr Programm aber gar nicht selbst, sondern sind in sogenannten Affiliate-Netzwerken vertreten. Hierzu zählen zum Beispiel *Awin* oder *TradeDoubler*. Dort kannst du dich mit deiner Website registrieren. Nach Freischaltung wählst du für dich passende Affiliate-Programme aus und bewirbst dich dann dort.

Deine Chancen, angenommen zu werden, sind übrigens auch hier höher, wenn du schon ein wenig Inhalt und damit Traffic auf deiner Seite hast.

Die Verdienstmöglichkeiten sind hier besser als bei Werbeanzeigen, wenn du die Programme gut auswählst und deine Leser*innen tatsächlich klicken oder kaufen. Denn bei den meisten Affiliate-Programmen wirst du nicht je Klick gezahlt, sondern du erhältst eine Provision auf alles, was deine Leser*innen bei deinem Partner kaufen, nachdem sie deinen Link angeklickt haben. Das passiert zwar seltener, die gezahlte Provision ist aber dafür deutlich höher. Du benötigst also nicht so viel Traffic, um ein bisschen dazuzuverdienen, sondern vor allem relevanten Traffic, der sich für deine Affiliate-Programme interessiert.

20.3   Kooperationen mit Unternehmen eingehen

Eine weitere Möglichkeit, Geld mit deinem Blog einzunehmen, sind Kooperationen mit Unternehmen, die dich dafür bezahlen, dass du für sie Werbung machst – und zwar nicht in Form eines Werbebanners, wie sie ihn auch über AdSense buchen könnten, sondern in einem eigenen Artikel. Unternehmen, die SEO betreiben, suchen oft Links von externen Seiten, die natürlich wirken, und sind daher bereit, für einen Artikel mit einer Verlinkung Geld zu zahlen. Die Höhe des Betrags hängt dabei sehr stark von deinen Traffic-Zahlen ab. Es ist aber durchaus möglich, dreistellige Beträge zu verlangen, wenn du ein ordentliches Publikum aufgebaut hast.

Du kannst aber auch anders von Kooperationen profitieren, nämlich indem du Produkte zum Testen erhältst. Sehr üblich ist beispielsweise die Vergabe von Rezensionsexemplaren von Verlagen an Buch-Blogs. Auch dafür musst du erst mal ein Publikum aufgebaut und einige Artikel geschrieben haben. Wenn du dich dann als zuverlässig bewährst, sind die Verlage gern bereit, dir kostenlos Bücher zur Verfügung zu stellen. Das klingt erst einmal wenig, aber gerade neue gebundene Bücher kosten oft mehr als 20 Euro, und in Summe erhält man bei regelmäßigem Bloggen einen gewissen Wert. Auch Preise für Verlosungen werden gern von Unternehmen zur Verfügung gestellt, wenn du danach fragst.

Der Nachteil bei diesen Kooperationen ist allerdings offensichtlich: Du setzt deine Neutralität aufs Spiel, die aber erforderlich ist, wenn du von deinen Leser*innen als glaub- und vertrauenswürdig eingestuft werden willst. Daher ist es notwendig, dass du Kooperationsartikel als solche kennzeichnest. Wichtig ist eine Beschriftung mit dem Wort »Anzeige« auch, weil du sonst das Risiko einer Abmahnung eingehst (siehe Kapitel 6, »Kein Grund zur Panik: Worauf Blogger*innen rechtlich achten müssen«). Denn Werbung für Produkte muss als solche gekennzeichnet werden. Möglich ist zusätzlich eine Erläuterung im Text, in der du unter anderem klarstellst, dass der Artikel trotzdem deine persönliche Meinung wiedergibt. Auch ein Hinweis am Ende des Artikels wie etwa: »Dieser Artikel wurde gesponsert von ...« hilft dir, deinen Leser*innen den Unterschied zwischen Werbung und redaktionellem Inhalt klarzumachen.

Bei Rezensionsexemplaren solltest du dem Verlag direkt mitteilen, dass sie deine ehrliche Meinung zum Buch lesen werden. Wenn du ein Buch selbst dann verreißt, wenn du es kostenlos bekommen hast, können sich deine Leser*innen nach wie vor auf deine ehrliche Meinung verlassen. Der schlimmste Filmverriss, den ich beispielsweise je geschrieben habe, war zu einem Film, mit dessen Verleih ich auf meinem Blog zuvor ein Gewinnspiel veranstaltet hatte. Trotzdem habe ich später noch mit dem Verleih zusammengearbeitet. Denn ich berichte zuverlässig und ehrlich – und davon profitieren am Ende alle. Ein Verleih hat auch kein Interesse daran, dass Blogger*innen einen schlechten Film empfehlen und Leser*innen dann später nicht mehr auf ehrliche Empfehlungen hören.

Wenn du regelmäßig kostenlose Produkte zur Verfügung gestellt bekommst, solltest du außerdem bei deiner Steuerberatung klären, wie du diese sauber in deine Steuererklärung aufnehmen kannst.

296

21 Eigene Produkte erstellen und auf dem Blog verkaufen

Der eigene Blog kann ein guter Einstieg in eine selbstständige Tätigkeit sein – und ins Ausprobieren zu verkaufen. In diesem Kapitel gebe ich dir Anregungen dafür, wie du die Reichweite deines Blogs nicht für andere, sondern für dich selbst nutzt.

Vielleicht denkst du jetzt noch gar nicht daran, über deinen Blog etwas zu verkaufen. Tatsächlich liegen Bloggen und das Anbieten von Produkten aber gar nicht so weit auseinander. Du bietest mit deiner Website wertvolle Inhalte, die Menschen dabei helfen, Probleme zu lösen, Inspiration zu finden oder sich einfach unterhalten zu lassen. Das sind Dinge, für die Menschen außerhalb von Blogs Geld bezahlen. Denn das ist eine Leistung, die ihnen etwas wert ist. Deine Arbeit als Blogger*in ist natürlich auch etwas wert. Und das Besondere ist, dass man sich auf deinem Blog sogar kostenlos von ihrem Wert überzeugen kann.

Wenn du also durch deine Expertise und deine Inhalte Menschen ansprichst, vielleicht auch einen Newsletter hast, mit dem du eine engere Bindung zu deinen Fans aufgebaut hast, oder schon deine Community betreibst, lohnt sich auch das Angebot von weiteren Produkten. Wie bei allen vorgestellten Themen, die nicht direkt etwas mit dem Blog selbst zu tun haben, sondern um ihn herum passieren, gilt auch hier: Im Grunde beginnst du ein weiteres Projekt, sobald du damit anfängst, auf dem Blog Produkte zu verkaufen. Beziehungsweise gleich mehrere Projekte, denn Erstellung und Verkauf sind zwei ziemlich unterschiedliche Tätigkeiten, die ich in den nächsten Abschnitten auch getrennt voneinander vorstellen werde.

Beim Angebot eigener Produkte ist der Nutzen aber sofort klar: Du erhältst einen monetären Ausgleich für deine Arbeit am Blog, kannst in seine Professionalisierung investieren, weniger arbeiten, um mehr Zeit für dein eigenes Projekt zu haben, oder dir einfach eine schöne Zeit damit machen. Das klingt doch gut, oder?

21.1 Kund*innen für eigene Dienstleistungen finden

Wenn du Coach oder Berater*in bist, ist der Blog vielleicht deine Visitenkarte, die du deinen Kontakten zeigst, damit sie dich ein bisschen besser kennenlernen können. Das Ganze funktioniert aber auch umgekehrt: Du kannst dich mit deinem Blog als Expert*in für dein Thema etablieren und so Menschen davon überzeugen, eine Dienstleistung von dir in Anspruch zu nehmen. Dienstleistungen, die sich dafür anbieten, sind zum Beispiel:

▶ Coachings,

▶ Beratung zu unterschiedlichen Themen (Karriere, Ernährung, Fitness, Einrichtung, Hundeerziehung, Persönlichkeitsentwicklung …),

▶ Verkauf von Dienstleistungen aus dem Hauptberuf, also der Arbeit als Freelancer (Texten, Grafikdesign, Softwareprogrammierung, Webentwicklung …),

▶ das Halten von Vorträgen als Speaker.

Vielleicht bietest du jetzt schon in einem der Bereiche Dienstleistungen an. In dem Fall solltest du sie auch auf der Website vermarkten – und zwar sowohl auf der Startseite deines Blogs als auch auf einer eigenen Landingpage. Wenn du bereits Referenzen hast, bitte diese, sie auf der Website zitieren zu dürfen, und zwar am besten mit Foto. Solche Testimonials helfen Menschen dabei, sich einen Eindruck von deiner Arbeit zu verschaffen. Auch wenn viele Menschen Testimonials gar nicht lesen, sehen sie allein durch ihre Existenz, dass du bereits Erfahrung mit deinem Thema hast.

Vielleicht spricht dich aber auch einer der Punkte spontan an, und du könntest dir vorstellen, in dem Bereich tätig zu werden und Kund*innen zu gewinnen. Dann hast du zwar noch keine Referenzen, aber du kannst deinen Blog nutzen, um deine Expertise in dem Bereich unter Beweis zu stellen. In diesem Fall solltest du gezielt zu Themen schreiben, die Kund*innen davon überzeugen können, eine entsprechende Dienstleistung bei dir zu beauftragen. Nutze auch deinen Newsletter, um darüber zu berichten, was du als Nächstes vorhast. Am besten erzählst du ein bisschen über deine persönliche Motivation dazu – das stellt wieder eine direkte Verbindung zu deinen Leser*innen her.

Wenn du noch ganz am Anfang stehst, kannst du deine Dienstleistung auch im Tausch gegen eine andere Dienstleistung anbieten. Es gibt genügend Facebook-Gruppen, in denen sich Onlineunternehmer*innen und Selbstständige vernetzen. Dort findest du sicher auch Menschen, die an einem ähnlichen Punkt wie du stehen, aber in einem anderen Bereich tätig sind. Vielleicht könnt ihr eure Dienstleistungen einfach tauschen, dabei lernen und euch gegenseitig am Ende eine Referenz ausstellen. So verdienst du zwar nicht sofort Geld damit, du erhältst aber eine für dich sinnvolle Gegenleistung, sammelst Erfahrung und kannst das deinen Leser*innen anschließend auch noch zeigen.

21.2   Bücher und Download-Produkte als einfacher Einstieg

Viele Blogs helfen Menschen dabei, neue Fertigkeiten zu entwickeln oder Probleme zu überwinden. Das können Coaching-Blogs für bestimmte Themen sein, Kreativitäts-, Karriere- oder Fitness-Blogs. All diese Blogs haben gemein, dass man auf ihnen etwas lernt. Und für solche Blogs bietet es sich geradezu an, das Wissen auch in Form von Büchern oder Workbooks zur Verfügung zu stellen. Der Vorteil aus Sicht deiner Käufer*innen: Ein Buch sammelt viel kompakter das Wissen, das sie brauchen, und sie können es bequemer lesen (zum Beispiel abends auf dem Sofa mit einem Stift für Kommentare in der Hand). Ein Workbook hilft ihnen sogar noch mehr, weil sie nicht nur passiv konsumieren, sondern direkt ins Tun kommen.

Für ein eigenes Buch (das wahrscheinlich im Ratgebersegment einzuordnen sein wird) kannst du auf deine bereits erstellten Inhalte zurückgreifen. Manche Blogger*innen »recyceln« ihre Blog-Posts einfach und fassen sie zu einem Buch zusammen. Das kannst du natürlich machen, ich würde das aber an deiner Stelle auch sehr deutlich kommunizieren. Ansonsten könnten Leser*innen sauer darüber sein, wenn sie für Inhalte bezahlen, die sie vorher schon kostenlos bei dir gelesen haben. In dem Fall verkaufst du nämlich nicht die Inhalte, sondern nur die Form, in der du sie zur Verfügung stellst. Das sollte sich dann auch in deinem Preis widerspiegeln (dazu später mehr).

Sinnvoller – wenn auch mehr Arbeit – sind Bücher oder Ratgeber, die thematisch zu deinem Blog passen, aber viel mehr in die Tiefe gehen und ein konkretes Problem für deine Leser*innen lösen. Auch dafür kannst du dir Anregungen auf dem Blog holen. Welche Artikel sind besonders erfolgreich? Wo findest du die meisten Kommentare? Welche Fragen werden regelmäßig gestellt? Du kannst auch eine Umfrage bei deinen Newsletter-Abonnent*innen starten, wenn du schon einen Newsletter hast. So bekommst du nicht nur wertvolle Inspiration, sondern du trittst auch gleich in Kontakt mit deinen Leser*innen und kündigst nebenbei dein Buch an.

Wenn du kein Thema für ein Buch findest, kannst du natürlich auch andere Download-Produkte anbieten. Auf deinem Fitness-Blog kannst du zum Beispiel eine Tracking-App anbieten, wenn du so etwas selbst programmieren kannst. Dein Finance-Blog eignet sich als Plattform für ein Excel-Haushaltsbuch. Auf dem Karriere-Blog kannst du auch Vorlagen für einen Lebenslauf verkaufen. Allerdings findet man gerade Vorlagen häufig auch kostenlos im Internet, sodass du dich hier schon durch ein paar Besonderheiten hervorheben musst, wenn du dafür Geld nehmen möchtest.

Download-Produkte kannst du einfach auf deinem eigenen Blog verkaufen und herunterladbar machen. Dafür bietet sich die Kombination mit *WooCommerce* an, wozu du in Kapitel 23, »Den Blog zur Verkaufsplattform machen«, mehr Informationen findest. Die beste Verkaufsplattform für Bücher ist dagegen Amazon – gerade am Anfang, wenn du erst mal Erfahrungen sammeln möchtest. Wie du dein Buch auf Amazon stellst und verkaufst, kannst du in Kapitel 22, »Auf fremden Plattformen mehr Kund*innen ansprechen«, nachlesen.

Grundsätzlich solltest du beim Schreiben eines Buchs ein paar Dinge beachten, um einerseits schneller voranzukommen und andererseits auch Erfolg mit dem Buch zu haben:

1. Dein Buch braucht Fokus und sollte ein konkretes Problem für deine Leser*innen lösen.

2. Bevor du irgendetwas anderes machst, brauchst du eine Struktur. Durch das Erstellen der Struktur durchdringst du dein eigenes Buchthema noch mal ganz anders. Außerdem fällt dir später das Schreiben viel leichter, weil du die einzelnen Punkte nur noch füllen musst.

3. Plane – wie für deinen Blog – feste Schreibzeiten ein, die möglichst regelmäßig sind und nah beieinanderliegen. Bei einem so großen Projekt wie einem Buch verliert man sonst schnell den Anschluss.

4. Sprich von Anfang an über dein Buch – auf deinem Blog, in Social Media, überall dort, wo Menschen sich dafür interessieren könnten. Das sorgt dafür, dass du am Ball bleibst und dass Menschen neugierig auf dein Buch werden.

5. Lass es am Ende von jemandem gegenlesen. Nimm Feedback offen an, aber setze nicht blind alles um, was man dir sagt. Es soll schließlich dein Buch bleiben.

6. Die Schreibtipps aus Kapitel 7, »Bloggen heißt schreiben: Schreibtipps für den Blog«, funktionieren natürlich genauso auch beim Schreiben von Büchern.

21.3   Wissen vermitteln in Online-Kursen

Sobald dein erster Ratgeber geschrieben ist, hast du schon erste Erfahrungen im Vermitteln von Wissen gemacht. Der nächste Schritt (den du natürlich auch ohne eigenes Buch gehen kannst) ist oft ein Online-Kurs.

Online-Kurse gibt es zwar schon eine ganze Weile, aber sie werden immer beliebter. Coaches und Trainer*innen bilden ihre Inhalte in digitaler Form ab und verkaufen sie online – teilweise als reine Selbstlernkurse, teilweise mit zusätzlicher Unterstützung. Die Tatsache, dass 2020 viele Menschen – und eben auch Selbstständige – dazu gezwungen waren, von zu Hause aus zu arbeiten, hat diesen Trend noch verstärkt. Der Vorteil von Online-Kursen ist, dass du sie komplett im Alleingang und mit günstigem Equipment herstellen und dann immer wieder verkaufen kannst. Da gilt dasselbe wie für Bücher – mit dem Zusatz, dass du für Online-Kurse einen höheren Preis nehmen kannst. Tatsächlich ähneln sich die Arbeit an einem Online-Kurs und die an einem Ratgeber sehr. Du baust beide so auf, dass du Menschen von ihrer Ausgangssituation A an ihren Wunschpunkt B bringst, und unterteilst diesen Weg in möglichst einfache, leicht umsetzbare Schritte. Online-Kurse bieten durch den Einsatz unterschiedlicher Medien nur mehr Möglichkeiten, verschiedene Lerntypen anzusprechen, visuelles Lernen zu unterstützen und auch zusätzliche Materialien einfließen zu lassen. Viele Online-Kurse werden außerdem ergänzt durch Fragerunden oder Workshops, in denen individuell gearbeitet wird.

Abbildung 21.1 Onlinekongress als Alternative zum Online-Kurs

Eine Variante zum Online-Kurs, die noch nicht ganz so verbreitet ist, weil sie auch deutlich mehr Aufwand bedeutet, ist der Onlinekongress. Hier werden über einen Zeitraum von fünf bis zehn Tagen Expert*innen zu einem bestimmten Thema interviewt. Die Videos sind normalerweise 24 Stunden lang kostenlos zugänglich. Einen dauerhaften Zugang kann man sich dann in Form eines Kongresspakets kaufen – wodurch der Kongress sich finanziert. Obwohl ein solcher Kongress sehr viel Aufwand ist, kann er sich gerade am Anfang lohnen. Denn die vielen Expert*innen, die man zum Kongress einlädt, ziehen ganz neue Interessent*innen für deinen Blog und dein Thema an. Hochsensibilitätscoach Lisa Laufer ist beispielsweise durch ihren Onlinekongress »Vom Jobfrust zur Businessmagie« einem deutlich größeren Publikum bekannt geworden.

21.3.1   Ein Thema für den Online-Kurs finden

Die meisten Blogs bieten sich für ein Online-Kurs-Thema an. Vielleicht fällt dir nicht sofort eins ein, weil du zu nah an deinem Blog-Thema bist. Aber sehr wahrscheinlich hast du Fertigkeiten, von denen auch andere profitieren können. Möglicherweise schreibst du über dieses Thema bisher nicht, aber deine Leser*innen können sich trotzdem bei dir auf dem Blog davon überzeugen, dass du genau diese Fähigkeit besitzt. Die Reise-Blogger*innen von *22places.de* haben beispielsweise keinen Reisekurs angeboten, denn: Was ist ein Reisekurs? Stattdessen zeigen sie in ihrem Online-Kurs, wie man Fotos macht, die so gut sind wie ihre.

Natürlich ist es für die Vermarktung deines Kurses später besser, wenn die Menschen, die du bereits ansprichst, auch ein Interesse an dem Thema haben. Sollte dir nicht sofort ein Thema einfallen, kannst du einfach ein kleines Brainstorming machen. Fange dabei gar nicht bei den Themen an, über die du bisher schreibst, sondern bei der Zielgruppe, die deine Artikel liest.

▶ Welche Probleme hat diese Zielgruppe (auch außerhalb der Themen, die du in deinem Blog behandelst)?

▶ Wobei könntest du ihnen helfen?

▶ Was bringt sie überhaupt dazu, auf deinem Blog bestimmte Dinge zu lesen?

▶ Was ist ihr größerer Wunsch oder ihr Ziel dahinter?

Du musst dir das auch nicht alles selbst ausdenken. Wenn du bereits eine Community (Newsletter, Facebook-Gruppe) hast, frage die doch einfach. Am besten stellst du nicht mehr als zwei offene Fragen. Fragen, die sich dafür eignen, sind:

▶ Was ist aktuell deine größte Hürde?

▶ Über welches Thema bist du auf meinen Blog aufmerksam geworden?

▶ Was sind deine nächsten Ziele in Bezug auf …?

▶ Was würde deine aktuelle Situation jetzt konkret verbessern?

▶ Was würdest du gern von mir lernen?

▶ Welche Fähigkeit vermisst du, die dich wirklich weiterbringen würde?

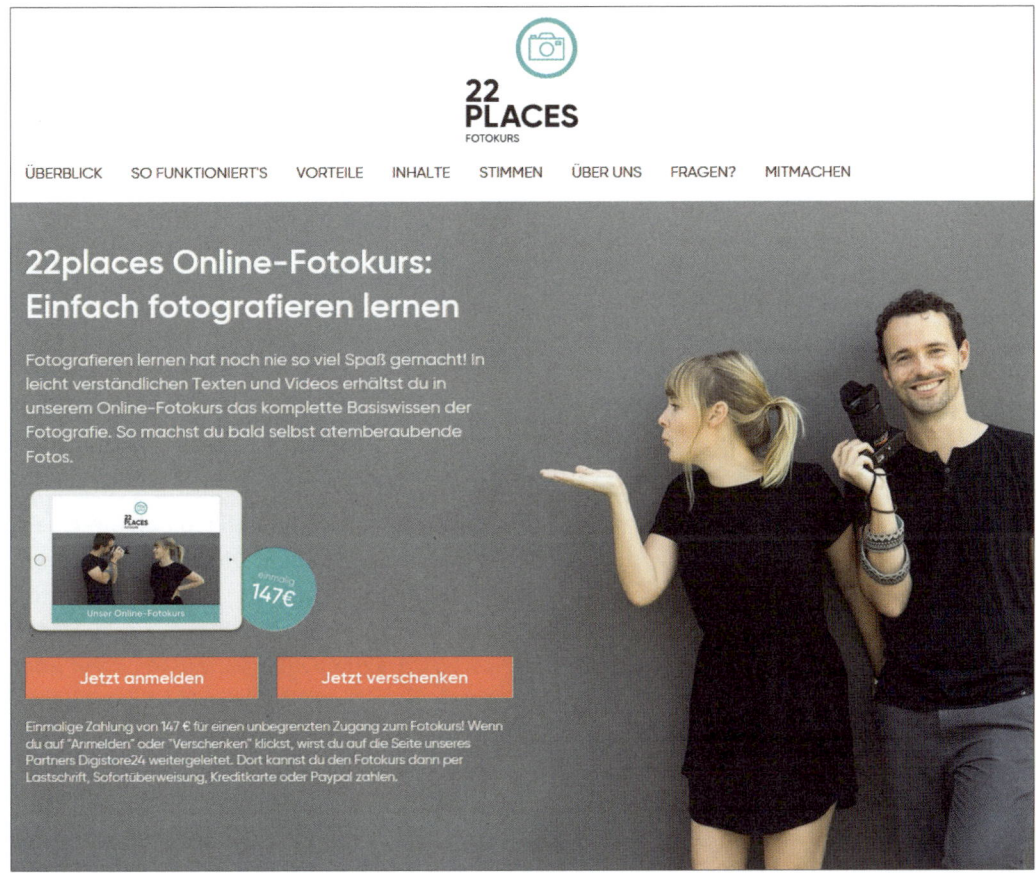

Abbildung 21.2 Ein Online-Kurs kann auch ein Randthema deines Blogs umfassen.

Am besten stellst du nicht alle diese Fragen, sondern pickst dir eine oder zwei heraus. Schließlich ist das Beantworten von Fragen lästige Arbeit, und du wirst umso mehr qualifizierte Einblicke bekommen, je einfacher du es deinen Leser*innen machst.

21.3.2   Den Kurs gestalten und umsetzen

Genau wie auch bei deinem Buch startest du die Gestaltung deines Kurses mit der Eingrenzung deines Themas. Dazu musst du wissen, wer deine Zielgruppe ist, wo sie gerade steht und was ihr Problem dort ist. Dann formulierst du, was das Ergebnis deines Kurses sein soll. Du hast somit für dich Start- und Zielpunkt definiert. Beides brauchst du auch für die Kommunikation im Rahmen der Vermarktung deines Kurses. Nimm dir also dafür Zeit und hole dir auch Input von anderen.

Als Nächstes formulierst du den Weg, der vom Start zum Ziel führt, und zwar in Form deiner Struktur. Beschreibe am besten einzelne Schritte, die deine Kursteilnehmer*innen nacheinander abarbeiten können. Ideal ist es, wenn jeder einzelne Schritt ein konkretes Ergebnis hat, man also danach wirklich das Gefühl hat, ein gutes Stück weitergekommen zu sein. Das motiviert zum Weitermachen und gibt außerdem das Gefühl, schnell etwas vom Kurs zurückzubekommen. Wenn du zum Beispiel einen Kurs zur Inneneinrichtung anbieten möchtest, könntest du ihn in einzelne Bereiche wie Farbgestaltung, Licht, Mobiliar, Dekoration usw. aufteilen. Dabei fängst du bei dem Punkt an, der logisch sinnvoll ist. Da ein Zimmer am besten leer ist, wenn man es streicht, und die Wandfarben einen sehr großen Einfluss auf die Wirkung des Raums haben, fängst du vielleicht mit diesem Thema an.

Wenn du das *Was* weißt, musst du dich um das *Wie* kümmern. Du hast verschiedene Möglichkeiten, deinen Kurs umzusetzen. Die einfachste Variante ist ein E-Mail-Kurs: Du fasst die Inhalte deines Kurses in kleinen Texthappen zusammen (am besten mit konkreten Aufgaben am Ende jeder E-Mail) und schickst diese nach dem Kauf in regelmäßigen Abständen an deine Kund*innen. Diesen Prozess kannst du sogar komplett automatisieren, wenn du den Versand von deinem Newsletter-Tool übernehmen lässt. Für dich ist der E-Mail-Kurs am einfachsten, aus Sicht deiner Kund*innen ist er jedoch am wenigsten attraktiv. Denn sie müssen dann noch mehr E-Mails lesen und sich selbst durch den Text arbeiten. Du kannst deine E-Mails zwar durch andere Medien anreichern und zum Beispiel Bilder oder Videos einbinden, allerdings fehlt hier das Gefühl, direkt zu interagieren. Hinzu kommt, dass deine E-Mails natürlich im Posteingang deiner Kund*innen ankommen – wo sie sich die Aufmerksamkeit mit Nachrichten von Bekannten, Arbeitgeber*innen und etlichen Newslettern teilen müssen. Wenn du schnell loslegen möchtest, ist ein E-Mail-Kurs zwar eine Option, die aber wahrscheinlich weniger erfolgreich sein wird als ein Videokurs. Außerdem ist die Zahlungsbereitschaft für ein paar E-Mails deutlich geringer als für professionell wirkende Videos, auf die deine Kund*innen in einer separaten Lernumgebung zugreifen können. Gerade diese Lernumgebung ist auch ein wichtiger Faktor: Hier gilt die ungeteilte Aufmerksamkeit deinem Kurs. Außerdem hast du die Möglichkeit, Elemente der Interaktion anzubieten – mit dir oder mit anderen Teilnehmer*innen.

Wenn du also von Anfang an möglichst professionell unterwegs sein und auch höhere Preise verlangen möchtest, solltest du einen Videokurs produzieren und diesen gemeinsam mit zusätzlichen Materialien in einer entsprechenden Lernumgebung anbieten.

Eine Alternative, die sich ebenfalls sehr gut umsetzen lässt und für die du vorher gar nichts produzieren musst, ist ein Online-Workshop-Kurs, bei dem du für deine Kund*innen live Workshops hostest (beispielsweise mit Zoom). Das ist nicht weniger Aufwand – weil die Workshops im Normalfall deutlich länger dauern als ein Video und du dabei individuell auf deine Kund*innen eingehen musst –, aber aus Sicht der Teilnehmer*innen bringt dies den meisten Mehrwert. Denn du kannst jederzeit noch mal etwas in anderen Worten erklären, eingreifen, wenn etwas nicht richtig verstanden wurde, und es bildet sich eine Gemeinschaft unter den Mitgliedern der Gruppe heraus. Allerdings werden sich weniger Teilnehmer*innen finden, weil ein solcher Workshop-Kurs ein besonders hohes Commitment und auch Zeit an den angebotenen Terminen erfordert. Natürlich kannst du auch verschiedene Elemente miteinander kombinieren und das aus deiner Sicht perfekte Konzept für deinen Kurs entwerfen.

21.3.3 Videos für deinen Kurs produzieren

Viele Blogger*innen möchten alles – aber bloß nicht vor eine Kamera. Und keine Sorge, es gibt auch andere Möglichkeiten, einen Videokurs zu produzieren. Weit verbreitet ist das Abfilmen einer PowerPoint-Präsentation. Manche Teilnehmer*innen finden das zu wenig spannend, allerdings hat sich diese Form der Wissensvermittlung nicht ohne Grund bewährt. Denn du sprichst damit zwei verschiedene Lernkanäle an: das Hören und das Lesen. Wenn die Kamera dagegen die ganze Zeit auf dich gerichtet ist, bauen deine Teilnehmer*innen zwar eine nähere Beziehung zu dir auf (das ist auch ein Vorteil beim Lernen), allerdings muss man schon sehr aufmerksam zuhören und am besten mitschreiben, um wirklich alles mitzubekommen. Wenn du es dir und deinen Teilnehmer*innen also besonders einfach machen möchtest, erstellst du eine PowerPoint-Datei mit deinen Inhalten (und natürlich deinen Farben und deinem Logo), bereitest diese hübsch auf und filmst dann deinen Bildschirm ab, während du dazu sprichst. Allein das Erstellen der Dateien hilft dir schon dabei, deine Inhalte noch besser aufzubereiten, weil du dir strukturiert Gedanken über den Aufbau machen musst.

Wenn du möchtest, kannst du als Einleitungsvideo auch ein Video von dir selbst drehen, in dem du erklärst, warum du die Kombination aus Text und Stimme für deine Videos gewählt hast. Wenn du ein technisches Thema erklärst, das deine Teilnehmer*innen am Computer selbst umsetzen sollen, ist es sowieso die sinnvollste Option, deinen Bildschirm abzufilmen.

An Equipment brauchst du

▸ eine sogenannte Screen Capture Software, mit der du deinen Bildschirm abfilmst (das kann zum Beispiel *Camtasia* sein, mit der du deine Videos auch gleich bearbeiten kannst),

▸ ein gutes Mikrofon, zum Beispiel von Røde,

▸ PowerPoint oder ein anderes Präsentationsprogramm.

Du kannst vor der Aufnahme sehr genau ausformulieren, was du sagen wirst. Das führt jedoch gerade beim ersten Kurs dazu, dass man hört, dass du abliest. Wenn du ein bisschen Erfahrung hast, spielt sich das ein. Für den Anfang wird deine Sprechweise aber natürlicher, wenn du dir nur ein paar Stichpunkte notierst und den Text dann so erzählst, als würdest du mit einer Freundin sprechen. Stell dir ruhig jemanden vor, dem du alles erklärst, dann fällt dir die Aufnahme leichter. Sehr wahrscheinlich (ich schätze: zu 100 %) wirst du dich bei der Aufnahme versprechen. Aber keine Panik. Du musst nicht von vorne anfangen. Du lässt einfach die Aufnahme weiterlaufen und sprichst die aktuelle Stelle noch mal neu. Nachher schneidest du den Versprecher heraus, und es ist so, als hätte es ihn nie gegeben. Wenn du es dir leichter machen willst, ihn später zu finden, kannst du einmal vorm Mikrofon laut in die Hände klatschen. Die Videobearbeitungssoftware zeigt die Tonspur nämlich als Linie an – die bei diesem lauten Geräusch in die Höhe schnellt. Du weißt dann nachher sofort, an welcher Stelle du nach deinem Versprecher suchen musst.

Wenn du dich selbst filmen möchtest, reicht wahrscheinlich die Kamera deines Smartphones – und zwar die Haupt- und nicht die Selfie-Kamera. Diese solltest du auf einem Stativ aufbauen. Praktisch sind sogenannte Monkey Pods, die klein und flexibel sind und die du überall festmachen kannst. Auch für die Aufnahme mit dem Handy brauchst du ein Mikrofon, allerdings ein anderes. Am besten besorgst du dir ein Ansteckmikrofon mit möglichst langem Kabel. Sollte sich dein Telefonhersteller irgendwann entschlossen haben, keinen standardisierten Audioeingang (»Klinke«) mehr zur Verfügung zu stellen, brauchst du außerdem einen entsprechenden Adapter dafür. Theoretisch kannst du auch mit deiner Webcam ein Video drehen. Die meisten Webcams haben heute eine ausreichend hohe Auflösung. Oft ist die Einstellung des richtigen Abstands zur Kamera aber schwierig. Auch für manche Webcams gibt es jedoch Mini-Stative, die da Abhilfe schaffen können.

Für Videoaufnahmen ist gutes Licht eine wichtige Voraussetzung. Tageslicht ist super. Wenn du also tagsüber, im Sommer und in der Nähe eines Fensters drehen kannst, ist das perfekt. Ansonsten brauchst du wahrscheinlich professionelle Lampen, zum Beispiel Soft-Boxen oder Ringleuchten, die du am besten hinter die Kamera stellst. Beide haben Vor- und Nachteile.

Achte beim Drehen außerdem darauf, dass du geradeaus in die Kamera schaust, nicht nach oben oder unten. Beides wirkt beim Zuschauen unangenehm. Außerdem ist es wichtig, dass du direkt in die Kamera schaust, damit dein Blick natürlich wirkt. Beim Smartphone und auch bei der Webcam schauen wir aber meistens daran vorbei – weil da ja die eigentlich interessanten Dinge sind (wie zum Beispiel der Bildschirm oder die Wand). Am besten klebst du dir ein Post-it direkt neben die Kamera. Dein Blick wird dann automatisch dorthin gezogen, und deine Zuschauer*innen haben das Gefühl, dass du sie direkt anschaust.

Mit kleinen Tricks wie zum Beispiel standardisierten Intros und Outros oder Tafeln, die du zwischendrin einblendest, wirken deine Videos übrigens noch professioneller.

21.3.4   Den Kurs hosten

Wenn du deine Videos gedreht, geschnitten und gespeichert hast, müssen sie natürlich noch dorthin, wo die Menschen, die deinen Kurs kaufen, auf sie zugreifen können. Dafür hast du grundsätzlich zwei Möglichkeiten: Du kannst auf einen professionellen Anbieter zurückgreifen, der das Hosting der Videos und der Lernumgebung für dich übernimmt, oder du machst es selbst.

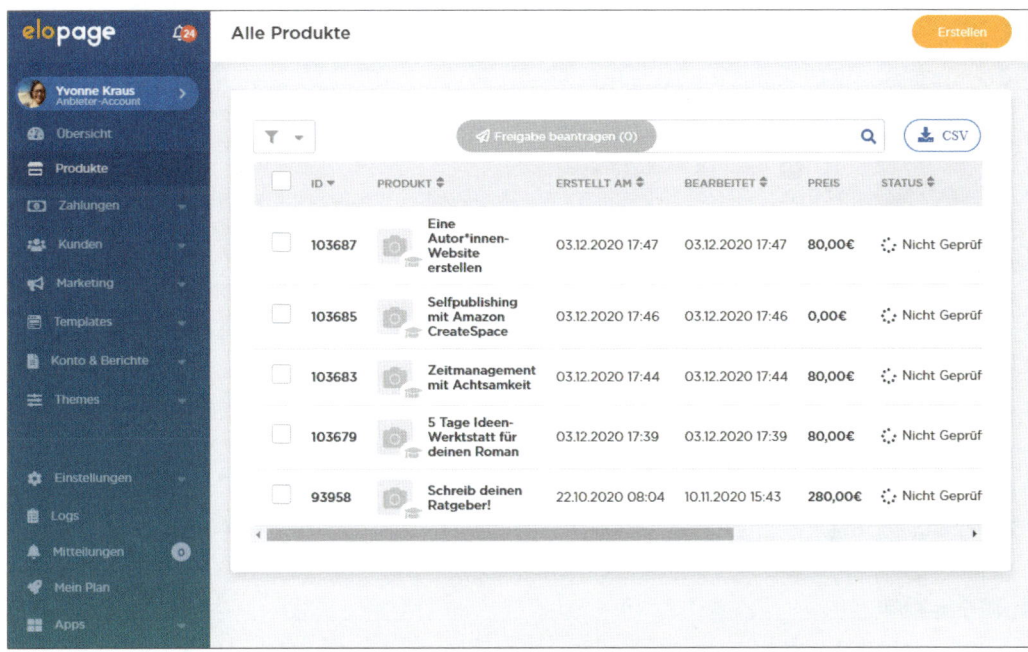

Abbildung 21.3 Auf Elopage kannst du ganz einfach deinen Kurs zusammenstellen.

Professionelle Anbieter für Lernumgebungen sind zum Beispiel *Teachable* und *Elopage*, aber mittlerweile auch Facebook. Der Vorteil einer solchen externen Lösung ist, dass du dich auf deinen Kurs konzentrieren kannst und auf erprobte Strukturen zurückgreifst. Du musst dich nicht mehr als nötig mit der Technik beschäftigen (ein bisschen Technik ist natürlich auch hier dabei) und kannst dir Inspiration von anderen holen, die dieselben Plattformen nutzen. Du bist dadurch deutlich schneller mit deinem Kurs am Markt, vor allem wenn du viel selbst machst und (noch) keine Unterstützung in Anspruch nimmst. Der Nachteil ist, dass alle, die am Kurs teilnehmen, auf eine andere Plattform wechseln müssen. Du hast nur begrenzt Einfluss auf die Darstellung deiner Inhalte und musst mit dem Design leben, das dir vorgegeben wird. Außerdem läuft dein Kurs dann unter einer anderen URL als deine Website, was aus Markensicht nicht vorteilhaft ist.

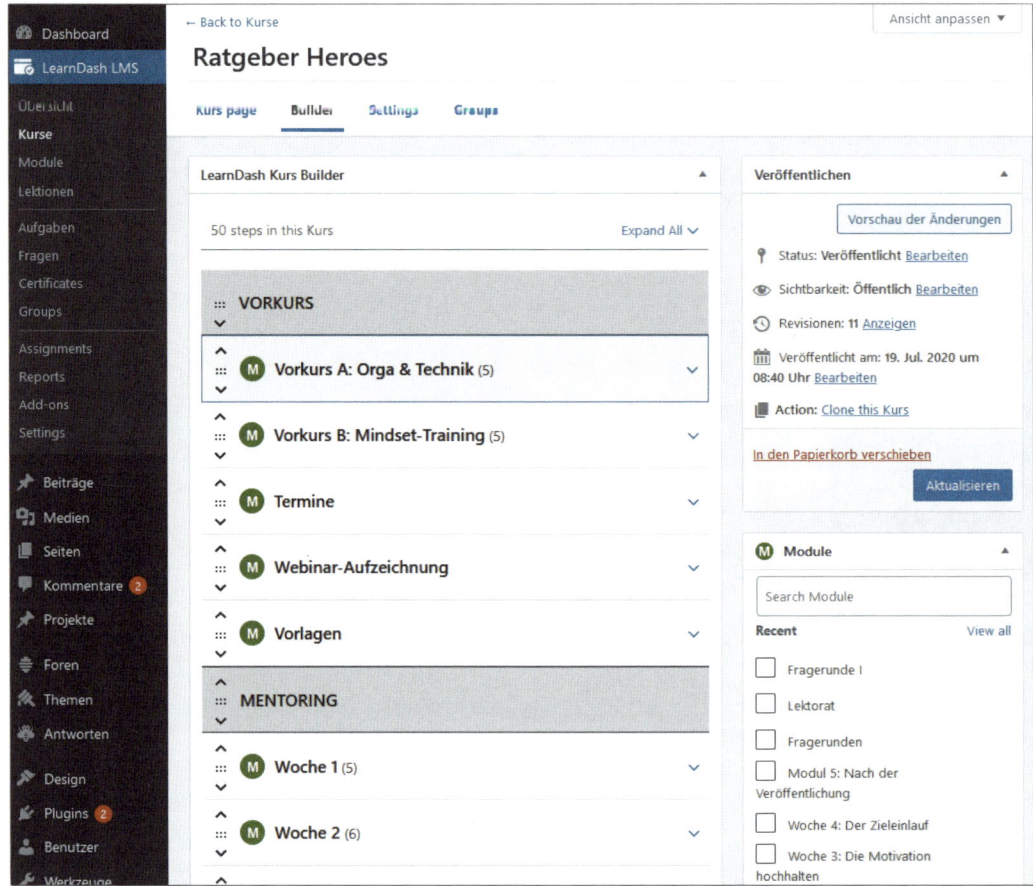

Abbildung 21.4 Eigener Kursbereich mit LearnDash in der WordPress-Umgebung

Wenn du die volle Kontrolle über das Aussehen deiner Kurse haben willst, solltest du sie selbst hosten. Es gibt WordPress-Plug-ins wie beispielsweise *LearnDash*, die dir ein komplettes Kurssystem innerhalb deines Blogs erstellen. »Volle Kontrolle« stimmt natürlich auch hier nicht ganz, da du dich an den vorgegebenen Strukturen orientieren musst und beispielsweise nicht vier verschachtelte Kursebenen (Modul, Lektion, Einheit, Aufgabe) anlegen kannst, wenn nur drei vorgesehen sind. In Bezug auf Darstellung und URL kannst du aber alles so gestalten, wie du es möchtest. Die Kursmitglieder erhalten einen Log-in auf deinem Blog unter deiner URL und sind so stärker mit dir verbunden. Noch besser als eine direkte Einbindung auf dem Blog ist übrigens die Arbeit mit einer Subdomain in der Form *kurse.deinewebsite.de*.

Diese Subdomain existiert dann unabhängig von der Hauptdomain, sieht aber zugehörig aus. Du brauchst eine eigene WordPress-Installation dafür. Der Vorteil: Wenn du Wartungsarbeiten an deinem Blog vornimmst oder ein Plug-in deine Website lahmlegt, ist deine Kursseite nicht davon betroffen. Außerdem kannst du dich dann auf jeder der beiden Seiten auf die Dinge konzentrieren, die du wirklich brauchst – und auch nur die entsprechenden Plug-ins installieren. So bleiben beide Seiten schnell.

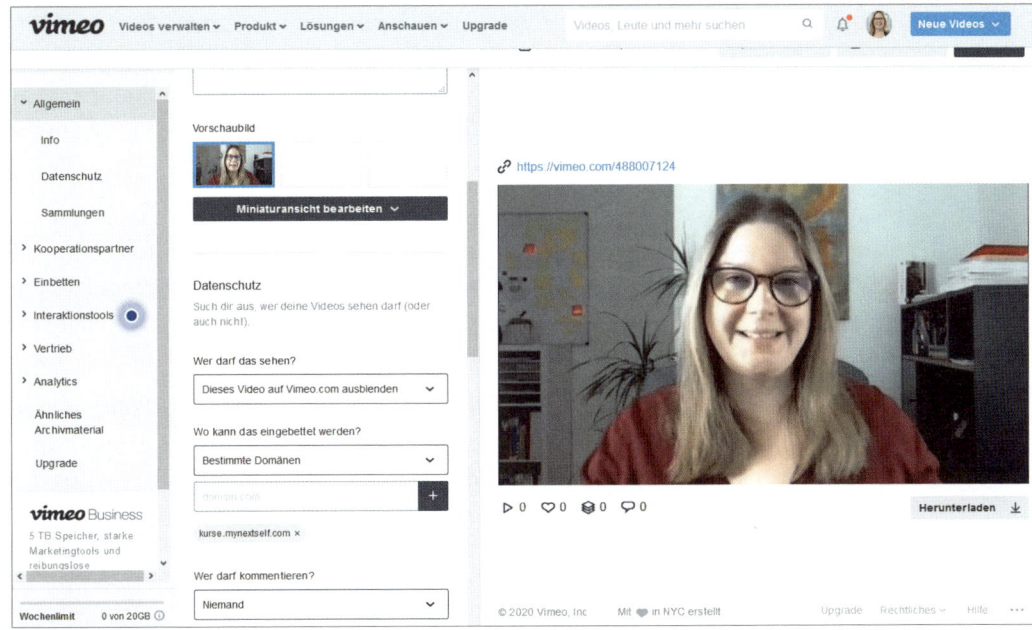

Abbildung 21.5 In der Pro-Version von Vimeo kannst du einstellen, dass dein Video nur von einer bestimmten Domain aus zugänglich ist.

Wenn du deinen Kurs selbst hostest, brauchst du einen Platz, an dem du deine Videodateien speicherst, die – du weißt es wahrscheinlich – schnell sehr groß werden können. Du solltest sie also nicht auf deinen Webserver hochladen, weil du dort sonst bald deinen verfügbaren Platz aufgebraucht hast. Du wirst daher mit einem professionellen Video-Hoster zusammenarbeiten müssen. Ich empfehle dir Vimeo, weil du dort (mit der Pro-Variante) sehr einfach die Zugriffsrechte auf das Video beschränken und es zum Beispiel nur von deiner Domain aus zugänglich machen kannst. Schließlich willst du ja nicht, dass alle Menschen kostenlos im Internet auf dein Material zugreifen können.

Der Entscheidung für das Hosting deiner Kurse solltest du ruhig ein wenig Zeit widmen. Denn normalerweise ist es so, dass du beim einmal gewählten Weg bleibst, auch wenn du später meinst, dass die andere Variante für dich besser wäre. Ein

Umzug im Nachhinein ist so aufwendig, dass du entweder mit einer für dich nicht optimalen Lösung leben wirst oder dass du deine Kursinhalte auf mehrere Plattformen aufteilst.

21.3.5   Den Kurs vermarkten

Online-Kurse verkaufen sich nicht von selbst. Du kannst sie natürlich auf deiner Website einbinden und dort ankündigen, aber die Verkäufe werden sich sehr in Grenzen halten. Viele Menschen wissen gar nicht, dass es Online-Kurse zu bestimmten Themen gibt, und suchen daher nicht gezielt danach. Du musst sie also nicht nur darauf aufmerksam machen, dass du einen solchen Kurs anbietest, sondern auch, dass es so etwas überhaupt gibt. Und dass eine Teilnahme für sie durchaus sinnvoll sein kann.

Eine Methode, die sich für den Verkauf von Online-Kursen etabliert hat, ist das sogenannte Launchen. Das heißt, dass du deinen Kurs zu einem bestimmten Zeitpunkt anbietest und vorher ganz viel Aufmerksamkeit dafür erzeugst. Neue Produkte und Bücher werden auch gelauncht. Es bedeutet einfach, dass man den Moment der Einführung nutzt, um mehr Sichtbarkeit dafür zu bekommen.

Für deinen Kurs heißt das gleichzeitig, dass du ihn nur zu bestimmten Zeitpunkten zum Verkauf anbietest. Denn sonst gibt es für deine Kundschaft kaum einen Grund, ihn gleich statt später zu kaufen. Wenn du den Kurs intensiv betreust (was aus der Sicht deiner Kursmitglieder sehr wertvoll ist), ist es für dich auch leichter überschaubar, wenn alle ungefähr am gleichen Punkt in der Bearbeitung sind. Für den Launch nutzt du am besten Social-Media-Marketing und deinen Newsletter in Kombination. Gerade Facebook wird von vielen Selbstständigen erfolgreich genutzt, um einen Kurs zu launchen. Hierfür solltest du zumindest die Grundzüge von Facebook-Marketing verstehen. Wissen darüber kannst du zum Beispiel auf dem Blog von Katrin Hill (*katrinhill.com*) finden.

Auf welche Arten du deinen Kurs verkaufen kannst, erfährst du in Kapitel 22, »Auf fremden Plattformen mehr Kund*innen ansprechen«, und Kapitel 23, »Den Blog zur Verkaufsplattform machen«.

21.4   Regelmäßige Einnahmen mit einem eigenen Mitgliederbereich erzielen

Eine Erweiterung eines Online-Kurses ist ein *regelmäßiger* Online-Kurs. Beziehungsweise eine Lernumgebung, an der du regelmäßig neue Inhalte zur Verfügung stellst, für die deine Mitglieder auch regelmäßig etwas an dich bezahlen. Ein solcher Mitgliederbereich kann für dich der Weg zu einem stabilen Einkommen sein, mit dem du planen kannst. Wichtig ist allerdings, dass du von Anfang an genügend Mitglieder hast, damit der Aufwand sich lohnt. Denn du musst auch bei nur einem verkauften Abo regelmäßig neue Inhalte zur Verfügung stellen, obwohl sich das wahrscheinlich für dich gar nicht rechnet. Da deine Mitglieder hier regelmäßige Kosten haben, ist die Zahlungsbereitschaft pro Monat natürlich geringer als beim einmaligen Kauf eines Online-Kurses.

Bevor du also einen Mitgliederbereich startest, solltest du für dich die beiden folgenden Fragen beantworten:

▶ Welche Inhalte kannst du regelmäßig bieten, die deine Mitglieder auch dauerhaft weiterbringen?

Du musst wirklich jeden Monat neue Ideen haben und neue Themen behandeln, damit dein Abo attraktiv ist. Außerdem darf sich auch aus Sicht deiner Mitglieder der Wert nicht bereits nach zwei oder drei Monaten abgenutzt haben – sonst kündigen sie wieder. Es empfiehlt sich, einen längeren Prozess zu begleiten, zum Beispiel die Karriereplanung, das Erreichen bestimmter Persönlichkeits- oder Fitnessziele oder ein Hundetraining, das natürlich auch mit konkreten Zielen verbunden ist.

▶ Wie viele Mitglieder brauchst du, damit sich der Mitgliederbereich für dich lohnt?

Du wirst einen zusätzlichen zeitlichen Aufwand haben – und zwar regelmäßig. Das lohnt sich normalerweise erst ab einer bestimmten Mitgliederzahl, die du für dich festlegen solltest. Plane außerdem ein, dass Mitglieder auch mal kündigen. Du kannst zwar eine Mindestlaufzeit festlegen, um etwas mehr Sicherheit zu haben. Das verringert aber auch die Bereitschaft der Menschen, das Abo überhaupt erst abzuschließen.

Wenn du schon sehr viele Inhalte in Form von Videos, Texten, Workbooks hast (und mit sehr vielen meine ich Hunderte), ist der Druck auf dich, ständig Neues zu liefern, nicht so groß. Deine Mitglieder werden ohnehin ein wenig brauchen, die bereits vorhandenen Inhalte zu sichten und durchzuarbeiten. Da reicht es dann auch, wenn du alle zwei oder drei Monate etwas Neues bringst.

Am besten startest du deinen Mitgliederbereich also nicht bei null, sondern bietest Inhalte (Webinare, Videos, Workbooks) an, die du bereits hast oder die du im Vorfeld dafür erstellst. Um dir die Planung zu erleichtern, kannst du auch einmal im Jahr ein paar Tage einplanen, an denen du dich ausschließlich um neue Inhalte für den Mitgliederbereich kümmerst. Diese kannst du – wie geplante Blog-Posts auch – nach und nach freischalten. Wenn du das alle paar Monate machst, ist die Arbeit für dich leichter, du kannst aber trotzdem auf aktuelle Themen eingeben.

Hosting und Vertrieb laufen beim Mitgliederbereich genauso ab wie beim Online-Kurs. Auch hier kannst du selbst hosten oder eine Plattform nutzen, und auch für den Mitgliederbereich ist ein Launch sinnvoll, um konzentriert Aufmerksamkeit auf dein Angebot zu lenken.

21.5   Eigene physische Produkte anbieten

Digitale Produkte wie E-Books, Software und Online-Kurse haben den großen Vorteil, dass du keinen Lagerplatz brauchst und dass die Herstellungskosten nicht mit der verkauften Stückzahl steigen – es also quasi keine variablen Kosten gibt.

Vielleicht bietet sich das Thema deines Blogs aber geradezu dazu an, physische Produkte zu verkaufen. Das können künstlerische oder handwerklich hergestellte Dinge sein oder Produkte, die man braucht, um sich deinem Thema zu widmen (zum Beispiel Sportausrüstung für einen Lauf-Blog). Physische Produkte herzustellen, ist deutlich aufwendiger, weil du ja jedes einzelne Stück neu herstellen musst – und es weg ist, sobald du es verkauft hast. Du musst sie in einem Lager (deinem Wohnzimmer?) verwalten und sie versenden, sobald du sie verkauft hast. Oder du suchst dir für diese Tätigkeiten einen Partner, den du dann auch an den Gewinnen beteiligen musst.

Wenn dich diese Punkte nicht abschrecken, kann der Verkauf physischer Produkte dir und deinem Blog sehr nützlich sein. Denn ein Produkt, das deine Kundschaft anfassen, ins Regal stellen und benutzen kann, wird automatisch mit einem höheren Wert verbunden als ein reines Digitalprodukt. Schließlich könnte man dieses Produkt später selbst noch weiterverkaufen – es speichert den Wert sozusagen. Außerdem kommst du über ein physisches Produkt ins Zuhause deiner Kundschaft. Wenn du ein Logo oder den Namen deines Blogs dort unterbringen kannst, laufen sie quasi täglich an dir vorbei. Die Bindung zu dir wird dadurch besonders gestärkt.

In Abschnitt 22.3, »Etsy: der Markt für Selbstgemachtes«, zeige ich dir, wie du Etsy als Plattform für Selbsterstelltes nutzen kannst. In Abschnitt 23.3, »Partner für Zahlung und Fulfillment für T-Shirts, Tassen & Co.«, stelle ich dir außerdem Spreadshirt als besonders einfache Methode zum Verkauf physischer Produkte vor.

21.6   Wie kalkulierst du die Preise für eigene Produkte richtig?

Die größte Schwierigkeit für viele angehende Onlineselbstständige ist die Preisfindung. Viele Blogger*innen, die mit ihren ersten Produkten starten, halten sich für zu unerfahren, zu wenig professionell, zu neu im Geschäft – und setzen dann einen zu niedrigen Preis. Eins gleich vorweg: Den einen richtigen Preis gibt es nicht. Du musst deinen individuellen Preis finden, der sich für dich gut anfühlt und mit dem du (zumindest mittelfristig) Gewinne machst. Die folgenden Punkte solltest du in deine Überlegungen einbeziehen.

21.6.1   Dein Preis muss deine Kosten decken

Das Wichtigste gleich zu Beginn: Du solltest nichts verkaufen, wenn du damit in Summe Verluste machst. Wenn du ein Produkt herstellst, hast du Materialkosten. Deine Vertriebsplattform kostet Geld, und du gibst wahrscheinlich auch etwas fürs Marketing aus. Wenn du selbst einen Online-Kurs erstellst, wirst du vielleicht in Equipment oder in Wissen investieren. Gibst du ein Coaching vor Ort, brauchst du einen Raum und hast Fahrkosten. Viele der Kosten, die für dein Produkt anfallen, rechnest du diesem gar nicht direkt zu. Das solltest du aber, denn nur so kannst du sinnvoll kalkulieren.

Die Kosten, die direkt in die Herstellung deiner Produkte und Dienstleistungen fließen (Fahrkosten, Raummiete, Vimeo- oder Zoom-Account), solltest du auch direkt mit dem Produkt wieder einnehmen. Für Investitionen, die du tätigst, solltest du einen Zeitraum festsetzen, in dem sie sich amortisiert haben müssen. Unternehmen machen das auch so. Wenn du beispielsweise neue Lampen kaufst, die du über die nächsten Jahre für deine Online-Kurse nutzen willst, kannst du dir vornehmen, die Investition innerhalb von zwei Jahren wieder erwirtschaftet zu haben. Wenn du zwei Mal pro Jahr einen Kurs anbietest, sollte jeder über die reinen Kosten hinaus auch ein Viertel der Kosten für die Leuchten erwirtschaften – sogar bereits der erste Kurs.

21.6.2   Auch dein Zeiteinsatz kostet etwas – selbst wenn du es nicht sofort merkst

Wenn du nun kalkuliert hast, was du an Kosten hast, musst du dir auch noch einen Stundensatz zugestehen, den dein Produkt dir einbringen soll. Das ist relativ einfach, wenn du Dienstleistungen erbringst – da weißt du ja genau, wie viel Zeit du hineinsteckst. Auch die Zeit, die du brauchst, um eine Lampe zu bauen oder eine Mütze zu stricken, kannst du wahrscheinlich gut einschätzen. Aber bei einem Online-Kurs wird es schon schwieriger. Denn was willst du dort alles einrechnen? Im Grunde sind die vielen Stunden, die du seit Start deines Blogs in dieses Projekt gesteckt hast, ja schon etwas, das du für den Kurs gemacht hast – auch wenn du das zu dem Zeitpunkt noch gar nicht vorhattest. Außerdem ist der Aufwand, den ein Kurs dir auch in der Betreuung machen wird, im Vorfeld nicht besonders gut abschätzbar. Besser, als eine komplizierte und ungenaue Stundenrechnung zu machen, die dich nur unnötig Zeit kosten wird und am Ende sowieso nicht stimmt, ist es daher, dir einfach ein Gewinnziel für deinen Launch zu setzen. Das kann beim ersten Mal auch etwas niedriger ausfallen. Aber du solltest schon mit einem Plus aus dem Kurs herausgehen, um die Motivation zu behalten. Und auch aus dem folgenden Grund.

21.6.3   Dein Preis sollte dir die Möglichkeit zu Wachstum geben

Wenn du gerade so die Kosten mit deinen Produkten deckst, wirst du nie in der Lage sein, neue Dinge auszuprobieren und in Material, Unterstützung oder Fortbildung zu investieren. Du wirst dann immer auf demselben Level bleiben und dich im Kreis drehen.

21.6.4   Dein Preis sollte den Wert deines Angebots widerspiegeln

Stell dir vor, du hast die Wahl zwischen zwei Hundetrainerinnen, die dir dabei helfen können, deinem Jack Russell Milo nach zehn Jahren endlich etwas Ruhe zu verschaffen, damit dieser nicht mehr jeden Menschen, der zu Besuch kommt, stundenlang anbellen muss. Die erste Trainerin nimmt 10 Euro die Stunde, die zweite 80. Das Problem ist für dich mittlerweile sehr groß geworden. Milo nimmt schon Herzmedikamente, und du machst dir wirklich Sorgen. Du willst das Thema jetzt endlich angehen. Wen wählst du?

Wahrscheinlich wählst du Trainerin eins nur dann, wenn du dir Trainerin zwei nicht leisten kannst. Das ist natürlich möglich, und der Grund ist auch absolut in Ordnung. Aus deiner Sicht des Verkaufens möchtest du aber wahrscheinlich nicht, dass Menschen dich nur dann wählen, wenn sie sich etwas Besseres nicht leisten können, oder? Ein zu niedriger Preis signalisiert nämlich nicht unbedingt, dass man ein unglaubliches Schnäppchen machen kann. Das ist vor allem bei Dienstleistungen so. Ein niedriger Preis wird hier tatsächlich oft so interpretiert, dass jemand so gut wie keine Erfahrung hat und seine Leistung auch nicht besonders viel bringt.

Überlege dir also, was du selbst bereit wärst, für deine Dienstleistung zu bezahlen, wenn jemand anderes mit deiner Expertise sie anbieten würde. Wahrscheinlich geht dein Preis dann ganz automatisch nach oben.

21.6.5   Der Preis, den du am Anfang setzt, ist ein Anker für deine Kundschaft

Ein Ankerpreis wird gerne genutzt, um Preisverhandlungen in die gewünschte Richtung zu lenken. Es ist der Preis, der als Erstes genannt wird – und von dem aus man sich dann wegbewegt. Wenn jemand ein Auto für 20.000 Euro anbietet, ist klar, dass man es am Ende nicht für 10.000 Euro kaufen wird. Umgekehrt wird jemand, der als erstes 5.000 Euro angeboten hat, sich nicht sehr viel von diesem ursprünglichen Preis wegbewegen. Im Kopf ist die erste Zahl – und bei dieser Zahl wirst du bleiben (bzw. deine Kundschaft wird das von dir erwarten).

Gerade das erste Produkt ist oft noch mit vielen Unsicherheiten verbunden: Du probierst dich noch aus, alles ist noch nicht ganz perfekt – und natürlich willst du später mehr Geld dafür verlangen, wenn du besser darin geworden bist. Wenn du dir diese Tür offen halten willst, solltest du am Anfang von Einführungspreisen sprechen und direkt transparent kommunizieren, dass der Preis sich später erhöhen wird. Für manche wird das sogar ein Anreiz sein, direkt zu Beginn etwas von dir zu kaufen. Andere warten lieber, bis du dein Konzept fertig umgesetzt hast, und nehmen später bewusst den höheren Preis in Kauf.

21.6.6   Du musst mit deinem Preis konkurrenzfähig sein

Die Punkte, die ich dir bisher genannt habe, zielten alle darauf ab, dass du dich nicht unter Wert verkaufst. Darin sehe ich tatsächlich die größte Gefahr bei Einsteiger*innen. Aber auch in die andere Richtung muss der Preis passen. Du musst nämlich konkurrenzfähig bleiben. Das heißt nicht, dass dein Produkt das günstigste auf dem Markt sein muss. Aber dein Preis sollte sich im selben Bereich bewegen wie der vergleichbarer Produkte von – auch das ist wichtig – vergleichbaren Plattformen.

21.6.7   Du solltest dich mit deinem Preis wohlfühlen

Zum Schluss kannst du gerne alles vergessen, was ich bisher geschrieben habe und was dir Coaches und Marketingexpert*innen erzählen. Das absolut Wichtigste ist, dass du dich mit deinem Preis wohlfühlst und du der Meinung bist, dass er gerecht ist. Denn: Du wirst diesen Preis nennen müssen. Entweder persönlich oder in einer E-Mail, ganz sicher aber auf deiner Website. Und du solltest dabei das Gefühl haben, dass du einfach nur eine weitere Information über dein Produkt nennst. Wenn du meinst, dich unter Wert zu verkaufen oder mehr zu verlangen, als du aktuell zurückgeben kannst, wird deine Kundschaft das merken. Dann wird es dir auch keinen Spaß machen, deine Produkte zu verkaufen. Und das sollte es auf jeden Fall, denn es wird – wenn du diesen Weg einschlägst – zentraler Bestandteil deines Onlinebusiness ein.

22 Auf fremden Plattformen mehr Kund*innen ansprechen

Wenn dir das Verkaufen nicht so richtig liegt und du erst einmal klein anfangen möchtest, kannst du damit starten, deine Produkte über eine fremde Plattform zur Verfügung zu stellen. Welche Möglichkeiten du hast und wie das Ganze funktioniert, erfährst du in diesem Kapitel.

Du hast dir also ein paar Produkte überlegt, die du gerne verkaufen möchtest, hast vielleicht ein Buch geschrieben oder das Konzept für deinen ersten Kurs erstellt. Nun möchtest du damit natürlich Menschen erreichen. Das ist für deinen Blog ein großer Schritt, denn wahrscheinlich sind die meisten Menschen dort auf der Suche nach Informationen und gar nicht nach Dingen, die sie kaufen können. Diese Transformation hin zum Shop bzw. zur Produktplattform kostet einiges an Zeit und Energie. Gerade für den Anfang ist es daher oft leichter, auf externe Verkaufsplattformen zurückzugreifen. Die haben meist viel mehr Reichweite, als du selbst mit größtem Einsatz erreichen könntest – nicht umsonst gehören diese Plattformen oft zu den Internetgiganten. Mit deinen eigenen Produkten kannst du von dieser Reichweite profitieren und parallel dazu deinen eigenen Shop aufbauen – wenn das dein Plan ist. Ich stelle dir hier die wichtigsten Plattformen in ihren Grundzügen vor. Um dort erfolgreich einzusteigen, solltest du dich zusätzlich intensiv mit den Möglichkeiten der jeweiligen Plattform auseinandersetzen.

22.1 Amazon für Bücher und physische Produkte

Wenn du es dir besonders leicht machen möchtest, verkaufst du deine Produkte dort, wo man nahezu alles im Internet kaufen kann: bei Amazon.

Eigene Bücher und physische Produkte kannst du dort wirklich am leichtesten verkaufen. Das bringt auch einige Vorteile für dich mit sich, weil du sehr schnell ein Standardprodukt erstellen und auf den Markt bringen kannst. Außerdem verfügt Amazon über eine extrem hohe Reichweite, die ein Blog niemals generieren kann. Es gibt aber auch Nachteile bei einem Vertrieb über Amazon: Dein Produkt steht dort in direkter Konkurrenz zu vielen ähnlichen Produkten. Unter Umständen bist du mit einem eigenen Buch auch exklusiv an Amazon gebunden, wenn du zum Beispiel bei der E-Book-Ausleihe Kindle Select mitmachen möchtest. Gerade für den

Einstieg überwiegen die Vorteile jedoch. Du kannst viel über den Vertrieb von Produkten lernen und gleichzeitig ein bisschen Geld verdienen – entweder mit deinem eigenen Buch oder mit physischen Produkten.

22.1.1   Ein eigenes Buch über Amazon veröffentlichen

In Abschnitt 21.2 habe ich dich schon darauf aufmerksam gemacht, wie sinnvoll es für dich sein kann, ein eigenes Buch zu veröffentlichen. Vielleicht möchtest du für die Veröffentlichung mit einem Verlag zusammenarbeiten, vielleicht ist es dir aber auch lieber, erst mal allein loszulegen. Wenn du mit einem Verlag zusammenarbeitest, hast du natürlich professionelle und erfahrene Unterstützung für alles rund um Herstellung und Veröffentlichung. Vielleicht möchtest du dich aber auch erst mal ausprobieren oder bist dir nicht sicher, ob dein Buch das Richtige für einen Verlag ist – weil die Zielgruppe vielleicht zu klein oder dein Buch zu kurz ist. Was auch immer der Grund dafür ist, dass du dich für eine Veröffentlichung im Rahmen von Selfpublishing entscheidest – du hast grundsätzlich drei Möglichkeiten (grob gesprochen):

1. Du machst alles (alles!) selbst, vertreibst das Buch direkt über den Blog und suchst dir geeignete Partner zum Beispiel für den Druck.

2. Du veröffentlichst über einen der klassischen Selfpublishing-Anbieter wie zum Beispiel BoD oder epubli.

3. Du veröffentlichst direkt über Amazon.

Richtig, Amazon druckt und verlegt nämlich auch Bücher. Allerdings sind diese Bücher anschließend nur mit einem Kindle bzw. der Kindle-App lesbar (E-Book), oder deine Leser*innen können sie ausschließlich über Amazon beziehen (gedrucktes Buch). Trotzdem kann es gerade am Anfang und zum Lernen sinnvoll sein, diesen Weg zu wählen. Zum einen werden sowieso mittlerweile die meisten Bücher über Amazon verkauft. Wenn du dich zunächst auf diesen einen Verkaufskanal konzentrierst, kannst du ihn optimieren und dabei wichtige Erfahrungen sammeln. Zum anderen geht es wirklich sehr schnell und einfach, über Amazon ein Buch zu veröffentlichen.

Nach dem Schreiben musst du diese Schritte durchlaufen:

1. Zunächst bringst du dein Buch in eine gute Form. Für das E-Book brauchst du eine einfache Word-Datei, die keine Seitenzahlen, keine Silbentrennung und keine besonderen Formatierungen enthalten darf. Da du nicht weißt, mit welchem Gerät deine Leser*innen dein Buch öffnen werden, kannst du nicht genau wissen, was richtig angezeigt wird und was nicht. Daher ist es wichtig, die Formatierung fürs E-Book so einfach wie möglich zu halten. Auch das Inhaltsver-

zeichnis darf keine Formatierung enthalten. Beim Taschenbuch, das du auf jeden Fall auch veröffentlichen solltest, weil Taschenbücher sich besser verkaufen, kannst du dich formatmäßig ein bisschen mehr austoben, denn dafür lädst du am Ende eine PDF-Datei hoch, die dann auch genau so gedruckt wird. Wichtig ist, dass du ein korrektes Impressum ins Buch druckst, und zwar auf Seite 4. Was genau ins Impressum gehört, hängt von dem Bundesland ab, in dem du wohnst. Festgelegt ist das im Pressegesetz des jeweiligen Lands.

2. Deine Bücher brauchen natürlich ansprechende Cover. Hierfür kannst du Amazons Cover Creator verwenden, oder – du bist schließlich mittlerweile Profi darin – du gestaltest deine Cover selbst mit Canva. Dafür gibt es zahlreiche Vorlagen, die du nur anpassen musst.

3. Du musst ein Konto bei *Amazon KDP* anlegen. Dort werden auch Steuerangaben erfragt, da du ja im besten Fall Einnahmen mit deinem Buch erzielen wirst. Halte also deine Steuernummer bereit. Du wirst bei der Anmeldung durch einen Fragebogen geführt, der sehr einfach auszufüllen ist, solange du nicht nebenher ein Unternehmen in den USA betreibst (wovon ich nicht ausgehe). Solltest du hier unsicher sein, ziehe am besten eine*n Steuerberater*in hinzu.

4. Anschließend legst du ein neues Buch an und füllst die Informationen zu Autor*in und Buch aus. Wichtig ist, dass du die Buchbeschreibung, die später auf der Buchseite erscheint, wirklich sorgfältig ausfüllst. Du kannst hier HTML-Code einfügen, um deinen Text optisch ansprechender zu gestalten (Abbildung 22.1). Oder du gibst den Code beispielsweise in einen Online-HTML-Editor ein, formatierst ihn und kopierst ihn dann einfach von der Seite herunter. Einen solchen Editor findest du hier: *https://html-online.com/editor/*. Im letzten Schritt legst du den Preis für dein Buch fest. Dieser sollte sich an den Preisen ähnlicher Bücher orientieren, muss aber auf keinen Fall der günstigste davon sein. Achte darauf, dass du pro Buch ausreichende Einnahmen hast.

5. Du lädst alle Dateien hoch, legst einen Preis fest und klickst auf VERÖFFENTLICHEN.

Natürlich sind diese Schritte teilweise aufwendig. Sie sind aber alle sehr einfach, und du kannst auf diese Weise schnell und unkompliziert dein erstes eigenes Buch veröffentlichen und auf deiner Website vorstellen. Dadurch generierst du nicht nur ein paar Einnahmen, sondern du positionierst dich außerdem als Expert*in. Und du darfst auch nicht vergessen, dass Amazon von vielen Menschen wie eine Suchmaschine genutzt wird, auf der du dann mit deinem Buch Reichweite erhältst.

Am besten legst du dir unter *Amazon Author Central* direkt ein Autorenkonto an, in dem du ein paar Informationen über dich zur Verfügung stellen kannst. So werden Leser*innen auch schnell darüber informiert, wenn du dein zweites oder drittes Buch veröffentlicht hast.

319

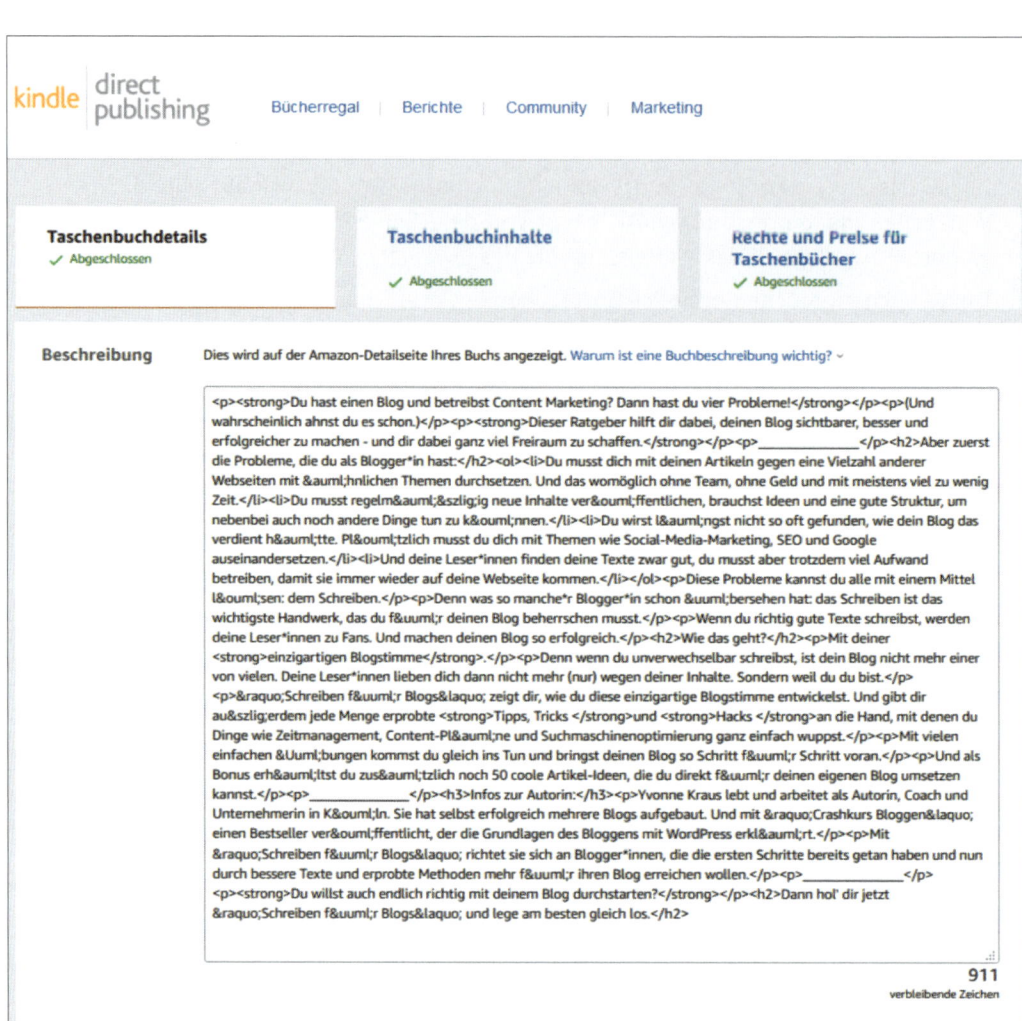

Abbildung 22.1 Die Möglichkeiten von Amazon schöpfst du am besten aus, wenn du deine Buchbeschreibung in HTML verfasst.

22.1.2 Eigene Produkte über Amazon verkaufen

Du kannst Amazon nicht nur für Bücher, sondern auch für deine eigenen Produkte verwenden. Hierzu brauchst du ein Verkäuferkonto bei *Amazon Seller Central*. Grundsätzlich ist das für dich vor allem dann attraktiv, wenn du bereits Produkte hast, von denen du weißt, dass sich Käufer*innen dafür interessieren. Dann kannst du über Amazon deine Reichweite erhöhen und mehr Menschen ansprechen. Der Service, bei Amazon verkaufen zu können, kostet nämlich rund 40 Euro netto monatlich – und zwar egal, ob du auch nur einen Artikel verkaufst oder nicht. Diese Kosten solltest du auf jeden Fall jeden Monat wieder hereinholen, bevor du Aufwand in die Entwicklung deiner Verkäuferpräsenz steckst. Wenn du aber beispielsweise eigene T-Shirts herstellst oder handwerkliche Produkte verkaufst, kann auch Amazon für dich ein guter Marktplatz sein. Am besten schaust du dir vorher an, welche ähnlichen Produkte es auf Amazon bereits gibt und wie deren Verkaufsrang ist. Daraus kannst du ableiten, ob sich der Aufwand für dich lohnt oder ob du nicht doch besser einen anderen Vertriebsweg wählst.

22.2   Online-Kurse mit hoher Reichweite auf Udemy

Viele Solo-Selbstständige mit Blogs schwören auf Online-Kurse, weil diese mit vertretbarem Aufwand und ohne große Investitionen hergestellt werden können und weil sie sich so leicht skalieren lassen. Das bedeutet: Du stellst dein Produkt nur einmal her, und es ist für deine Kosten nahezu egal, wie häufig du es am Ende verkaufst. Mit jedem zusätzlichen Verkauf erhöhst du nur deine Einnahmen.

Während vor ein paar Jahren Online-Kurse noch das letzte heiße Ding waren, findet man sie mittlerweile überall. Es gibt professionelle Anbieter wie *MasterClass*, die Stars oder bekannte Schriftsteller*innen dazu bringen, einen Kurs zu erstellen. Und auch bekannte Kulturschaffende wie Doris Dörrie geben kostenlose Online-Kurse, um Menschen ihr Wissen zu vermitteln und sie bei der persönlichen Weiterentwicklung zu begleiten. Der Lockdown im Jahr 2020 hat außerdem dazu geführt, dass noch mehr Coaches und Trainer*innen ihre Angebote ins Internet verlegt haben. Wenn du also einen Online-Kurs nicht nur erstellen, sondern auch verkaufen willst, brauchst du genügend Reichweite, um dich gegen all diese Mitbewerber*innen durchzusetzen. Und wenn du die selbst noch nicht hast, solltest du dir eine Stelle suchen, an der du die Reichweite findest.

Der größte Anbieter in diesem Bereich ist die Onlineplattform *Udemy*. Hier kannst du dich ganz einfach anmelden und deinen ersten eigenen Online-Kurs zur Verfügung stellen. Dieser sollte in der Hauptsache videobasiert sein, um mit den anderen Kursen mithalten zu können. Daneben kannst du aber auch Materialien anbieten, mit denen deine Teilnehmer*innen deine Kursinhalte noch besser durcharbeiten können.

Um einen Kurs auf Udemy zu verkaufen, brauchst du natürlich zunächst mal deine Kursinhalte. Dann erstellst du einen Account auf dem Portal. Dafür klickst du auf der Seite *udemy.com* einfach auf REGISTRIEREN. Mit diesem Kurs kannst du sowohl selbst Kurse erstellen als auch welche kaufen. Udemy unterscheidet nicht zwischen Anbieter- und Nutzer-Account. Allerdings sollst du dich natürlich erst mal nicht von den vielen Kursen ablenken lassen, sondern gleich deinen eigenen Content anbieten. Dazu klickst du auf BEI UDEMY UNTERRICHTEN und anschließend auf DOZENT WERDEN. Du beantwortest ein paar Fragen zu deiner Erfahrung als Dozent*in und landest dann im Kurs-Dashboard. Hier kannst du auf KURS ERSTELLEN klicken und bekommst zunächst weitere Fragen über deinen Kurs gestellt. Anschließend landest du direkt in deinem neuen Kurs, der natürlich noch keine Inhalte hat und auch nicht veröffentlicht ist. Du startest jeden Kurs damit, dass du die Zielgruppe definierst, damit Udemy deinen Kurs später richtig promoten kann (Abbildung 22.2).

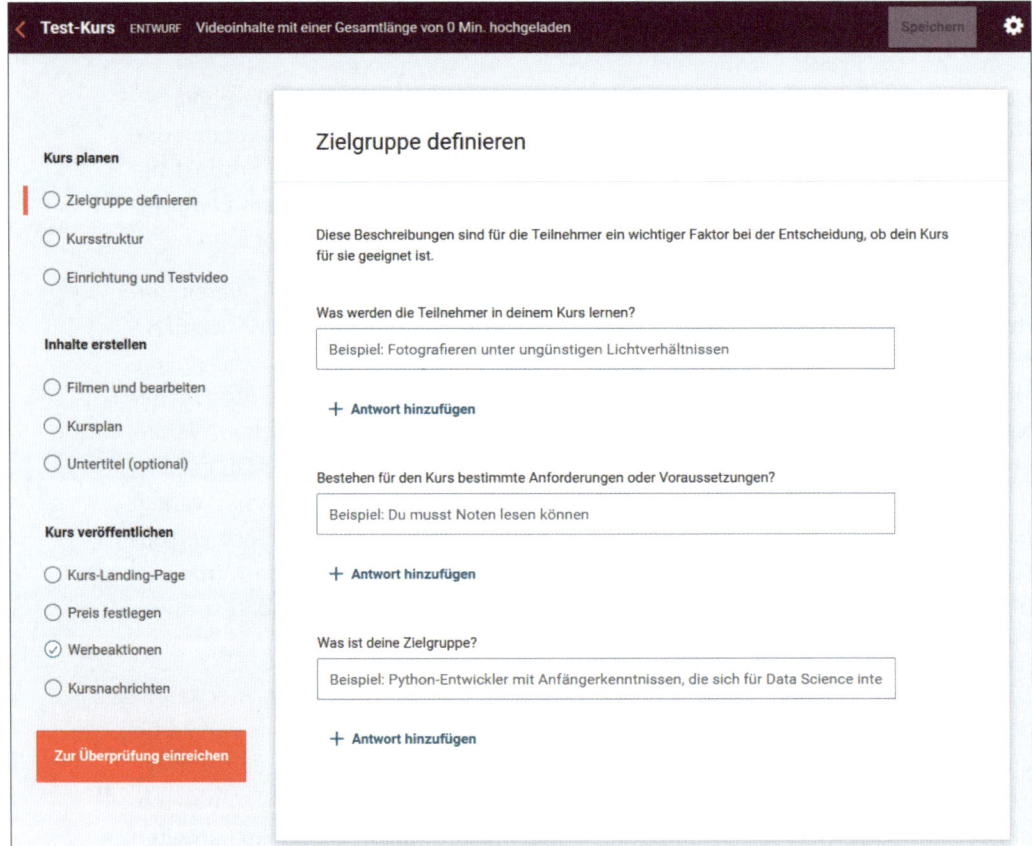

Abbildung 22.2 Kurserstellung bei Udemy

An dieser Stelle kannst du dann Schritt für Schritt deinen Kurs aufbauen, indem du dich an der Benutzerführung von Udemy orientierst. Sobald du alles abgeschlossen hast, schauen sich Mitarbeiter*innen von Udemy deine Inhalte noch einmal an und geben dir Feedback dazu. Wenn alles passt, wird der Kurs zügig freigeschaltet.

Du legst bei Udemy natürlich auch deinen eigenen Preis fest und hast dafür verschiedene Kategorien zur Auswahl. Vielleicht hast du schon Online-Kurse für mehrere Hundert oder sogar Tausend Euro gesehen und möchtest dich beim Pricing daran orientieren. Bei Udemy ist das nicht wirklich sinnvoll, weil dein Kurs hier in direktem Wettbewerb zu den Kursen anderer Anbieter*innen steht und ihn im Zweifel niemand kaufen wird, wenn er zu teuer ist. Außerdem veranstaltet Udemy oft besondere Preisaktionen, bei denen alle oder zumindest die meisten Kurse für einen wirklichen Schnäppchenpreis zu bekommen sind (zwischen 10 und 15 Euro pro Kurs). Du kannst dich dafür oder dagegen entscheiden, bei diesen Aktionen mitzumachen. Die meiste Reichweite erhältst du jedoch, wenn du daran teilnimmst und deine Kurse auch sehr günstig zu bekommen sind. Da Udemy einen Teil der Einnahmen als Provision einbehält, sind deine Einnahmen pro Kurs dann am Ende sehr gering. Trotzdem kann es sinnvoll sein, mit einem Udemy-Kurs Präsenz zu zeigen und Marketing für deinen Blog zu machen. Wie auch bei Amazon nutzt du die Reichweite einer riesigen Plattform und kannst dich und deinen Blog dort präsentieren. Wenn du die Udemy-Nutzer*innen von deiner Arbeit überzeugst (und ihnen in deinen Kursen erklärst, wo du sonst noch zu finden bist), besuchen sie dich wahrscheinlich anschließend auf deiner eigenen Website, wo du deine Produkte zu deinem eigenen Preis anbieten kannst.

22.3 Etsy: der Markt für Selbstgemachtes

Wenn du handwerklich begabt bist oder einen Blog für Kreatives schreibst, kannst du natürlich auch die Ergebnisse deiner Arbeit verkaufen. Dafür sollten deine Ergebnisse natürlich besonders ansprechend sein. Denn wenn du einen Blog für Menschen betreibst, die gern selbst Dinge herstellen, werden sie nur dann deine fertigen Erzeugnisse kaufen, wenn diese besser oder kreativer sind als ihre eigenen Werke.

Etsy ist ein Markt für Selbstgemachtes, auf dem du professionell gefertigte Kleidung oder Dekoration kaufen kannst, die nicht aus der Fabrik kommt, sondern zu Hause selbst gemacht wurde. Und natürlich kannst du deine eigenen Sachen dort auch verkaufen. Als Einstieg ist diese Seite gut geeignet, weil du hier erste Erfahrungen mit Produkten machen kannst. Allerdings ist es wie bei Udemy und Amazon so, dass du auch hier deine Leser*innen zu einem Shop leitest, auf dem du mit vielen anderen Anbieter*innen in Konkurrenz stehst und verglichen wirst. Wenn deine Produkte sich nicht durch Einzigartigkeit auszeichnen oder Menschen sie nicht schon allein deswegen kaufen wollen, weil sie riesige Fans von dir sind, verlierst du deine mühsam aufgebaute Gefolgschaft möglicherweise an andere Menschen. Umgekehrt ist es – wie bei Amazon und Udemy auch – aus meiner Sicht deutlich sinnvoller: Du kannst mit deinen Produkten die Reichweite von Etsy nutzen und deine Produkte (und damit deine Fertigkeiten) dort vorstellen. Die Menschen können sich also einen ersten Eindruck von dir machen, der sie dann hoffentlich zu deinem Blog bringt. Und auf dem Blog kannst du ihnen dann andere Dinge von dir anbieten, Auftragsarbeiten zum Beispiel, Online-Kurse oder auch Coachings, in denen du deine Fähigkeiten direkt vermittelst.

Um auf Etsy verkaufen zu können, musst du dir dort einen Shop anlegen. Das geht ganz einfach, indem du ein Etsy-Konto erstellst. Etsy unterscheidet wie Udemy nicht zwischen Verkäufer- und Käuferkonto. Du kannst mit diesem Konto also auch Käufe tätigen. Wenn du noch nie etwas über Etsy gekauft hast und etwas findest, das dir gefällt, kannst du das natürlich zunächst kaufen, um den Prozess von der anderen Seite her kennenzulernen und dir zu überlegen, was dir gefällt und was du selbst vielleicht besser machen kannst.

Aber eigentlich bist du ja zum Verkaufen auf Etsy. Mit deinem Konto kannst du einen Etsy-Shop anlegen, den du mit Profilbild, Kurzbeschreibung, Banner und Logo noch individualisieren solltest. Wenn du von deinem Shop aus Menschen auf deinen Blog aufmerksam machen willst, musst du von Anfang an darauf achten, dass das Design deines Shops so nah wie möglich am Design deines Blogs ist, dass du dein Logo (wenn du eins hast) einbindest und dass dein Blogname gut lesbar mehrfach erscheint. Du möchtest die Menschen ja darüber informieren, dass es woanders noch mehr von dir zu entdecken gibt. Für den Shop musst du auch allgemeine Geschäftsbedingungen einstellen. Etsy gibt dazu Hilfestellungen. Wenn du ohnehin Mitglied auf einer Rechtsseite bist (z. B. *e-recht24.de* oder *it-recht-kanzlei.de*), kannst du deren AGB-Generator nutzen. Auf beiden vorgestellten Seiten kannst du gezielt Etsy als deine Verkaufsseite auswählen und deine AGB anhand eines Fragebogens erstellen und auf Etsy anpassen lassen.

Sobald du deinen Shop eingerichtet hast, kannst du deine ersten Produkte erstellen und zum Verkauf anbieten. Achte darauf, dass du die Produktbeschreibungen ausführlich verfasst und Keywords verwendest, die auch auf Etsy gesucht werden. Außerdem machen professionelle Fotos einen riesigen Unterschied für deine Produkte. Viele Verkäufer*innen betreiben ihren Etsy-Shop mit großem Einsatz und haben offensichtlich in eine gute Fotoausstattung investiert. Ein schlecht belichtetes Handyfoto wird dir nicht dabei helfen, deine Produkte zu verkaufen. Die besten Fotos machst du bei natürlichem Licht. Schnappe dir bei möglichst hellem Licht (also mittags) dein Etsy-Produkt und vielleicht eine neutrale Unterlage (ein unifarbenes Tuch oder ein Stück Holz), gehe auf den Balkon oder nach draußen und fotografiere dein Produkt am besten direkt von oben oder von vorne. Schau dir auch die Fotos anderer Etsy-Produkte an (Abbildung 22.3). Die meisten haben einen neutralen Hintergrund und sind gut ausgeleuchtet – das ist tatsächlich schon die halbe Miete.

Abbildung 22.3 Schon auf der Startseite siehst du, wie professionell die Bilder auf Etsy hergestellt sind – damit müssen deine Bilder im Idealfall mithalten können.

Für die Vermittlung von Verkäufen auf Etsy musst du eine Gebühr bezahlen. Beziehungsweise gleich mehrere. Zunächst musst du eine (sehr geringe) Grundgebühr für das Einstellen deiner Produkte bezahlen, und zwar pro Artikel, den du anbietest. Bietest du von einem Produkt zwei Stück zum Verkauf an, fällt diese Gebühr auch doppelt an. Bei Verkauf musst du außerdem eine Provision zahlen, die sich nach deinem erzielten Preis richtet. Etsy bietet auch an, die Zahlungsabwicklung über die Plattform zu erledigen. Das hat den Vorteil, dass du mehr verschiedene Zahlungsmöglichkeiten anbieten kannst – wie zum Beispiel die Zahlung per Kreditkarte –, ohne dir um die Umsetzung Gedanken zu machen. Natürlich kostet das aber auch eine Gebühr. Trotzdem kann sich diese Dienstleistung für dich lohnen, da das Fehlen bestimmter Zahlungsweisen für manche Menschen ein Grund ist, dann doch nicht zu kaufen.

Da du auf Etsy physische Produkte verkaufst, musst du diese natürlich auch verschicken. Dafür fallen ebenfalls Zeit und Kosten an.

Etsy bietet einen ausführlichen Erstverkäufer-Guide auf der eigenen Website an, den du dir durchlesen solltest, bevor du loslegst. Dort findest du auch Tipps dazu, wie du deinen Shop sinnvoll promotest. Anzeigen auf Etsy – wie dort angeboten – empfehle ich aber erst, wenn du weißt, dass deine Produkte auch so ihr Publikum finden und du einfach mehr Menschen erreichen willst.

23 Den Blog zur Verkaufsplattform machen

Wenn du die ersten eigenen Produkte erstellt hast, ist dein Blog schon auf dem besten Weg, ein kleines Business zu werden. Was noch fehlt, ist, dass du deine Produkte nicht nur selbst herstellst, sondern auch selbst verkaufst. Auf dem Blog. Dafür kannst du den Blog zur Verkaufsplattform ausbauen.

Eine eigene Verkaufsplattform auf dem Blog zu betreiben, erfordert viel Arbeit, einiges an technischem Know-how und regelmäßige Pflege. Außerdem musst du deine Marketingaktivitäten deutlich verstärken, wenn du nicht mehr die Reichweite einer anderen Plattform nutzt. Warum also solltest du das tun?

Tatsächlich gibt es neben diesen nicht gerade kleinen Nachteilen auch Vorteile einer eigenen Verkaufsplattform, sonst würde wahrscheinlich niemand eine betreiben. Der wichtigste: Du hast die komplette Kontrolle über den Shop, das Design, die angebotenen Produkte und die Daten deiner Käufer*innen. Das kann aus Marketingsicht sehr interessant für dich sein, wenn du beispielsweise sogenannte Upsells anbieten möchtest – also Menschen ein weiteres Produkt zum bereits ausgewählten verkaufen willst. Außerdem gibt es in deinem Shop nur deine Produkte, und du konkurrierst, sowohl was die Ausstattung als auch was den Preis angeht, mit niemandem außer dir selbst. Die Menschen, die sich die Produkte auf deinem Blog anschauen, vergleichen sie sehr wahrscheinlich vor allem mit deinen anderen Produkten und nicht mit denen Hunderter anderer Anbieter. Du kannst also einen höheren Preis verlangen, ohne gleich das teuerste Produkt auf der Plattform anzubieten und damit zum Ladenhüter zu werden. Auch der Anteil am Verkaufserlös, der tatsächlich bei dir verbleibt, ist höher, wenn du selbst den gesamten Prozess abwickelst und niemanden (oder weniger Menschen) für ihre Leistung daran beteiligen musst.

Wenn du dauerhaft Produkte über deine Website verkaufen willst und das vielleicht sogar zu deiner Haupteinnahmequelle ausbauen möchtest, lohnt sich der Aufbau eines Shopsystems für dich. Dafür hast du verschiedene Möglichkeiten, die sich vor allem darin unterscheiden, wie du die Produkte auf deiner Website darstellst und wie du den Verkaufsprozess abwickelst, also Warenkorb und Zahlung einbindest. Drei dieser Möglichkeiten stelle ich dir im Folgenden vor.

23.1   Mit WooCommerce den gesamten Verkaufsprozess auf der eigenen Website abbilden

Es gibt verschiedene Wege, aus deinem Blog einen Shop zu machen. Die wohl bekannteste ist das Plug-in *WooCommerce*. Was dieses Plug-in macht, geht weit über alles hinaus, was die anderen Plug-ins aus diesem Buch machen. Denn für einen Shop brauchst du plötzlich ganz viele Dinge, an die du vorher vielleicht gar nicht gedacht hast, und zwar folgende:

▶ Einzelne Produktseiten, auf denen du deine Produkte beschreibst, auf Fotos präsentierst, den Preis nennst und sie über einen Button kaufbar machst.

▶ Einen sogenannten Verkaufs-Funnel, das heißt eine Strecke aus Seiten, die Käufer*innen nacheinander bis zum Kauf durchlaufen – die Produktseite, den Warenkorb, die Kasse und die Bestätigung nach dem Verkauf.

▶ Eine rechtskonforme Umsetzung aller Anforderungen an einen Onlineverkauf. Das umfasst zum Beispiel AGB, eine Widerrufsbelehrung, die Erstellung von Rechnungen und die korrekte Berechnung der Umsatzsteuer.

▶ Eine oder mehrere Zahlungsmöglichkeiten.

▶ Eine Lagerverwaltung bzw. die Abwicklung des Versands elektronischer Produkte wie E-Books oder Software.

▶ Eine Verwaltung der Verkäufe und der Daten deiner Käufer*innen.

Das ist sehr viel, und um so etwas selbst zu programmieren und zu pflegen, braucht man ein ganzes Team. Du kannst das gesamte System aber mithilfe von WordPress tatsächlich ganz allein umsetzen, indem du einfach WooCommerce installierst. Die Grundversion von WooCommerce ist kostenlos. Zusätzlich solltest du *Germanized for WooCommerce* einsetzen, das in der Basisversion ebenfalls kostenlos ist. Dieses zweite Plug-in passt WooCommerce – du hast es vielleicht erraten – auf die deutsche Rechtslage an, ohne dass du selbstständig in den Code eingreifen oder bestimmte Regeln mühsam zusammensuchen musst. Wenn du mehr Optionen haben willst, um Designs anzupassen und den Shop für dich selbst komfortabler zu gestalten, kannst du auch die Pro-Variante kaufen. Für den Anfang brauchst du sie jedoch nicht.

Als Erstes installierst du also WooCommerce und Germanized for WooCommerce. Du findest sie über die Plug-in-Auswahl in WordPress selbst (Abbildung 23.1).

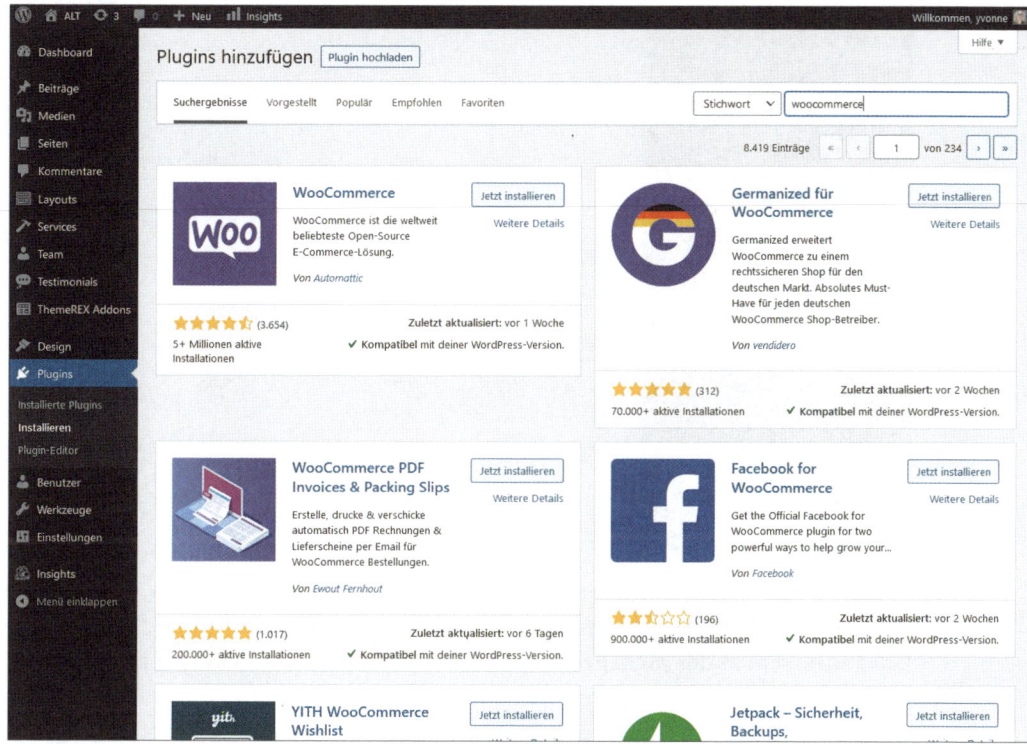

Abbildung 23.1 WooCommerce und die Basisversion von Germanized for WooCommerce kannst du kostenlos installieren.

23.1.1 Die wichtigsten Einstellungen

WooCommerce lässt sich wirklich sehr einfach einrichten, das Ganze nimmt aber ein bisschen Zeit in Anspruch, weil dieses Plug-in so viele Funktionen und Optionen bietet. Nachdem du es aktiviert hast, führt es dich zunächst durch einen Wizard, in dem du nach ein paar Grunddaten gefragt wirst. Hier füllst du die wichtigsten Informationen zu deinem Business und zu deinen geplanten Produkten aus. Diese Daten trägt WooCommerce dann bereits an den richtigen Stellen ein. Nachdem du die Wizard-Fragen durchgearbeitet hast, siehst du im linken WordPress-Menü die beiden neuen Menüpunkte WooCommerce und Produkte (Abbildung 23.2). Hier findest du alles, was du für den Verkaufsprozess brauchst. Als Erstes solltest du deine Seite so anpassen, wie du es für deinen persönlichen Shop brauchst. Dazu klickst du zunächst auf WooCommerce • Einstellungen.

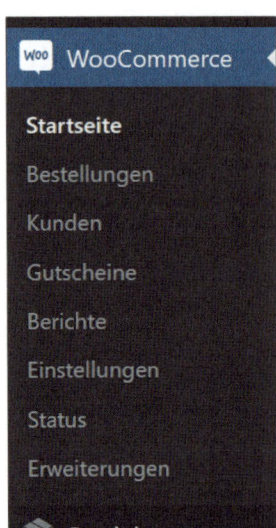

Abbildung 23.2 Neue Menüpunkte mit WooCommerce

Du landest nun in der »Schaltzentrale« von WooCommerce, in der du alle erforderlichen Details einstellen kannst. Welche das sind, siehst du in der oberen Menüleiste (Abbildung 23.3). Hinter jedem der Punkte verbergen sich mehrere Optionen, hinter GERMANIZED sogar ein weiteres komplettes Menü (Abbildung 23.4).

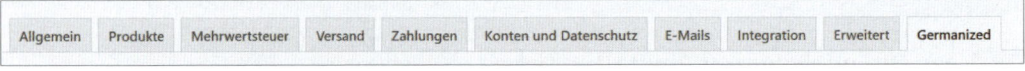

Abbildung 23.3 Einstellungsmöglichkeiten in WooCommerce

Um WooCommerce auf deine Bedürfnisse abzustimmen, musst du all diese Punkte durchgehen und für deinen Shop ausfüllen. Das ist viel Arbeit, und am besten hältst du dir einen kompletten Tag dafür frei. Der Vorteil ist, dass du dadurch deinen Shop und all seine Eigenschaften richtig gut kennenlernst – und auch weißt, welche Möglichkeiten du hast.

Wichtig: Gewöhne dir am besten direkt an, nach jeder Änderung unten auf den Button AKTUALISIEREN zu klicken. Es ist sehr ärgerlich, wenn du mühsam alle Eigenschaften auf deinen Shop angepasst hast und dann wieder von vorne anfangen musst, weil du nicht gespeichert hast.

Name	Aktiviert	Beschreibung	
Allgemein	✓	Passe allgemeine Optionen z.B. deine rechtlich relevanten Seiten an.	✎
Preisauszeichnung	✓	Wähle aus, wo, welche Preisauszeichnungen angezeigt werden sollen.	✎
Steuern	✓	Passe Einstellungen zur Steuerberechnung z.B. die anteilige Steuerberechnung für Versandkosten an.	✎
Verspäteter Vertragsschluss [PRO]	✕	Passe den Zeitpunkt des Vertragsschlusses mit deinen Kunden an.	✎
Button-Lösung	✓	Einstellungen die dir dabei helfen, den Kaufprozess mit der Button-Lösung kompatibel zu machen.	✎
Sendungen	✓	Erstelle bequem und einfach (mehrere) Sendungen zu Bestellungen.	? ✎
E-Mails	✓	Verwalte den E-Mail-Versand und füge deine rechtlich relevanten Seiten an bestimmte E-Mails an.	✎
Checkboxen	✓	Bitte deine Kunden um Einwilligung z.B. zu deinen AGB, bevor ein Formular abgesendet wird.	✎
Double-Opt-In	◯	Erweitere die WooCommerce Registrierung um einen Double-Opt-In.	✎
Rechnungen & Lieferscheine [PRO]	✕	Erstelle individuelle PDF Rechnungen und Lieferscheine zu Bestellungen bzw. Sendungen.	✎
Mehrstufige Kasse [PRO]	✕	Verwandle deine Kasse in einen mehrstufigen Kaufprozess.	✎
AGB Generator [PRO]	✕	Erstelle deine individuellen Allgemeinen Geschäftsbedingungen über unsere API.	✎
Widerrufsbelehrung Generator [PRO]	✕	Erstelle deine individuelle Widerrufsbelehrung über unsere API.	✎
Trusted Shops	✕	Setze deine Trusted Shops Integration auf.	? ✎

Abbildung 23.4 Einstellungen für Germanized

Die wichtigsten Einstellungen, die du vornehmen solltest, sind:

1. Alle Einstellungen unter WooCommerce • Allgemein

   Hier gibst du die Adresse für deinen Shop an (die Adresse, die du auch bei der Gewerbeanmeldung angegeben hast) und wählst aus, in welche Länder du deine Waren verkaufst. Ich empfehle dir für den Anfang, hier nur Deutschland bzw. dein Heimatland auszuwählen, da der internationale Verkauf vor allem im Hinblick auf Versand und Umsatzsteuer kompliziert werden kann. Es ist daher sinnvoller, im ersten Schritt überhaupt erst Erfahrungen mit dem Shop zu sammeln und später dann den Versandraum zu erweitern.

2. Einstellungen unter Mehrwertsteuer

   Wenn du an Privatkunden verkaufst, musst du deine Preise inklusive Umsatzsteuer auf der Website angeben. In deinen Rechnungen musst du dann ausweisen, wie hoch die Umsatzsteuer ist. Das kann je nach Produkt variieren. Die Grundeinstellung zur Umsatzsteuer gibst du hier ein. Grundsätzlich empfehle ich dir, vor Start des Shops einmal mit einer Steuerberatung durchzusprechen, welche Steuern du wo und wie ausweisen musst, damit du an der Stelle wirklich auf der sicheren Seite bist.

3. Zahlungsarten einstellen unter ZAHLUNGEN

Um etwas verkaufen zu können, musst du mindestens eine Zahlungsmöglichkeit anbieten. Die einfachste Zahlungsmöglichkeit ist das Zahlen auf Rechnung. Für den Anfang kannst du diese Zahlungsart einstellen, weil du dafur nicht viel anderes machen musst. Weiter unten in diesem Kapitel gehe ich auf das Thema Zahlungsanbieter gesondert ein. Aktuell kannst du einfach den Schieberegler bei RECHNUNG nach rechts schieben und die für alle anderen Zahlungsarten nach links. Klickst du neben RECHNUNG auf den Button KONFIGURATION, kannst du ein paar weitere Grundeinstellungen vornehmen.

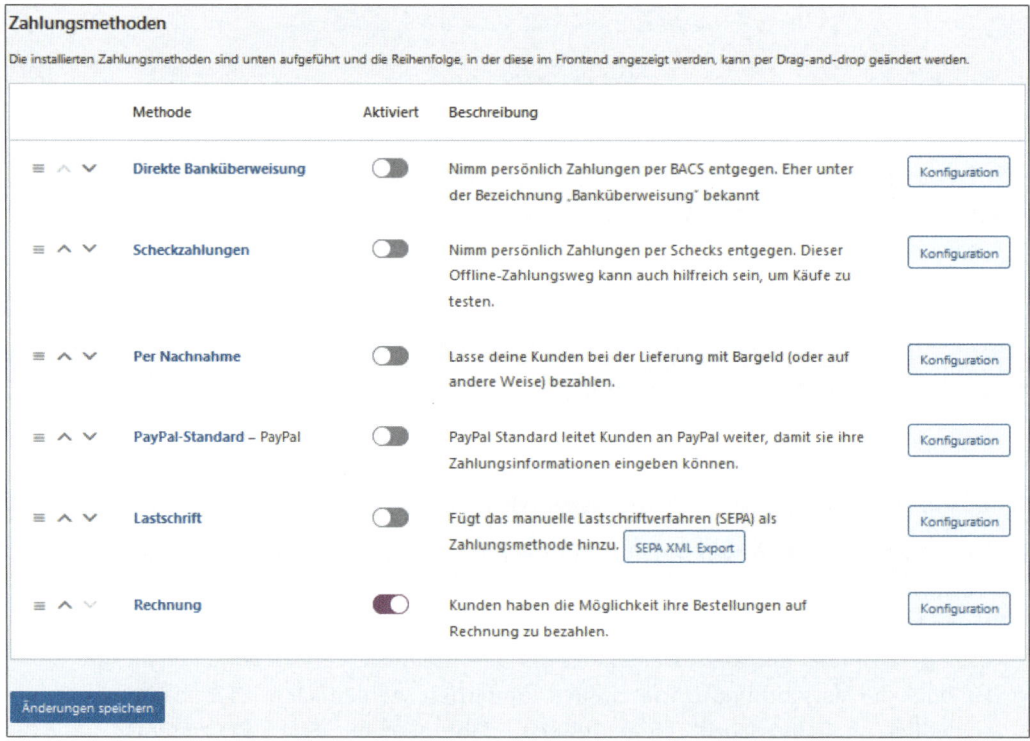

Abbildung 23.5 Einstellen der Zahlungsmöglichkeiten

4. Einstellungen in GERMANIZED

Unter GERMANIZED sind vor allem die Punkte ALLGEMEIN, AGB GENERATOR und WIDERRUFSBELEHRUNG GENERATOR wichtig. Auf die letzten beiden Punkte hast du nur in der Premium-Variante Zugriff. Sie helfen dir dabei, rechtskonforme

Texte für deinen Shop auf die Website zu bringen, und du bist für beide Seiten dazu verpflichtet. WooCommerce Germanized bietet dir an, mithilfe eines Fragebogens deine persönlichen Rechtstexte zu erstellen und auch direkt auf der Website einzubinden. Der Vorteil daran ist, dass du Texte verwendest, die genau auf deinen Shop zugeschnitten sind und die bei Gesetzesänderungen automatisch angepasst werden, ohne dass du selbst eingreifen musst. Alternativ kannst du Rechtstexte beispielsweise auch auf der Website von TrustedShops erstellen lassen.

Alle anderen Punkte kannst du für den Anfang auf den Voreinstellungen lassen. Ich empfehle dir aber, dass du sie alle einmal durchgehst, liest und für dich überprüfst, ob bestimmte Punkte auf deinen Shop zutreffen oder ob du sie für besseren Komfort ändern willst. So bietet Germanized zum Beispiel das Einbinden eigener PDF-Vorlagen für die Rechnungen an (in der Premium-Variante). Das ist ein bisschen Arbeit, weil du die Vorlagendatei gestalten und auf die Anforderungen von Woo-Commerce anpassen musst. Dafür brauchst du wahrscheinlich ein bisschen Ruhe und vor allem mehrere Anläufe. Es ist auch nicht zwingend erforderlich, weil Woo-Commerce eigene Vorlagen hat und auch ohne deine PDF-Datei eine Rechnung erstellen kann. Wenn dein Shop jedoch größer wird, macht es einfach einen professionelleren Eindruck, Rechnungen im eigenen Design zu verschicken.

Es lohnt sich also, ein paar Monate nach Einrichtung noch mal durch alle Einstellungen zu gehen und eventuell Anpassungen vorzunehmen. Zu diesem Zeitpunkt hast du dann selbst schon Erfahrungen gesammelt und kannst besser einschätzen, was du für deinen Shop brauchst. Am besten setzt du dir dafür gleich eine Erinnerung in deinen Terminkalender.

23.1.2 AGB und Widerrufsbelehrung

Wenn du Produkte oder Dienstleistungen verkaufst, bist du verpflichtet, allgemeine Geschäftsbedingungen (AGB) und eine Widerrufsbelehrung auf deiner Seite anzuzeigen. Das Widerrufsrecht besagt, dass es möglich sein muss, Käufe, die im Internet getätigt werden, innerhalb von 14 Tagen grund- und formlos widerrufen zu können. Die AGB regeln die Details des Vertrags, der mit deinen Kund*innen zustande kommt, da du ja keine einzelnen Verträge mit ihnen schließt. Auf beides musst du deine Kund*innen auf deiner Website hinweisen, und zwar so, dass sie diese Informationen auch leicht finden können. Verlinkungen zu den AGB und zur Widerrufsbelehrung gehören also wie Impressum und Datenschutzerklärung auf jede Unterseite deiner Website. Am besten packst du beide direkt in dein Footer-Menü.

23.1.3   Einen Zahlungsanbieter wählen

Die einzige Zahlungsart, die du ohne weitere Unterstützung selbst anbieten kannst, ist die Zahlung auf Rechnung. Das kann funktionieren, wenn du persönliche Dienstleistungen wie zum Beispiel Coaching-Stunden über deine Website anbietest. Du kannst die Dienstleistung einfach erst dann durchführen, wenn die Rechnung bezahlt ist. Genauso kannst du natürlich auch digitale Produkte oder Waren erst nach Zahlungseingang verschicken, allerdings hast du dadurch einen erhöhten Aufwand. Zum einen musst du regelmäßig überprüfen, welche Zahlungen eingegangen sind, und diese dann manuell den Bestellungen in WooCommerce zuordnen. Zum anderen musst du ein Mahnwesen einrichten und Kund*innen, die nicht gezahlt haben, Mahnungen zuschicken. Das ist hoher zusätzlicher Aufwand, den du durch das Einbinden eines externen Zahlungsanbieters vermeiden kannst. Es gibt unterschiedliche Anbieter, die für dich die komplette Zahlung abwickeln und dafür eine Gebühr von dir einbehalten. Normalerweise ist das eine niedrige Grundgebühr je Transaktion und ein zusätzlicher prozentualer Anteil am Verkaufspreis. Du solltest deine Preise also nicht zu niedrig wählen, da durch die Grundgebühr dein eigener Anteil prozentual geringer wird.

Die bekanntesten Zahlungsanbieter sind PayPal und Klarna. Die besten Erfahrungen habe ich persönlich mit PayPal gemacht, da die Akzeptanz bei Kund*innen hoch ist. Wenn du mit PayPal als Zahlungsdienstleister zusammenarbeitest, nimmst du nicht etwa nur Zahlungen von PayPal entgegen, sondern PayPal bietet außerdem Zahlung per Kreditkarte, per Lastschrift und auf Rechnung an. Du hast dann mit dem Mahnwesen nichts zu tun und kannst dich auf deine Produkte konzentrieren. Um PayPal einzubinden, musst du dort zunächst ein Businesskonto anlegen. Im Prozess der Freischaltung kannst du auch angeben, dass du WooCommerce nutzt. Du erhältst dann von PayPal Links zu einem Plug-in, das PayPal in WooCommerce integriert, sowie eine ausführliche Videoanleitung, in der du Schritt für Schritt erklärt bekommst, was du dafür genau tun musst.

23.1.4   Dein erstes Produkt anlegen

Solange du keine Produkte auf der Website anbietest, kannst du natürlich auch nichts verkaufen. WooCommerce richtet für Produkte einen eigenen Beitragstyp ein, der die Grundelemente (Texteingabe, Titel, Beitragsbild) hat, die du aus deinen Artikeln kennst. Entsprechend einfach kannst du diese auch ändern. Zusätzlich hat jedes Produkt weitere Einstellungsmöglichkeiten, die du entsprechend anlegst.

Um ein neues Produkt anzulegen, klickst du auf PRODUKTE • ERSTELLEN. Dort kannst du dann zunächst den Titel und die Beschreibung pflegen sowie ein ansprechendes Bild auswählen. Anschließend füllst du die Punkte im unteren Bereich des Produkts aus (Abbildung 23.6).

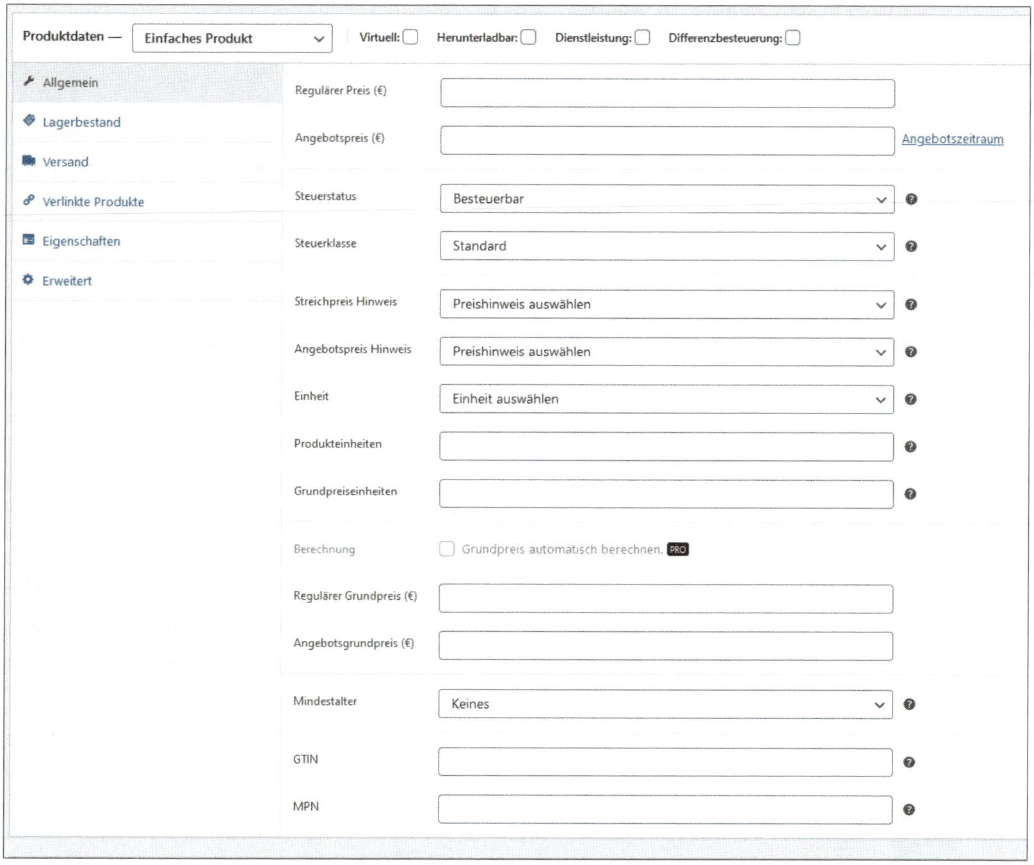

Abbildung 23.6 Einstellungen für dein Produkt

Besonders wichtig ist natürlich der Preis, den du für dein Produkt verlangen willst. Diesen gibst du inklusive Umsatzsteuer an. Der Betrag, den du netto mit dem Produkt einnimmst, ist natürlich entsprechend niedriger. Wenn du ein digitales Produkt verkaufst, kannst du dies auch direkt über WooCommerce verschicken lassen. Hierzu klickst du VIRTUELL und HERUNTERLADBAR an und hinterlegst dann die Datei, die deine Kund*innen zugeschickt bekommen sollen. Hast du einen Zahlungsdienstleister eingebunden und verkaufst nicht selbst auf Rechnung, passiert das alles komplett automatisch.

Wenn du anklickst, dass dein Produkt virtuell ist, führt das dazu, dass deine Kund*innen im Verkaufsprozess auf ihr Widerrufsrecht verzichten müssen (durch Anklicken einer Checkbox). Das ist vor allem wichtig, wenn du E-Books oder Ähnliches verkaufst. Denn sobald sie einmal verschickt sind, kannst du sie ja nicht wieder zurückbekommen. Wenn jemand nach dem Versenden von seinem Widerspruchsrecht Gebrauch machen würde, hätte er dein Produkt einfach kostenlos erhalten. Germanized for WooCommerce sorgt dafür, dass dieser Widerspruchsverzicht rechtskonform eingebunden wird.

Auch für das Produkt gilt, dass du einige weitere Einstellungen vornehmen kannst, die du dir am besten durchliest, wenn du erste Erfahrungen mit deinem Shop gesammelt hast. Für den Anfang reichen die Grundeinstellungen.

23.1.5   Der Bestellvorgang

Um deinen Shop zu verstehen, solltest du natürlich den Bestellvorgang kennen. Dafür empfehle ich dir, ein paar Testkäufe zu machen. Gehe auf deine Shopseite (diese ist unter *DeineWebsite.com/Shop/* zu erreichen, und du solltest sie per Menü einbinden, sobald der Prozess einwandfrei läuft), wähle ein Produkt aus und durchlaufe den kompletten Kaufprozess. Abbildung 23.7 zeigt den Warenkorb an, also einen der Schritte, die du durchlaufen solltest. Du kannst Kauf auf Rechnung auswählen, um nicht wirklich bezahlen zu müssen, oder einen sehr geringen Preis ansetzen, solange noch niemand deinen Shop kennt. Am besten wählst du für deinen Test eine andere E-Mail-Adresse als die, die du in WordPress angegeben hast. Denn du erhältst sowohl für den Kauf als auch für den Verkauf Informationen per E-Mail.

Abbildung 23.7 Bestellübersicht in WooCommerce

Deine Bestellung erscheint nun unter WOOCOMMERCE • BESTELLUNGEN. Du kannst sie auswählen und siehst dann einige Optionen, die du an der Bestellung einsehen oder bearbeiten kannst (Abbildung 23.8). Zum Beispiel kannst du selbst die Rechnung herunterladen ❶ oder die Bestellbestätigung erneut verschicken ❷. In dieser Ansicht hast du im Grunde sämtliche Möglichkeiten, die ein CRM-System bietet.

Sollten sich später Kund*innen melden und Fragen haben, kannst du hier alles finden, was du suchst. Bietest du Kauf auf Rechnung in Kombination mit digitalen Produkten an, wird die Bestellung zunächst auf IN WARTESTELLUNG gesetzt, bis du hier auswählst, dass sie BEZAHLT ❸ und ABGESCHLOSSEN ❹ ist. Wenn du anschließend auf SPEICHERN klickst, wird die Bestellung aktualisiert, und deine Kund*innen erhalten automatisch das gekaufte Produkt. Die manuellen Schritte – Überprüfung des Zahlungseingangs auf deinem Konto und Bestätigung in WooCommerce – bleiben jedoch bestehen und machen den Kauf auf Rechnung für dich aufwendiger. Der Vorteil hierbei ist natürlich, dass du niemandem eine Provision zahlen musst.

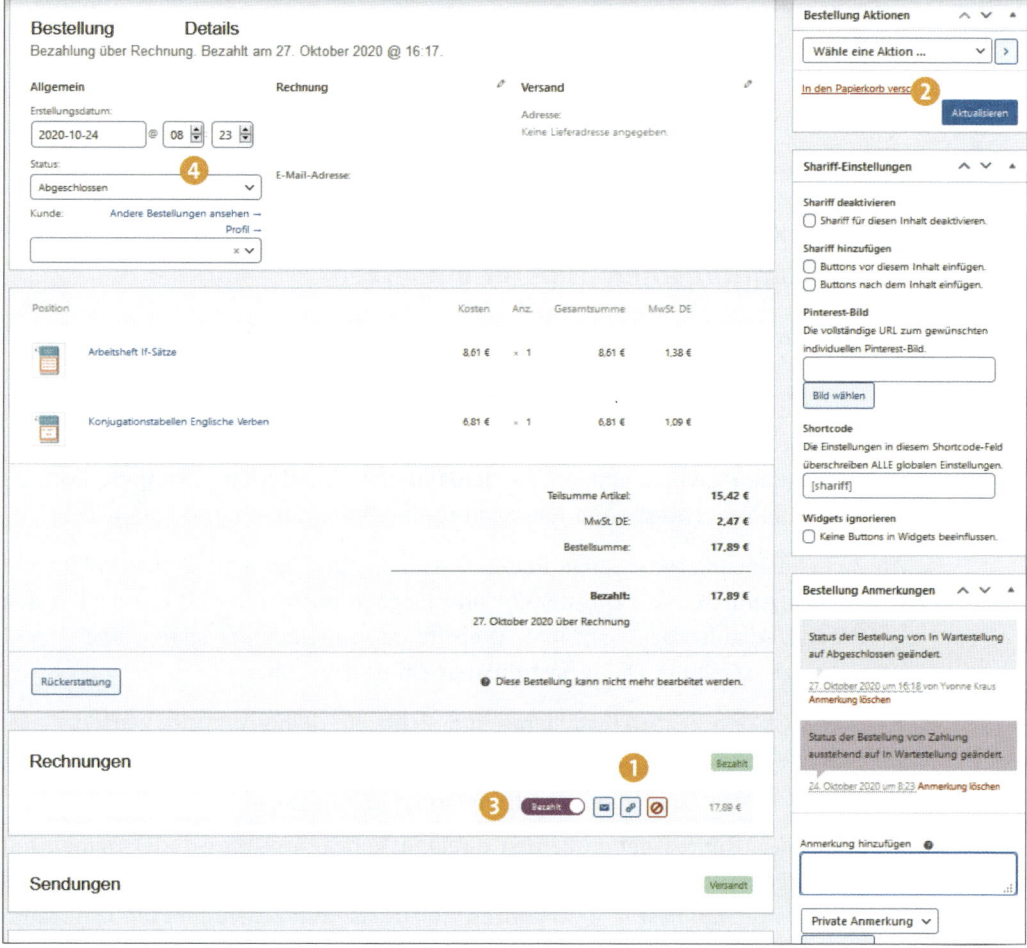

Abbildung 23.8 Bestellansicht in WooCommerce

Hinweis

Es gibt natürlich noch andere Lösungen, um deinen Blog in einen Shop auszubauen, beispielsweise unterschiedliche Plug-ins oder auch das Shopsystem Shopify. Unter den Plug-ins ist WooCommerce jedoch das am weitesten verbreitete, sodass du sicher sein kannst, dass es stetig weiterentwickelt wird, gut dokumentiert ist und du im Zweifel Support erhältst. Durch die Kombination mit Germanized for WooCommerce hast du außerdem die Sicherheit, dass die deutsche Rechtslage immer berücksichtigt wird. Weitere (zahlungspflichtige) Add-ons ermöglichen dir außerdem zum Beispiel die Abrechnung von Abos oder Coaching-Terminen inklusive Kalenderfunktion. Daher ist es aus meiner Sicht die sinnvollste und flexibelste der Plug-in-Lösungen.

Shopify ist ebenfalls sehr verbreitet, gut dokumentiert und bietet dir Support. Allerdings zahlst du für den Einsatz von Shopify eine Grundgebühr, die du dir gerade am Anfang, wenn deine Einnahmen noch nicht so hoch sind, mit WooCommerce sparen kannst.

23.2   Externe Vertriebsplattformen als Zahlungsdienstleister einsetzen

Mit WooCommerce erstellst du deinen gänzlich eigenen Shop, den du – mit Ausnahme des Zahlungsanbieters – komplett autark betreiben kannst. Das bedeutet einerseits, dass du sämtliche Entscheidungen allein treffen kannst. Andererseits hast du aber auch keine Unterstützung, wenn mal besondere Anforderungen auf dich zukommen – wenn zum Beispiel jemand nicht bezahlt oder wenn du ins Ausland verkaufen möchtest, aber nicht sofort ein Steuerbüro beauftragen willst.

Als Zwischenlösung zwischen kompletter Autarkie und externer Verkaufsplattform haben sich Anbieter wie *Digistore24* und *Elopage* positioniert. Diese stellen den gesamten Verkaufsprozess auf ihrer Website dar und verlangen dafür eine – nicht ganz geringe – Gebühr. Dafür hast du aber ein paar Vorteile:

▶ Du musst kein Plug-in installieren und nichts auf deiner Website warten.

▶ Diese Plattformen achten darauf, dass alles rechtskonform umgesetzt ist, also dass auch AGB und Widerspruchserklärung richtig eingebunden sind.

▶ Deine Kund*innen gehen keinen direkten Vertrag mit dir, sondern einen mit z. B. Digistore24 ein. Diese kaufen dein Produkt von dir ein und verkaufen es dann weiter. Du hast in dem ganzen Ablauf also nur einen direkten Geschäftspartner, und zwar Digistore24 oder Elopage.

▶ Du erhältst von deinem Partner eine Provisionsabrechnung mit deutscher Umsatzsteuer, die du ganz einfach selbst verbuchen kannst. Gleichzeitig wird dein Produkt weltweit angeboten, was deine Verkäufe möglicherweise erhöht.

338

▶ Du kannst sehr leicht verkaufsfördernde Mittel einbinden wie zum Beispiel eine Social-Proof-Bubble (ein Mini-Pop-up, das zeigt, wer das Produkt schon gekauft hat) oder ein eigenes Affiliate-Programm.

▶ Du kannst unterschiedliche Ratenzahlungsprogramme anbieten. Das ist vor allem bei hochpreisigen Produkten sinnvoll, um die Entscheidung für deine Kund*innen ein bisschen leichter zu machen. Digistore24 kümmert sich auch selbst darum, wenn eine Zahlung ausfällt, und startet ein Mahnverfahren. Allerdings zahlst du dafür eine Gebühr.

Grundsätzlich lohnt sich die Zusammenarbeit mit solchen Anbietern aus meiner Sicht vor allem für höherpreisige digitale Produkte wie zum Beispiel für deinen eigenen Online-Kurs.

Die Einbindung erfolgt komplett ohne Schnittstelle einfach über eine Verlinkung. Du erstellst auf deiner Website eine Landingpage, auf der du die Vorteile deines Produkts detailliert erklärst. Hierfür kannst du einfach den Beitragstyp *Seite* verwenden. Eine Landingpage hat normalerweise keine Menüleiste. Je nach Theme kannst du diese ganz einfach ausschalten. Sollte dein Theme das nicht können, konzentriere dich einfach darauf, die Landingpage besonders ansprechend zu gestalten. Parallel dazu legst du ein Produkt in Digistore24 oder Elopage an. Dort musst du auch den Link zur Verkaufsseite angeben, also zu deiner Landingpage. Der Prozess läuft also leider parallel ab, was dazu führt, dass deine Seite schon live sein muss, bevor das Produkt überhaupt gekauft werden kann. Du kannst das lösen, indem du anfangs einfach keinen Verkaufsbutton auf der Landingpage einbindest und diesen erst hinzufügst, sobald dein Produkt angelegt und – auch das muss vorher noch passieren – von Digistore24 freigegeben ist.

Anschließend können deine Kund*innen dann über deinen Button auf die Produktseite von Digistore24 oder Elopage wechseln. Diese kannst du durch ein paar Elemente noch näher an dein eigenes Design bringen (zum Beispiel kannst du das Header-Bild austauschen). Allerdings wird immer ersichtlich bleiben, dass man sich nun auf einer fremden Verkaufsplattform befindet. Wenn du von einem eigenen Shop auf einen externen Dienstleister umstellst – zum Beispiel um die Umsatzsteuerthematik leichter handhaben zu können –, solltest du beobachten, ob dieser Bruch dazu führt, dass du unterwegs Interessenten verlierst.

Beide Anbieter ermöglichen dir, auf ihrer Plattform einen eigenen Online-Kurs zu hosten. Das macht es für dich möglicherweise leichter, mit einem Kurs zu starten, weil du die Infrastruktur nicht zuerst aufbauen musst. Gleichzeitig hast du auch hier immer das Designproblem: Du kannst zwar Anpassungen vornehmen, aber nur in dem vom Anbieter gesetzten Rahmen. Außerdem arbeiten deine Kund*innen deinen Kurs dann auf einer fremden Plattform mit fremder URL durch. Wenn du physische Produkte oder Dienstleistungen verkaufst, musst du dich um den Versand bzw. die Durchführung natürlich weiterhin selbst kümmern.

Letzten Endes ist es Geschmackssache, wie viel du auf deiner eigenen Website einbinden möchtest und wofür du dir einen Partner an die Seite holst, den du dann eben auch entsprechend bezahlst.

23.3   Partner für Zahlung und Fulfillment für T-Shirts, Tassen & Co.

Den nächstgrößeren Schritt in Richtung Auslagerung einzelner Aufgaben gehst du, wenn du dir nicht nur einen Zahlungsdienstleister, sondern einen sogenannten Fulfillment-Partner an deine Seite holst. Dieser sorgt dafür, dass deine physischen Waren produziert und versendet werden. Wenn du nicht selbst auf die Suche nach einem Partner gehen willst, der genau dein Wunschprodukt herstellt und für dich verschickt, bist du dadurch natürlich auf bestimmte Standardprodukte festgelegt. Das sind meistens all die Dinge, die man leicht individualisieren und bedrucken kann, wie zum Beispiel T-Shirts, Tassen, Regenschirme, Kappen, Hoodies usw. Wenn dein Blog schon ein paar richtige Fans hat, kannst du solche Anbieter nutzen, um deine eigenen Merchandise-Produkte zu vertreiben. Alternativ kannst du Produkte mit kreativem oder witzigem Design erstellen, die thematisch zu deinem Blog passen, und diese dann verkaufen.

Der bekannteste Anbieter für den Verkauf von T-Shirts & Co. ist *Spreadshirt* (Abbildung 23.9). Für viele Blogger*innen ist eine solche Kooperation ein erster Einstieg in ihr Onlinebusiness. Auf Spreadshirt kannst du ganz einfach mit deiner E-Mail-Adresse einen Account erstellen und quasi sofort loslegen. Du kannst vorgefertigte Designs, die du zum Beispiel mithilfe von Canva erstellt hast, hochladen und daraus sofort Produkte gestalten. Dazu wählst du einfach eine fertige Produktvorlage aus und lässt dein Logo oder dein Bild darauf platzieren. Mit wenigen Klicks stellst du so T-Shirts, Tassen, aber auch Teddybären oder Mousepads zusammen, die du sofort verkaufen kannst. Du kannst auch mehrere Produkte auf einmal erstellen lassen. Im nächsten Schritt legst du dann eine Beschreibung und ein paar Stichwörter für dein Design fest, damit es später auch im Spreadshirt-Shop gefunden werden kann. Erst danach legst du deinen Nutzernamen fest, gibst deine Adresse ein und bist startklar zum Verkauf.

Um dein eigenes Design zu verwenden, legst du nun noch einen eigenen Spread-Shop an. Das Symbol dazu findest du in der linken Menüleiste auf der Spreadshop-Website. Damit hast du nun eine eigene Shopseite, die auf der Website von Spreadshirt gehostet wird.

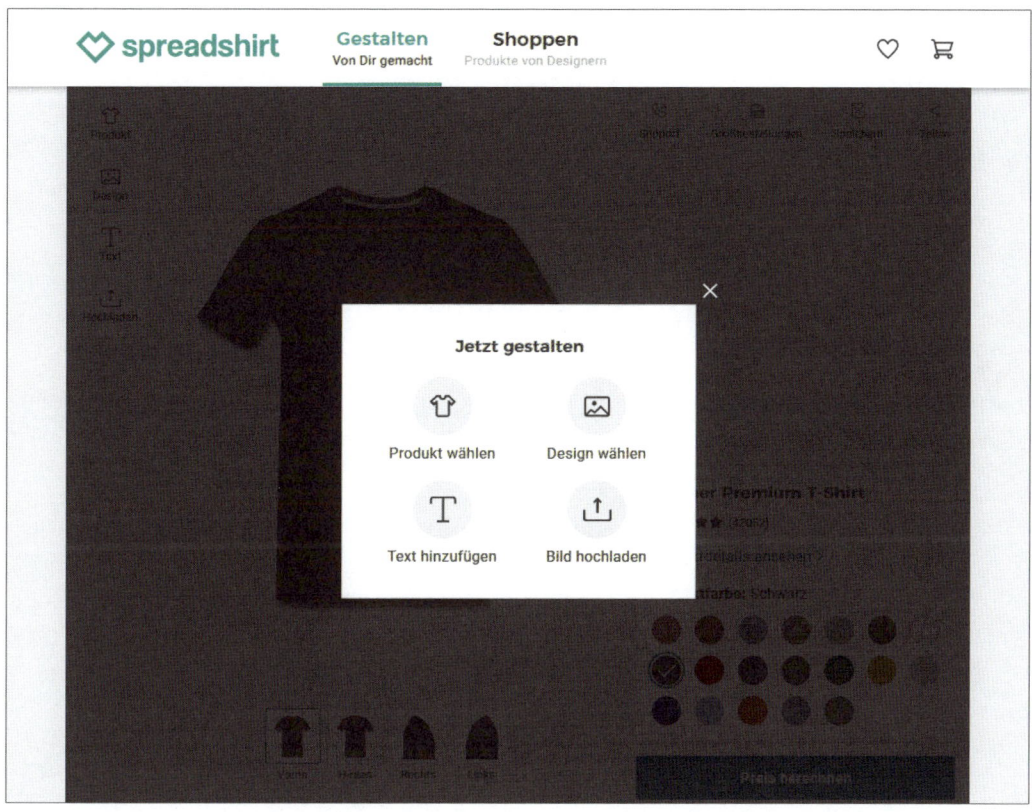

Abbildung 23.9 Auf Spreadshirt kannst du mit wenigen Klicks selbst T-Shirts & Co. designen und diese dann auf deinem Blog verkaufen.

Du möchtest aber ja auf deiner eigenen Website deine Produkte verkaufen. Dafür benötigst du – wie für so vieles – noch ein weiteres Plug-in, und zwar das *WP-Spreadplugin* (Abbildung 23.10). Damit kannst du deinen gerade erstellten Spreadshop per Schnittstelle auf deiner Website einbinden. Alles, was du dazu benötigst, ist deine Shop-ID von Spreadshirt, die du in deinem Dashboard findest. Du kannst dann noch ein paar Einstellungen zum Design vornehmen, und schon ist dein eigener Merchandise-Shop fertig.

Wenn du bereits schöne Designs für deinen Blog besitzt, ist das die schnellste und einfachste Art, Produkte auf deine Website zu bringen, denn Spreadshirt übernimmt auch den kompletten Zahlungsverkehr und die Abwicklung für dich. Allerdings kaufen normalerweise nur echte Fans Merchandising-Produkte von deinem Blog. Kreative T-Shirts finden dagegen schneller Abnehmer*innen, sodass es sich lohnen kann, hier ein wenig auszuprobieren.

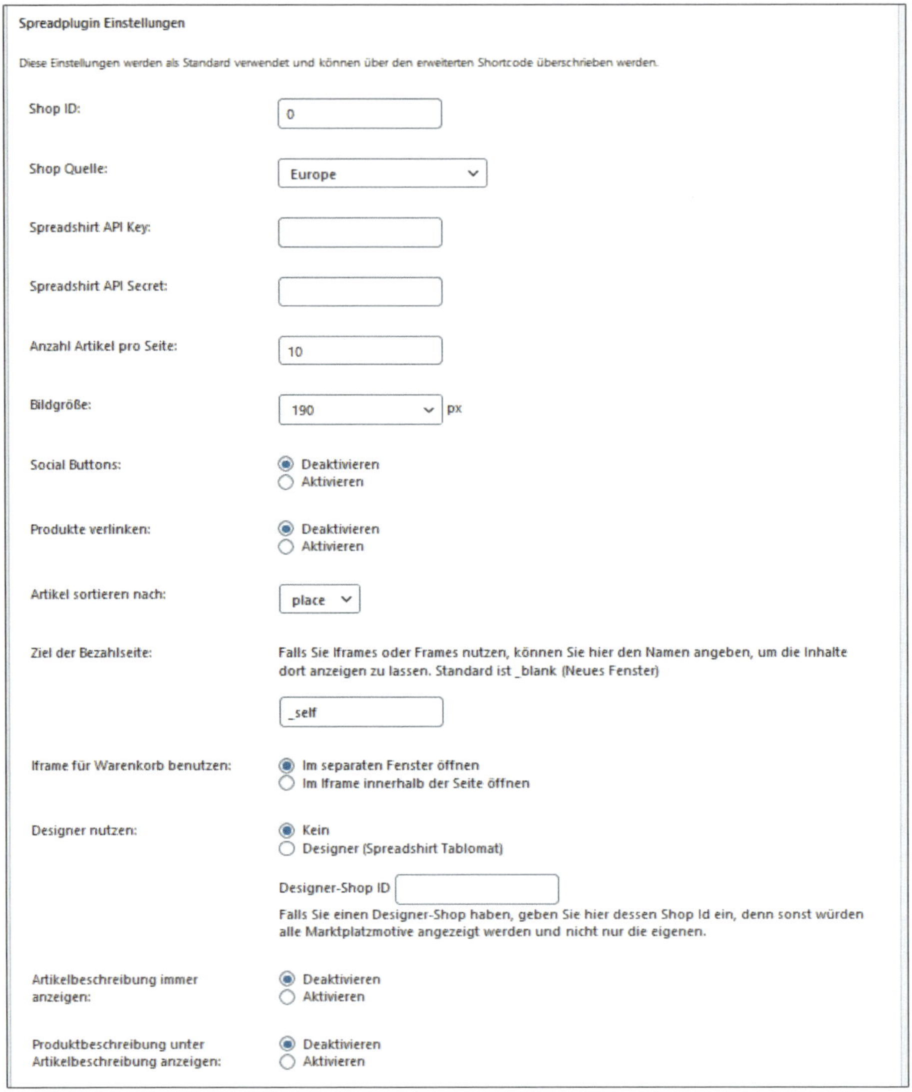

Spreadplugin Einstellungen

Diese Einstellungen werden als Standard verwendet und können über den erweiterten Shortcode überschrieben werden.

Shop ID: `0`

Shop Quelle: `Europe ⌄`

Spreadshirt API Key: `[                    ]`

Spreadshirt API Secret: `[                    ]`

Anzahl Artikel pro Seite: `10`

Bildgröße: `190 ⌄` px

Social Buttons: ◉ Deaktivieren
                             ○ Aktivieren

Produkte verlinken: ◉ Deaktivieren
                             ○ Aktivieren

Artikel sortieren nach: `place ⌄`

Ziel der Bezahlseite: Falls Sie Iframes oder Frames nutzen, können Sie hier den Namen angeben, um die Inhalte dort anzeigen zu lassen. Standard ist _blank (Neues Fenster)

                             `_self`

Iframe für Warenkorb benutzen: ◉ Im separaten Fenster öffnen
                                ○ Im Iframe innerhalb der Seite öffnen

Designer nutzen: ◉ Kein
                             ○ Designer (Spreadshirt Tablomat)

                             Designer-Shop ID `[          ]`
                             Falls Sie einen Designer-Shop haben, geben Sie hier dessen Shop Id ein, denn sonst würden alle Marktplatzmotive angezeigt werden und nicht nur die eigenen.

Artikelbeschreibung immer   ◉ Deaktivieren
anzeigen: ○ Aktivieren

Produktbeschreibung unter   ◉ Deaktivieren
Artikelbeschreibung anzeigen: ○ Aktivieren

Abbildung 23.10 Einstellungen im Plug-in WP Spreadplugin

24 Auf Freiwilligkeit setzen und Spenden akzeptieren

Du musst nicht unbedingt etwas verkaufen, um Einnahmen mit deinem Blog zu erzielen. Wenn du treue Leser*innen hast, die deine Inhalte schätzen und regelmäßig nutzen, kannst du sie auch direkt um Unterstützung bitten.

Wahrscheinlich kennst du das Prinzip der Crowd-Finanzierung. Über Plattformen wie Kickstarter oder Startnext können Unternehmen oder Selbstständige andere Menschen dazu aufrufen, ihre Idee zu unterstützen und zum Beispiel dafür zu sorgen, dass genug Kapital für die Einführung eines neuen Produkts vorhanden ist.

Wahrscheinlich hast du aber gar kein großes Produkt geplant, sondern du möchtest nur eine kleine Gegenleistung erhalten für die vielen kostenlosen Inhalte, die du zur Verfügung stellst. Wenn du dich aktiv dafür entscheidest, keine Produkte anzubieten, sondern dich stattdessen lieber ganz auf deine Inhalte zu konzentrieren, haben deine Leser*innen davon einen großen Nutzen: Sie können mehr kostenlose Artikel bei dir lesen und erhalten regelmäßigere Updates. Daher ist es auch in Ordnung, wenn du sie aktiv um Unterstützung bittest. Schließlich musst du so keine Seitenprojekte starten, um deinen Blog zu finanzieren. Außerdem bleibst du unabhängig von externen Geldgeber*innen.

Es gibt mehrere Möglichkeiten, wie du Leser*innen um Geld bitten kannst. Das ist dir vielleicht etwas unangenehm. Aber auf der anderen Seite ist es auch möglich, dass sich deine Fans darüber freuen, dir auf irgendeine Weise etwas für dein Engagement zurückgeben zu können – und sei es mit einem kleinen monatlichen Geldbetrag. Wenn du das charmant formulierst und erklärst, warum nach du Geld fragst, nimmt dir das auch niemand übel. Ein gutes Beispiel kannst du dir am Text vom *Graslutscher* nehmen, der unter seinen Social-Media-Posts um Unterstützung bittet. Das sieht dann so aus wie in Abbildung 24.1. Unter seinen Artikeln im Blog erwähnt er alle Unterstützer*innen, die das gerne möchten, namentlich. Auch das kann ein Anreiz für deine Fans sein, deine Arbeit aktiv zu supporten.

+++ Ihr findet diesen Artikel durchaus cremig und hättet gerne mehr davon? Easy, hier könnt Ihr mich unterstützen und bekommt dafür sogar eine lässige Erwähnung (wenn Ihr denn wollt) +++
► Hier entlang: https://graslutscher.de/unterstuetzer/

Abbildung 24.1 Unterstützungsaufruf durch den Graslutscher

Vier der Möglichkeiten, die du ihnen dazu anbieten kannst, stelle ich im Folgenden vor.

24.1   PayPal-Link

Die einfachste Variante, Unterstützung zu erfragen, ist das Einbinden eines PayPal-Links auf deiner Website. Dazu erstellst du auf der Website *paypal.me* einen sogenannten *PayPalMe*-Link – einen Link, mit dem dir jede*r einen beliebigen Geldbetrag überweisen kann, ohne deinen eigentlichen PayPal-Account zu kennen. Wenn du schon ein PayPal-Konto hast, kannst du in wenigen Schritten einen individuellen Link erstellen. Sofern er noch frei ist, kannst du dafür auch deinen Website-Namen verwenden, also in der Form *paypal.me/deinName*.

Diesen Link kannst du teilen oder auf dem Blog anzeigen. Du kannst einen Button erstellen und ihn mit diesem Link verbinden. Damit Menschen dir dahin Geld überweisen, solltest du ihnen natürlich einen Grund geben. Du kannst zum Beispiel erklären, was du mit dem Geld vorhast und wie es dir dabei hilft, richtig gute Inhalte zu erstellen. Dafür baust du den Link am besten unter jeden einzelnen Artikel ein und machst ihn auch über deine Social-Media-Kanäle und in deinem Newsletter zugänglich.

24.2   Steady

Steady bietet dir die Möglichkeit, deinen Nutzer*innen eine Art Abo anzubieten. Du kannst dich dort als Blogger*in anmelden und verschiedene Varianten mit unterschiedlichen Geldbeträgen anbieten. Das Kulturmagazin 54books nutzt Steady beispielsweise, um ihren Autor*innen ein angemessenes Honorar zu zahlen. Dadurch können sie bessere und mehr Inhalte zur Verfügung stellen, wovon wiederum die Unterstützer*innen etwas haben. Auch hier kannst du dir Inspiration holen, wie man eine solche Seite gestalten kann. Die Idee ist ganz sachlich vorgetragen, und der Mehrwert, den mal als Unterstützer*in davon hat, wird klar, sobald man einen der sehr ausführlichen und differenzierten Artikel gelesen hat. Wie die Einbindung bei 54books aussieht, siehst du in Abbildung 24.2.

Unterstützen

54Books ist ein unabhängiges Kulturmagazin. Um unseren Autor*innen ein Honorar zahlen zu können, benötigen wir die Hilfe unserer Leser*innen.

Du kannst uns auf zwei Arten unterstützen:

Werde Steady-Mitglied von 54books, so erhalten wir im Abo monatlich oder jährlich einen regelmäßigen Beitrag.
oder

Überweise Einzelsummen Deiner Wahl direkt auf unser Paypal-Konto.

Abbildung 24.2 Steady-Einbindung bei 54books

24.3 Patreon

Auch *Patreon* gibt dir die Möglichkeit, Abos abzuschließen. Üblicherweise bietest du dafür im Gegenzug exklusive Inhalte an, die es auf deinem Blog nicht gibt. Viele tun das über die Patreon-Plattform selbst, auf der du ganz einfach ein Konto einrichten und ein paar Optionen aufsetzen kannst. Du kannst aber auch einen exklusiven Newsletter an alle Patreon-Unterstützer*innen schicken.

Sowohl Steady als auch Patreon bieten dir die Möglichkeit,

1. unterschiedlich hohe Beträge einzustellen, mit denen du verschiedene Menschen ansprechen und einbeziehen kannst – schließlich kann nicht jede*r sich ein teures Abo leisten, möchte aber vielleicht trotzdem etwas beitragen –,

2. mit Kleinstbeträgen zu beginnen, die die Hürde für die Einzelnen sehr niedrig halten – bei 2 Euro pro Monat denken die Menschen nicht lange nach. Wenn du aber genügend Leute findest, die dir diesen Beitrag zukommen lassen, macht das für dich schon einen Unterschied.

Über das Shariff-Plug-in kannst du einen Patreon-Button in die Teilen-Leiste einfügen, mit dem du deine Leser*innen gezielt auf die Möglichkeit aufmerksam machen kannst.

24.4   Flattr

Flattr funktioniert ein wenig anders als die beiden letztgenannten Möglichkeiten. Dieses Tool hat eher Social-Media-Charakter. Du bindest unter deinen Artikeln einen Flattr-Button ein (das funktioniert ebenfalls über das Shariff-Plug-in). Alle, die einen Flattr-Account haben, können nun durch einen Klick auf diesen Button nicht nur ein Like geben, sondern auch einen kleinen Geldbetrag. Voraussetzung ist allerdings, dass beide Beteiligten einen Flattr-Account haben – und genau daran scheitert es am Ende oft. Denn extra einen weiteren Account irgendwo anlegen werden deine Fans vielleicht dann doch nicht, nur um dir einmal ein bisschen Geld zu überweisen. Da macht die Variante mit dem PayPal-Link wahrscheinlich mehr Sinn.

25 Einnahmen aus dem Blog richtig verbuchen

Wenn du verschiedene Produkte entwickelt hast und diese erfolgreich vermarktest, wirst du schließlich auch irgendwann Geld mit deinem Blog verdienen – und vielleicht sogar mehr als nur ein Taschengeld. Das stellt dich dann vor ein Luxusproblem: Du musst deine Einnahmen korrekt verbuchen. Wie das geht, lernst du hier.

Wenn du Einnahmen mit deinem Blog erzielst, solltest du von Anfang an dafür sorgen, dass aus steuerlicher Sicht alles korrekt läuft. Viele Menschen nehmen dieses Thema anfangs auf die leichte Schulter, und nach vier oder fünf Jahren meldet sich das Finanzamt und möchte Unterlagen sehen, die beim besten Willen nicht mehr aufzutreiben sind. Das kannst du leicht vermeiden, indem du von Anfang an für Ordnung in deinen Unterlagen sorgst, ein paar einfache Dinge beachtest und alle Einnahmen und Ausgaben möglichst zeitnah aufschreibst.

Wichtig ist, dass du ein Gewerbe anmelden musst, wenn du deinen Blog gewerblich nutzt, also mit Gewinnerzielungsabsicht betreibst. Wenn du ein Gewerbe anmeldest, stehst du vor der Entscheidung, ob du anfangs für die Kleinunternehmerregelung optierst oder darauf verzichtest. Das hat ausschließlich Auswirkungen auf die Umsatzsteuer.

Wenn du Kleinunternehmer nach § 19 UStG bist (das geht nur mit einem Jahresumsatz von bis zu 22.000 Euro), musst du keine Umsatzsteuer in Rechnung stellen. Das kann attraktiv sein, wenn du viel mit Menschen zusammenarbeitest, die dich privat bezahlen. Für diese werden deine Angebote dann nämlich günstiger. Bietest du deine Leistungen Unternehmen an, solltest du von Anfang an auf die Kleinunternehmerregelung verzichten. Denn zum einen wirken Rechnungen mit ausgewiesener Umsatzsteuer einfach professioneller (jedes Unternehmen weiß, wie hoch deine Umsätze maximal sein können, wenn du keine ausweist), und zum anderen ist die Umsatzsteuer für Unternehmen und damit auch für dich ein sogenannter durchlaufender Posten. Das bedeutet: Du rechnest die Umsatzsteuer, die du zahlst, gegen die Umsatzsteuer, die du vereinnahmst, und überweist die Differenz an das Finanzamt. Hast du in einem Monat mehr Umsatzsteuer gezahlt als eingenommen, bekommst du sogar die volle Differenz zurück. Wenn du investierst und Büroausstattung kaufst oder schon höhere Kosten für das Hosting hast, kann das die wirtschaftlich sinnvollere Entscheidung sein.

Du hast dann allerdings auch ein bisschen mehr Arbeit. Denn du musst jeden Monat eine Umsatzsteuervoranmeldung abgeben und am Ende des Jahres zusätzlich zur Einkommensteuererklärung eine Umsatzsteuererklärung. Wie du dir das einfacher gestalten kannst, erfährst du in den folgenden Abschnitten.

25.1   Monatsabschluss

Du bist nicht dazu verpflichtet, aber für deine Umsatzsteuererklärung brauchst du ihn auf jeden Fall: den Monatsabschluss. Wenn du dir von Anfang an angewöhnst, zu jedem Monatsbeginn die Zahlen des letzten Monats aufzuschreiben, zu prüfen und gegebenenfalls ans Finanzamt zu melden, hast du immer eine saubere Buchhaltung und am Jahresende nicht mehr viel Arbeit.

Gerade am Anfang reicht für dich eine einfache Einnahmen-Überschuss-Rechnung. Dafür schreibst du deine Einnahmen und Ausgaben eines Monats auf und errechnest daraus – du hast es vermutlich erraten – deinen Überschuss. Du ordnest jede Position einer Kategorie zu, die widerspiegelt, wofür du Geld bekommen oder ausgegeben hast. Die Kategorien, die das Finanzamt nutzt, findest du auf der ELSTER-Website. Hier kannst du auch deinen Onlinezugang beantragen, um deine Umsatzsteuervoranmeldung einzureichen. Das geht nämlich ausschließlich digital. Du findest online außerdem viele Excel-Vorlagen für eine Einnahmen-Überschuss-Rechnung, die dir die Arbeit einfacher machen. Noch einfacher geht es allerdings mit einer guten Software.

25.2   Buchhaltungssoftware

Wenn du nicht mühsam die passenden Kategorien aus ELSTER heraussuchen willst und außerdem ein bisschen Ordnung in deine Buchhaltung bringen möchtest, empfehle ich dir eine Buchhaltungssoftware. Diese ist gesetzlich immer auf dem aktuellen Stand und berücksichtigt zum Beispiel auch Umsatzsteueränderungen oder neue Kategorien, die eingeführt werden. Und das Verbuchen geht sehr einfach und auch steuerrechtlich sauber: Du brauchst nämlich für jede Buchung in der Software einen Beleg – also genau das, was das Finanzamt wahrscheinlich auch irgendwann mal von dir sehen will. Da die meisten Belege ohnehin per E-Mail zu dir kommen werden (oder zumindest auch als Datei vorliegen), kannst du sie direkt in dein System importieren und mit einer Buchung verknüpfen. Belege, die nur in

Papierform vorliegen, kannst du einscannen. Wenn du dann später deine Steuerer-klärung machst oder irgendwann eine Steuerprüfung kommt, ist alles an einem Platz und leicht nachvollziehbar. Außerdem kannst du von dieser Software auch deine Umsatzsteuervoranmeldung machen lassen, sodass du hierfür keinen eigenen Arbeitsschritt mehr brauchst.

Es gibt unterschiedliche Buchhaltungssoftware auf dem Markt. Für dich ist norma-lerweise eine »kleine« Lösung ausreichend, mit der du deine Belege verwalten und verbuchen, deine Umsatzsteuervoranmeldung automatisch verschicken und am Ende des Jahres deine Einnahmen-Überschuss-Rechnung erstellen kannst. Wenn du ansonsten ein Steuerbüro beauftragst, ist es außerdem sinnvoll, dass es Zugriff auf deine Daten bekommt und diese in ihre eigene Software einlesen kann.

Eine häufig genutzte Software in diesem Bereich ist *lexoffice*, das komplett in der Cloud liegt und im Abo-Modell vertrieben wird. Das bedeutet, dass du jeden Monat eine Gebühr von etwa 20 Euro für den Service zahlst, der dafür aber auch für dich wartungsfrei, immer aktuell und von überall erreichbar ist. Du musst nichts installieren. Eine (etwas) günstigere Alternative ist die Software von Papierkram, die im Grunde die gleiche Funktionalität besitzt wie lexoffice.

Ich empfehle dir, beide Programme anzuschauen und dich dann für eins zu ent-scheiden. Beide sind intuitiv zu bedienen, sorgen mit Hilfestellungen dafür, dass du nicht viel falsch machen kannst, und lassen sich per Schnittstelle an andere Pro-gramme anbinden.

25.3   Zusammenarbeit mit einem Steuerbüro

Am einfachsten wird die Buchhaltung für dich natürlich, wenn du sie nicht selbst machst. Du kannst dir dafür einfach ein Steuerbüro suchen und diesem die ganze Arbeit überlassen. Also fast die ganze Arbeit. Denn: Dein Steuerbüro hat ja keinen Zugriff auf deine Belege. Diese musst du also alle weiterleiten und gegebenenfalls sogar vorkontieren. Das heißt, du musst sagen, was inhaltlich genau hinter deinen Belegen steckt, damit das Steuerbüro sie korrekt verbuchen kann. Du hast also trotzdem mit jedem Beleg und jeder Buchung etwas Aufwand. Statt sie direkt zu verbuchen, erklärst und verschickst du sie an jemand anderen und bezahlst dafür dann Geld. Das ist tatsächlich nur dann sinnvoll, wenn du unsicher bist, ob du wirk-lich alles richtig verbuchst, oder wenn du oft kompliziertere Buchungen hast (zum Beispiel mit ausländischer Umsatzsteuer). In dem Fall kann ein Steuerbüro dafür sorgen, dass du alles bedenkst und auch richtig machst. Wenn es sehr komplex wird und deine Buchungen im Grunde seltene Einzelfälle sind, kann auch eine Buchhal-tungssoftware sie nicht mehr abdecken.

Ein Steuerbüro kann sich für dich auf jeden Fall lohnen, wenn du bezüglich deiner Steuererklärung(en) unsicher bist. Dafür musst du dann zwar auch alles zusammensuchen, zuschicken und erklären, aber die Steuerberatung sorgt dafür, dass du wirklich alles an genau die richtigen Stellen schreibst. Wenn du deine persönliche Einkommensteuererklärung durch das Steuerbüro machen lässt, hast du außerdem automatisch mehr Zeit dafür, weil die Steuerberatungen im Normalfall eine Fristverlängerung beantragen. Außerdem wissen Steuerberater*innen viel besser als wir, was wir alles von der Steuer absetzen können – und sorgen so dafür, dass wir am Ende nicht zu viel zahlen.

Eine gute Möglichkeit ist es, deine Steuern ein oder zwei Mal von einem professionellen Steuerbüro erledigen zu lassen und in den Folgejahren die alten Erklärungen als Vorlage zu verwenden. So kannst du sicher sein, dass du alles an die richtigen Stellen schreibst. Solange es keine gravierenden Änderungen im Steuerrecht gibt, kannst du so deine Steuererklärung nahezu genauso gut selbst machen wie das professionelle Steuerbüro.

26 Mit Unterstützung noch professioneller werden

Viele Blogger*innen kommen irgendwann an den Punkt, an dem sie mehr (Sinnvolles) für den Blog machen könnten, als sie selbst schaffen können. In diesem Kapitel zeige ich, wann du dir Unterstützung holen solltest, welche Unterstützung sinnvoll ist und worauf du bei der Auswahl achten solltest.

Wenn du deinen Blog einige Monate (oder eher Jahre) gehegt und gepflegt hast, wächst er vielleicht irgendwann zu einem kleinen Unternehmen heran. Und ein Unternehmen zeichnet sich normalerweise dadurch aus, dass nicht alle Aufgaben von derselben Person erbracht werden. Vielleicht kommst du irgendwann an den Punkt, an dem du bestimmte Aufgaben nicht selbst erbringen kannst oder willst. Wenn dein Blog genügend Einnahmen generiert, solltest du tatsächlich überlegen, dir professionelle Unterstützung zu holen.

26.1 Welche Vorteile du durch professionelle Unterstützung hast

Viele Solo-Selbstständige, die ihre ersten Schritte als Blogger*in schon hinter sich haben, tun sich unglaublich schwer damit, sich Unterstützung ins Boot zu holen. Die Gründe dafür leuchten ein: Schließlich fiel oft genau deshalb die Wahl auf einen Blog als Plattform, weil man eben eigentlich alles selbst erledigen kann. Das ist günstiger, unkompliziert, und man hat alles unter Kontrolle

Aber: Je mehr dein Blog wächst, desto stärker blockierst du dich, wenn du darauf bestehst, alle Fäden selbst in der Hand zu halten und operativ überall mitzumischen. Wichtig ist natürlich, dass du selbst die Kontrolle über deinen Blog behältst. Wenn du jedoch in jedem Detail steckst und an Hundert verschiedenen Fronten kämpfst, wird es irgendwann schwierig bis unmöglich für dich, den Überblick zu wahren und strategisch sinnvolle Entscheidungen zu treffen. Du bist dann einfach zu nah dran und siehst das große Ganze nicht mehr.

Außerdem gibt es vielleicht Dinge, die andere einfach besser können als du, beispielsweise deinen Blog technisch auf ein neues Level bringen oder endlich das neue professionelle Design umsetzen. Je mehr Aufgaben anfallen, desto stärker unterscheiden sie sich auch in dem Wert, den sie zu deinem Unternehmen bzw. Blog beitragen. Oft sind es gerade die wirklich wichtigen, wertvollen Aufgaben, die zeitlich verschoben werden, weil irgendwelche einfachen Sachen vorher dringend erledigt werden müssen. Wenn du dann weiterhin alles selbst machst, legst du den Fokus auf die falschen Dinge – und schaffst nicht annähernd das, was dein Blog leisten könnte.

Wenn du also das Gefühl hast, dass du zu viel Zeit mit Sachen verbringst, die entweder sehr leicht auch von jemand anderem übernommen werden können (zum Beispiel das Erstellen Hunderter neuer Pinterest-Grafiken für ein neues Design) oder in die du dich lange einarbeiten musst (zum Beispiel deine Steuererklärung), ist es Zeit, sich nach Mitstreiter*innen umzusehen.

26.2   Welche Aufgaben du gut auslagern kannst

Grundsätzlich kannst du alle Aufgaben auslagern. Allerdings würde ich an deiner Stelle zwei Dinge immer selbst in der Hand behalten: die strategische Ausrichtung deines Blogs inklusive aller Entscheidungen, die dazugehören, sowie das Schreiben der Texte. Ein Blog ist ein personenbezogenes Business. Menschen kommen zu dir, weil sie dich als Person spannend finden. Entsprechend sollten deine Texte immer persönlich von dir stammen (mit der Ausnahme von Gastartikeln natürlich, die aber auch entsprechend gekennzeichnet sind).

Daneben eignen sich folgende Aufgaben sehr gut dazu, sie auszulagern, weil sich leicht Menschen finden lassen, die das mindestens genauso gut können wie du selbst:

▶ alles, was mit Buchhaltung und Steuern zu tun hat,

▶ technische Verbesserungen an der Website,

▶ Designaufgaben, wie die Erstellung eines neuen Logos,

▶ das Lektorat deiner Artikel,

▶ wiederkehrende Aufgaben wie Planung von Kursen oder Marketingaktionen,

▶ Betreuung von Social-Media-Accounts,

▶ Bearbeitung von Anfragen.

Für die unterschiedlichen Aufgaben bieten sich auch verschiedene Formen der Zusammenarbeit mit anderen an. Die wichtigsten Wege, Hilfe zu finden, habe ich dir im Folgenden aufgelistet.

26.3   Wo du Unterstützung für deinen Blog findest

Natürlich ist das Internet eine wichtige Quelle, um Mitarbeiter*innen oder Dienstleister*innen für deinen Blog zu finden. Es gibt Vermittlungsagenturen, Portale, auf denen du Dienstleistungen einkaufen kannst, und Websites von Freelancern, auf denen sie ihre Leistungen anbieten. Eine einfache Google-Recherche bringt dich da auf jeden Fall weiter.

Wenn du gerne Empfehlungen haben möchtest und einen etwas »moderneren« Weg bevorzugst, um Unterstützung zu finden, kannst du auch die verschiedenen Social-Media-Kanäle nutzen. So gibt es beispielsweise Facebook-Gruppen für angebotene Dienstleistungen, in denen du schnell und unkompliziert Kontakt zu Expert*innen findest. Auch ein Tweet, in dem du beschreibst, welche Unterstützung du konkret suchst, kann sich für dich lohnen.

Wichtig ist in jedem Fall, dass du dir vorher konkret überlegst,

1. wofür du Hilfe suchst und

2. welche Art der Zusammenarbeit für dich infrage kommt.

Einen Überblick findest du in den nächsten Abschnitten.

26.4   Einzelne Dienstleistungen einkaufen

Die einfachste (und oftmals als erste ausprobierte) Möglichkeit, dir Unterstützung zu holen, ist das Einkaufen bestimmter Leistungen auf entsprechenden Portalen. Der Vorteil für dich ist, dass du konkret aus fertigen Leistungspaketen auswählen kannst und das Portal für dich die Sicherheit bietet, im Streitfall einzugreifen und zu vermitteln. Diese Portale sind in aller Regel relativ günstig.

Der Nachteil ist, dass die Dienstleister*innen sehr wenig an deinem Auftrag verdienen (noch mal deutlich weniger, als du ans Portal zahlst) und sie gar nicht die Möglichkeit haben, dir eine wirklich gute und individuelle Leistung zu bieten, wenn sie von ihren Aufträgen leben wollen. Daher solltest du hier nur Standardaufgaben einkaufen, die du nicht selbst erledigen kannst. Das können zum Beispiel Vorlagen für eine individuelle PowerPoint-Datei oder die Umsetzung eines einfachen Video-Intros sein.

Beispiele für solche Portale sind:

▶ Fiverr

▶ 99Designs

▶ Upwork

Wichtig beim Einkaufen von Dienstleistungen ist immer, dass du ein möglichst genaues Briefing verfasst, also so detailliert wie möglich beschreibst, was du haben willst. Gerade daran scheitert es am Anfang oft, weil viele selbst noch nicht so genau wissen, was sie eigentlich wollen. Darüber solltest du dir aber im Klaren sein. Je genauer du deine Wünsche kennst und sie auch anderen mitteilen kannst, desto höher ist natürlich die Wahrscheinlichkeit, dass du am Ende mit der Dienstleistung zufrieden bist.

26.5   Dienstleister*innen direkt beauftragen

Neben solchen Portalen gibt es die Möglichkeit für dich, Freelancer direkt zu beauftragen. Du könntest zum Beispiel eine Steuerberaterin finden, die dir die Umsatzsteuervoranmeldungen und die Steuererklärungen abnimmt und deren Büro dich auch bei der Buchhaltung unterstützt. Sobald du dir das leisten kannst, solltest du dir diese Dienstleistung gönnen, wenn du nicht selbst komplett fit in Finanzfragen bist. Denn allein die Leichtigkeit, die es dir verschafft, in diesem Punkt gut beraten und unterstützt zu sein, ist es wert, dafür Geld auszugeben.

Auch Design und Technik kannst du über Freelancer abwickeln. Hierfür vergibst du in der Regel dann ein einmaliges Projekt, bei dem das Briefing wieder sehr wichtig ist. Solche Projekte kannst du zum Beispiel einstellen bei den folgenden Portalen:

▶ Freelancermap

▶ Freelance.de

▶ Twago

▶ Projektwerk

Diese Portale unterscheiden sich von denen aus dem letzten Abschnitt, denn hier suchst du einen Freelancer, mit dem du anschließend individuell zusammenarbeitest und eine genaue Dienstleistung vereinbarst, während du auf den anderen Portalen vordefinierte Leistungen zu einem festgelegten Preis kaufst.

Wenn du einen Freelancer direkt beauftragst, werdet ihr meistens einen Stundensatz vereinbaren. Oft ist dieser Stundensatz als Nettopreis angegeben, sodass die Umsatzsteuer noch hinzukommt. Hast du selbst dich für die Kleinunternehmerregelung entschieden und verrechnest die Umsatzsteuer nicht, wird das Ganze für dich dann noch mal 19 % teurer. Wenn du einen Stundensatz vereinbarst, ist außerdem nicht von Anfang an klar, wie viel du am Ende insgesamt bezahlen wirst. Daher solltest du dir immer einen Kostenvoranschlag geben lassen. Bei größeren Projekten ist es außerdem sinnvoll, Termine zu vereinbaren, zu denen ihr einen

Zwischenstand besprecht. So weißt du immer, wie realistisch die ursprüngliche Einschätzung noch ist.

Wenn du regelmäßig wiederkehrende (Büro-)Aufgaben abgeben möchtest, um dich selbst zu entlasten, ist eine virtuelle Assistenz vielleicht richtig für dich. Wie ein »richtiger« Assistent erledigt diese für dich alle anfallenden Aufgaben, mit der du sie beauftragst. Der Unterschied ist nur, dass sie nicht in Vollzeit für dich arbeitet und nicht bei dir angestellt ist. Wenn du beispielsweise drei oder vier Stunden an Arbeit pro Woche abgeben möchtest, wobei die Schwerpunkte variieren, kann dir eine virtuelle Assistenz helfen. Der Vorteil im Vergleich zu projektbezogenen Aufträgen ist, dass die Assistenz dich und deinen Blog über die Zeit kennenlernt und weitere Aufgaben übernehmen kann. Die Kommunikation wird immer einfacher, je eingespielter ihr als Team werdet.

Wenn du damit beginnen möchtest, einzelne Aufgaben auszulagern, ist es sinnvoll, die Prozesse dieser Aufgaben zunächst einmal zu dokumentieren. Dafür kannst du einfach eine Word-Datei oder (noch besser, weil in der Cloud) ein Google-Doc verwenden. Hier schreibst du alle Schritte auf, die zu erledigen sind, um die jeweilige Aufgabe zu lösen. Wenn du das machst, bevor du jemanden suchst, weißt du genau,

1. welche Anforderungen du stellst,

2. welche zeitlichen Erwartungen du hast und

3. welche Zugriffsrechte diese Person auf deine Systeme braucht.

Bei der Auswahl von Freelancern ist es sinnvoll, auf Empfehlungen zu hören bzw. nach Referenzen zu fragen und eventuell auch mit diesen zu telefonieren. Denn wenn du erst nach 20 Stunden feststellst, dass doch nicht gemacht wurde, was besprochen war, oder wenn du wochenlang auf deine Projektergebnisse wartest, ist es meist schon zu spät.

Die Kosten für Freelancer variieren stark nach der Erfahrung der Person und nach der Schwierigkeit der Aufgaben. Du kannst schon jemanden für 35 Euro pro Stunde für einfache Tätigkeiten finden. Wenn es technischer und komplexer wird, musst du vielleicht mit 80 bis 100 Euro pro Stunde rechnen.

26.6   Mitarbeiter*innen einstellen

Vielleicht möchtest du deinen Blog dauerhaft in ein Business entwickeln, vielleicht magst du die Zusammenarbeit mit Freelancern nicht so gerne? Dann solltest du dir überlegen, ob du vielleicht Mitarbeiter*innen fest einstellst. Das kannst du auch stundenweise tun oder auf 450-Euro-Basis. Ein guter Einstieg für den Teamaufbau sind auch studentische Hilfskräfte, die oft bereit sind, für einen geringeren Stundenlohn zu arbeiten, wenn sie dafür inhaltlich von dir lernen können. Außerdem findest du an den Unis oft Menschen, die internetaffin sind und gute Impulse für deinen Blog mitbringen können. Die Stelle, die du für Studierende anbietest, ist wahrscheinlich im Vergleich zu anderen Jobs sehr attraktiv, weil du Büroarbeit anbietest, viel Wissen weitergeben kannst und immer wieder kreative Aufgaben anfallen. Eine gute Lösung für beide Seiten. Hinzu kommt, dass ein*e Mitarbeiter*in deinen Blog mit jedem Arbeitstag besser kennenlernt. Du musst also nicht wie bei projektbezogener Arbeit mit unterschiedlichen Freelancern jedes Mal von Neuem anfangen, dein Business zu erklären.

Wenn du selbst Mitarbeiter*innen einstellen willst, musst du natürlich steuerlich und abrechnungstechnisch einiges beachten. Du musst wahrscheinlich Lohnsteuer abführen und auf jeden Fall in die Sozialversicherung einzahlen. Außerdem musst du eine Unfallversicherung über die Berufsgenossenschaft abschließen. Aus diesem Grund empfehle ich dir dringend, dich von einem Steuerbüro unterstützen zu lassen, das auch gleich die Anmeldung bei der Sozialversicherung und die korrekte und pünktliche Gehaltsabrechnung vornehmen kann.

Index

W

X

Y

Z

Einstieg geglückt?
Leg jetzt richtig los!

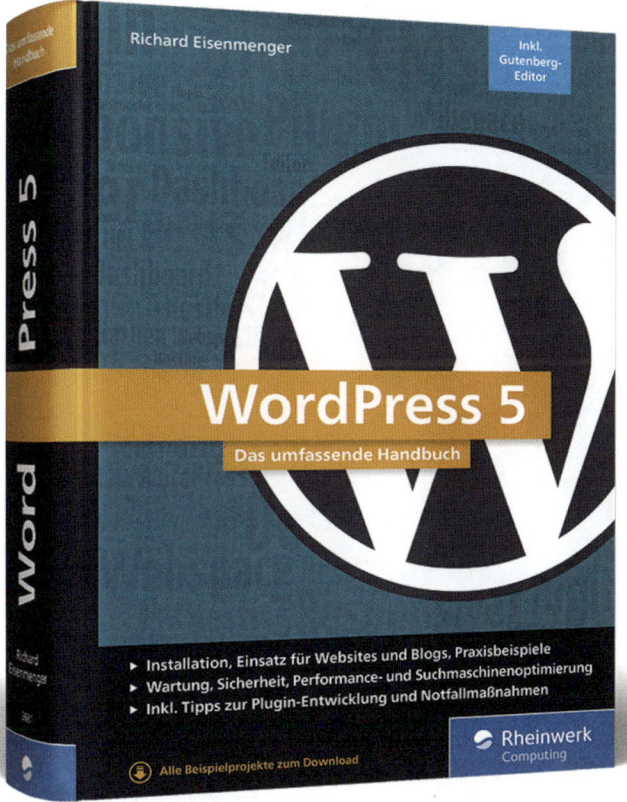

Dein WordPress-Blog steht, doch es gibt noch viel mehr zu entdecken.
Mach dich sattelfest und hole alles aus deinem Blog heraus. Richard
Eisenmenger zeigt dir, wie du die Funktionen von WordPress effektiv
nutzt. Erfahre, wie du Themes und Plugins entwickelst und profitiere
von zahlreichen Tipps zu fortgeschrittenen Themen wie Custom Post
Types, Responsive Webdesign und Performance-Optimierung. Perfekt
zum Lernen und Nachschlagen.

1.068 Seiten, gebunden, 39,90 Euro, ISBN 978-3-8362-5681-0

www.rheinwerk-verlag.de/4456

Lerne die Techniken der Storyteller

»Tell me!« ist ein Lesebuch, ein Geschichtenbuch. Geschichten rund ums Storytelling. Lehrreich, unterhaltsam, inspirierend. Wirf einen Blick hinter die Kulissen der Filmemacher und Geschichtenerzähler und erfahre, was eine gute Story ausmacht. Thomas Pyczak erklärt dir, was eine gute Geschichte braucht, um zu überzeugen – etwa an der Kaffeetheke, beim Sales Pitch oder beim Geschäftsbericht vor den Kollegen. Mit vielen Praxisbeispielen.

328 Seiten, broschiert, in Farbe, 24,90 Euro, ISBN 978-3-8362-7705-1
www.rheinwerk-verlag.de/5128

So schreibst du Texte, die wirken!

Gute Texte wecken in deinem Leser Interesse, verführen ihn zum Verweilen und Weiterlesen. Sie werten deine Website auf, machen Lust auf dein Produkt, geben deinem Blog die richtige Würze. Gute Texte sind Schatzinseln in einem Meer der Mittelmäßigkeit. Und das Beste: Gutes Texten kannst du lernen. Daniela Rorig zeigt dir, mit welchen Textstrategien du im Content-Zeitalter überzeugst und deine Leser begeisterst. Dabei helfen dir Checklisten, Übungen und viele Schreibanleitungen für Headline, Teaser, Landingpage und andere Textsorten.

450 Seiten, gebunden, in Farbe, 39,90 Euro, ISBN 978-3-8362-6836-3
www.rheinwerk-verlag.de/4837